◎主　编　王文章
◎副主编　王海霞

大美在民间（上）

中国艺术研究院首批民间艺术创作研究员风采

文化艺术出版社
Culture and Art Publishing House

时任文化部部长孙家正（前排左五）、中国文联主席周巍峙（前排左六）、中国艺术研究院院长王文章（前排左四）等领导与受聘的首批中国艺术研究院民间艺术创作研究员合影。（2005年5月24日）

部分受聘首批中国艺术研究院民间艺术创作研究员合影（2005年5月24日）

序　言

从2005年5月24日中国艺术研究院聘任首批30位民间艺术创作研究员至今，已是八年的时间了。当时提出首批聘任之后，在五年内要陆续聘任100位民间艺术创作研究员。之后，随着我国非物质文化遗产保护工作深入开展，特别是从2006年5月20日国务院公布第一批国家级非物质文化遗产名录并经国务院批准，文化部于2007年6月5日实施非物质文化遗产传承人名录公布制度，中国艺术研究院民间艺术创作研究员的续聘工作没有继续进行。但八年中，中国艺术研究院对首批民间艺术创作研究员的创作以及他们自身创作经验的总结和民间艺术研究工作，一直十分关注，并尽可能创造条件，为他们的创作提供支持，为他们创作成果的展示提供平台，为他们创作经验的总结和理论研究提供帮助，并组织专业理论工作者，对他们的创作进行研究。最近，中国艺术研究院总结首批民间艺术创作研究员的创作和研究实践，深深为这些民间艺术家在非物质文化遗产传承、保护，在民间艺术创作创新方面的贡献所感动。同时，他们在传承保护非物质文化遗产，在民间艺术创新发展中，结合自身的工作和创作实践，努力进行经验的总结和理论的概括，提供了很多推动民间艺术创造的闪烁着独特智慧的深刻见解。而他们的创作实践，更为专业的艺术理论研究者提供了鲜活的研究对象。鉴于此，我们认为，在八年前开始的民间艺术创作研究员的聘任工作，是一项具有前瞻性的举措。民间艺术家作为民间艺术创作的主体以及他们不少人同时承担着非物质文化遗产保护的传承职能，在今天更应重视和发挥他们作为民间艺术创作、研究和传承的主体作用，要为他们发挥自己的聪明才智搭建阔大的平台。同时，他们参与中国艺术研究院的理论研究和创作交流，也为国家级艺术机构带来艺术研究和创作的新鲜气息，这也是专业艺术研究人员

"接地气"的一种方式。因此，中国艺术研究院编写了《大美在民间——中国艺术研究院首批艺术创作研究员风采》，以总结和宣传他们艺术创作，及自身创作经验总结的成绩。在此基础上，中国艺术研究院要继续聘任民间艺术创作研究员的工作，以期更好地推动社会尊重民间艺术家的地位，珍视民间艺术家的创作，并更好地发挥民间艺术家文化创造的主体地位，共同为社会主义文化的大繁荣大发展贡献力量。

民间艺术是人们在生产劳动和生活实践中共同创造、长期积累、世代传承的。民间艺术家是民间艺术的集中载体，他们既学习和传承这些传统民间艺术，又在不同的时代，融合符合时代发展趋向的审美趣味，以自己的聪明才智和独具个性的创造，赋予民间艺术以时代的新面貌。民间艺术具有独特的地域特色和浓郁的乡土气息以及鲜明的艺术个性，是一切艺术之母，是中华民族艺术发展的根基。我们今天的艺术发展，要重在创新，但创新不可能是无源之水、无本之木，其中一个重要的资源就是洋溢着旺盛生命力的民间艺术。民间艺术既作为当代艺术的构成部分要发展，同时也必然会作为当代艺术创新的重要资源发挥独特价值。我们翻开《大美在民间——中国艺术研究院首批民间艺术创作研究员风采》这本书，从这些民间艺术创作研究员的艺术创作实践中，就可以看到这些在民间土生土长，"接地气"的艺术家的创作是多么丰富多彩！他们的艺术样式不同，但作品或简洁古朴，或活泼率真，或精雕细琢，或热烈夸张……无论何种风格，都展现着创造的智慧，显示着独特的魅力。就广大人民群众的艺术需求而言，既需要"阳春白雪"，也需要"下里巴人"。而在今天，这两者之间的界限正在交和，"阳春白雪"因艺术的当代性而日趋多样，"下里巴人"因受众的分化而日渐丰富。许多民间艺术作品因精巧的结构和出人意想的创意，以及精湛的表现技艺而赢得雅俗共赏。艺术样式和题材不是艺术作品品格高下的决定因素，从《大美在民间——中国艺术研究院首批民间艺术创作研究员风采》可以看出，各位民间艺术创作研究员的作品，既具有鲜明的民间艺术色彩，又以时代精神的反映和时代审美趣味的把握，而使作品洋溢着纯朴、清新的时代气息。民间艺术来自民间、源于传统，但只有创新才会赋予其时代的灵魂。可以说，这些民间艺术创作研究员是通过自己的创作，在继承传统与时代创新的结合上，使作品充满了鲜活的艺术生命力。尽管有的艺术门类，艺术的创新很难鲜明地表现在一眼可见的艺术形态上，但民间艺术家们仍以审慎而非盲目的创新探索，不断推动自己从事的艺术样式向前发展。

我们今天的时代，是一个艺术百花齐放、绚丽多彩的时代。目前，一批具有时代标志性、代表性的艺术大师正以自己的艺术创作逐渐形成国际性的影响。中国当代的艺术创造正以具有鲜明民族性和时代性的审美原则，以体现中华民族艺术传统和时代创新的评价标准，以正在确立国际性认同的艺术评价体系，不断赢得世界范围内的肯定。而民间艺术，作为我国艺术创造与发展的整体构成中的重要一翼，也以浓郁清新的生活气息，鲜明的地域、民间特色和鲜活的时代内容，以绚烂的艺术光彩赢得越来越多人的喜爱。民间艺术体现的深厚历史、文化、审美价值和精神价值，随着非物质文化遗产保护工作的开展，更是越来越得到艺术理论界的珍视。可以说，我国当代的艺术百花园，正是有了民间艺术创作的丰富多彩，才使整体的艺术创作更显基础深厚，更显民族特色和时代特色鲜明，也才更具有艺术的独特魅力。

在努力保持文化多样性的当今时代，重视民间艺术的独特价值，尊重民间艺术家的地位，珍视民间艺术家的创作和研究成果，应是我们不能忘记的。

是为序。

王文章

2013年5月22日

大美在民間

中国艺术研究院首批民间艺术创作研究员风采

目录

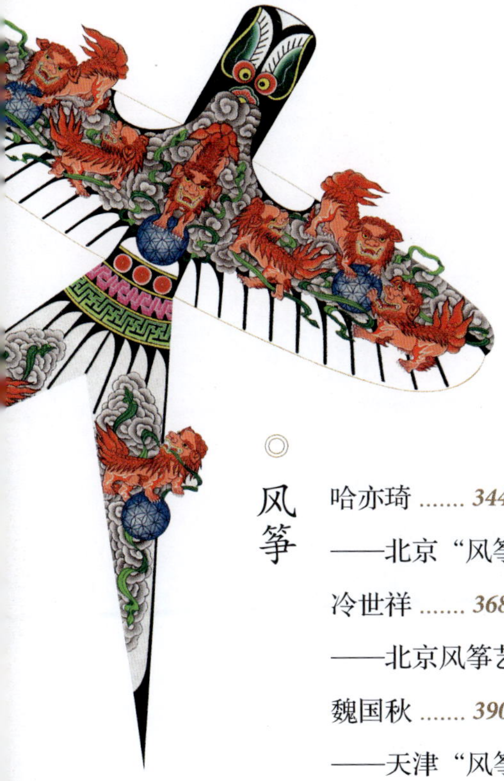

年画

杨洛书

——杨家埠木版年画传承人

他一生与年画结缘，他把刻版、印制年画看作自己的命根子，被当地人称为“年画王”。2005年5月他被中国艺术研究院聘任为首批“民间艺术创作研究员”，也是首批被聘任的三十位“民间艺术创作研究员”中年龄最大的一位。2007年，他入选第一批国家级非物质文化遗产项目（杨家埠木版年画）代表性传承人。他从事年画创作已有六十余年，至今没有退休，仍然操持着“同顺德”画店的经营，事无巨细，忙忙碌碌。一位八十多岁的老人，你能想象他和年画是怎样的缘分。

一、杨家埠木版年画概介

山东潍坊杨家埠是我国北方著名的年画产地，据考证，至今以潍县年画著称的传统木版年画已有逾四百年历史。后来，因为生产年画的作坊集中于杨家埠村，故此，人们现将潍县年画称为杨家埠年画。它以浓郁的乡土气息和淳朴的艺术风格著称，在我国年画发展史上占有重要地位。

杨家埠村位于山东省潍坊市东北15公里处，是由杨氏家族发展起来的一个自然村。据《杨氏宗谱》记载，杨氏一族原籍四川梓潼县，于明代洪武年间迁居潍县，隆庆六年（1572）迁西埠（今西杨家埠村），即人们通常所说的杨家埠。杨家埠制作年画始于何时，史无记载，众说纷纭，但现存有一张杨家埠北公兴画店的印画案子，此画案经考证为乾嘉年间遗物，是由早期的坐着印画改良为站着印画的产物；另有一块永盛画店的匾额，上有乾隆五十二年（1787）的纪年。乾隆年间该画店已有房屋44间，从其规模看来，已是发展到了一个阶段。据此可推断，杨家埠年画最晚兴起于明末清初。

清代，杨家埠年画逐渐发展至鼎盛。谢昌一先生在《杨家埠画店概述》一文中对杨家埠画店进行了详细梳理：“清代乾隆时的画店约有九家……嘉庆时又增加了约二十家……至清末杨家埠的画店达一百多家。” 可见，杨家埠的确曾一度出现“画店百家，画种过千，画版上万”的盛况。每年腊月，是制作和销售年画的旺季，除杨家埠本地画店开门设铺外，附近十多个村庄及高密等地的画店也来此租赁铺面卖画，来往杨家埠的画商高达五千多人次，用纸多达两万令，印画超过五千万张，除行销本省外，还远销至江苏、安徽、山西、河南、河北、东北等地，成为全国主要的年画产地。如此盛况一直延续到清末民初，随着石印、胶印年画技术的兴起以及市井生活方式对农村的渗入，传统木版年

门神画版一套（五色）

画受到冲击，再加上列强横行，国内军阀混战，杨家埠木版年画逐渐走向衰落。

新中国成立后，杨家埠的年画生产得到一定恢复。1951年11月华东文化部组成年画工作队来到杨家埠，举办新旧年画展览，并协助组建了“杨家埠年画改进委员会”，组织年画生产互助组等，这一时期产生了一批带有政治意义的具有新时代特色的年画新作，这些都是特定历史时期的产物。然而在“文革”中，杨家埠木版年画被列为“四旧”，生产被迫停止，大批传统年画原版被毁。

十一届三中全会后，杨家埠木版年画劫后余生，获得新发展，不仅成立了杨家埠木版年画研究所，挖掘、整理传统老版年画，出版画册等，同时民间年画作坊也开始逐渐恢复年画的制作生产。然而，随着时代的发展，现代化生产方式对农村文化的冲击，木版年画的受众对象日益萎缩，许多老艺人都面临后继乏人的境况。进入21世纪，随着国家开始重视传统民间文化，启动非物质文化遗产的保护工作，杨家埠木版年画又迎来了新的发展机遇。2004年4月，杨家埠木版年画被确定为中国民族民间文化保护工程第二批试点项目之一；2006年5月，杨家埠木版年画被列入第一批国家级非物质文化遗产代表作名录。

杨家埠木版年画的体裁形式多种多样。从画幅尺寸和张贴用途上可分为门神、房门画、炕头画、贡尖、屏条、画对子、大挂子、窗旁、窗顶、灶马等十余种品类，画幅尺寸大则接近全开，小则一尺见方。张贴方式从大门上的武门神、影壁墙上的福字灯、房门上的美人条、金童子到房间内的中堂、灶王、炕头画、窗旁画等，可谓无处不在。

杨家埠木版年画从产生之初就一直根植于民间土壤，服务于劳动大众，因此

门神画版一套（五色）

其画面表现内容也极为广泛，凡是人民喜爱的山水、花鸟、人物、故事等题材几乎全部涵括其中，主要可归纳为以下几类：

世俗生活类：这类年画所表现的是男耕女织的劳动生产情景和时令节气的民俗活动等，如《男十忙》、《女十忙》、《春牛图》、《同乐新年》、《正月十五闹元宵》、《二月二龙抬头》、《渔樵耕读》、《勤俭致富》、《五谷丰登》等。

戏曲、神话和历史故事类：这类年画是将人们耳熟能详的戏曲故事、公案小说、民间传说及历史典故等以单独或连续的形式表现在画面上，如《庆顶珠》、《渭水河》、《李逵夺鱼》、《回荆州》、《借赵云》、《空城计》、《华容道》、《二进宫》、《天河配》、《白蛇传》、《洪武出世》、《沈万三打鱼》、《圣请包公》、《蟠桃大会》等。

吉祥喜庆类：此类题材在杨家埠年画中占有相当大的比例，画面以富含美好寓意的祥花瑞草、珍禽异兽以及吉祥人物等体现人们祈盼富贵平安、大吉大利的思想愿望，如《榴开百子》、《五子登科》、《财神叫门》、《金玉满堂》、《喜报三元》、《五福捧寿》、《鹿鹤同春》、《耄耋富贵》、《三阳开泰》、《丹凤朝阳》、《福寿双全》、《麒麟送子》、《年年有余》等。

神像俗信类：这类年画满足了农耕时代百姓的信仰需求，满足了人们过年祭祀诸神的心理。杨家埠年画中常见的神祇包括文武财神、关圣帝君、福禄寿三星、赐福天官、三界众神、门神灶君、钟馗、送子观音、牛王、马王等。

时事幽默类：这类年画是清末民国时期，杨家埠年画艺人以一些时事新闻和新鲜事物作为年画题材进行创作的，意在歌颂或讽刺，如《义和团》、《打

麒麟送子

45cm×35cm
2010年

日本》、《打青岛》、《女学生习武》、《我看你吹牛胯骨》、《瞎汉打了卖盆的》、《鳖喝白酒》、《兔子讨烟吃》等。

此外，杨家埠木版年画中还有大量的仕女娃娃类年画，张贴于内房门扉；博古屏条、画对子等则多以山水、花鸟为描绘内容。

二、杨洛书从艺经历及艺术成就

杨洛书，1927年出生于山东潍坊杨家埠年画世家，为“同顺堂”画店第十九代传人。杨洛书自幼学习木版年画制作技艺，从艺六十余年，享有“年画王”的美誉。

他的祖上经营着百年年画老店“同顺堂”，他从小便耳濡目染接触年画，14岁开始随父亲—杨家埠著名年画艺人杨盛德学习印制年画，18岁就熟练掌握了朽稿、刻版和刷印等全部年画制作技艺。经过多年的实践和研究，杨洛书创造了以“刀头具眼，指节灵通”为主旨的独特刻版术，并形成了其年画构图饱满、造型夸张、想象自由、古拙质朴的艺术风格。为了不断开拓年画题材，杨洛书还长期在民间生活中汲取养分，挖掘、搜集、整理、创作了一大批艺术作品。

20世纪80年代，国内兴起“挂历热”，杨洛书及时把握住市场需求，首创了国内第一套木版年画挂历，畅销省内外，引起不小轰动。他还自筹10万元资金购买了一卡车刻年画版用的棠梨木，先后创作雕刻了《历代帝王全图》和《二十四孝图》。看到新作品很受市场欢迎，杨洛书又萌生了新

荣华富贵·福禄祯祥

35cm×45cm
2010年

的想法，要将中国的古典四大名著人物创作成系列木版年画，将传统文学精品变为木版年画精品，这一想法是他长久以来的一个梦想，源于他对中国文学艺术的热爱。为了将梦想变为现实，杨洛书付出了巨大心血和惊人工作量，先后创作完成了《水浒》一百单八将和《西游记》人物，接着又陆续雕刻了《红楼梦》和《三国演义》人物系列，截至2006年，他终于刻齐了全套四大名著系列木版年画。其中，仅《红楼梦》一个系列就多达700块刻版，杨洛书为此付出的辛劳可见一斑。据统计，整个四大名著系列共刻版两千余块，这套作品也成为杨洛书创新年画的代表之作。

杨洛书不仅能刻、能印，出身于年画世家的他从艺六十余年来，一直注重收藏年画老版，加上家中原有的藏版，他所珍藏的年画老版达到一千余块，这些年画版几乎囊括了明清以来杨家埠现存所有的年画版样，十分珍贵。为弘扬传统民间文化，他曾向中国历史博物馆（现中国国家博物馆）捐献了50块明清老版，受到该馆表彰。

在年画制作技艺的传承方面，杨洛书的儿子、儿媳、孙子、外甥等二十多人先后在他的年画作坊里学艺并工作，男的学刻版，女的学刷印。在年画店的经营方面，杨洛书以犀利的眼光和敏锐的头脑，及时顺应市场变化，将年画销售对象从传统农村扩大到现代城市。他将四大名著系列印刷成册，采用传统线装书的方式进行装订，配上制作精良的书套或锦盒，最后再装入配套印刷的手提袋，进行销售。这种新包装方式，不仅使购买者更加便于携带、欣赏和保存，还增强了作品的收藏

二月二
35cm × 45cm
2010年

价值，不仅在本省受到欢迎，还远销到北京、上海、广州等城市，甚至出口到韩国、日本等国家。

如今，已是耄耋之年的杨洛书仍然为他的年画事业终日忙碌，负责“同顺德”画店的日常经营。画店位于杨家埠一座典型的北方农家小院内，从业人员约有十六七人，除自家亲戚外，还雇佣了四五个外来人员。杨洛书日常除经营画店应酬客人外，还要时常接待慕名而来的拜访者，向他们介绍杨家埠木版年画以及“同顺德”的历史。一谈起这些，这位饱经沧桑的年画老人便会涌起无限热情，沉浸于自己挚爱了一生的年画艺术之中。

三、代表作品赏析

1.《五子门神》

又称“五子登科”。据载，五代后周渔阳人窦禹钧（窦燕山）有五个儿子：仪、俨、侃、偁、僖，因其教子有方，五子相继登科中取。后来门画中出现了一文

五子门神

60cm×40cm
2010年

官伴有五个儿童的画样，传为窦氏五子连科登第的故事。《三字经》中亦有“窦燕山，有义方，教五子，名俱扬”的赞语。杨家埠木版年画中的五子门神都是由一个朝官和五个童子，左右对称的两个画面组成，童子手中所拿莲花、宝瓶、花灯等象征吉祥的物品寓意前途光明、子孙高登、大吉大利，莲花和戟借谐音，寓意“连升三级”等，以图吉利。

2. 刘海戏金蟾

民间传说中的刘海是个穷人，以打柴为生，他捉住了修行千年的金蟾，令金蟾吐金钱，施济于天下穷人，因此人们把他认作财神。由于蟾身布满类似金钱的斑纹，故此民间认为金蟾是能吞吐金钱的灵物，刘海戏金蟾也演变为钓金钱，即民间所谓“刘海戏金蟾，步步钓金钱”。在民间年画中的刘海形象是一副欢天喜地的孩童模样。此幅作品中，刘海蓬头赤足，双手舞动一串金钱，正逗引仰视的三足金蟾，并装饰以莲花、葫芦，寓意祈财求吉。

3.《春牛图》

此图描写的是古代春耕的景象。图的上方题有“新春天喜福星来，人人遇见大发财，农人遇

利市仙官来

60cm × 40cm
2010年

招财童子至

60cm × 40cm
2010年

春牛图

60cm × 40cm
2009年

秦琼·敬德
45cm × 35cm
2010年

见收成好，买卖遇见大发财，出门遇见喜，见喜新春画发财”诗句。画的上半部分从左至右依次为下凡的天喜福星，象征好年景的“一马双驹”及渴望劳动力的“四鋤三饼”；图的下半部分从右至左分别是：扮成芒神的一童子立于春牛旁，在牛的左边，一左一右两位农户正在与牛的主人拉扯着，似乎正在争着请春牛先去耕种自家的田地。

4.《秦琼·敬德》

秦琼、敬德皆唐代初期著名大将。据传唐太宗李世民患病不愈，总觉鬼怪骚扰，噩梦缠身，秦琼、敬德二将闻听后全副披挂，在门外彻夜守卫，众恶魔从此不敢前来，太宗病愈。后太宗便命画工描绘了秦琼和敬德的画像，贴在门上，借以镇邪避祟。此做法很快在民间流传开来，二位大将被封为门神。杨家埠木版年画中的秦琼、敬德形象皆勾画脸谱，手扬鞭锏相对起舞，在形象塑造上将人物的头部比例加以夸张，使其形象显现得更加雄壮、威武，颇有气势。他们是各地年画中表现最多的门神题材，可见其流行的地域之广。

5.《灶君府》

灶王又称灶君、灶神、灶王爷。据说灶神的信仰起源于原始社会先民对于火的崇拜，到后来则

灶君府

45cm × 35cm
2010年

增福财神

55cm × 40cm
2011年

演变为掌握人间祸福寿夭的司命之神。民间流传他是“玉皇大帝”派到各家各户的“一家之主”或“司命主”，他的职责是了解人间善恶，每年腊月二十三上天“汇报”，为玉皇大帝赏善罚恶提供依据。现在民间供奉的是一对老夫妇并坐，或是一男两女并坐，即灶君和灶君夫人的画像。每年腊月二十三，人们都要用瓜糖草豆祭祀灶王和他的坐骑天马，跪拜后把灶王画取下烧化，并焚香跪拜，嘱托灶王“上天去多言好事，多带五谷杂粮、金银财宝，少带口舌是非”。这种习俗一直沿续至今。

杨家埠的灶王画版，多是世代交替，互相传刻，形制基本相同，但随着时代的演变，也有一些微小的变化，如早期灶王人物头小身子大，后期人物则头大身子小。现存传统的灶王版，分为三层灶王、二层灶王两种。

此作《灶君府》为二层灶王：画面主体分为两层，上层中间端坐灶王，两旁各有一位灶王夫人，下层为麒麟送子，上端还有二龙戏珠图案，中间空白处一般套印当年节气表，方便农民掌握农时，作简略黄历之用。此种灶马一般

取成都

35cm × 45cm

2010年

开本较小，多销于东北三省、山东半岛诸县。

6.《取成都》

取成都是一个京剧剧目，又称《让成都》，见《三国演义》第六十五回。西川刘璋因汉中张鲁兵马侵扰，拟求外援以敌张鲁。刘璋初听别驾张松的计议，请荆州刘备兵马入川，以防张鲁。后听左右议论刘备怀有野心，又遣部将张任等回拒刘备，并于落凤坡射杀军师庞统。刘备甚为不快，乃用诸葛亮之计，擒杀张任。刘璋见势不妙，急遣人求救于张鲁。当时马超败走冀城已投张鲁，张鲁乃命马超往援刘璋。马超因不满张鲁待人，反而投降刘备，进攻成都。刘璋无可奈何，恐百姓再受兵灾，只得出降。刘备乃取成都，置刘璋于公安，自任益州牧。

迷人馆捉拿九花娘

35cm × 45cm
2010年

7.《迷人馆捉拿九花娘》

出自明清小说《彭公案》。彭公是我国古代的清官之一，他断案的故事流传千百年而不衰。此作品出自第七十六回“粉金刚夜探迷人馆　九花娘见色起淫心”，桑氏九花娘在长垣县鸡鸣驿开醉仙楼肉酒茶馆，以色相来迷惑行人旅客。彭公派粉面金刚徐盛前往访察，不料反被九花娘擒获，欧阳德随后赶到救出徐盛，九花娘逃往画春园。

图绘九花娘手舞钢刀，拿一“鸳鸯迷魂帕”做“大鹏展翅”状，在迎战徐盛、张耀宗，后有刘方、欧阳德齐来围拿。砌末（道具）画一花床作炕，炕桌上有灯烛壶碗，以表示九花娘内室。

四、艺术特色及主要价值

1. 艺术特色

艺术特色形成与作品的制作过程关系密切。从制作技艺来说，杨家埠木版年画大致分为三个步骤：

第一步是朽稿画样。所谓“朽稿”，即起稿、画稿，传统工艺是用柳枝木炭条、香灰作笔，经过立意、选材、构图，在纸上描绘出大致的样稿，然后再在此基础上描出线稿，完成正稿画样，以便落版雕刻。画样水平的高低是一幅年画作品最终是否成功的先决条件，因此这个步骤十分重要，画稿的线条要有骨力，画工应尽量精细。

第二步是刻版。我国各个年画产地大多都用梨木作为刻版材料，因为这种木料具有高密度和高硬度的特性，适合雕刻不易开裂。杨家埠年画雕刻首选棠梨木。首先将画好的墨线稿反贴在刨光平整的梨木板上，即可按照画稿的线条，运用刻刀进行线版的雕刻。线版雕刻完成后，印出线稿，在上面点出颜色，刻工再按点出的不同颜色，刻制出不同色彩的套印版，套印版数量视画面所需颜色而定。杨家埠年画套色一般少则三四种，多则五六种，因此完成一幅作品需雕刻六七块画版。

第三步是刷印。刻好画版，就可以进行印画了。杨家埠木版年画的刷印顺序是先印线版，再套色版（有些南方的年画产地如福建漳州，则是先印色版，最后印线版）。印画的案子早期是坐着印的小案子，后来为扩大印量，改为站着印的大案子。将裁好的一摞纸（500张左右）固定夹紧在案子左侧，案子右侧则放置刻好的线版，刷印时，先用特制的棕毛刷蘸上颜料将颜色刷在画版上，然后将左侧的纸张覆盖在画版上，用拓板从上到下均匀拓压即可，待一摞纸全部印完后，再将线版换成色版进行套色印刷；套色方法同线版，但要注意仔细兑版（校正色版位置），使颜色套印准确，按此方法依次套印上各种颜色，一幅年画才最终完成。

杨家埠木版年画发展初期曾受杨柳青年画的影响，采用半印半绘的技法制作年画，即版印套色，手绘开脸。后期随着市场的供不应求，杨家埠木版年画由半印半绘改为全部分色套印，并由此正式形成了典型的杨家埠年画风格。杨家埠木版年画作为土生土长的民间艺术，其生产和服务对象均为农民，因此它集中体现了广大劳动人民的思想情趣和审美特征，具有浓郁的乡土气息。

在题材上，杨家埠木版年画以描绘和反映广大农民喜闻乐见的戏曲故事、吉祥事物以及民俗生活为主，令辛劳一年的人民群众在新春佳节能够赏心悦目、美化居室环境。年画又是农耕社会的一种大众传播媒介，具有普及历史文化和民俗知识的作用，并兼及规范和维系传统道德和民间信仰的教化功能。

在色彩上，杨家埠年画喜用对比色，以红、绿、黄、紫色为主，注重整体效果的鲜艳活泼、简明夺目，追求红火、热闹的节日欢乐气氛。在色彩搭配上，遵循长期以来民间年画艺人约定俗成的配色口诀，“紫是骨头绿是筋，配上红黄画才

东汉二十八宿葵花亭赴考文武状元全部图

45cm × 75cm
2010年

新；红主新，黄主淡，绿色大了不好看；紫多恶，黄多傻，用色干净面鲜艳；红间黄，喜煞娘，红重紫，臭其屎。” 这样，创作出来的年画才符合民间大众惯常的审美习惯，画面整体既丰富热烈，又沉稳和谐。

在构图上，杨家埠年画采用散点透视方法布局，追求并列、均衡、饱满、完整，富有装饰性，画面充盈而较少留白，符合民间大众求满求全的心理，尤以世俗生活题材的年画最能体现这种构图特征，画面除主要描绘对象外，在间隙或空闲处还会刻印吉祥话或农谚等，充实画面。

在人物造型上，杨家埠年画艺人在长期摸索和实践中形成了一套绘画口诀：“年画待要好，头大身子小；眉眼清楚，头脸俊俏；身架四称，颜色花俏；不要一个眼，七分八分才凑巧；男子汉，四方脸；姑娘媳妇瓜子脸；儿童娃娃大圆脸；戏曲人物化装脸；青壮年，蚂蚱眼；儿童娃娃杏核眼；姑娘媳妇眼含情；老人要画丹凤眼。” 整体人物形象朴实、粗壮，具有典型的北方人物特征，但不同人物形象又有区别，男性憨实，女性俊美，力求生动不呆板，同时富有山东地方特色。

在印制技艺上，杨家埠木版年画发展到中后期，摒弃早先模仿杨柳青年画手绘开相的技法，而是全部改为套色印刷，这虽然是提高生产效率的一种做法，但同时又是杨家埠木版年画在长期发展中根据客观需要自觉选择的一种结果。杨家埠木版年画的制作者和使用者均是农民，其审美倾向是质朴而粗犷的，因此并不需要过多的细节粉饰，而是更加注重整体的色彩效果和热烈气氛。朴拙的刀刻韵味配上明快的套印色彩，形成了杨家埠木版年画鲜明的艺术风格。

2. 主要价值

在所有的民间美术品类中，年画是流布地域最广，普及性最高，最贴近人民生活的一个品类。从年画形成之初的宋代到繁荣鼎盛的清代，直至民国，在千余年的发展史上，一幅幅年画留下了农耕时代社会各个层面的清晰投影和真实写照，可谓中国民间社会生活的百科全书，是研究我国各地风俗习惯、乡土民情以及民间信仰等的形象资料。杨家埠木版年画作为北方重要的年画产地，具有丰厚的民俗价值和文化、艺术价值。

杨家埠木版年画在内容上反映了农民的生活和愿望，形式体裁丰富多样，用以装点人们的居住环境，美化人们的生活。一户普通的人家，从大门到堂屋，可谓处处有年画，根据潍坊杨家埠村志编纂委员会编撰的《杨家埠村志》介绍，杨家埠年画的张贴状况如下：

临街大门贴辟邪的武门神，门内影壁上有灯画，院内门上贴纳福的文门神，内室房门贴“美人条”、“金童子”；堂屋正中挂“中堂”，两旁贴“画对子”，室内墙上有“贡尖”、“屏条”、“大挂子”，桌前有“桌围画”；房内炕头贴“炕头画”，窗户两侧、顶端有“窗旁”、“窗顶”，两边墙上贴“月光”，放油灯处贴“毛方子”；灶台上方贴“灶马”，牲口圈墙贴“牛马王”，出行有“轿车围子”。除了贴的，还有日常用的，如儿童博戏玩具“凤凰棋”、糊折扇的“扇面画”等。同时，还形成了诸如端午节贴“张天师驱五毒”，中秋节贴“月神嫦娥”，求添子送福贴“张仙射狗”，年长者所居室门贴“福禄寿三星”等诸多讲究。可见，杨家埠木版年画在旧时农村人们的民俗生活中扮演着必不可少的角色，有着广泛的群众基础，深受人们喜爱。

杨家埠木版年画是土生土长的民间版画艺术，具有与宫廷绘画、文人绘画完全风格迥异的乡土特色。它的画面特征、表现形式均来自民间，多以象征、寓意和谐音等手法来表达画意，这种民间约定俗成的表达方式早已深入人心，是人们对至善至美的自然追求。年画艺人针对农民的心理和喜好，创作出符合人们精神诉求的年画作品，如“恭喜发财”“财神金宝”此类题材迎合人们过年图吉利的心理，而诸如“男十忙”“女十忙”这类表现人民劳动场景的作品则是农村生活的真实写照。杨家埠木版年画作为古代传统文化的组成部分，从一个侧面补充了文字书籍记

沈万三打鱼
35cm × 45cm
2010年

载的不足，从中可以认识和了解各个历史时期的社会生产力发展水平和生活状态等，具有丰富的文化内涵和精神内涵。

杨家埠木版年画刻版、套色工艺精湛，制作方法简便，具有质朴无华的审美特征。其线条的形式美感、构图的装饰感、色彩的鲜亮明快、人物造型的朴壮憨实，这些要素组合在一起，构成了杨家埠木版年画典型的北方民间艺术的审美特征。如今，明清古版年画早已作为非物质文化遗产民间美术的重要组成部分，被博物馆、美术馆等艺术机构竞相收藏，旧时下层人民的“粗俗”之作终于登上大雅之堂。

五、杨洛书艺术年表

1927年12月，出生于山东省潍坊市杨家埠村。

1941年，时年14岁，辍学跟随父亲学习印年画、打色版、刻线版。

1944年，17岁的杨洛书已熟练掌握杨家埠木版年画的全部制作技艺，经营“同顺德”画店。

1989年12月，作品《神荼·郁垒》入选北京举办的“全国首届民间工艺美术佳品及艺人作品展”，荣获创作类一等奖。

1993年，向中国历史博物馆（今中国国家博物馆）无偿捐赠50块明清年画画版，受到该馆表彰；同年7月，《光明日报》报道了其捐赠事迹。

1996年12月，应邀参加中央电视台第一套节目《综艺大观》栏目第137期，表演年画刻版技艺。

1998年2月，在美国加州第十届国际美术大赛中，参展的《水浒人物》画册，获创作鼓励奖。

取南郡

40cm × 55cm
2010年

1999年2月，在美国纽约举行的“第十一届国际美术大赛”中，参展作品《秦琼·敬德》获三等奖；9月，作品《花和尚鲁智深》在济南“'99国庆民俗文化博览会”上，获特等奖。

2005年4月，被摩尔多瓦共和国驻华大使兼联合国教育组织国际信息化学会摩尔多瓦共和国分会聘任为荣誉博士；5月，被中国艺术研究院聘为首批“民间艺术创作研究员”。

2007年6月，被文化部评为国家级非物质文化遗产项目（杨家埠木版年画）代表性传承人。

2008年9月，在山东省委、山东省人民政府主办的“山东省泰山文艺奖”评奖活动中荣获“泰山文艺奖美术突出贡献奖”。

2009年4月，创作的四大名著版画《水浒》、《西游记》、《红楼梦》、《三国》画册，在中国（潍坊）第二届文化暨旅游展示交易会组委会、潍坊市文学艺术联合会、潍坊市民间文艺家协会联合评选的民间艺术精品评奖中获金奖；6月，被文化部、人力资源和社会保障部授予“全国非物质文化遗产保护先进工作者”；8月，手绘作品《二十四条屏》，在第二届山东国际大众艺术节、齐鲁民间艺术博览交易会评奖中获金奖；10月，先后入选山东省和潍坊市为庆祝新中国成立60周年评选的100位时代功勋人物。

2010年，先后荣获山东省“乡村之星”和山东省“传统技艺大师”称号。

2011年9月，参加由山东省委宣传部、山东省文联主办的“第四届山东国际大众艺术节——首届山东省暨济南市民间工艺大赛”。

（本篇撰稿　刘莹）

邰立平

——凤翔木版年画传承人

他生长在年画世家，在凤翔年画里生活和成长，他的整个人生都与年画结下了不解之缘。作为陕西凤翔木版年画的第二十代传人，他接续了这门传统的民间艺术，一生与它苦乐相伴。他用了六年时间，每天只睡两三个小时，来复制那些老年画版子，终于完成了三百多套年画版的复制工程，让凤翔年画在几乎灭顶后获得了新生。2005年5月，邰立平被中国艺术研究院聘任为首批“民间艺术创作研究员”；2006年被评为第五届中国工艺美术大师；2007年，他被评为第一批国家级非物质文化遗产项目（凤翔木版年画）代表性传承人。

一、凤翔邰氏年画概介

凤翔县是我国民间木版年画的著名产区，自古就流传有“肖里村娃娃一丁丁，从小就会画门神”的民谣。凤翔年画历史上最盛时期有大小画局百余家，年产六百多万张，所印年画销往陕西、甘肃、宁夏、青海、四川等地。凤翔木版年画立足于西北地区，人物造型粗犷夸张，颜色鲜艳明亮，颇具西北豪放大气的风情。

历史上凤翔年画的集中产区是县城西南方向的陈村镇和县城东边的肖里村。肖里村后来发展为南北两个村，南肖里邰氏家族是木版年画生产的重心所在。根据凤翔年画已故老艺人邰怡生前撰文记述，邰家祖案（祖案毁于“文革”）所载，明正德二年（1507），邰氏家族已有八户从事年画生产。据清乾隆五十五年邰顺家谱记载，邰顺经营有万顺画局，清道光、光绪年间其后代又相继改名为荣兴画局和世兴画局，成为凤翔年画业中著名的老字号。邰家年画至今已延续了五百多年，历经二十代。

从清代中期凤翔年画开始逐步从手工染色向木版套印过渡。清末民初时凤翔年画达到兴盛，凤翔年画品类日趋丰富。到了20世纪30年代末期，凤翔县从事年画生产者多达一百余家，画局十余家，规模较大的画局从业人员在三十人以上，包括雕版、印刷、彩绘、发行等各方面人才；世兴画局生产的“金三裁”，代表了凤翔年画的较高水平，曾广受欢迎。

抗战开始后至20世纪50年代，连年战争使年画业难以维持，加之材料短缺，销路缩小，一些画局相继停业。20世纪70年代世兴画局曾试制窗花门画共四十余种，画面上加些文字，注意运用民间花纹图案和花中衬字、字中衬花的手法，刻印墨线填色发售，使生产得以延续。

改革开放以后，世兴画局由邰立平的父亲邰怡牵头，先后创办了“南肖里工艺美术研究会”和“凤怡木版年画特艺研究会”，搜集古版，进行凤翔年画的挖掘、整理和恢复工作。20世纪80年代开始，凤翔年画在邰立平的推动下也开始走进高等学府和美术馆，从民间艺术品向收藏界、学术界发展。但在胶印年画的冲击下，凤翔年画目前只剩邰立平一家在经营，面临着传承的困难。2006年，凤翔年画被列入首批国家级非物质文化遗产代表作名录。

邰氏年画题材种类多样，大体分为门神、风俗画、戏曲故事、窗花画、神码（纸马）画等。

门神：包括《方弼・方相》、《秦琼・敬德》等武门神和《加官进禄、加官

龙凤钱马

75cm × 45cm

清版复制

2002年印

进爵》等文门神。多贴在门上。邰立平制作的特号的八大门神，是他的代表作品之一，也是凤翔年画最具特色的作品。

风俗画：包括《十美图》等美人画、《吉庆有余》等童子画和《男十忙·女十忙》等民俗画。多贴于窗扇及屋内的墙壁上。

戏曲故事：包括《白蛇传》、《西游记》、《蝴蝶杯》、《三国演义》等。多贴于土炕周围，用来装饰和做小孩的教育之用。

窗花画：包括《春夏秋冬》等四季花卉题材和《二十四孝》等善教题材。多贴在窗扇格上，这是凤翔年画中很有地域特色的品类。

神码（纸马）画：《灶王》、《土地》、《天地全神》、《牛马王》等家宅六神。分别贴于厨房、土地龛、天井院和马厩等地。

凤翔年画的张贴有很多讲究并对应相应的习俗。大年画像《雄鹰镇宅》、《锦上添花》是过去大户人家贴在自家客厅里面的中堂画。大门神多于春节时贴在城门上。凤翔年画中“谷雨画”比较多，像《张天师降五毒》、《春牛图》、《胖娃弹三弦》、《二十四节气图》、《单鸡》、《双鸡》还有《判子》等，一般都是立春以后到谷雨这一段时间贴在屋内的墙上。凤翔当地认为钟馗是藏在门后面捉鬼的，所以《钟馗》一般贴于门后的墙上。《刘海撒金钱》、《天官赐福》等年画一般都贴在商铺的门扇上。

佛说法图
35cm × 45cm
1978年

二、邰立平从艺经历及艺术成就

邰立平，陕西省凤翔县南肖里村人，凤怡年画社社长。1952年冬，邰立平出生在凤翔县城北关，6岁时因为父亲被打成右派便跟随父母回乡生活，受到祖父邰世勤（陕西西府著名老艺人）的影响，开始接触到木版年画，9岁起跟随父亲邰怡（陕西民间美术大师）开始正式学习家传五百年的木版年画制作技艺，12岁时他已能刻一些小块的瓜果花卉题材的窗花版。邰家当时生活很困难，邰立平姊妹五个，仅靠其父亲一人劳动来养活，那时做年画成为家里的主要收入来源。每年从冬季开始，邰家全家老小就要开始做年画。

邰立平1968年初中毕业后，跟随父亲开始了以年画为业的生活。刚开始学做木版年画的时候，父亲还兼画棺材上、箱柜上的漆画，走街串巷的时候就把邰立平带在身边，这样他随着父亲学了一些简单的绘画技法。后来，父亲创作一些年画，邰立平就做号色（即填颜色）、套色等工作，这时的邰立平已经能够独立制作年画。1978年开始，邰立平已经熟练掌握了木版年画的每道工序，随后进入了父亲邰怡创办的“南肖里工艺美术研究会”，在研究设计室专门画年画样子。这三年的设计基础训练练就了邰立平坚实的绘画功底，对他后来坚定地在年画的路上走下去起到了至关重要的作用。此时他已全面掌握了年画的制作，成为研究会的技术骨干。到了

《吉祥如意》套版示意图
45cm × 35cm
2005年

1979年，邰立平已独立恢复了近五十个年画品种，这一年，凤翔县的木器工艺厂招工，邰立平去参加考试并以第二名的优异成绩被录取，但出于对家传年画的责任和兴趣，他毅然放弃做工人的机会并开始专职做年画。

1980年开始，邰立平致力于传统凤翔年画的恢复和整理工作。1984年父亲邰怡去世后，邰立平成为凤怡年画社继任掌门人，开始全面接手凤怡年画社从刻版到印刷再到销售的各种工作。1980年到1986年，是邰立平恢复年画最为关键的一段时间，六年期间他刻了2000多块画版，恢复凤翔年画的墨线版和套色版以及画样180余种，也练就了他以后在恢复凤翔木版年画方面的毅力。从刨版、画样稿、贴版、刻版，再到印刷，这一整套工序基本由他个人独立完成。这六年当中，邰立平几乎每天晚上只睡二三个小时，一天有二十多个小时都在做年画，刻版之余，他还要做一些凤翔年画的宣传工作。1983年、1984年，邰立平带着凤翔木版年画曾先后在中央工艺美院和中央美院举办展览，这是凤翔年画第一次走入艺术院校，开始被外界知晓。1994年，邰立平应澳大利亚澳华博物馆邀请赴澳举办凤翔年画的专题展览，广受好评，凤翔年画开始走出国门，走向世界。20世纪90年代以后，随着凤翔年

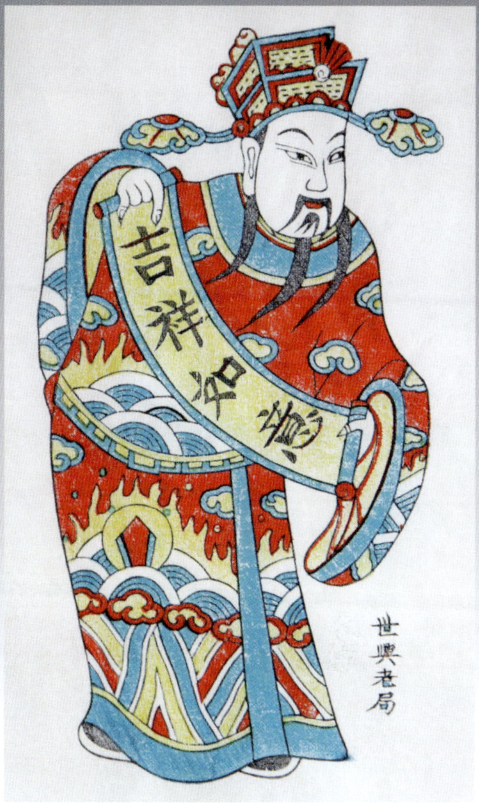

画知名度的打开，全国各地的展览也越来越多。除此之外，邰立平还要做木版年画老画样的挖掘工作。他从收藏家和收藏部门、文化部门多方搜集凤翔年画的老画样（《佛说法图》、《龙凤钱马》），至今已挖掘、整理出近三百多个品种。

从1990年开始，传统的年画开始被胶印年画所取代，老百姓都不贴手工印制的年画了，邰立平开始思考凤翔年画该如何发展这个问题，他决定提高年画的档次，用宣纸印刷，让年画走两条路。一条是延续以前的材料和做法，用来卖给老百姓在过年过节的时候张贴；一条是提高年画的印制质量，面向艺术界和收藏界。经过这样的转变，凤翔年画在邰立平的苦心经营下还是保存了下来。在恢复凤翔年画老画样的同时，邰立平也认识到理论创新的重要性，他从1991年开始参加中国工艺美术学会民间工艺美术专业委员会的年会，至今已参加过二十多次，年会期间他受到了很多老师的指导，使邰立平认识到凤翔木版年画不仅应该在艺术上提高水平，更重要的是使他开始关注应该怎样拓宽发展之路、怎样被更多普通百姓关注、怎样更好的将其传承下去，以至于发扬光大，这些都是他迄今一直在思索的问题。

邰立平和父亲邰怡、祖父邰世勤三人，三十多年来先后挖掘、整理、复制家

刻版工具

传及凤翔木版年画280余种套，创作新样20多种。1996年邰家被陕西省文化厅、文联、民协授予“陕西民间年画世家”。凤翔木版年画在国内外展出58次，分别被国内外300多家艺术单位收藏，被近百家刊物刊出。2005年5月，邰立平被中国艺术研究院聘为首批“民间艺术创作研究员”；2007年被评为中国工艺美术大师和国家级非物质文化遗产项目（凤翔木版年画）代表性传承人。邰立平编辑的《凤翔木版年画选》手印线装本一、二卷由张仃先生题写书名，中央美术学院薄松年教授作序，已分别于1992年、1997年出版。

作为凤翔年画第二十代传人，邰立平谙熟年画设计、雕版、印刷全套传统技艺，具备了从事生产、组织管理、整理、研究及对外交流活动的文化知识和能力，并且在抢救、保护传统遗产方面具有勇于探索的可贵精神。近三十年来，他为凤翔木版年画的遗产保护作出了突出贡献。他在恢复年画这条主线的同时，无形当中做了很多必不可少的工作，凤翔年画现在能被更多的人所知晓，能一次次的被宣传报道，与他的付出和努力密不可分。

三、代表性作品分析

1.《方弼·方相》　武门神

根据世兴画局留传的明代古版以及各方研究、考证，这对门神人物始于商代，同神荼郁垒一样，是传说中的守门将军。凤翔民间传说方弼、方相是商朝纣王的镇殿将军，有二人镇守宫门，妲己及鬼邪不得入宫。后纣王将二人逐走，妲己得以入宫乱朝，后来两人被民间尊为门神，是唐以前民间门神，方弼花脸，方相净脸，是贴于四城门之东门上的一对。

方弼、方相两位镇殿将军，二人身高三丈，力大无比，武艺超群，性情耿直。方弼满腮饱髯、方相面如敷粉，手中皆持有画戟。后在破十绝阵时，方弼、方相二人均亡于此阵。

门判

45cm × 35cm
清版复刻
2007年印

最后姜子牙斩将封神，将方弼封为显道神，将方相封为开路神。所以，在传统葬俗中，大门两边要立“方弼”、“方相”，用以开道。《聊斋志异·金和尚》中就描写道：“方弼、方相，以纸壳制巨人，皂帕金铠；空中而横以木架，纳活人内负之行。设机转动，须眉飞舞；目光弥闪，如将叱咤。观者惊怪，或小儿女遥望之，辄啼走。”后世也是借助方弼、方相的身材、力量、武艺、正直，将此二人彩绘的门画，流于后世，传至于今。

在世兴画局传下来的古版中，方弼、方相二人一切均接近形象，身披战甲，雄姿威武，正气凛然。唯手持的兵器，不是画戟，而是铜锤。在凤翔年画中，这两幅大门神的画像，由明代中期保留下来。

上朝秦琼

110cm × 60cm
清版
2008年印

上朝敬德

110cm × 60cm
清版
2008年印

2.《秦琼·敬德》

凤翔木版年画的秦琼、敬德分为上朝秦琼敬德、站人秦琼敬德、坐虎秦琼敬德、骑马秦琼敬德和执鞭执锏秦琼敬德。上朝和站人一般用来贴于城门或较大的府邸之门上，有全开大小。坐虎、骑马、执鞭执锏秦琼敬德一般贴于普通大小的门上，为三开大。为了适应年节的浓厚气氛，绝大多数门神都赋以强烈的色彩，以显出喜庆的神色。秦琼敬德的多种形式也形成不同的画面和独特的风格。上朝秦琼敬德身穿饰满云纹和龙纹的华丽朝服，秦琼净脸，敬德黑脸，黑白相间，让人感到既合理简练，又具有浓厚的装饰味，突出地反映出人物脸面的基调色彩，通过它使人

男十忙

45cm × 35cm
清版复刻
2010年印

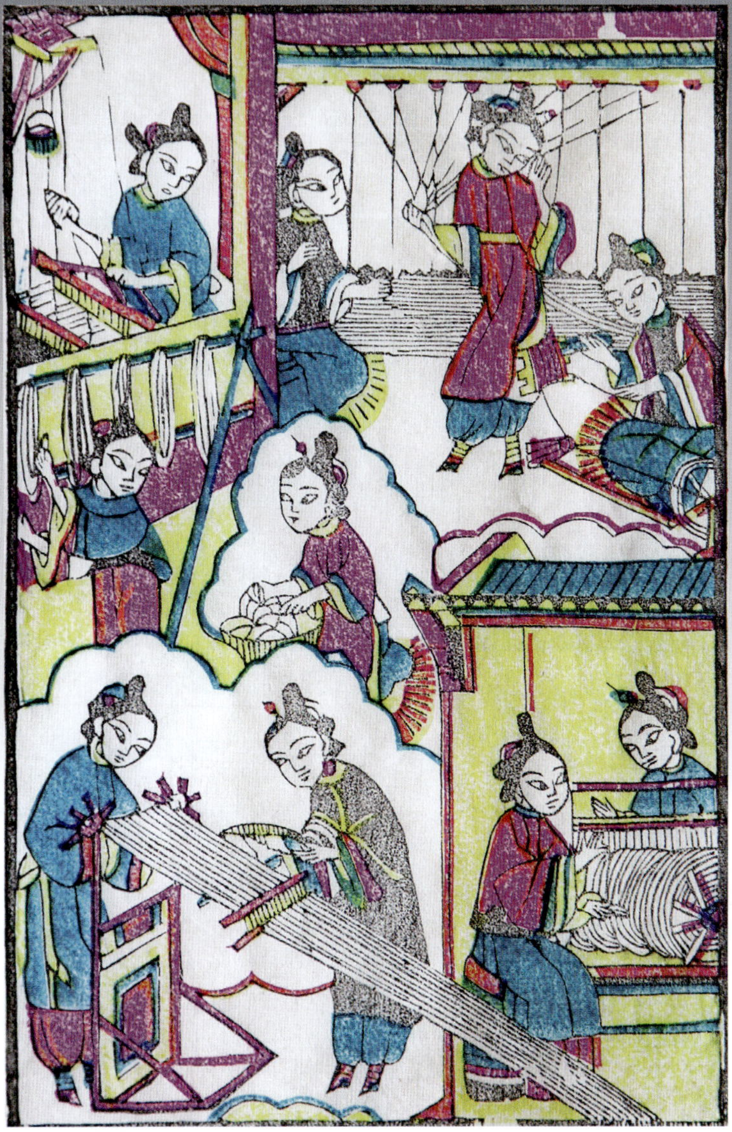

女十忙

45cm × 35cm
清版复刻
2010年印

们看到被夸张了的性格和表情，显现出二人的雍容大气和强烈的威慑力。画面线条奔放灵动，服饰飘逸，富于变化，颇有“吴带当风”的味道，也好似道教壁画中的神仙气势，超凡脱俗，显示了刀法刻制的超高水平。

3.《男十忙·女十忙》

本图是农家忙于农事的题材，在两幅画中描绘耕、耧、锄、收割、碾打等劳动场面，画风朴实，富有生活气息，有童子送饭、地头吃饭等很有情趣的田园风光。此“十”并非就是十个人，只是用以言其众。“忙”者言其勤勉不惰，日出而

鱼乐图之一

45cm × 35cm
清版复刻
1958年印

鱼乐图之二

45cm × 35cm
清版复刻
1958年印

作，日落而息，自得其乐。每一幅画面上都有七至十个人物，运用传统的平面化、装饰化构图，人物在画面中分布自然、均衡而又富于变化，点线面和色块的对比很有节奏。画面内容来自劳动生产，表现得真实生动。这两幅图均是真正反映当时劳动人民生活的画面，它富有强烈的时代特色和对劳动及劳动者的热爱与称颂。

4.《十美图》

《十美图》为窗扇子上贴用，它用十幅画、五个过程，展现了一个人从青年到老年的生命历程。十幅画的寓意是“十全十美”，其中涉及了众多的民间习尚，也运用了很多的民俗元素，吉祥、福瑞用动物、植物恰当地表现出了中国人心目中的传统的完满观念。

《十美图》之一的“鱼乐图之一、鱼乐图之二”描绘了两个未婚女子身着艳丽的衣服去打鱼的情形，情绪欢快，天真烂漫。“鱼”谐音“余”，是对生活富余的一种企盼和祝福，鱼产多子，也是家族繁衍、子孙昌盛的象征。“鱼乐图”就是祈求生活富余、家族昌盛之寓意。一般贴于窗扇上和闺房中。

耕读渔樵
35cm × 45cm
清代复刻
2010年印

《十美图》其他组合：之二是“倩女寻梅、佳人爱菊”；之三是“天仙、送子”；之四是“蟾宫折桂、官带留传”；之五是“三元报喜、端桃献寿”。

四、艺术特色及文化价值

（一）艺术特色

凤翔是周秦文化发祥地，也是闻名遐迩的文化古城。邰立平整理和创作的凤翔年画吸取了周代青铜器和汉画像石的饱满、对称、装饰性强的构图和布局。人物造型以线立骨，造型和线描结构非常考究，在线的造型特点上既重视外轮廓，也注重团块的整体感觉。人体比例是五短身材，手法夸张，头部大、腰部粗、面部突出、神形突现、主次分明。年画色彩鲜艳、饱满、对比强烈，有极强的视觉冲击

李逵夺鱼

35cm×45cm

1958年

力，这也是西北地区民众节庆气氛的一种需求。色彩多为大块对比，画面花而不乱，仍然统一在一个调子里，在手、脸的地方留白，突出重点。套色一般多在五到七种，有大红、大绿、桃红、米黄、深绿等。世兴画局鼎盛时期，还曾对年画进行套银描金，这种被称为“金三裁”的年画，是凤翔年画中的名牌产品。

以邰氏年画为代表的凤翔木版年画自从产生以来，一直面向西北农村，其创作人员都是民间画匠及民间艺人，消费群体也主要为西北广大民众，所以便形成了它刚健、厚重的风格。比如门神的线条、笔意，非常接近庙宇壁画的造型风格；谷雨画内容比较丰富，是西北农村朴实的民俗民风的真实写照。加之年画的诞生地南肖里村交通不便，很少受到外部美术潮流的冲击和影响，所以便保留了它独有的民间特色。邰立平整理和创作的年画都尽最大可能地保留了传统凤翔年画的风格和品位。具体体现如下：

1.门神画艺术特色

中央美院薄松年教授在写给邰立平编著刻制的《凤翔木版年画选》序言中说：“这本选集汇聚了一批具有鲜明地方特色的木版年画，有些还是濒临失传的稀有作品，武门神中诸如方弼、方相、老将军之类样式就为其他地区所少见，秦琼、敬德的装扮和脸谱与秦腔及社火中的角色极为相似，而且有镇殿、骑马、上朝、坐虎多种类型，形象造型颇有独到之处。”

凤翔世兴画局年画早期一直都是只印墨线，手工填色，故而在线稿上下的功夫很大，不填色的墨线画本身就是一幅完美的线刻木版画。过去民间称这种画为“大画身”，在总体造型上注重外轮廓的形式和团块的整体感，平面化处理和各团块的置阵布势。人物造型不同于西方标准的八个头的身材，而是以五短身材的夸张手法，着重突出人的头部。腰部大都加粗，使人感到粗壮威猛。人物面部对线的运用也达到极致，突出刻画脸的立体感，主次分明，神形兼备。刻画出来的人物均昂首挺胸，跨步而立正，静中富于动感，站而有神气，气宇轩昂，既威严而又忠诚，憨厚而雄伟。方弼、方相、秦琼、敬德大都以侧身造型，而且形成完全对称的装饰效果，而这种门画以武门神为主，大都是花脸、净脸，又形成完全不同的性格造型，对比强烈，成为西北民间的一种特有绘画手法和风格。

凤翔世兴画局年画中的秦琼、敬德造型，除多半以侧身造像和绝对的对称外，也同样以五短身材的夸张手法设计。

2.风俗画艺术特色

凤翔年画中的风俗画多为体现民间农活的劳作过程和各个节气的场面，所以大都比较写实。在整个画面的布局和构思上，首先以内容定画面结构，如《男十忙·女十忙》，每幅画均为多人，画面满而丰富，布局、顺序均很合理，如《大吉利》、《龙凤钱马》以醒目的大字开始，其主要表现鸡的造型，搭配得十分恰当，字、鸡、符，构图饱满。关于风俗画中的创作目的和理念，如童子画、进财画、谷雨画等，都体现了：一要喜庆；二要好看、要美；三要福气、福态；四要进财、丰收；五要康泰、多子多福。年画中大都体现了这几种愿望，而创作中则要遵循“人多而不繁，人少而不简，人多显场面，人少见脸面”的要求。像《四时报喜》、《吉庆有余》这两幅画虽各只有一童子，但整幅画面构图饱满，大色块，显眼且寓意喜庆、吉祥，线条粗壮有力，在西北民间广为流传。

3.戏剧故事艺术特色

邰氏年画中的戏曲故事均取材于故事或戏曲中的典型场面和造型。一幅画就代表一段故事或一出戏，大都几人或多人，对场景的总体布局要求很高，布局不到位则无好画，更表现不出好的情节，然后才是各个人的刻画。一般戏曲故事中的场景要求层次感强，从景物、山水、云气来衬托出人物，画出层次，加深画面的立体

回荆州

45cm × 35cm
1958年

点，正可谓是“一线能分千里路，一笔能聚几代人”。其中《回荆州》、《西游记》、《李逵夺鱼》等故事在线的运用和分布上略不同于《方弼·方相》，其用线略见粗沉，常用拉长、粗壮、流畅而奔放的手法表现人物的外在美，整个人物呈以概括的线条结构，既有大疏又有大密，形成以团块衬托团块的格局，这样在填色和套色时，使画面形成大块大块的色彩对比强烈的特点。在《方弼·方相》对线的应用达到极致后，又采用较概括的线条结构，套色画出现大团块的视觉效果，来体现人物的气势，将《上朝秦琼·上朝敬德》和《加官进爵·加官进禄》两组人物加以比较，《加官进爵·加官进禄》以一种沉稳的线条结构处理，稍带动感，使线条表现为垂沉又有点飘动，线条微粗，使得面部沉稳、祥和、庄重。以线刻画出人物的外形特征和内心境界，使人感到画面艳而不乱。这对人物除脸均显福态外，更增加了眉际和面像的英气之感，使人观之更美，这是凤翔木版年画中文门神的特点。文门神的身形不比秦琼那么粗壮、略显微瘦，而更显俊气。对天官手的画法也略有区别，更显细、长、润、嫩，更好看、更得体。

（二）文化价值

邰氏民间年画具有主题鲜明突出、造型简练概括、色彩对比强烈、构图丰满匀称的特点，其风格吸取了汉唐壁画、石刻、古代绣像、书籍插图的表现手法以及其他民间艺术的某些特征，并适应西北地区广大农村民众的爱好和审美兴趣，深深扎根于西北民间，虽从20世纪50年代开始曾做过多次年画改革的探索，但是由于当时创作的作品从画的内容、装饰性、造型与当地民众的要求还有一定的距离，在当时政策的引导下，创作的改革年画，民众反映不够美、乡土味不足、水平不到位而未能流行，所以凤翔年画至今都得以保存了传统年画原汁原味的风格。此外，凤翔年画中几乎有三分之二的年画都配有文字。图配文、文衬图，使画面更为饱满，配图的文字用当地方言读起来朗朗上口，极为押韵。这些文字一方面起到了解释画面的作用，另一方面也是研究西北地区农村社会生活和当地民间口诀、口歌的重要资料。

凤翔年画不仅是年节和民俗活动一种五彩缤纷的点缀，还是文化流通、道德教育、审美传播、信仰传承的载体。这些特点，是其他画种难以比拟的，更意味着年画除了具有美术价值以外，还具有研究历史、政治、风俗和民众生活心态及思想追求等方面的价值，是认识过去人们思维模式和文化心理的一个参照系，所以历来受到研究者的重视，是我们研究陕西西府民俗的重要资源。邰立平在漫长的几十年时间里，一个人默默坚守着传承了五百年的年画艺术，他以自己的实际行动践行了一个年画世家的信仰和传承人的职责。

五、邰立平艺术年表

1952年11月23日，出生于陕西省凤翔县。

1958年4月，随父母回到凤翔县南肖里村，同年7月份在南肖里村初级小学上学，同时随祖父邰世勤（关中西府著名老艺人，西凤世兴画局掌门人）学习家传木版年画的填色技艺。

1961年下半年，在上学之余，开始随父亲邰怡（陕西民间美术大师）学习小窗花版的雕刻。

1962年，在父亲邰怡指导下，又刻了牵牛花和露丝踩莲一对窗花线版。

1963年，跟随父亲学画箱柜画，做年画。

1965年，考入陕西省凤翔中学。在上中学的三年当中，每年的暑、寒假和周末，都是随父亲画箱柜画，添置一些新设计的门芯子版和窗花版，后来的填色大都由弟妹和母亲他们去完成。每年年画产量都在几万张。

1969年至1977年，刻制了大量的画版。

1978年6月，进入父亲创办的“南肖里工艺美术研究会”，担任研究设计室主任。

1979年11月7日，邰立平代表陕西省乡镇企业参加在西安人民大厦举办的“陕西省工艺美术艺人、创作设计人员代表大会”并发言。

1981年至1982年，两年中刻制年画版几十套，每年年画产量在十几万张。

1983年7月，应中央工艺美院邀请随父亲邰怡一起赴中央工艺美院展出，演示，并参加讲座活动。

1984年4月，应邀请随父母一起在中央美院举办“凤翔民间美术展”并参与对学生们的年画讲座活动。

1989年底，应省美协、美术家画廊邀请，在省美术家画廊举办“邰怡、邰立平凤翔年画收藏展”。1980年至1989年的近十年中在家中先后接待美国、法国、德国、日本、芬兰等国学者达七十余次。接待国内来访者近三百次。

1992年，编辑的《凤翔木版年画选》第一卷墨线，套色本成册，由张仃教授提写书名，中央美院薄松年教授作序，蓝布面、线装本、手工木版印制。

1993年，应邀再赴中央工艺美院展演。同年，赴上海参加“上海二届民间艺术博览会”展出。后应邀在浙江美院展出演示，举办讲座。

1994年2月，应澳大利亚墨尔本澳华博物馆之邀，赴澳举办“中国民间年画珍品收藏展”。3月应香港中华文化交流中心邀请赴香港展出。澳洲和香港电视台报纸均予特别报道并高度评价。

1995年，随“陕西民间艺术团”赴香港展出，应邀赴江西师范大学展出，并演示、讲座。

1996年，应邀赴湖北美院展出。

1997年，应邀赴山东工艺美院、哈尔滨大学、哈尔滨师范大学展出、演示，并举办讲座。同年《凤翔木版年画选》第二卷墨线、套色本成册出版。

1999年，随中国艺术代表团赴巴黎联合国教科文组织大厦参加“’99巴黎·中国文化周”活动。《欧洲时报》、《人民日报》及法国媒体均予特别报道和高度评价，邰立平木版年画作品首次在世界文化最高殿堂受到欧洲各国民众的喜爱。《凤翔木版年画选》一、二卷被法兰西学院收藏。

2000年，应邀再次赴哈尔滨师范大学展出、演示，并举办讲座，同年12月应邀在西安美院举办“邰立平陕西年画艺术展”并演示，举办大型讲座。所展全部展品被西安美院收藏。

2001年，再次应邀赴湖北美院展演并举办讲座，湖北电视台、武汉电视台均予以报道。后再赴南京首届民俗吉祥艺术节展出。

2002年，应邀在香港海洋公园展演。

2003年，随陕西民间艺术团赴香港会展中心展演。

2004年，应邀赴深圳博物馆举办“陕西民间美术展”。深圳电视台等均予重点报道。同年由《三秦都市报》、《宝鸡日报》为邰立平招徒六人，至今有两人已初步具备刻版能力。

2005年4月，应邀赴广东美术馆举办“陕西民间年画艺术展”并演示，作品被广东美术馆收藏；同年5月应邀在广州美院、华南理工大讲学；同年被中国艺术研究院聘为首批“民间美术创作研究员”；被陕西省发改委评为“陕西省一级工艺美术大师”。

2006年，被国家发改委评为“中国工艺美术大师”；同年，凤翔年画入选首批国家级非物质文化遗产代表作名录。同年7月应邀赴法国海外省留尼汪举办年画展演。作品八张大门神被中国国家博物馆收藏。

2007年，被评为首批国家级非物质文化遗产项目代表性传承人。同年1月应毛里求斯华人社团邀请赴毛里求斯参加当地关帝文化节展演。

2008年，应邀在中国农业展览馆举办展览；8月参加北京奥运会“中国故事”大型文化展演活动。

2009年2月，参加由文化部、中国非物质文化遗产保护中心在北京农业展览馆举办的中国非物质文化遗产传统技艺大展。

2010年6月，参加由农业部、文化部、中国文联联合主办的首届中国农民艺术节。

2011年1月，参加由中国非物质文化遗产保护中心举办的“我们的节日——百名非物质文化遗产项目代表性传承人迎春展示活动”。同月，凤翔年画入选国家邮政总局发行的特种邮票。

（本篇撰稿　邰高娣）

冯庆矩

——杨柳青木版年画传承人

他15岁进入杨柳青年画社，一直到现在，还在画年画。他手中拿着一支扁头笔，一支尖头笔，前者是染色用的，后者是勾线用的，除了抗美援朝当了几年兵和不允许画年画的那些年，他在五十多年的时间里，一直勾线、染画。问他做年画最难的是什么，他说是染色。他的年画作品保持了最典型的杨柳青年画的“点染”特色，色彩艳丽，浓而不俗，对比强烈又那么和谐。2005年，他被中国艺术研究院聘任为首批“民间艺术创作研究员”，2007年，他被评为第一批国家级非物质文化遗产项目（杨柳青木版年画）代表性传承人。

一、杨柳青木版年画概介

杨柳青木版年画发源于千年古镇杨柳青，是中国著名民间木版年画，与苏州桃花坞年画并称“南桃北柳”。杨柳青木版年画历史悠久，驰名中外，约产生于明代崇祯年间，清雍、乾至光绪初期为鼎盛期，至今已有600年的历史。

明代永乐年间，京杭大运河的开通及天津漕运的兴起使杨柳青成为南北商品交易的重要集散地，经济日益繁荣。周边地区的木版年画艺人先后迁居杨柳青镇，发展业务。而杨柳青镇外盛产的杜梨木非常适宜雕版，有了这种可用的工艺材料，杨柳青木版年画随即兴起，并日益走向兴盛，出现了全镇及周边村庄“家家会点染，户户善丹青”的盛况，杨柳青年画因以产地得名。2006年5月，杨柳青木版年画被列入第一批“国家级非物质文化遗产代表作名录”。

杨柳青镇南依京杭大运河，曾是北京以南最重要的驿站。自明代开始，随着大运河重新疏通，杨柳青成为漕渡兴旺的名镇，商贾往来，画贩云集，不断繁荣。

清朝时，杨柳青的年画就已发展得十分完善。康乾时期，杨柳青年画的风格严谨，背景简洁，注重人物神情的刻画。这一时期的代表画店是齐健隆、戴廉增两家，皆用重金聘用宫廷画家或文人画家出绘制画样，大大提高了杨柳青年画的艺术水准。到了清代中期的全盛时期，古镇之上，六十多家大型画店鳞次栉比，店中画样高悬，各地商客络绎不绝，据说，戴廉增画店一年生产的成品就达2000件，每件500张，共达百万幅。当时，杨柳青全镇连同附近的32个村子，大都从事年画作坊式生产，形成了“家家皆善点染，户户皆善丹青”的局面，是名副其实的绘画之乡。

第二次鸦片战争（1856－1860）以后，杨柳青年画走向衰落。抗日战争时期全部停业，损失最为惨重。新中国成立后，经过人民政府的多次抢救、搜集、挖掘、整理，杨柳青年画又获得了新生。

1960年，周总理为了解民间艺术的现状，视察了杨柳青画店，对艺人们的技艺给予了很高的评价。1949年后，以潘忠义、张兴泽为代表的技艺精湛、硕果仅存的传承人在画社退养，并培养了包括近二百名高素质的专业艺术工人和创作人员，冯庆矩就是第一批学徒中的一员。近年来，随着非物质文化遗产保护工作的展开，传统木版年画作为保护对象重获青睐，产量逐年攀升，经营好转、影响力日盛，杨柳青木版年画独特的风格得以传承与发展。

杨柳青木版年画，内容极为广泛，多表现人民美好的感情和愿望，反映时事

金玉满堂

87cm × 172cm
2010年

风俗，充满浓厚的生活气息。在表现方法上多采用寓意写实等手法。大部分是描绘吉祥、喜庆、欢乐、美好的事物，或以典故、成语作为主题，构思巧妙别致，并有情节，易于理解，特别是那些与人民生活密切关联的题材，以及带有时事新闻性质的题材等，不仅富有艺术欣赏性而且具有珍贵的史料研究价值。从题材上看，杨柳青年画大致可分四类：一是仕女、娃娃；二是戏曲及历史故事；三是喜庆吉祥主题；四是世俗生活及山水花鸟等。杨柳青年画以仕女、娃娃、神话传说题材最多，采用寓意写实等手法，线条流畅清新，敷彩古朴典雅，富于浓郁的生活气息。如反映人民群众向往国泰民安和幸福生活的《万象更新》、《连年有余》、《福寿平安》等作品，流传极广，远至海外。

杨柳青年画由于靠近北京，并向宫廷和北京大户人家提供年节装饰画，故其风格受到宫廷绘画的影响，笔法细腻，色彩柔和，线条流畅清新，人物造型秀丽，内容形式多样。从历史上看，杨柳青年画继承了宋、元绘画的传统，坊间一直有“北宗画传杨柳青”之说，故此年画呈现出“院体”风格，此外，它还吸收了明代木刻版画、工艺美术、舞台戏曲表现形式的影响，注重写实性和故事情节，加上制作工艺上采用木版套印和手工彩绘相结合的方法，形成了融“勾、刻、印、绘、裱”五大工艺于一体，既有版画韵味，又有手绘的斑斓色彩，雅俗共赏的民间绘画艺术，对中国多个地方的年画产地都产生了深刻的影响。

卧莲有余

41cm × 63cm

2009年

二、冯庆矩从艺经历及艺术成就

冯庆矩1944年出生于天津。1960年2月，年仅16岁的冯庆矩和河北青县的王文达，背着自己的行囊，带着共同的懵懂理想，坐火车来到了天津市郊的杨柳青镇。在这里，他们被要求当着几名老师傅的面画张画。

冯庆矩至今仍然记得，自己当时画的是一幅当地老百姓家里过年最常见的年画——“娃娃抱鱼”。当时，这两名青年并未想到，这一张小小的图画，从此改变了他们后来半个多世纪的人生轨迹。因自幼酷爱美术，有着相当的绘画功底，年仅16岁的冯庆矩以优异的成绩考入当时的天津荣宝斋（今天津杨柳青画社），从此和年画艺术结下了不解之缘。

冯庆矩考入画社后，经过集体培训，在50名学员中脱颖而出，被画社著名的年画艺术家张兴泽、潘忠义两位老先生选中，做贴身徒弟，全面学习杨柳青年画。他先跟张先生学习粗活儿，然后一直跟潘先生学习细活儿，深得真传。在学习的同时，他和师傅一起将从民间搜集的残缺的优秀作品复原整理、绘制出版，从而积累了丰厚的绘画经验。他非常喜欢年画这门艺术，便利用公休日和晚上补习文化课、美术课，他的绘画逐步融合了张先生大气磅礴粗犷和潘先生清秀儒雅细腻的艺术风格，形成了自己的特点，受到国内外人士的好评。当年，很多知名专家、画家，如王树村、李可染、叶浅予、黄胄经常到画社讲课，或参加笔会，指导他们搞创作，使他开阔了眼界，让他在杨柳青年画的创新上有了很大发挥。他和创作班子的同学

敬德

130cm × 73cm
2005年

秦琼

129cm × 75cm
2005年

制作工具

一起相互学习，取长补短，获得了不少奖项与荣誉称号，为杨柳青年画的传承和发展作出了贡献。

在杨柳青年画的制作过程中，各个工序是分离的，冯庆矩在掌握全部环节工艺的基础上，更加偏重手工染色工艺，他最擅长的是勾大画稿、自制颜色、染色，在这几方面他都有自己独到的技艺和体会。

他所采用的颜料基本是国画颜料，但是国画颜料没有可以拿来直接用于年画染色的颜色，买来后都得自己再加工一下，像钛白，不能挤出来直接用，必须要自己调色、加工，等颜料中的细粉沉淀后再取出其最细腻的部分，等于是去粗取精。再如花青，需用水兑开后，使其沉淀，碗底下会有很多像渣子一样的“根子”，需要沉淀后倒掉，因为这些都是粉子，覆盖力特强，十分容易遮挡年画的墨线轮廓，而中国画最重要的造型手段——墨线如果被遮盖上了是不行的。再如赭石，也有很强的覆盖力，需要用水调稀，让粉质的东西沉淀，再去除它们，保留上部分细腻的颜色，等它干了，凝成块，用的时候，用多少倒多少，用手研一研使用。基本上，所有的颜色，冯庆矩都要这样处理。这是他的师父带他的时候这么教他的。这种方法，他一直保持至今，所以他染出的画，色彩十分透明、鲜亮。

对于色彩的浓淡控制，冯庆矩也有自己摸索出来的土办法，效果出奇的好。他用一小块棉花，放在碗里，根据棉花吸水量的多少来控制颜色的含水量。他的笔也在染色时分开使用，如染红色用一支笔，染黄色用另一支笔，每个颜色使用一支笔来画，不混用，这就保证了每种色彩的纯正。他根据自己多年的经验，亲手制作绘色毛笔，扁头的是用来染色的，尖头的是用来勾线的，也不能串用。

冯庆矩还有一些提高染色效率的土办法，如他把灯芯草扎成一束，裁成段，蘸上颜色，用来点彩。如梅花图案，年画中的梅花很多都是用这些灯芯草点出来的，既快又好看，《瑞雪丰年》里面的梅花就是用这个点出来的。染脸的时候，他

工艺流程

用扁笔蘸着胭脂色，一头浓些，一头淡些，染的时候，浓色的一端在脸部的中心，一边走笔一边转笔，这样，一次就可以画出渐变的渲染效果。

他染色时，把画竖着裱在墙上或板子上，这样做第一是为方便绘画；第二，染色的时候，横着染，颜色容易往下流，会把别的地方弄脏，而竖着染，颜色流下去，还是在同一块色域里面，不会弄脏画面，染色时，反复多次的烘染，都是这样以手工染色的方式做出的。

冯庆矩还根据自己对年画的理解，改进传统配色，使画面更加新鲜、亮丽。如有一类财神画，通常财神穿的是灰色的衣服，但冯庆矩认为财神应该穿颜色鲜艳的衣服，灰色衣裳有点像乞丐服装，所以他就把财神像的服装色给改成了华丽些的亮色，效果非常之好。

冯庆矩在勾稿上也独具特色，并善用生宣纸勾稿。杨柳青年画虽然线条是用墨线印制，但是如果想画大画，就要手工勾稿了。1988年，委内瑞拉大使馆要收藏一张大画，自从那次以后，他手工勾大画稿就没停过，大画的效果更好，更受欢迎。但其中，常会有传统的界画内容，冯庆矩采用了传统的界尺方法来画，他自制的槽尺，配上铅笔，和软毛笔同时使用，画线时，铅笔和毛笔同时拿在手中，分开一段距离，铅笔在槽尺的槽里走，毛笔在纸上走，画在纸上的线就是直的，以硬笔控制软笔，这就是传统的界画的画法。画的时候不能停顿，一停顿线条就有疙瘩，要一气呵成，这也是考量画者功力之处。

冯庆矩现为首批国家级非物质文化遗产项目（杨柳青木版年画）代表性传承人。全国非物质文化遗产保护先进工作者，文化部劳动模范，享受政府特殊荣誉津贴。2005年被中国艺术研究院聘为首批“民间艺术创作研究员”。他在艺术之路上坚韧地走着，一干就是五十多年。退休后他放弃了外单位的高薪聘请，毅然继续返聘，留任在杨柳青画社肩负着培养第五代接班人的重任。

自改革开放以来，年画的对外文化交流活动也多了起来。他曾先后多次应邀到美国、法国、比利时、荷兰等国家，以及中国香港、台湾和国内各省市参加艺术交流活动和展览，国内外电视台、报刊、杂志对其艺术成就进行了广泛报道。他的

莲生贵子
34cm × 49cm
2008年

许多作品历年来被天津市领导和国家各大部委作为国礼赠送给国外宾朋。

冯庆钜创作的作品《一揖娃》曾获轻工部优秀纪念品一等奖、民间工艺美术优秀奖；《五福捧寿》1999年入选庆祝新中国成立50周年天津市美术作品展和全国美展并获奖。2001年作品《富贵有余》、《龙腾盛世庆光辉》分别获得全国第二届年画作品荟萃展优秀奖和铜奖，《蟠桃献寿》、《马到成功》等作品入选首届中华民间艺术博览会。2002年为天津集邮公司特别绘制的《五子夺莲》、《盗仙草》、《钟馗》、《玉堂福贵》四幅年画制成一套四枚纪念邮票和首日封，在首发式上，冯庆钜整整5个小时为排队的收藏者签字，引起很大的反响。

三、代表性作品赏析

1.《莲生贵子》

这是中国传统民间年画中一个十分常见的题材，尤以天津杨柳青年画最有代

五子夺莲
52cm × 97cm
2006年

表性。画面中头梳一顶辫的童子坐于荷叶之上，双手抱笙，吹奏乐曲，身略斜，似随乐曲旋律，身不由己而晃动。脚边有荷花怒绽，其旁尚有莲蓬两个，此幅为娃娃画最佳最妙之一幅。孩童一手执一莲蓬，另一手抱笙；或画一孩童一手执莲花和莲蓬，一手抱笙，这种画面上的画题有时叫“莲生贵子”，即“连生贵子”谐音，画面中的“莲、笙”这几种物象所表达的是“连生贵子”的吉祥寓意。这种以谐音方式表达吉祥意蕴的表现手法在年画中很常见，也是中国传统文学艺术中最为常用的一种艺术表现形式。

2.《五子夺莲》

该画属于娃娃题材年画。画面表现了五个童子在嬉戏追逐、争抢莲蓬的场面。五个童子不仅姿态各异，而且每个人的发型也各不相同，从左起依次为总角、半瓜、婆焦、金箍、三搭。在古代，“五子”蕴含多子之意，同时也蕴含着“教五子，名俱扬”之意。“夺莲”的“莲”字，与“连”同音，寓“贵子连生”之意，

玩蝈蝈
75cm × 128cm
2010年

传达出多子多福、连生贵子的吉祥涵义。

3.《玩蝈蝈》

此图所画娃娃一手撑地，一手高举一个装蝈蝈瓷瓶，瓷瓶上绘有山水人物花纹。娃娃身着红兜肚蓝外套，除了左右结扎的小辫儿，头顶圆光。娃娃玩蝈蝈，笑得前仰后合，蝈蝈却跳到他的头上，很有情趣。旁有白菜萝卜，有秋获之意。蝈蝈，音谐“哥哥”，即是天津当地话中的男子之意，隐喻生男之兆。

4.《刘海戏金蟾》

刘海戏金蟾的画面内容大量出现在民间年画和剪纸等民间艺术中，历代画家也有不少这一题材的佳作传世。刘海手舞足蹈、喜笑颜开的顽童形象，其头发蓬松，额前垂发，手舞钱串，一只三足大金蟾叼着钱串的另一端，做跳跃状，充满了喜气。刘海所戏金蟾并非一般蟾蜍，而是三足大金蟾（谐音金钱），举世罕见。金蟾被民间视作神灵，古人认为得之可以致富。这是刘海被塑造成财神的主要根据。民间传说，刘海用计收服了修行多年的金蟾，得道成仙。刘海戏金蟾，金蟾吐金钱，他走到哪里，就把钱撒到哪里，救济了不少穷人，人们尊敬他、感激他，称他为“活神仙”。为

刘海戏金蟾

41cm × 60cm
2010年

此，有的地方还修建了刘海庙，把他的故事编成戏剧，到处吟唱。

5.《连年有余》

这种吉祥画属于娃娃抱鱼系列，是杨柳青年画最具代表性的题材，有多种不同的样式，这幅是最典型的一种。画面上的娃娃体态丰腴、活泼可爱，他们或手持莲花，或怀抱鲤鱼，非常惹人喜爱。连年有余以“莲”、“鱼”等谐音为“连年有余”，寓生活美好之意。莲，寓意连续不断；鱼，寓意“富裕”、“富余”，它象征了吉祥美好的祈愿，也寄托人们对幸福富裕生活的向往。

四、艺术特色及主要价值

1. 艺术特色

一幅杨柳青年画，要经过勾、刻、印、画、裱五大工序方能完成。前期工序与其他产地的木版年画大致相同，都是依据画稿、刻版、套印等，但杨柳青年画的后期制作，却要花费较多的工序在手工彩绘上。在杨柳青年画工序中，勾，即勾勒轮廓；刻，即将勾成的轮廓刻成版样；印，即将版样印在纸上；画，即在纸上的轮

连年有余

39cm × 62cm
2010年

余庆欢喜

49cm × 74cm
2010年

廓描绘涂彩；裱，即将成形的图画装裱起来。每一幅画都要画师艺人亲自动手，每一幅画都是一次独立的创作。不同于一般的彩绘之处是，人们画画通常都是坐在凳子上，伏在桌子上，而杨柳青年画却是要站立在地上往贴在“门板”上的年画上绘彩。冯庆矩的画室里安了一排可以随意开合的门板，当地人叫它“画门子”，作画的人就站在画门子前面一边画一边端详，什么时候感觉完美了，什么时候收笔。一幅画下来，少则三天五天，多则十天半月。

在体裁上，年画的分类是以画幅大小和加工多少来区分的：整张纸大的叫“贡尖”，一纸三裁的叫“三裁”，加工多而细致的叫“画贡尖”或“画三裁”。年画的体裁形式多种多样，有单幅、联幅、条屏、横批、灯画、图片，乃至扇面、壁纸等等，制作方法一般是套色版印刷，也有的是印、绘结合。如杨柳青年画中有一些档次较高的品种，制作精致考究，在套印之后还需在线条上描绘金色，有的在彩印之后再由人工勾描填补细部的衣饰花纹。这些经手工加工的年画，被冠之以“金黄”、“金三裁”等美名。制作者无不是画工中的高手。由此足见杨柳青年画做工的精细和它独有的艺术价值。

在绘制年画的程序方面，杨柳青年画工序如下：一张年画作品定稿后，用毛笔在生宣纸上勾出墨线，经过特殊处理后，再分季节，用一定配比的膠矾水刷在勾好墨线的画稿上，然后贴在画板上，待墨线稿熟好干透，再用以上各种笔和各种颜色以特殊的技法烘染着色而成。用扁头笔渲染出的渐变效果，是绘制杨柳青年画的独到之处，也是其他年画所没有的方法。

清末民初的一些杨柳青木版年画作品在传统的基础上，吸取了西洋画中的明暗画法，在承续前人传统的基础上，不断地充实和革新，逐渐形成自己独特的风格，即：雕版精细、线条流畅，构图丰满、层次分明，形象生动、色彩华丽，画面富于装饰，鲜明活泼，喜气吉祥。

杨柳青年画把版画的刀法韵味与绘画的笔触色调，巧妙地融为一体，使两种艺术相得益彰，而且由于彩绘艺人的表现手法不同，同样一幅杨柳青年画坯子可以分别画成精描细绘的“细活”儿和豪放粗犷的“粗活”儿，艺术风格迥然不同，各具独特的艺术价值。

2. 主要价值

杨柳青木版年画艺术以一种流行文化的形态，渗透到城乡的每一个角落，具有重要的文化意义和文化功能。这种文化意义和作用既表现在生活的实用价值方面，以一种物态化的文化内容参与到民众的岁时节令、婚丧嫁娶等世俗生活中；还以一种精神化的形式，潜移默化地造就、影响了人们的价值观念、认知方式、伦理

新年快乐

64cm × 51cm

2010年

敬德（绿地流云）
161cm × 96cm
2006年

秦琼（绿地流云）
161cm × 96cm
2006年

道德、行为准则以及审美观念等各个方面。它的丰富的题材内容和造型样式，诸如神仙信仰、忠孝仁义、男耕女织、夫妻恩爱、知书达理、渔樵耕读、传宗接代、发福生财以及其他历史故事、世俗生活、幽默诙谐、吉庆祥瑞、神话传说等内容，对民众的教化、启蒙、娱乐、审美等思想意识产生了重要影响。

杨柳青木版年画，以形象代替文字，是那些不识字的农民和儿童乐于接受的教科书。人们买这些已经熟悉的吉祥画、戏出画、风俗画作为观赏对象，获取知识只是目的之一，对内容的“善”和形式的“美”的同步汲取，从而达到教化目的才是其全部。年画的审美境界是美善合一，至善尽美。这也是中国艺术传统的根本所在。

杨柳青木版年画口诀称：“画中要有戏，百看才不腻；出口要吉利，才能合人意；人品要俊秀，能得人欢喜。”后两句一个是说一幅画的选题要注意符合年节时候人们的欢庆心理和愿望；一个是说画者的审美观和技法方面的基本功。

十不闲（一）
24cm × 33cm
2009年

十不闲（二）
24cm × 33cm
2009年

杨柳青年画从画面上看，赏心悦目的绚丽色彩，祥和欢乐的环境气氛，声容笑貌的人物形态，动听幽默的题词，惹人逗趣的故事情节，以及适合人民欣赏习惯的章法结构等，都形成了杨柳青年画的艺术形式中独有的特色。

杨柳青木版年画由于制作精良，清代进贡于宫廷，成为年节宫廷的必备用品，使得它处于优越地位，它必须生产出艺术高超、配得上能进入宫廷的贡品。在这种动力驱使下，画家为其作稿、艺人不厌其烦地一遍遍加工，使之达到贡品的要求，于是精工细琢便成为杨柳青年画的一大特色，这与其宫廷艺术和审美标准的影响有直接关系。画家的介入，使杨柳青年画增添了文人画风的雅致与细腻，因此其作品既有与年画相通的特点，又有中国传统绘画的特征，这使杨柳青年画的风格雅俗共赏，与此同时，年画的题材也随之开阔。年画已不仅是年节中所需要的家庭团聚、欢乐、祥瑞、发财致富、敬鬼神、敬天地之类希求的表现媒介，它已是具有一定的历史深度和学术深度的绘画形式。

杨柳青木版年画艺术在美化和丰富人们的物质与精神文化生活、进行传统的

五谷丰登（一）

20cm × 33cm

2006年

五谷丰登（二）

20cm × 33cm

2006年

伦理与美德教育、普及历史文化知识等方面起着潜移默化的作用。在木版年画正从现代民俗生活中隐退淡出的今天，对于杨柳青木版年画的研究的文化价值愈加显得重要和珍贵。

五、冯庆矩艺术年表

1944年6月23日，生于天津。

1965年9月至1969年3月，参加“援越抗美”战争，连续四年被评为“五好战士”。

1981年10月12日至11月6日，应美国政府之邀在美国费城、纽约、华盛顿进行为期一个月的文化交流与现场展演活动。

1987年，绘制的《娃娃册页》在“第二十届全国旅游工艺品交易会”上荣获“优秀旅游纪念品一等奖”。

1996年春节，应深圳世界之窗邀请进行现场展演。

1997年，天津电视台《今晨相会》栏目录制了《老艺人冯庆矩》个人专辑。

1998年，中央电视台《生活》栏目专门录制了《年画人生》专辑，在春节黄金时间播放。

1999年1月，在广州购书中心进行杨柳青年画的现场表演，被誉为“春风第一枝”；同年作品《五福捧寿》入选“庆祝新中国成立五十周年天津美术作品展”和“全国美展”并获奖；同年由天津工艺美术高级评委会评为“高级工艺美术师”。

2001年，作品《富贵有余》、《龙腾盛世庆光辉》分别获“第六届年画作品荟萃展”优秀奖和铜牌奖；5月应邀赴比利时、法国、荷兰进行文化交流现场展演绘画，其间，布鲁塞尔皇家博物馆收藏了一对《门神》；同年《蟠桃献寿》、《马到成功》等作品入选“首届中华民间艺术精品博览会”。

2002年8月，《老年时报》刊登了《用年画交织的年轮——访杨柳青年画画家冯庆矩》的文章。

2003年，为天津集邮公司特别绘制了《五子夺莲》、《钟馗》、《盗仙草》、《玉堂富贵》四幅年画印制成纪念邮票发行，在首发式上为每位集邮爱好者和收藏家签名留念。

2004年春节，应邀在中央电视台“精彩十分”节目中做专题贺岁片；同年，在天津举办的“杨柳青木版年画保护工程研讨会”期间与各地专家进行交流并展出了20世纪60年代以来冯庆矩与师傅潘忠义先生共同整理复原的画作近百幅；同年，在国际艺术节期间被天津电视台《生活快车》栏目进行了采访报道。

2005年，参加中国美术馆举办的“中国杨柳青木版年画精品展”，受到文化部周和平副部长的高度赞誉；5月，被中国艺术研究院特聘为首批“民间艺术创作研究员”；6月，被国家核心期刊《中华文化画报》报道；11月，参加上海民族民间艺术博览会荣获“特殊贡献奖”。

2007年，个人成就入选《中国民间艺术家指南》一书。

2008年5月，应瑞士大使馆邀请，前往瑞士大使馆进行杨柳青年画的现场展演；6月，被天津市文化局评为“天津市非物质文化遗产项目杨柳青年画代表性传承人”；8月，北京奥运会、残运会期间参加祥云小屋“中国故事”展演活动。

2009年3月，绘制的《瑞雪丰年》、《荷庭消夏》、《春风得意》三幅八尺画，被天津人大会堂永久性收藏；6月，荣获“全国非物质文化遗产保护先进工作者”称号；11月，应台湾“根与魂——中华非物质文化遗产大展”的邀请，赴台进行展演活动。

2010年5月，作品《连年有余》由天津市作为礼品赠与上海世博会。

（本篇撰稿　张美荣）

财神（金底）
150cm × 88cm
2007年

剪纸

高凤莲

——延川剪纸传承人

她没有读过书，心里却有一肚子的故事和戏文；她没有参加过大师的评审，但却被国内美术界专家公认为大师。她的剪纸“想怎样剪就怎样剪”，却剪出了生命符号和观念艺术的另类之美。她是一个普通的农村妇女，干了多年的妇联主任和生产队长。她心灵手巧，双手从未停止过各种活计儿，生存是对她来说是第一位，剪纸和做布堆画是忙中取乐的事，但正是黄土地的生活历练，使她成为了一位有着独特风格的民间艺术大家。她剪的故事多是那些在延川一带流传了千百年的传说，黄河在她家旁边转了一道弯，带给她无限的遐想，也丰富了她智慧的心灵。2005年，她被中国艺术研究院聘任为首批“民间艺术创作研究员”。2012年被评为第四批国家级非物质文化遗产项目（延川剪纸）代表性传承人。

一、陕北剪纸和布堆画概介

陕西省延安市延川县文安驿镇，是剪纸能手高凤莲的家乡，也是陕北剪纸和布堆画最享有盛名的一个地区，这里的剪纸和布堆画都出自农家妇女之手，极具特色。创作者们融入自己的生活体验，并通过大胆丰富的想象，用日常生活中的剪刀和粗布为材料来表达自己对生活的感受和对美的理解，创作出具有淳朴、粗犷造型和简练、明朗色彩的民间剪纸和布堆画作品。这些凝聚着普通劳动者智慧的作品，饱含着浓郁的泥土气息和强烈的感情色彩，没有丝毫的矫揉造作，充满了生命活力，受到人们由衷的喜爱。

陕北剪纸是最为典型的黄河流域的民间艺术式样，黄河是中华民族的母亲河，是孕育了中华文明的摇篮。陕北的剪纸艺术大量地保留了中华民族古老的造型纹样，这些纹样表现了传统的阴阳哲学思想和生殖崇拜的观念，在当地的传统窗花中仍有大量的“鹰踏兔”、“蛇盘兔”、“鹭鸶衔鱼”、“鱼戏莲”、“蛙、鹿、鱼、鸟”、“抓髻娃娃”等生命崇拜意蕴的剪纸作品。

延川布堆画原为枕头顶、裹肚、鞋面、垫肩、钱包、烟袋包上的装饰物，是民间拨花工艺的一种，妇女们把自织的土布煮染上青、白、红、黄、黑等颜色，以布为纸，剪出各种图案，然后粘贴成画，这些布堆画，内容大多为当地的民间传说、戏曲故事、民俗生活、花鸟禽兽等等。布堆画用剪拼、镶花、堆叠、缝合等技艺，制作出极具民族特色的图案，人物造型大多想象奇特、夸张变形、意象生动，与剪纸异曲同工，所不同的是，布堆画有着鲜艳的色彩，更具有视觉冲击力。高凤莲是这一地区剪纸和布堆画的代表性民间艺术家。

在陕北，剪纸也叫窗花，至今已有数千年历史，源起于祈福禳灾的民间风俗，与民族图腾文化、生殖崇拜息息相关。位于延安市东北边的延川县自然条件恶劣，天灾人祸频繁，人民生活极度贫困。起初，妇女们剪纸是为了祈福驱祸、追求平安幸福的生活。后来，剪纸除了具有这些民俗功能外，也成为贴在窗户上用来装点美化居室环境的装饰物。延川地区黄河文化积淀深厚，历史上寺庙众多、宗教活动频繁，人文鼻祖伏羲曾长期在延川境内活动，并从黄河大转弯中得到启示创立了太极八卦图。在深厚的宗教和民俗文化的养育下，以反映阴阳平衡、生育繁衍为主的延川剪纸诞生了。延川剪纸起源早，发掘晚，一直埋没于民间，到20世纪80年代中期，由延川县文化馆的工作人员冯山云创办“民间剪纸学习班”才将其作为一门民间文化艺术推广开来；20世纪90年代出现了高凤莲等一批优秀的剪纸艺术家，使

十二生肖
52cm × 148cm
2010年

延川剪纸正式迈入成熟期；进入21世纪，延川剪纸开始频繁地走出延川本地，到全国各地交流推介并达到鼎盛期。截至2004年，延川全县已有剪纸艺人15000人，有省级影响力的艺人二十余人，闻名全国的艺人约十余人。2004年延川县被陕西省文化厅命名为“民间剪纸之乡”。

延川布堆画始于衣服上打的补丁。延川县长期属于国家级贫困县，人民生活困苦，心灵手巧的妇女在经济环境极其恶劣的情况下，为了使家人穿上既保暖又美观的衣服，便创造出了这种在衣服上贴上剪好的各色补丁的办法，她们依照破洞的大小将各种布料和颜色的补丁剪成合适的形状缝缀到衣服上去，这是布堆画最初始的形态。延川县土岗乡程氏家族是最早做布堆画的家族，据程氏家谱记载，明洪武三年，程世江全家从山西洪洞大槐树迁居至此，其妻就用“双蝴蝶”的图案给孩子补衣服，经过世代相传，形成了“十二相”、“鱼戏莲”、“门神”等一百余种图案。这种做法在日常生活中不断发展，至20世纪20年代，逐渐应用于衣肩、衣兜、披肩、鞋头、裤脚等各种服装上面，并且不再局限于补破洞，而是出现了多种多样的图案画样，形成了一种新的装饰方式，这就出现了布堆画。程家后人程瑞金之妻在衣服、门帘和枕顶上做了许多装饰图案，至今还保留有四幅她的作品，她的后人中也有多人制作布堆画，其中佼佼者为她的儿媳妇郝彩莲，一生制作了上百幅布堆画作品。改革开放以后，随着人们生活条件的改善，在传统文化的熏陶下，延川的妇女们逐渐把崇尚生殖繁衍、祈求神灵保佑的母题融入到布堆画的创作中来。除此之外，和剪纸一样，民俗生活和革命题材以及门神、财神等内容也是布堆画的主要表现内容。20世纪80年代初，延川县文化馆工作人员冯山云先后举办了四期布堆画艺术学习班，培养了近百名学员，使布堆画艺术在全县范围内得到推广。1985年，

金蛤蟆
25cm×36cm
2009年

延川县举办布堆画艺术展，引起了轰动。1994年6月18日成立延川县布堆画协会，协会坚持每年举办四至五期布堆画创作培训班，不断培养扶植艺术新人。至1995年，延川县布堆画协会会员增至四十余人，创作出布堆画作品五百余幅，涌现出了高凤莲、刘洁琼、郭如林等一大批布堆画艺术家。1995年2月，冯山云调集三百多幅延川布堆画在中国美术馆展出，使延川布堆画被更多的人所熟知。

剪纸是妇女们创造的文化，在陕北曾有“找媳妇要巧的，石榴牡丹冒绞的”的顺口溜，娶媳妇“不问人坏（音ha）好，先看手儿巧”，意思是娶媳妇不问人好不好，先要看手巧不巧，手儿巧就是看会不会剪纸和绣花。在陕北还有“一看窗子二看帘”的说法，看窗子是看剪的窗花好不好，看门帘是看绣花的本事。每年腊月，婆姨们在一起相互学剪花，有好样子出来，争相传学。到了除夕这天会用剪纸把窑洞的墙壁和门窗装扮得漂亮喜庆。整个正月，忙碌了一年的妇女们终于得闲，她们便会相互串门看谁的窗花好，看谁的手最巧。

延川剪纸的主要形式有窗窑顶花、炕围花、门画、挂帘、枕花、桌裙花、鞋花、结婚双喜花、衣物佩饰花、神龛贴花等，形式多样，内容丰富。窗花最为普遍，每逢春节，家家户户都要将窑洞装饰一新，给窗子糊上洁白的纸，贴上红纸剪成的窗花，给土炕周围也贴上一圈剪纸，新年欢庆的气氛便被烘托出来。陕北的剪纸在表现内容上，一种是继承传统，一种是贴近生活，近距离反映现实。继承传统的有表现生殖繁育的如《参鸡牡丹》、《抓髻娃娃》等；有表现吉祥平安的如《门神》、《财神》等人物；有表现动物题材的如《十二生肖》、《百牛图》等；有表现民间故事的如《梁祝》等。贴近生活的如反映家庭生活的《一家人》、《回娘

动物（飞禽类）一组
20世纪80年代

家》等；有表现当地民俗生活的《陕北说书》等；有表现革命题材的《长征胜利》等。另外，还有众多以陕北民歌为素材而创作的剪纸，这些剪纸大多造型简练淳朴、粗犷浑厚、热情奔放，极具地方特色。

布堆画大多以民间传说和现实生活为题材而创作，以传统的民间传说为题材的作品如《门神》、《灶君》、《照雀老汉》、《财神》等；以现实生活为题材的有《黄河人家——乾坤湾》等作品。布堆画以民间剪纸为造型基础，它的制作材料是作者自行印染的各种土织粗布，由于材料不同，它比剪纸的造型更加概括简练，更加夸张活跃，其外边轮廓如陕北出土的汉画像石一样洗练，它的色彩基础是民间刺绣，但比刺绣色彩更加强烈鲜明。由于布贴层层堆叠，体现出其厚实如浮雕的独特风格。

二、高凤莲从艺经历及艺术成就

高凤莲1936年出生于陕西省延川县高家圪台村，是一名普通农家妇女。她自幼受祖母和母亲熏陶，深爱剪纸、刺绣等民间艺术，从20世纪80年代起，她凭着自己的艺术天赋与创作灵感，在剪纸与布堆画等民间艺术的沃土上力耕不辍，硕果累累。她的剪纸作品有着一种独到的艺术创造力，中央美术学院教授靳之林在谈到高凤莲时说："我不说高凤莲是全国第一，但这样的作品，我在国内还没有见过，我也不说高凤莲是世界第一，但这样的作品，我在国外也没有见过。" 高凤莲的剪纸艺术从自身生活出发，运用多种装饰性极强的民间图腾、动植物纹样和几何符号，把各种吉祥动物纹样经过变形融合到一起，如在龙的身上装饰鸟、凤图案，在凤的身上装饰鱼、龙图案，赋予它们通天通地、生生不息的文化寓意，诠释着她对中国本源哲学宇宙观的理解。

高凤莲的外婆出身于地主家庭，小时候家里开有染坊、绣坊、粉坊（做粉条的作坊）等作坊，家境富裕。后来高凤莲的舅舅抽大烟，把家里的绣坊卖给了山西人，家道由此败落。她的外婆因为做得一手好绣活，便管理着家里的绣坊，苦苦支撑一家人的生活。高凤莲的妈妈受外婆的影响，从小便学会了绣花拼布和剪纸的手艺，她做出的针线活儿细致精巧，颇受村里人的好评，村里谁家有生丧嫁娶的事儿，总少不了她做的针线活和剪纸。高凤莲的母亲做的云肩、裙子边、枕顶花，成为村子里的妇女们争相效仿的花样。在母亲的带动下，幼年的高凤莲初步掌握了绣花和剪纸的技艺。1935年红军到达陕北，建立了陕甘宁边区政府，推行分田到户、减租减息的政策，高家的土地和财产也被分给了当地的贫农，这一年正值高凤莲出生，她们家穷得连纸都买不起。幼年的高凤莲在贫苦的生活中仍然保持着对美的热爱和向往，没有纸，就在南瓜叶、树叶上剪花。到了十四五岁，高凤莲便已经可以独立创作剪纸了。

延川流传一句话叫“昂头婆姨低头汉”，是说延川的女人要强过男人，女人走路都是昂着头的，非常精神，有自己的想法，十分能干，这句话在高凤莲身上充分得到体现。高凤莲年轻时属于村子里的先进分子，14岁就入了党。1952年，也是高凤莲出嫁后的第二年，清涧县的刺绣厂招工，做得一手好绣活的高凤莲便想去应聘，但却受到了保守的婆家人的阻拦，怕心灵手巧的高凤莲一去不回。她没有去成刺绣厂，却在村里当起了妇女主任和大队书记，精明能干的高凤莲一当便是几十年。除了剪纸，家里家外的农活她也样样精通，她们家住在塬上，吃水要到离家5里外的沟底去拉水，这些活都是高凤莲自己做。大公社时期，高凤莲给公社的地里送粪，一个人赶三头骡子，来回的路上还能纳一只鞋底儿，足以显示出其能干。高凤莲的婆家家境贫寒，她嫁过来时一贫如洗，全靠高凤莲的娘家接济，但个性要强的她一心想改变家里的穷困面貌。1984年，国家实行联产承包责任制以后，高凤莲

古人拜塔（刺绣）
7cm×15cm
2009年

女子（刺绣）
13cm×26cm
2009年

老虎（刺绣）
15cm×21cm
2009年

狮子（刺绣）
21cm×15cm
2009年

便承包了二十多亩山地，先后种上了苹果、西瓜和红枣。上山种田，回家做饭，高凤莲始终把自己看成一个农民，她剪纸获得很多荣誉的时候，也并没有放下家里的农活，1995年以后，年过六旬的高凤莲还是坚持自己打理自家的果园。剪纸在她的生活里并不是最主要的事情，她从来都是把劳动放到第一位，但正是这些来自生产生活的积累，给高凤莲的剪纸和布堆画创作提供了丰富的素材。在高凤莲勤俭持家的努力下，家里生活慢慢地有了好转，她的六个子女先后上了学，她也有了更多的时间来做自己喜欢的事情——剪纸。高凤莲喜欢边剪边唱，每一次剪纸的过程，就是她心灵得到释放的过程，她把自己的喜怒哀乐融入到歌声里，也汇入到一张张生动的纸片中，剪出了自己的希望和寄托，也剪出了从远古神话、民间传说到多彩的农家生活、民俗风情和大柳树下青年男女的谈情说爱的大千世界。村里人知道高凤莲手巧，所以每逢年节或家里办喜事的时候，都请她给剪花样。村里的谁家女儿出嫁、娶媳妇的嫁妆所用枕头顶、鞋、衣服，也大多出自她的手，有时候新郎的衣服也是她给做。高凤莲虽然从小跟着母亲学剪纸和绣花，但她还是主张要按照自己的

大门神（布堆画）
109cm×82cm
2008年

灶王爷（抱鸡）（布堆画）
88cm×75cm
2007年

想法去剪，重视自己琢磨。高凤莲一辈子没有上过学，大字不识多少，但肚子里却装满了远古神话和当地的民间传说，加上平时的农家生活和生产劳动经历，以及她对黄土地民情民俗的理解，她的剪纸呈现出强烈的个人风格。

高凤莲的小女儿刘洁琼从小跟随母亲学剪纸，她继承了母亲的剪纸风格，但因为生活的年代和背景不同，刘洁琼的布堆画主要以生活为主。刘洁琼喜欢陕北民歌信天游，所以她创作了一批以陕北民歌为主题的剪纸和布堆画。1984年，高凤莲的二女儿生孩子难产去世，这成了高凤莲一生无法忘记的痛苦，她把外孙女樊荣荣拉扯长大，并教会了她剪纸和做布堆画的手艺，如今祖孙三人已经成为延川剪纸和布堆画的代表人物。

高凤莲的作品问世以来，引起了国内外新闻媒体的广泛关注。延安电视台、陕西电视台、上海东方电视台、辽宁电视台先后作了专题报道；北京电视台组先后三次到高凤莲家中拍摄记录片《流年》，纪录她的艺术人生，制片人陈大立将该片报送法国国际电视节参选，荣获金奖。随后，中央电视台《东方时空》、《夕阳

抓髻娃娃（剪纸）
44cm×48cm
2009年

红》、《金土地》、《走进博物馆》、《见证》等栏目先后制作了专题片报道高凤莲的剪纸艺术；《人民日报》、《中国青年报》、《北京晚报》、《农民日报》、《陕西日报》、台湾《汉声》杂志等诸多媒体对高凤莲的艺术进行了专题报道。近些年，更是出版了有关高凤莲剪纸艺术的专著《高凤莲与陕北民俗剪纸》、《光景日月》、《高凤莲· 黄河畔的剪花婆姨》、《高凤莲西部剪纸作品集》等，在全国范围内广泛宣传高凤莲的剪纸艺术。除此之外，高凤莲应邀多次到中央美术学院、南京大学、中国地质大学、中国科技大学、国家图书馆、西安美术学院等院校进行剪纸艺术的专题讲座。高凤莲剪纸作品《龙凤呈祥》、《群主闹春图》、《陕北风情图》，布堆画作品《财神》、《轩辕黄帝》、《土地神》、《关公》、《麒麟送子》、《灶王》等多幅作品被中国美术馆、中央美院、西安美院、中国艺术研究院收藏。法国东方艺术博物馆和德国的收藏家杨森夫人也收藏了高凤莲多幅剪纸和布堆画作品。

三、代表作品赏析

1.《抓髻娃娃》

在陕北，男女结婚的时候会在房间里贴“抓髻娃娃”的剪纸，取“娃娃坐莲花，两口子好缘法”的意思。陕北古时婚礼在外设帐，把洞房叫帐房，帐房中央贴的大型喜花，叫帐房花，新娘子进房先要坐帐，所以又叫坐帐花。陕北人家结婚，帐房宁可不摆家具，也要贴坐帐花，除了帐花，“抓髻娃娃”也是新房里面必贴的剪纸。“抓髻娃娃”在延川当地是一身二任的民间神：一为镇邪神，即保护当地人生命安全；二为生殖神，即保佑人丁兴旺，子孙绵延。它有分性别，也有不分性别的。女抓髻娃娃头梳双髻或双辫，有头立双鸡的，也有头戴花冠、花蔓的。“抓髻娃娃”的双手或外撇、或上举，有双手抓鸡、一手抓鸡一手抓兔、一手抓鸡一手抓鱼、双手抓鱼、双手举莲等多种造型；还有双襟双鸡、双膝双鸡、双足双鸡、双脚蹬鸡等造型；男抓髻娃娃为一圆头扎长辫或戴圆形尖顶帽的小男孩，双手外撇或上举，脚踩大莲花，上为左右双鸡，中间为一对鱼，下为石榴、牡丹花样，四周是摇钱树。在延川，上了年纪的人都懂得“抓髻娃娃”的意思，抓髻意为抓“吉”，取吉利之意。抓髻娃娃被看作是延川这块土地的保护神，人们相信它能祛妖避邪，更会保佑子孙繁衍。鱼、莲、石榴、鸟，是多子多福的象征。在新房中，这样图案的喜花在炕沿、墙壁、家具上随处可见，还有表现男欢女爱、情意绵绵以及男耕女织、农家合乐的剪纸图案。这些鲜红喧闹的纸样，昭示了人们对生命力和子嗣的追

抓髻娃娃（剪纸）
24cm×32cm
20世纪80年代作品

求。高凤莲用这个鲜艳吉利的《娃踩莲》，寄托了她对新婚夫妇的美好祝愿。她剪的“抓髻娃娃”，双眼用两朵牡丹花代替，这是因为她觉得牡丹花象征着太阳，而这样的娃娃两只眼睛才有神韵，这也形成了她独特的艺术风格。

2.《牌楼》、《神柱》

《牌楼》这幅作品是用六张红纸拼贴剪成的。画面上，左右双龙相映，象征着黄河神；鸡、鸭、鹅、马等家畜聚集在图案中央，代表六畜兴旺，也表示供奉者常有佳肴可食，以提醒后人对家中长者的孝敬；中间上方有一座座窑洞的造型，有门有窗，似能开合，透出所敬之神的牌位，是延川窑洞人家的写照；左下角为石鼓，擂鼓助威，鞭策人们奋进，光祖耀宗；右下角为雄狮图，以狮镇宅辟邪，保家人终生平安。另有一幅《神柱》，用二十张红纸剪成，和《牌楼》的图案大体相

牌楼
72cm×180cm
2005年

九石榴一佛手（剪纸）
25cm × 36cm
2008年

同，都是两边剪龙凤相映，象征神仙眷侣，家庭和睦，表达了黄河儿女朴素的家庭伦理观念。《神柱》图的中央为一桌丰盛的酒饭，表示着迎神敬祖，迎回三代祖先，在逢年过节时同聚共庆，生死一处，阴阳一体，一脉相承，互为照应。高凤莲用艺术的再现来提示人们不要忘记朴素的情感和对美好生活的向往。此二幅作品从规格上打破了陕北剪纸较为小幅的程式，用大尺幅的创作把陕北人的信仰和日常生活表现出来。

3.《九石榴一佛手》

“九石榴一佛手，抱着爹娘好好走”是民间传统的吉祥话，中国民间艺术品上也经常出现佛手、桃、石榴的组合纹饰。其中佛手之“佛”与“福”谐音，佛手寓意福气，是传统的寓福呈祥的载体；桃寓意多寿；石榴寓意多子，榴开百子，一般用开口石榴来表现，期待子孙万代，人丁兴旺。三者结合，寓意多福、多寿、多子。中国古人常将多福、多寿、多子多孙看成人生最大幸事，在民间年画作品中，也常将人们这几种愿望合在一起进行表现，如杨柳青年画中的《福寿三多》等。陕北剪纸中的“九石榴一佛手”取数字“九”和“一”寓意九九归一，而九加一则是十全十美的意思。高凤莲的此幅作品中，佛手在作品的中心位置，其余的石榴散落在周围，构图稳定又饱满，此图案反映出人们希望有福、有寿又子孙绕膝的美好理想。

回娘家（剪纸）
20cm × 36cm
2007年

4.《回娘家》

从小没上过学的高凤莲却装了一肚子的故事。高凤莲在创作《回娘家》这幅作品的同时，融入了众多延川的婚俗，在延川，新郎把新娘接回来以后，新郎的父亲会拿个捣杵坐在炕上不停地捣蒜，母亲则在捻线，实际上是指阴阳和谐的意思。洞房里会放一个盘子，盘子里放一个酒壶两个酒杯，两盘小菜，新娘娶回来后，新郎新娘背靠背坐在炕上，由家里或村子里的一男一女去给新郎新娘梳头，当地叫上头，梳完头后把枣、核桃倒到炕上去，寓意早生贵子，多子多福。这幅作品体现了结婚后的新娘回娘家的情景，新娘骑着的欢快的马儿通体被高凤莲用花朵代替，尾巴翘到天上，不但体现出了新娘愉悦的心情，而且使画面的构图更为稳定，这些生活中的细节都被高凤莲捕捉到，凸显出较强的民俗文化意蕴。

四、艺术特色及主要价值

1. 艺术特色

高凤莲的剪纸和布堆画作品在风格上一脉相承，主要体现在造型、构图和色彩三个方面。

造型上，在高凤莲的作品中，无论是人物还是动物，她均采用了夸张、变形的线条来体现，呈现出一种力量和犷厉的美感，在极致的夸张中找寻统一。同时，

陕北说书（剪纸）
38cm×48cm
2007年

一家人（剪纸）
38cm×53cm
2007年

高凤莲摒弃了条条框框的程式感，表现出洒脱、多变的艺术风格。高凤莲似乎更倾心于一种原始艺术的感觉，这种原始艺术就是她对陕北黄土地上的人和牲灵理解而来，充满了野性、奔放的特质。高凤莲一直奉行“想怎么剪就怎么剪”的剪纸理念，她常说：“那是一沓纸又不是肉，如果是肉剪上疼哩，纸剪了又不疼，想怎么剪就怎么剪。”所以我们经常会看到她把动物的四蹄旋转到天上，她认为是“天马”、“飞虎”，认为它们是从天上下来的神灵。高凤莲剪纸作品中的人物和动物造型并不遵循某种章法，常常在正面的脸部轮廓中剪出一个侧面的五官，或在侧面的脸部中剪出正面的五官。她的作品中的眼睛多立起在画面中，于整个充满动感的构图中寻找些许的对称统一。除此之外，她还擅长于把各种人物和动物形象用常见的、表示美好寓意的植物纹样串联起来，如她剪的《财神挂帘》，手捧金元宝的守门娃娃，眼睛被刻画为大红牡丹花，象征太阳。她通过把人物面部和身体用这些吉祥图案分解和重构，建立起一种新的空间和形体结构，使平面的剪纸具有三维的立体效果，这种造型上的表现不仅在延川剪纸中找不到相类似的作品，在整个陕北乃至全国剪纸中都是独树一帜的，所以，高凤莲的艺术不仅要从视觉上去感受，更要从心理和她所要表达的观念上去理解。

构图上，高凤莲的剪纸画面如其他剪纸一样，多呈满幅构图，体现了民间求圆求满的心理。但她的画面几无规律可循，她打破了其他剪纸多使用的对称的二方连续或四方连续的构图定式，也并不拘泥和遵循传统的近大远小等构图比例，她完

四联神图（剪纸）
90cm × 300cm
2010年

全从自己的心性出发，把一个个生动的画面展示在我们面前。高凤莲的作品构图看上去不甚精确，但她通过选择具有象征和寓意的形象的创造性结合，构成了一个充满动感和力量感的画面，她用简练的线条把各种形象串联，使整个画面疏密有致，既突出了细节，又对主要形象进行了很好的说明。

高凤莲对于色彩的熟练运用主要体现在布堆画作品上，在制作布堆画作品之前，她首先需要按照自己所要表达的形象去染布。在她看来，自然界的一切物体均有色彩，所以，高凤莲多选取艳丽的色彩在布上进行均匀地漂染，这种类似于绘画中平涂的方法被高凤莲很好地利用到了布堆画的制作中来。明暗方面也是用颜色的冷暖来体现，很好地利用了各种补色之间的关系，这样既保留了色彩的鲜艳度，也显得立体感十足。由于布本身吸水的特性，高凤莲的作品颜色明艳而不刺眼，呈现出一种哑光的和谐美感。此外，高凤莲的布堆画作品多注重背景颜色的使用，她巧妙地利用深红、彩蓝、黑色、褐色作为作品的背景色，更加突出主体形象。布堆画是用各种颜色的或大或小的不规则的小块布拼贴而成，体现出一种色彩鲜艳的镶嵌画的特性，具有较强的装饰性，所以高凤莲的布堆画作品曾多次被作为装饰图案而应用在服装、包袋等生活用品上。

2. 主要价值

延安流传着“文出两川，武出三边”的说法，“两川”指的就是紧靠黄河的两个县宜川和延川，这两个地方的黄河文化非常发达。在延川，黄河形成了九曲十八弯的“乾坤湾”景观，古老的黄河文化的积淀和几千年来农耕经济中男耕女织

黄河人家（乾坤湾）
70cm × 190cm
2009年

的生产方式，形成了陕北延川特有的民俗文化。由于自然环境的恶劣和长期交通封闭，使几千年来形成的原生态文化得以保存至今，诸如原始宗教的避邪招魂、求雨、祭河神、求安全、谢土地神、祭祖、婚嫁、丧俗与节日风俗等古老民俗，和各种仪式中使用的剪纸、刺绣、面花、民歌，一直延续至今，使延川成为了一个完整地保留了黄河原生态民俗的区域，民间剪纸和布堆画所表现的繁衍子嗣、祈福禳灾等传统文化内容，就是对这一原生态文化形象的诠释。

（1）子嗣繁衍

延川剪纸和布堆画中的“抓髻娃娃”等造型是生长在陕北的人们对传统的阴阳哲学和生殖崇拜的产物。在陕北，相对落后的社会经济保留了最传统、最原始的民俗信仰，其中能否绵延子嗣成为陕北整个地区的家族是否具有生存能力和社会地位的重要表现，这种整体的价值观念贯穿于陕北人物质生活与精神生活的方方面面，当然也体现在民间的艺术创作上，所以生殖繁衍成为剪纸和布堆画创作中最为重要也最普遍的主题。抓髻娃娃中的髻取“鸡”“吉”之意，而陕北人把男孩的生殖器称做“鸡鸡”，“抓髻娃娃”中的女孩双手抓鸡，在衣服、鞋子上也配有对鸡的图案，意为“配对”的意思，陕北民歌中也有“当院飞过两只鸡，人家好比配夫妻”的唱词。有的抓髻娃娃的腰部饰以云纹，以示怀孕，这些都暗含有男欢女爱、繁衍子嗣的意思。除了抓髻娃娃，动植物纹样也多被用来表现生殖崇拜的主题，陕北流传一句话叫“石榴抱牡丹，娃娃生下一河滩”，即用石榴抱牡丹、石榴多子等造型来寓意人丁兴旺，又有用“鱼咬莲”等动植物结合的纹样来体现夫妻和睦，早生贵子的祝愿；在陕北的剪纸中，一些器物也被赋予了相同的寓意，如扣碗、茶壶

老虎一组（剪纸）
20世纪80年代作品

等，它们表现的是天地合一的宇宙本体，用上表示天，下表示地，上下相合表示天地、阴阳相交，所以在新婚的房间中，经常用到这几种图案的剪纸。

（2）祈福禳灾

《隋书·地理志》记载陕北人“好祀鬼神，尤多忌惑”。陕北习俗浓烈，好敬神，有固定的祭祀各种神灵的日子，当地人称为庙会，也有“老醮会”这种传统的祈保平安的集会形式。过去的陕北人出生、求学、生病、搬迁、嫁娶，直到死亡，事事都和祭祀有关，除了隆重的仪式，剪纸是必不可少的通天地阴阳、联结人与神灵之间的载体。陕北地处黄土高坡，经济落后，交通困难，讯息极不发达，人民生活水平低下，孩子生病后，难以得到科学的医治，所以普通百姓便把希望寄托在传统的巫术活动，他们通常在小孩患病时，把用黄表纸剪成的“送病娃娃”用火燃烧后在病孩的头上和身边绕两遍，口中同时念着“送到头，头上轻；送到身，身上轻；送散了，不见了，百病再不来犯了”的念词，最后把烧完的灰烬融入水中，洒在被认为通阴阳的十字路口，意为已由神灵救助，带走了附着在孩子身上的恶鬼之魂，小孩的病由此已好。陕北类似这样的剪纸还有“招魂娃娃”、“五道娃娃”等，它们大多带有浓厚的神秘色彩，陕北人对此毕恭毕敬，深信不疑。这些剪纸的存在反映了人们渴望健康、祈求平安的朴素愿望。除此之外，在民俗节庆活动中，剪纸也担当着十分重要的作用。

五、高凤莲艺术年表

1936年2月19日，出生于陕西省延川县高家圪台村的一个地主家庭。

1951年11月23日，出嫁到延川县文安驿乡白家塬村。

1954年年末，大儿子白江录出生，前后共生育三男三女六个孩子。

1986年春，第一次参加县文化馆举办的剪纸学习班。

1989年2月，剪纸作品《抓髻娃娃》荣获延安地区首届民间剪纸大奖赛一等奖；4月，剪纸作品集参加“中国妇女民间剪纸邀请展”。

1992年2月，剪纸作品《虎》荣获陕西省第二届剪纸画花电视表演赛优秀奖。

1995年9月，第四次世界妇女大会期间，高凤莲的剪纸、布堆画作品应邀在中央美院陈列馆展出。

1996年1月，布堆画作品《财神》、《土地神》、《轩辕黄帝》、《关公》被中国美术馆收藏。

2000年2月，中国美术馆举办“中国剪纸世纪回顾展”，高凤莲的巨幅剪纸作品《陕北风情图》荣获特等奖；由中国剪纸研究会向联合国教科文组织申报了“剪纸艺术大师”称号。

2001年3月，剪纸作品《黄河人家》在中国民间剪纸研究会举办的“中国民俗风情剪纸大展”中获金奖。

2002年5月，作品《麒麟送子》荣获陕西2002“好猫杯——中国现代民间绘画精品展”特别奖。

2003年，作品《黄土情》被中国美术馆收藏。

2004年，剪纸作品《迎亲》荣获浙江省文化厅特殊贡献奖。同年，中央美术学院非物质文化遗产研究中心将高凤莲生平、简历录入《中国民间非物质文化遗产天才传承者图书库》；高凤莲生平介绍及代表作品入选“走进母亲河——中国民间剪纸天才传承者生活和艺术大型展”，受到广泛赞誉。

2005年，“黄土寻根2005·陕西民间艺术作品展”评委会授予高凤莲“杰出民间艺术家”称号；5月，高凤莲被中国艺术研究院特聘为中国艺术研究院首批“民间艺术创作研究员”；作品《财神》荣获一等奖；上海民族民间艺术博览会上获得“特殊贡献奖”；9月，高凤莲的巨幅剪纸作品《魁圣楼》参加“上海国际艺术双年艺术展”，在主展厅展出，受到与会中外艺术家的高度评价。

2006年1月，被西安美术学院授予荣誉教授；第二届国际剪纸艺术节上，高凤

财神

125cm × 105cm
2006年

仙女
80cm × 67cm
2006年

莲的作品《凤凰》荣获特等奖；8月，纽约东西方艺术家协会特授予其“国际剪纸大师”称号；9月，剪纸作品《闹秧歌》参加延安市“首届农民艺术节”，荣获一等奖。

2007年8月，第三届国际剪纸艺术展上荣获“终身成就奖”；7月，在中国文化遗产日举办的“中国民间艺术作品”系列展中，剪纸作品《羊·鸡》荣获“特别奖”。

2008年，参加宁夏举办的“第四届国际剪纸艺术展”中荣获特别奖；4月，应邀在德国慕尼黑、法兰克福举办剪纸展并现场演示。

2011年12月，高凤莲被江苏省扬中市丰裕小学聘为剪纸艺术指导老师。

（本篇撰稿　郃高娣）

任玉德

——蔚县剪纸艺术家

他生在染色刻纸艺术之乡，家乡的艺术耳濡目染地影响着他，在北方这个传统文化浓郁的张北古村，他凭着自己对绘画的热爱，把众多的家乡艺术元素，都融入到他创作的刻纸稿子中，他把它们变成染色的刻纸，又变成泥塑脸谱。几十年来，他默默地设计了数千种刻纸样稿，对于已经成为“剪纸艺术之乡”的蔚县，他的贡献是不言而喻的，而他仍然低调地、默默地继续着他的染刻人生。1990年，他创作的大型染色剪纸作品《亚运颂》捐赠给北京第十一届亚运会。2002年，他的作品《中华龙》获得了第四届中国民间文艺“山花奖”的金奖。这些事他都不会主动提起，他培养了包括自己儿子在内的很多徒弟，他还是河北省第五至第八届政协委员，德艺双馨的他于2005年被中国艺术研究院聘任为首批“民间艺术创作研究员”。

一、蔚县剪纸概介

中国的剪纸制作形式多样，有剪的，有刻的，甚至有用手撕成的。以往，由于在论及剪纸艺术时，我们常常忽视了剪纸和刻纸的区别，常常把剪纸和刻纸作品统称为剪纸。但实际上，剪纸和刻纸两种艺术形式有着本质的不同。剪纸是作者以剪刀为工具，以手铰的方法创造出连续的透光的纹样。它的特点是剪刀随着人的表现意愿而运行，可以改变原有的画稿图案或在没有图案约束的情况下自由地剪出作者心中的表现对象，故此，可以说剪纸是更为原创的艺术，它能够更随意和灵动地表达作者内心的想法；而刻纸则是作者以刻刀为工具，往往是在画好线稿的一摞固定的纸上，刻出所需的图案。它要求刀随线走，不能超越线条的束缚，所以，刻纸往往可以表现细腻的图案，精致的刻工。刻纸的原稿是原创的，刻纸是对原创的批量制作。这里，我们有意把剪纸和刻纸分开来看，也是为了理解的便利和表述的正确。河北蔚县的“窗花”，实为刻纸艺术，是一种独特的染色刻纸，它专指形成于河北蔚县，并主要流传在蔚县境内的以白色生宣纸为主要创作材料，以阴刻为主，阳刻为辅，阴阳刻结合的染色刻纸。

据史书记载，蔚县剪纸始于清朝道光年间，迄今已有一百五十多年的历史，而传说中的蔚县剪纸则出现得更早，可上溯至明代。相传当时蔚县县城内有王先生和张道士二人，他们常用剪子和刀子剪刻彩纸，技艺精湛。后来两人合作经营剪纸作坊，一个刻纸，一个染色，配合默契。蔚县剪纸从发展历程来看，最早是受一种叫“天皮亮”的民间绘画所影响，“天皮亮”是在云母薄片上绘图着色用于装饰的饰品。此外，当地早期还盛行过鞋花、荷包以及枕顶刺绣用的“花样”，这些都为蔚县独特剪纸艺术的形式打下了深厚的基础。蔚县剪纸在后来的发展过程中，还受到了河北武强木版水印窗花和天津杨柳青木版年画艺术的影响，在吸收了年画的色彩特点的同时，又融入了“天皮亮”的透明效果，以刻代剪，形成了如今的蔚县剪纸的形式。

新中国成立后，蔚县剪纸主要以家庭作坊的形式进行生产，这一时期的代表人物是王老赏（1890—1951）。王老赏在蔚县剪纸界被尊为宗师，是蔚县剪纸的代表人物，是真正的蔚县剪纸艺术大师，他以刻画戏曲中的生、旦、净、末、丑等有个性的人物最为拿手，其创作和再创作的千余幅蔚县剪纸作品广为流传。20世纪60年代，蔚县创办剪纸厂，这一时期的代表性艺人是以图案设计功夫见长的任玉德。经过长期的经验积累和学习，任玉德在沿袭传统的基础上，大胆借鉴现代元素，使

京剧人物齐天大圣

47cm × 25cm
20世纪70年代末

巨灵神

46cm × 27cm
20世纪70年代

剪纸在题材、色彩、造型以及应用上表现出了新的个性。

蔚县位于河北、山西两省交界处，四面群山环拱，交通不便，和外界的沟通交流较少，这使得蔚县保留了完整的蔚州古城、暖泉古镇、北古堡等古代建筑和居住群，因此过年贴窗花、蒸八大碗，元宵节打树花、拜灯山、秧歌社火表演等民俗活动也在这里延续下来，增添了过节的欢乐气氛。在河北、山西及内蒙古的部分地区，特别是在广大农村，都有过年贴窗花的习俗，并一直延续至今。人们把着色艳丽丰富、雕刻精美的剪纸贴在自家的门窗上，不但可以装点美化环境，更是人们祈福纳祥的重要载体。人们赋予了这些剪纸丰富的吉祥寓意，期盼能给新的一年带来新气象。除了过年贴窗花，蔚县当地的四时节令、婚寿礼仪等庆典中也大量使用到了彩绘剪纸，这些民俗活动的延续和传承也成了蔚县剪纸长盛不衰的重要原因。

上色

蔚县剪纸的题材，多取自戏曲人物、神话人物、历史名人和时政要人的形象，以及花草鱼虫、飞禽走兽等吉祥形象。改革开放以后，任玉德还创作了很多现实题材的作品，近些年来更有与奥运会、世博会等时事相结合创作出的新作品。

在中国品类繁多的剪纸中，蔚县的剪纸以染色、刻纸技艺独树一帜，它是以阴刻为主、阳刻为辅的染色刻纸，刻刀和剪刀相比，刻的优势就是一次可以加工多个作品，并能够精确而细致地刻画其局部和细节。其中特别令人赞叹的是“拉胡须”刀工技法，就是刻制人物的胡须和毛发，它要求根根细微，并且匀称，不能有丝毫的差错，如刻断一根则全盘作废，其难度和精度不是一般手艺能够达到的。蔚县剪纸所具有的染色、刻纸的特点，主要集中在这种“三分刀工七分染”上。其基本制作工艺如下：

第一步是设计画稿，即使原创的图案设计，它要求作者要有创新的意识和艺

中华福寿图
62cm × 37cm
2005年

廉者长寿
62cm × 37cm
2009年

术表现的能力。

第二步是“熏样”，即把原纸样或设计的图案，贴在一张白纸上，然后点燃蜡烛进行烟熏，取下样稿后，白纸上就会留下一个清晰“熏样”。现在这道工艺人们已采用晒图的方法。

第三步是“闷”，就是将刻窗花用的宣纸剪成需要的画幅大小，因为刻纸的数量一般是三十到五十层为宜，所以要用水闷湿，用手压实，使之形成一个整体，以待刻制。

第四步是刻制，蔚县剪纸从剪到刻的发展，也是工具替换的过程，先前的剪刀换成刻刀，其优点不仅在于生产作品的数量多，更主要的是，刻刀在艺人的手上，灵活得像笔一样，并且容易掌控。刻刀有单刀、三角刀、圆口刀之分，适宜表现更多的画面变化要求。对于以阴刻为主，兼有阳刻或阴阳结合的制作工艺和批量

生肖系列·双生肖
21cm×10cm
2008年

制作的需要，刀具的使用让作品更能达到玲珑剔透、层次分明的效果。

第五步是着色，艺人们的行话叫“点染”。“点染”所用的颜色要事先用酒调和，因为剪纸的原料是宣纸，用酒调色可以使色彩浸润下透而不外溢混色，色彩效果极佳，浓淡深浅相互烘托、渲染得当，富有强烈的色彩质感和立体感。

蔚县剪纸构图上讲究上下均衡、左右对称，视觉上追求丰满匀称的美感；刻纸主要以阴刻为主，阳刻为辅。当地人认为“阴刻见色彩”——主要是因为阴刻留出了较大块的面积，可以突出色彩的艳丽；“阳刻见刀功”——主要是因为阳刻体现细腻的线条，用来表现剪纸的人物和主体图案的造型的精细，因此蔚县剪纸素以刀工精细、色彩浓艳驰名；染色上将点染、涂染、晕染、套染、渲染等多种染色手法结合运用，给人以质朴的乡土气息感，富有鲜明的地方色彩。在人物造型上，从设计到刻染，力求形态传神，故人物造型形象生动；在题材内容上广泛采用民间象征吉祥喜庆的形象和图案，契合人民大众的心理。总而言之，蔚县剪纸因其做工精细、构图和谐自然、色彩艳而不俗，在中国众多的剪纸艺术中一枝独秀。2006年5月20日，蔚县剪纸经国务院批准列入第一批国家级非物质文化

野猪林
16cm × 21cm
20世纪80年代

遗产代表作名录。

二、任玉德从艺经历及艺术成就

任玉德，1941年12月出生于河北省蔚县苗家寨村，从小在母亲的影响下开始从事剪纸艺术。上小学时的任玉德就爱好画画，十多岁便开始学美术。村子里的庞龙师傅发现任玉德的绘画天赋之后，每当村里闹社火时，就让他帮忙画旱船、扎花灯等，这期间他从老艺人身上学到很多技艺。之后他还画过墙围子、棺材头、布景、玻璃画、年画、国画等，打“顶子”、做油漆工、搞雕塑（主要是泥塑）、做面具和道具，直到做蔚县剪纸。他在民间艺术领域内涉猎广泛，并一直没有间断地在摸索中学习。任玉德至今已经创作了三千多幅百姓喜闻乐见的剪纸样式，也设计出了大量精美的作品。在他的创作生涯最旺盛时期，人们都争相模仿他的画样，时至今日，他还是最有名的蔚县剪纸设计师，不时还会有本地或外地的委托人找到他求画样。

1973年，任玉德应聘到蔚县剪纸厂，担任专职图案设计师。1988年，河北美术出版社出版了他所创作的《八大锤》等蔚县彩色刻纸年画。任玉德不但是剪纸的制作者，更是宣传者和推广者。1989年他创办了蔚县武装部剪纸厂，后又创建了蔚县工艺美术研究所。1990年任玉德为县里办起了“工艺美术厂”，招收学徒三十多人，半年后因故停办。1991年又为乡镇企业局办起了“传统工艺美术研究所”，学徒有16人，之后，还在家里带学徒5人。1997年春节，他参加了由文化部提出，河

秦香莲
16cm×21cm
20世纪80年代

北省文化局主办，在中国美术馆举行的“蔚县剪纸进京”展，并与该厂安明现场演示了蔚县剪纸技艺。他本人有《周总理》、《孔雀开屏》等共135幅作品参展。1990年，受县政协委托，任玉德创作了1.9米宽、1.2米高的大型彩色剪纸作品《亚运颂》，代表蔚县政府和人民，捐赠给北京第十一届亚运会，这次捐赠被新闻界誉为蔚县剪纸发展史上的一个里程碑。1997年11月，他应邀参加了“1997·北京国际民间手工艺术周”活动，并与中外艺术家同台表演技艺。2002年，在第四届中国文艺“山花奖”首届民间剪纸作品大展中，任玉德的染色刻纸作品《中华龙》荣获金奖。2003年蔚县正和饭店建成，任玉德又为该店首创了多层拓裱，但不脱色的大型剪纸壁画《关羽》等。2005年他被中国艺术研究院聘为首批“民间艺术创作研究员”。近年来他的剪纸作品不仅被邀请参加国内外大展，还被全国报刊、杂志、电视采用，他早期创作的十二生肖剪纸被国家邮政总局制成《奔马跃长空》、《勤牛喜拓荒》等邮票发行。经过长时间的生活积累和对民间技艺的学习，任玉德形成了自己独特的艺术风格，善用夸张和装饰手法，创作出乡土味浓郁的作品。

在任玉德三十多年的从艺生涯中，严格遵循以弘扬蔚县染色刻纸艺术为主导的思想，他在继承传统中充分发挥想象力，注重夸张中的造型，造型中的传神，并弃繁求简发挥线条的妙用，主体形象阴刻多，阳刻少，主体图案的色彩更加凸显，艺术特色更加突出，并由于作品充满个性和地方特色备受中外人士的推崇和欢迎。如今任玉德除了自己做刻纸，还培养了儿子任志国也从事剪纸艺术，现在的任志国得到父亲真传，也成为染色刻纸的高手。

任玉德的艺术成就还不限于染色刻纸艺术，他设计和制作的泥塑脸谱和民间玩具及泥塑作品也非常受欢迎。由于少年时代起，他就涉猎广泛，不但善于平面设计和造型，他还擅长用泥巴来塑造各种艺术形象，只是由于他在剪纸领域的成就突出，人们反而没有更多地关注他在立体造型艺术方面的成就。他在设计和制作泥塑京剧脸谱时，首先是延续了蔚县剪纸的戏曲题材中的人物造型特点，但是，泥塑是三维的立体的艺术，不同于平面剪纸艺术，它需要把人物的特征通过三维艺术的立体呈现表现出来，尤其是素色的泥塑，在不使用色彩的情况下，把京剧的脸谱的角色特征表现出来，更需要艺术家的想象力和表现力。他经过认真思考，独创性地把透雕技术运用到浮雕形式的泥脸谱中，这一点有别于其他地方的脸谱，透雕的手法更加突出了立体的效果，更真实和形象地表现了角色的性格。在他创作的《西游记》系列中使用了透雕技艺，使这组作品更加细腻和精致，立体性更加鲜明，成为长久受欢迎的经典作品之一。他还根据自己的经验，总结出了学画戏剧脸谱的要诀：

画个脸谱要好看，首先画条中心线；
线的两边是耳朵，举例等份各一半；
两眼位置画准确，中线一半画横线；
横线即为平行线，专为画眼设规范；
中线两边画眼睛，不能交出平行线；
眼角距眼一眼半，相对相称不死板；
眼鼻呈现三角形，鼻头下边画嘴线；
嘴的下面是下巴，一个半嘴画边线；
眼的上面是眉毛，天庭饱满呈方圆；
此诀一定要背熟，熟能理解不死搬。

由于任玉德突出的艺术成就，他被中国美术家协会吸收为会员，中国民间剪纸研究会会员，还当选了蔚县剪纸协会副会长、河北省工艺美术大师、河北省政协五至八届委员、蔚县政协九至十届副主席，是位德艺双馨的艺术家。

决战野狐岭
47cm × 99cm
2009年

三、代表性作品赏析

任玉德的剪纸在色彩选择上不再以传统的“蔚县三色”——红、黄、绿为主，而是根据剪纸题材、环境及现代审美要求，选择一些写实性较强的色彩，如淡蓝、橘红、桃粉等，这些明亮的色彩使整个画面呈现出缤纷和谐的艺术效果，热闹但不牵强，在造型上也不断创新突破，设计巧妙，寓意美好。

1.《决战野狐岭》

这幅作品是任玉德根据河北省张家口市美术家协会名誉主席、中国著名画家刘生展的国画作品《决战野狐岭》改创的，内容表现的是公元1211年，辽金时期大蒙古国成吉思汗挥兵野狐岭，击败金国完颜永济军队的故事，史称“野狐岭之战”。战争发生在今张北县坝头狼窝沟一带，是我国军事史上以少胜多的经典案例。2007年，刘生展在查阅典籍、实地采风的基础上，精心构思，创作了大写意国画《决战野狐岭》。看到这幅国画作品后，任玉德进行了两个多月的创作，这是任玉德第一次运用蔚县彩绘剪纸艺术形式尝试的史实国画类题材的创作，他运用蔚县剪纸独特的艺术语言和表现形式，巧妙融入烽火、钩戟、剑弩等中国古代战争元素，再现了野狐岭激战双方金戈铁马、短兵相接的决战场面。在这幅染色刻纸创作过程中，任玉德与原创者刘生展反复切磋，数易其稿，最终，这幅作品达到了整体

华夏珍禽褐马鸡
62cm × 37cm
2003年

构图饱满，造型生动，乡土气息浓郁，染色刻纸的艺术要素表达充分的效果。画面上阴刻兵马骁勇威猛，阳刻铠甲精湛细腻，设色艳丽、对比强烈，画面惊心动魄、气势磅礴，具有丰厚的历史气息，人物的精神气韵和作品的文化内涵也得到了生动表现。他将国画作品以挥毫泼墨为主的淡墨色彩，改变为大红大绿的蔚县染色刻纸风格，丰富了蔚县染色刻纸的文化内涵，也使创作题材更加多元化。

2.《华夏珍禽褐马鸡》

此幅作品中的主体形象褐马鸡是我国特产珍稀鸟类，被列为国家一级保护动物，数量较少，目前约计有两千只左右，仅见于我国山西吕梁山、河北西北部等地。整幅作品分为上下两个部分，上半部是两只褐马鸡，一只昂头挺胸站立在枝头，另一只卧在树枝上，神态略显羞涩。两只褐马鸡从头部至背部均为黑色，尾巴的羽毛部分用灰白色表现，这种冷色调与下半部分牡丹花的暖色调形成鲜明对比，这样就使得阳刻纹样与阴刻鸡身空实相间，使鸡身图案显得异常明快、映入眼目，达到了民间艺术韵味浓郁的艺术效果。在褐马鸡翎毛的雕刻上，随着羽毛的走势和动感而雕刻得疏密有致，灵动而细腻，显示了任玉德精湛的刀技功夫。整幅作品装饰意味浓烈，色彩对比强烈，两只褐马鸡的周围点缀了牡丹、花草，画面生机盎然。此幅作品2006年在内蒙古自治区和林格尔举行的第二届国际剪纸艺术节上获得金奖。

3.《山城古韵图》

这幅作品是任玉德和张家口市民间艺术家协会会员倪建生历时六个多月共同设计制作的。《山城古韵图》是一幅纯色剪纸，艺术地再现了昔日张（张家口）库（库伦，即乌兰巴托）古道必经之关隘——大境门贸易集市的繁盛场面。

《山城古韵图》既有对昔日大境门贸易集市繁华景象的深沉回忆，又有对昔日胜景的丰富想象。作品颇具匠心，形象逼真、布局合理、主次分明。在作品的近景中，有售完牛羊皮毛又驮着砖茶、丝绸等物品返回蒙古草原的驼队；有领着小孩，迎着驼队走来，向驼背上的客商祝贺好运的蒙古族人；有撑伞坐在一位男艺人牵着的小毛驴背上去唱小戏的女人；有夹杂在人群中推着独轮车卖小吃的艺人；有做成了一笔生意得胜回府但还恋恋不舍的汉族商贾；有肩扛着要出卖的恰克图瓷器正匆匆走来的俄罗斯商人；有肩挑着一袋口蘑准备出售的老人；有两个小观众正聚精会神地往洋片里瞧，还有正笑迎老少观众拉洋片的人。远景是熙熙攘攘的人群。在骡马市里，一位汉族"牲畜牙子"正与一位蒙古族人用"捏手"的办法，商定买卖价格。更多的人是在门里赶集。作品上端，一对吉祥鸟正向长城线上的瞭望台飞去，准备落在那里，向人们报平安吉祥。整幅作品是一幅吉祥、和谐、繁华、美丽的画图。这幅从设计到制作大约花费了半年时间的作品也是任玉德从事刻纸艺术以来最为满意的一幅作品。

山城古韵图
55cm × 100cm
2007年

4.《中华龙》

此幅作品充分地展示了任玉德艺术创作的特色。巨龙是作品中的主体形象，以阴刻纹身，点彩以大红色为主，突出了蔚县彩绘剪纸的点染艺术特色。巨龙的造型气魄宏伟，为了烘托巨龙气壮山河的雄姿，他在凌空飞舞的巨龙下面设计了中国的古长城，并以阳刻运刀来表现山峰的远近，用古长城的连续起伏和巨龙的腾飞劲舞来表示中国作为一个文明古国正在崛起和繁荣，作为东方巨龙的中华民族的统一势不可挡。任玉德《中华龙》的创意就是以龙这一中华民族的精神象征来促进全球华人的团圆和祖国的统一。他在作品上题词以表心愿："神州巨龙天下行，中华一统众人心。"2002年，《中华龙》在第四届中国民间文艺"山花奖"首届民间剪纸艺术作品大展中荣获金奖。

四、艺术特色及主要价值

1. 艺术特色

任玉德剪纸的特色主要体现在"新"上。他在民间艺术领域内涉猎广泛，善于吸收姊妹艺术如河北武强木版水印窗花及天津杨柳青木版年画等艺术形式之所长，将其运用于蔚县剪纸的创作中，并逐渐走向成熟，形成了强烈的个人风格。他的作品均色彩强烈，鲜艳明快，创作手法细腻，造型是在写实的基础上，根据民间的欣赏习惯和审美趣味以及装饰的需要，加以一定的夸张和变形，颇具动态。他能

中华龙
33cm × 72cm
2002年

准确地选取和把握当代审美时尚，给人以鲜活的时代感受，并且由于他有深厚的美术功底，他的剪纸作品也和中国画讲究神似和神韵一样。造型的神似，其实就是抓本质，抓住了事物的本质，形象就自然会带有独特的韵味。任玉德设计的剪纸带有传统中国画色彩，在造型上相当注重形象的神似，甚至不惜变形取神，在似像非像的形体上，酿出形象本质的韵味。

任玉德认为创作一幅好的作品，不是心血来潮之事，而是要有一定的绘画基本功和日积月累的创作素材，这样在绘制画稿时才会心中有底。任玉德的刻纸不仅注重创新，并且还非常注意弧线和曲线的装饰、疏密的运用。他尽量少用直线，以不用为好，因直线是单色剪纸的常用线。任玉德在剪纸中发现，弧、曲线的刀意流畅，更具刚柔兼备之感。

任玉德剪纸使用的纸张多为宣纸、高丽纸，他使用的刻刀大大小小几十把，视不同的需要来选定。刻制剪纸时，下面垫有蜡盘活动的椴木板，随着刻制时的需要随意转动，非常灵活。刻刀在他的手下时“划”时“顿”，细致而精巧，刻出来的作品丝丝缕缕连在一起，然后再用纯正浓郁的色彩点染，作品艳丽而多彩。任玉德的作品构图饱满，造型生动，色彩璀璨，浑厚中有细腻，纤巧里显纯朴。作品构图上追求饱满充实，按民间的说法，一幅作品就是看起来要显得“圆满”。构图上满满当当，色彩上又要雍容华贵，才能给人以欢乐、愉快的艺术享受。这种独特的审美观，跟农民的生活是息息相关的。在他们心目中，健壮结实，丰满盈盈，始终是自己劳动生活所不可缺少的因素；在他们的思想感情上，只有“满”，才是美

十二生肖纳福图
47cm × 41cm
1998年

的。把它贴在纸窗上，透过户外阳光的照射，分外玲珑剔透，五彩缤纷，显得特别的鲜灵活脱，别具一种欢快、明朗、清新的情趣。

色彩的运用上，任玉德的作品充分体现了地域特色。蔚县地处塞北，由于贫穷和寒冷的缘故，那里窗户上玻璃仅占较小的比例。一般窗户的上部都是由许多的小方格子构成，下面才是几块透明的玻璃。在小方格子上，糊了一层厚厚的麻纸，窗花就是贴在方格子的纸上面。在阳光明媚的日子里，太阳光透过窗户纸照射进屋里，窗户纸上面的窗花在光线的照射下显得生动美丽。正是由于窗花是贴在窗户纸上欣赏的，因此窗花的用色必须浓艳，浓重的颜色恰如其分地表现了窗花的特点。

2. 主要价值

任玉德为蔚县剪纸创作的大量的作品，相当一部分已经成为当地的经典制作，他善于思考和创新，而给予他创新动力和源泉的正是蔚县古老的传统文化和北方乡村的风土情怀与人文精神。为了让后人学习到蔚县剪纸的精髓，他根据自己的体会，总结出了学习蔚县染色剪纸的口诀：

中华剪纸多如林，自有特色才惊人。
蔚县剪纸有标准，阴刻为主色趣浓。
主题形象需阴刻，尤其人物与生灵。
否则特色就失去，去纸留线是混充。
此话不是太绝对，但以此则为标准。
一幅作品成与否，创意设计功为首。
造型神似有韵趣，疏密概括民俗味。
作品忌用交叉线，慎用直线不死板。
装饰线来分色线，线条忌密宜简练。
要想设计出精品，虚心悟理功要真。
阴刻点染阳刻功，阳刻方显龙点睛。
线条刻的要到位，不能一时图省功。
线条流畅纸屑通，两色对比一线分。
辅色晕染和洗染，点染程序要弄清。
先染阳来后染阴，由浅入深是路径。
尤其三种颜色配，比例适度亮鲜新。
辅染技法要认真，浓淡过度不死板。
局部染好局部精，整体效果不可轻。
尤其独幅大作品，命题内容要合吻。
要认真来就认真，认真才能出精品。
我编此诀供参考，成功实践才是真。

杨志
38cm × 29cm
20世纪70年代

蒋门神
22cm × 14cm
20世纪70年代

李逵
22cm × 14cm
20世纪70年代

秦明
22cm × 14cm
20世纪70年代

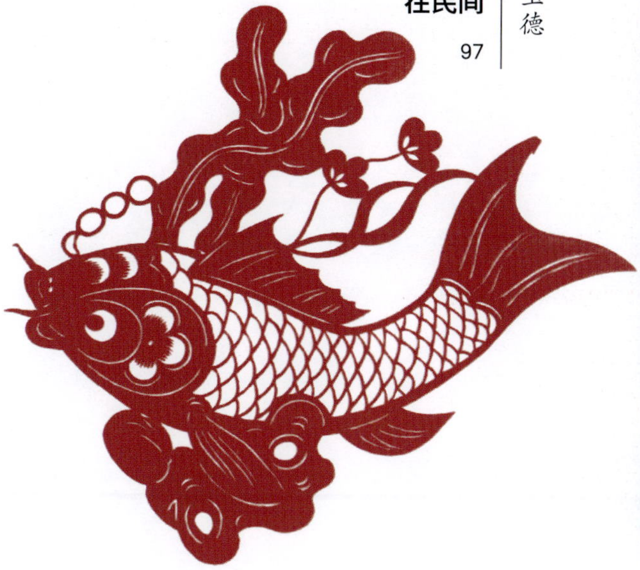

五、任玉德艺术年表

1941年，出生于河北蔚县苗家寨村。

1973年，应聘到蔚县剪纸厂，担任专职图案设计师。

1979年春节，由文化部提出，河北省文化局等部门主办下，蔚县剪纸进京在中国美术馆展出，任玉德与该厂的安明现场表演了刻纸技艺。

1987年，被河北省总工会张家口办事处授予“自学成才者”称号。

1988年，由河北美术出版社出版了《八大锤》等幅蔚县剪纸年画。同年，由张家口地委组织部授予“地区级专业技术拔尖人才”称号。

1989年，创办县武装部剪纸厂，后又创建了蔚县工艺美术研究所。

1990年，受县政协委托，创作了长1.9米、宽1.2米的大型点色剪纸作品《亚运颂》，代表蔚县政府和人民，捐赠给北京第十一届亚运会，这次捐赠被新闻界誉为蔚县剪纸发展史上的一个里程碑。

1997年11月，应邀参加了“1997·北京国际民间手工艺术周”活动，并与中外艺术家同台表演了技艺。

1998年，被河北省工业厅、省文学艺术界联合会授予“河北省工艺美术大师”称号，并被选为河北省五至八届政协委员，蔚县政协第九、十届副主席。

2002年，在第四届中国民间文艺“山花奖”首届民间剪纸作品大展中，作品《中华龙》荣获金奖。

2003年，蔚县正和饭店建成，任玉德又为该店首创了多层拓裱又不脱色的大型剪纸壁画《关羽》等。

2005年，被中国艺术研究院聘为首批“民间艺术创作研究员”。

2006年8月，作品《褐马鸡》荣获“第三届国际剪纸艺术节”金奖。

2009年9月，作品《决战野狐岭》荣获第五届国际剪纸艺术展特别奖，被中国国家博物馆收藏。

2011年7月，由任玉德参与制作的长达21米、宽60公分的大型剪纸《蔚县剪纸艺术长卷》在“第二届中国剪纸艺术节暨首届蔚县国际剪纸艺术节”上展出。

（本篇撰稿　赵文成）

周玉

——蔚县剪纸艺术家

他十分朴实，外表上看不出这是蔚县最高水准的剪纸艺人的嫡系传人那样的骄傲。他很少谈到自己，倒是常常谈起父亲周永明和他的艺术。他觉得自己仍然赶不上父亲的水准和成就，他拿出早年的作品，让人十分惊讶，这样精致的作品出自他的手，而他是这样的平静，是生活的历练还是大家的风范？周玉是个低调的人，这从他的作品和话语中就能看出来。他继承了周氏家族的“周派半月刀法”和针尖刀法的刻制技艺及套染法，形成了具有自己特色的刀功、绘画和染色“三绝”技艺，作品被中国美术馆等单位收藏。2005年，他被中国艺术研究院聘任为首批“民间艺术创作研究员”。

一、蔚县王周派剪纸概介

关于蔚县剪纸的起源，民间传说甚多。其中之一便是蔚县城里的张道士和王先生一个善剪、一个善刻，二人合作的创作剪纸故事。他们共同经营一家剪纸作坊，剪刻结合，随类赋彩，逐渐形成了后来的蔚县染色刻纸独有的艺术形式。

当地还有这样一个说法：从清道光至光绪以前的五十年间，蔚县民间一直是用剪子铰成单色的纸“窗花”。到了1850年左右，艺人们剪的仍然是单色纸的窗花。直到清咸丰、同治年间，出现了一位叫刘老布的银匠，他把窗花制作由剪刀改用雕刀，把“草窗纸”和其他商标上的花卉、人物雕刻成窗花，虽不成熟，但如今的窗花，确是在这个基础上发展起来的。因此，他被称为最早的蔚县窗花的民间艺术家。到清光绪、宣统年间，蔚县城里出现了全家从事剪纸职业的吕家和翟家。吕家专门刻戏曲人物题材作品，戏曲人物题材的剪纸真正在民间风行起来，就是从他家开始的。吕家刻的戏曲人物，开始有了“回”的安排。现在保存下来的一百多套戏，据说最早的底样都出自他家。翟家是专门刻花卉的，翟家把当时花卉样子加以改进，并把它们统一在一定的格式中，成为当地参照的标准范本。据说现在蔚县剪纸里的许多花卉图案都是源于翟家。可以说吕、翟两家的作品，代表了窗花定型时期的水平。从光绪到清末的三十多年间，窗花中花卉和戏曲人物的基本图案，已大体形成并初具规模，用刻刀雕刻并染色的蔚县染色剪纸也已流行开来。

蔚县剪纸形成后，到20世纪30年代，蔚县剪纸又达到了一个新阶段。特别是民间艺术大师王老赏的出现，更将日趋成熟的蔚县剪纸推向了发展的巅峰。

王老赏，名清，号老赏，出生于清光绪十六年，是蔚县南张庄人。他认为以前的戏曲人物刀工简单，造型死板，花卉简单雷同，因此在此基础上重新设计、刻制。他几乎把蔚县传统剪纸和形成不久的染色刻纸中的戏曲故事全部重刻了一遍，对故事中的人物都进行了加工改进。据史料统计，他一生共刻过二百多出戏和近千个戏曲人物。王老赏的戏曲人物，根据故事内容、情节和人物不同的性格，赋予其鲜活生动的造型，舞台亮相的招式，恰到好处，角色喜怒哀乐，也跃然纸上。他也对大量花卉图案进行加工规范，改造、丰富了刻纸工具、刻纸技法和染色技法，形成了自己独特的艺术风格。经过王老赏和弟子们一起努力，蔚县剪纸逐步走向成熟，开创了独具一格的民间剪纸新流派。

王老赏善于探索和革新，他的创新给蔚县刻纸中刀工粗糙、人物呆板的“口袋”样的戏曲剪纸赋予了新的艺术生命，使之形神兼备、鲜活生动，给点色简单、

北方多闻天王（周永明作品 周玉刻）
10cm × 8cm
20世纪70年代末

南方增长天王（周永明作品 周玉刻）
10cm × 8cm
20世纪70年代末

原本搭配失调的“五大色”花卉剪纸增加了美感，使之色泽更加艳丽。王老赏投身剪纸行业三十余年，把二百四十多出传统戏剧之中的绝大多数画样都重新设计了，这些改革将蔚县剪纸推向了成熟阶段。1956年农业合作化后，蔚县成立了民间艺术剪纸业生产合作社，当时吸纳了众多的民间剪纸艺人入合作社制作剪纸。王老赏去世后，他的嫡传弟子——周玉的父亲周永明成了这一时期蔚县剪纸界的领军人物，他不但继承了王老赏剪纸造型中的传神之处，同时在戏剧人物的装饰性上也下足了功夫。他在染色上不仅使用点染，也开始使用晕染、套染等其他手法，种种创新也令他的剪纸技艺更为精湛，27岁时他已成为全县著名的剪纸艺人。

20世纪70年代初，蔚县剪纸厂经“文革”时期破坏后重新投产，众多窗花艺人重操旧业。这是恢复和发展蔚县窗花事业的承前启后时期。

20世纪70年代后期，周永明的子女有七人，周家七兄妹有六人投身剪纸事业。长子周广和赵金城之子赵星山成为了当年颇有名气的刀工手，周广还率先办起全县第一家私营剪纸作坊——“周永明世家剪纸厂”。改革开放以后，原蔚县剪纸

西方广目天王（周永明作品 周玉刻）
10cm × 8cm
20世纪70年代末

东方持国天王（周永明作品 周玉刻）
10cm × 8cm
20世纪70年代末

厂厂长仰继的后人仰家兄妹，周永明徒弟焦喜的后人焦家三兄弟，高家兄弟高佃新、高佃亮以及周兆明、周河、王峰、卢海、王军等人也先后出道办厂。随着蔚县刻纸产值的升高，染色刻纸在这一时期成为蔚县最为重要的文化支柱产业，并一直延续至今。

20世纪80年代，个体窗花艺人依然传承着1949年前留下的传统样子，刻染着为农民用的窗花，即所谓的“上街货”。这些艺人中的一些是新中国成立后发展窗花事业的骨干力量，特别是在继承传统的基础上，为了适应国外朋友观赏珍藏需要，他们通力合作设计生产了传统戏曲脸谱。这一品种的出现，使传统剪纸从单一粘贴窗户走向世界，在国际文化交流的过程中，为世界人民更好地了解中国文化作出了贡献。

20世纪90年代开始，随着蔚县窗花市场的不断扩大，县办剪纸厂、南张庄村办剪纸厂已满足不了市场的需求，众多窗花艺人也纷纷办起了自己的剪纸厂。这些个体剪纸厂除为蔚县农村脱贫致富奔小康作出了贡献，还成为全国剪纸产品的加工基地，为繁荣中国剪纸事业作出了巨大贡献。进入新世纪，根据蔚县剪纸市场经济

鸳鸯戏水
25cm × 25cm
1999年

新形势下发展的客观要求，很少艺人有再刻制传统窗花，而是大力发展现代工艺品剪纸，也就在此时期，出现了现代工艺品剪纸与窗花共存于蔚县剪纸市场，并逐步取代传统剪纸的文化现象。

一方水土养一方人，由于地域的原因，我国的剪纸艺术可以说是形式多样，多带有鲜明的地域特色。总体来说，以陕西、河北、山东等地为代表的北方风格单纯质朴、豪放粗犷；以江苏、浙江为代表的江浙风格精巧明快、疏密流畅；以广东、福建为代表的南方风格玲珑剔透、秀丽纤细。郭沫若先生曾经有诗曰："曾见北国之窗花，其味天真而浑厚；今见南方之剪纸，玲珑剔透得未有；一剪之巧夺神功，美在民间永不朽。"蔚县窗花由于是纸张固定，以刀刻制，按图样走刀，故可将图样刻制得十分细腻饱满。由于染色的需要，刻纸作品需留出较大面积的体面，所以，蔚县窗花以阴刻为主，形成了实多虚少（以便于着色）的特色。当地有"三分刀工七分染"之说。

染色是蔚县剪纸最为重要的工艺环节之一，它强调色彩的鲜艳、生动，艺人们喜用原色、对撞色。镂空的部分在光线下或衬纸上变成了细腻而精致的线条，于是，蔚县剪纸既有精细的线，又有饱满的彩色块面，粗中有细，巧拙互衬，呈现出独特的审美效果。再加上由于是点染，所以在用色上比较大胆、直接，并不受颜色的限制，且可以用自己独特的审美去点染剪纸。大红大绿尽情地抒发创作者内心的感受。同时在构图上，追求构图饱满、造型生动、色彩艳丽、粗中有细、巧而不拙

鸳鸯戏水
25cm×25cm
1999年

的艺术特征，充分地表现了地处北方张北古城人们的豪放的情怀、耿直的性格特色以及他们所具有的浓厚的生活趣味的审美心理。

剪纸中的窗花都是以传统的吉祥图案、花卉动物、戏曲人物为题材的图样，还有些仙鹤、喜鹊等传下来的老样子。此外，好多传统图样是根据当地民居装饰中的砖雕、木雕图案变形得来的。现代剪纸中点彩剪纸的图样主要是把那些花卉、十二生肖、戏人脸谱、“福禄寿喜财”等传统图样经创新设计成更具有时代感的剪纸图样。现代工艺品剪纸中的单色剪纸图样与前两者相比就较为广泛，如以2008北京奥运、国内的大好河山、名胜古迹、神话传说人物、古典文学名著，乃至国外的圣诞老人为题材设计的图样，也有一些以传统花卉动物、戏曲脸谱等题材经过抽象变形后设计出的图样，还有以国外风景油画为题材、借鉴套色剪纸的立体表现手法而设计出的风景人物图样等。此外，蔚县剪纸在形式上也更丰富，可分为“单幅”(每一幅画面是独立的)、“双幅”(采取对称的形式)、“多幅”或成套的(如四人组成的戏剧，八幅组成的“八仙过海”，十二幅组成的“十二生肖”，二十四幅组成的“二十四孝”等)、“角花”(贴窗角的四幅三角形组成的图案，或将一个整体分作四幅八幅分剪分贴)、“大幅”(多利用图案与对称，在构图上多系圆形)及“巨幅”(多用于展览会场、广场等大场面，构图上多系长方形)。

周玉是蔚县剪纸的代表人物之一，也是“王周派”的代表人物之一，“王周派”是蔚县剪纸的主流派，其代表人物是王老赏、周永明及周玉，其艺术特点是：

造型鲜活传神，讲究刀工与色工的精细与完美，点色艳丽，注意并善于表现事物的内在美，艺术表现手法多样、灵活。

二、周玉从艺经历及艺术成就

周玉的父亲周永明是蔚县剪纸巨匠王老赏的唯一弟子，是剪纸业的佼佼者，国内外著名的民间工艺大师。周玉的爷爷也是做剪纸的，那时候有三头骡子车，生活还比较富裕。他跟王老赏年龄差不多，并且是东西邻居，周玉的爷爷五个孩子中只有周永明一个儿子，他怕自己教不好自己的孩子，就把他托付给王老赏。周永明从小爱画画，念私塾的时候就开始画大头娃娃，王老赏看着这个十几岁的孩子喜欢画画，也很乐意教他。学习的顺序是先学画，再学刻，再学染。

20世纪50年代，周永明就创作出了一大批作品。1958年"大跃进"的时候，他做的推车、赤脚医生、工农兵等都做成两层的染色，还有蝴蝶，都做成两层套色的。他是个非常有头脑的人，很早就看到了染色剪纸未来的发展走向，他认为剪纸窗花会越来越少，路会越来越窄，所以应该做些礼品，走到国外去，走向市场。50年代，他就把百幅脸谱做成了剪纸礼品，推到了日本，这之前，有戏曲和花卉、生肖等作品，但是脸谱还没有人做过，周永明成功了，他听了外国朋友的建议重新设计的脸谱，参考的是山西晋剧的装扮，非常有新意，受到了朱德和周恩来总理的表扬。

因为周玉的父亲是个全才型的人，当时担任了全国美术家协会理事，他设计、刻工、染色样样都好，他对周玉和几个孩子的学艺也要求极其严格。周玉曾经把父亲周永明的百幅脸谱放大制作，但工艺仍然非常精细，其刀工受到称赞，但是他认为这都是父亲当年严格要求的结果，父亲对他的要求极为严苛，常常乘周玉不备，从身后去突然拔出他手中的刀子，为的是测验一下刻纸的人是否认真、用力地工作。如果刀子被拔出来，周玉少不了要挨一顿揍。在这样的严格要求下，周玉的技艺突飞猛进，他也学到了父亲那样的三绝技艺。中央电视台拍摄的《大闹天宫》就是他按照父亲留下的样子做的作品，活灵活现的，孙悟空就像真长了毛似的，足见作品的刻工特别精细。

1978年，周玉和父亲及其他几位兄妹的作品，在中国美术馆大厅举办了为期一个月的展览，这个展览是当时的馆长曹振峰先生邀请的。那时候周玉做的最大的剪纸有一米多高，作品摆满了大厅，他的代表作《金沙滩》那套，被中国美术馆收藏了，这对他是个非常大的鼓励。

周玉做剪纸的工具是常用的十二把刻刀，工具都是他自己做的，因为他刻得精细，刻刀特别薄，一使劲容易断了，所以他要学会做刻刀和磨刻刀。

由于现在的宣纸比不上以前的宣纸质量，周玉就想办法，不让作品的质量因为材料的关系受到影响，他在染色时，常常只染四层纸，并且在要求重色的地方，正反两面染。

周玉继承了父亲的高超技艺之后，锐意进取，精益求精，开创了周派半月刀法、针尖刀法及套染法，使蔚县剪纸工艺更上层楼。一些专家学者称他的刀功、绘画、染色为“三绝”，赞他的剪纸是“一帧帧姿态万千的精美画卷”。

周玉的脸谱是以周永明的脸谱底样传承下来的。一百多幅戏曲脸谱，以及随后的大脸谱成为蔚县剪纸的经典作品。周永明继承了王老赏的剪纸技艺，剪纸创作以脸谱、戏曲人物为代表。此外他还涉及了花瓶、熊猫、蝴蝶等题材。周玉则继承了父亲的剪纸事业，并且加以细化加工，形成了自己的特色。这些年，为了传承技艺，他坚持带徒弟已经二十多年了，现在每年还在招徒。这些徒弟中周围村子的多些，最远的是海龙的，还有甘肃的、黑龙江的。周玉手把手地教，必须让他们学会刻染技艺。他有一位女徒弟，现在在农村一边带孩子，一边刻剪纸，每个月3000元工资，一天工作8个小时，得到了实惠，也爱上了这门手艺。周玉每年带的徒弟都在二十多个人，他希望能用自己的手艺替国家多少作出点贡献，就像增加就业这样的事，也让他有成就感。

吕布
19cm × 13cm
1977年

三、代表性作品介绍

周玉的代表性作品以戏曲人物、脸谱为主。其渊源是由于蔚县人喜爱戏曲，有着深厚的历史文化背景。蔚县曾是一座历史名城，古称“蔚州”，是中原北方汉族与契丹、蒙古族、回族等民族的交汇之地，又是南来北往、东来西去的内地通往塞外之咽喉要道。随着手工业和商业的发展，戏楼数量不断增多，这也带动了此地文化的繁荣。蔚县素有“八百庄堡，八百戏楼”之称，每一个庄堡之中，必有寺庙和戏楼。

蔚县人爱看戏，是远近出名的。早年间，村村都有剧团，每逢过年过节、赶集、赶庙会时，各村的戏楼前必是锣鼓喧天，一派热闹的景象。流传的戏曲种类也很多，河北梆子、京剧、评弹以及晋剧等。还有别具一格的蔚县本地戏曲，剧种有：蔚州弦子腔、蔚州罗罗腔、蔚州赛戏、蔚州梆子腔、蔚州秧歌、蔚州道情、蔚州耍孩儿、蔚州灯影戏、蔚州高桥戏等，而剧目更是繁多，单河北梆子的传统剧目就有五百多个。

关公
19cm × 13cm
1977年

戏曲对蔚县剪纸有着重大的影响，而蔚县庙宇中的壁画，也同样起到了至关重要的作用。蔚县除了戏台多，庙也很多。蔚县是“有村就有庙，有庙必有壁画”。庙内大多都有壁画，而壁画大多又是精美绝伦，往往都是占满墙壁，场面绝对恢宏。现今，有许多庙的门窗已经毁弃，较为残破，但里面的壁画保存基本完好。满墙的壁画，其气势之宏大、局部之细腻、色彩之艳丽、人物形象之生动，令人叹为观止。就是这些精美的画面，为那些剪纸艺人在最初学习人物造型时的练习，提供了最佳素材。这些壁画对今日蔚县剪纸所获得的美誉，有着巨大的影响力，功不可没。至今，很多老艺人都对此有着深刻美好的记忆。因为喜爱戏曲，心灵手巧的剪纸艺人们，将戏曲搬上了庄户人家的窗格之上，以每四幅剪纸为一回的形式表现出来。人物往往会根据其性格的动作、造型来设计，剧情则是以一场戏中最为精彩的片断或是人物亮相的动作，将整个剧情衔接起来，将整个戏的故事情节串联起来。

如《辕门射戟》（故事见于《三国演义》），描写汉末淮南的袁术，派大将纪灵攻打刘备，但又恐徐州的吕布帮助刘备，就先赠礼物给吕布。刘备因兵薄力微，也求助于吕布。吕布看穿了袁术先取刘备、后攻自己的阴谋，于是设宴请纪灵、刘备前来相会。席间吕布为他们讲和，但纪灵不愿和好，以难以复命来推托，吕布忿而下座箭射戟，以威逼纪灵收兵。这四幅窗花剪纸形象地剪出了吕布箭射戟，纪灵被吓得撩起了袍子，刘备泰然自若，张飞则背手观望的人物动态。通晓这出戏的戏迷们，看到这四个人物形象，就自然会联想到整个剧情。

再如《秦英西征》，讲述的是西番王莫里沙下战表，要夺大唐江山，驸马爷秦怀玉奉旨征西的故事。其子秦英趁父远征之际在金水桥上钓鱼，因太师詹佩过于无理取闹，年轻气盛的秦英刀劈太师。为此，银屏公主绑子上殿请罪，群臣则向唐帝求情，适逢秦怀玉被番兵围困，程咬金回朝搬兵，最后，唐帝则命秦英戴罪征西。秦英大破番兵，活擒了莫里沙。这套剪纸画面表现的是金殿上皇帝端坐龙案前，手捻胡须听着老臣的话语；英俊的秦英跃跃欲试；还有回朝搬兵的程咬金。有趣的是，程咬金虽表情沉重，却两手各抱一只刚从西域带回的小狮子。狮子是民间最为喜爱的瑞兽，在这套剪纸中出现，有着双重的寓意，充分体现出剪纸艺人的慧黠与幽默。

蔚县剪纸中的戏曲人物，有着戏曲舞台上鲜活的影子。性格化的脸谱，生动的姿态，那一招一式的形象刻画，灵感都来源于戏台上。艺人们还往往会将完整的故事或故事中所涉及的人物统统刻画出来，有的多达二十多幅剪纸，成为一个系列，其壮观程度对于戏迷们来说，就像是坐在自家炕头上，看着在窗格间上演的一出出大戏。

周玉的代表性作品以戏曲人物为主，其中包括：1984年，在中国美术馆中国民间艺术展中获一等奖的作品《金沙滩》。据包销蔚县剪纸的清末天津港口发货记录和北京国际书店记载：早在19世纪后半叶，蔚县窗花中的戏曲人物已作为民间艺术品远销到江南及南洋群岛诸国。蔚县点彩剪纸里的戏曲人物有大、小之分。大戏曲人物，常是双幅或四幅，画面上只刻一人或两人，不构成故事，着力刻画人物形象。小戏曲人物则不一样，不仅人物较多，而且构成完整的戏曲故事。因此，它常是成套的，根据每出戏的长短，分四幅、八幅、十二幅、十六幅不等。比较长的戏，如《金沙滩》、《铜雀台》等，可以多到十二幅、十六幅；比较短的戏，如《挡马》、《走雪山》等，则只有四幅。每种四幅一套在当地称做“一

孟良
21cm × 14cm
2004年

窦尔敦
21cm × 14cm
2004年

牛皋
21cm × 14cm
2004年

包拯
21cm × 14cm
2004年

工具

回”，依此，八幅、十二幅、十六幅者分别叫“二回”、“三回”、“四回”，或“联二”、“联三”、“联四”。“回”或“联”与章回小说类似，是指长篇里的一段，犹如戏里的场次，一定数量的场次组成一个戏。窗花则用许多“回”或“联”的人物，表现出一个完整的戏曲故事，贴在窗上可看、可讲、可琢磨、可回忆，犹如看戏。蔚县窗花里的戏曲人物所表现的戏曲内容有相当大的一部分是历史故事，从春秋战国直至明、清，几乎囊括了各个时代。内容有歌颂民族英雄的，如《说岳全传》、《杨家将》；颂扬除暴安良的草莽豪杰的，如《瓦岗寨》、《水浒》、《五红图》；歌颂清官、讽刺贬斥贪官污吏的，如包公戏里的《铡美案》、《打銮驾》、《铡赵王》等。除此之外，还有相当数量是野史和出自神话故事及民间传说，如《西游记》、《封神演义》、《天河配》、《刘海戏金蟾》等。据统计，上述各类戏剧人物，共计一千八百多个，经过蔚县剪纸艺人的不断加工、提炼，人物形象跃然纸上，男的威武雄壮，女的婀娜多姿，互不雷同，各呈风采。故事里的悲欢离合、人物的喜怒哀乐，均能表现得恰到好处。这些历史故事所宣扬的民族精神和品格，深受群众欢迎。过去农民读书的少，不识字的多，窗花作品既是装饰，又是开展民族传统文化和美德教育的通俗教材。

四、制作技艺及文化价值

1. 制作技艺

蔚县剪纸的材料与工具：材料和工具是创造作品时重要的媒介体，选择得恰当与否定会影响到作品的最终效果。而工具的使用不同也会产生不同的艺术风格和

刻制

艺术特征。其实蔚县刻纸所用的材料和工具与其他地方的刻纸工具并没有太大的差异，但需要一垫板也就是黄蜡板。通常是用蜡加入草木灰做成的。另外就是毛笔了，毛笔在蔚县剪纸中占有相当重要的地位，这是由蔚县剪纸的独特的点染特点决定的。再一点就是在调色时，蔚县剪纸把碘酒作为调和剂，这点也是由于它所用的材料——宣纸所决定的。

在中国品种繁多的剪纸技艺中，蔚县剪纸以染色刻纸独树一帜，它是以阴刻为主、阳刻为辅的点色剪纸，其工艺过程可以分为以下六道工序。

（1）起稿

构思确定后，起稿布局，对画面进行具体的描绘，画出黑白效果。修改部分可用白粉。对初学者来说，稿子越细，刻起来越省事。若刻对称的稿子，画一半即可。

（2）刻制

如用刀子刻，须将画面和纸用订书机订好，将四角固定在蜡盘上，为了保证形象的准确，人物先刻五官部分，花鸟先刻细部或紧要处，再由中心慢慢向四周刻，刀的顺序如同写字一样由上到下，由左到右，由小到大，由细到粗，由局部到整体。尽量避免重复刀，不要的部位必须刻断，不能用手来撕，否则，剪纸会带毛边而影响美观。

（3）揭离

剪刻完毕后需要把剪纸一张张揭开，单宣纸和粉连纸因纸质轻薄，又经闷潮和上色，容易互相粘连，较难揭开，所以在揭离之前，必须先将刻好的纸版轻轻揉动，使纸张互相脱离，然后先将第一张纸角轻轻揭起，一边揭一边用嘴吹，帮助揭开。

周永明熏样
7cm × 7cm
20世纪50年代

（4）粘贴

揭离完毕后还需把成品粘贴起来，便于保存。方法有两种，第一是把剪纸平放在托纸上，用毛笔或细木条蘸糨糊由里向外一点点粘住，这种方法不能使刻纸全部粘平，速度也比较慢，优点是比较简便；第二是把剪纸反过来平放在纸上，然后用排笔蘸调稀了的糨糊，轻轻地平刷在要托的纸上，注意不要把纸刷皱起来，刷子上的糨糊一定要少，然后很快地把刷好糨糊的这一面扣合在剪纸的背面，用手轻轻压平，使剪纸全部平粘在托纸上。轻轻揭起晾干夹平保存。粘剂除糨糊外，白乳胶也可以。

（5）成品修改

在刻时有时会走刀刻坏，就不易修好，彩色刻纸染错了是不能覆盖的，只能丢弃重新开始制作，所以无论在刀刻时，还是在点染时都要非常认真、细致，一次成功。

（6）复制——熏样——晒样

复制的方法有两种，一是将剪纸样放在白纸上，一起平放在水中，待水浸透纸面，而又不含水珠时，将刻纸和白纸同时拉出水面，贴在木版上，然后将纸朝下放在油灯上蒸，但不要离灯头太近以免烧焦。如果需要多量制作，可采取晒蓝图的方法：把原稿和刷好一层药液（赤血盐和水的溶液）的白纸，粘合在一起，用两块玻璃夹紧，放在阳光下晒3—4个小时，待显影后用清水洗净纸上的药液，即可复制。

2. 艺术特色

蔚县剪纸是借鉴了杨柳青年画、武强木版年画而在许多民间艺人的艰苦探索

清明上河图（局部）
2008年

下创造出的一种民间工艺品。其优美的构图、精细的做工为世人所惊叹。它的风格严谨，形神兼备，具有六大特点：一为构图时具有上下均衡、左右对称的特点，给人以丰满匀称的美感；二为刻制时以阴刻为主、阳刻为辅。阴刻见色彩，阳刻见刀功，素以刀工精细、色彩浓艳驰名；三为染色时将点染、涂染、晕染、套染、渲染等技法有机地结合运用，富有鲜明的地方特色，给人以和谐大方的乡土气息感；四为在人物造型上着意刻画，务求传神妙处，给人以生动优美感（包括其他动植物的造型）；五为采用象征民间吉祥喜庆的“连年有余”、“岁岁平安”等图案，给人以吉祥如意、幸福美满感；六为在阴刻为主的剪纸艺术中，以实用上不遮光的穿透明亮，给人以活灵活现的立体感。这些构成了蔚县剪纸艺术的风格和特色，更显示出在全国剪纸艺坛上特殊的、无限强大的艺术生命力。

李靖（周永明作品 周玉刻）
10cm × 8cm
20世纪70年代末

姜子牙（周永明作品 周玉刻）
10cm × 8cm
20世纪70年代末

蔚县剪纸是全国唯一的一种以阴刻为主的点彩剪纸，素以刀工精细、色彩浓艳而驰名，所谓“阳刻见刀，阴刻见色，应物造型，随类施彩”而成。蔚县剪纸当地俗称“窗花”，大部分出自世世代代不知名的农民艺术家之手，种类有戏曲人物、鸟虫鱼兽，还有对农村现实生活的描绘等，这些作品构图饱满，造型生动，色彩璀璨，浑厚中有细腻，纤巧里显纯朴，把它贴在纸窗上，透过户外阳光的照射，分外玲珑剔透、五彩缤纷，显得特别的鲜灵活脱，别具一种欢快、清新的情趣。

蔚县剪纸题材广泛，意寓深长，生活气息浓郁，无论是反映人们对吉祥幸福的祈纳还是来源于劳动人民喜闻乐见的历史故事、民间传说及人物；无论是北方特有的文化背景和民俗风情的再现，还是用于四时节令、婚寿礼仪等庆典，都体现了民间艺人高超的智慧和丰富的想象力，加上疏密有致的造型设计、细致入 微的精湛刀工、绚丽鲜艳的独特点染，每一件作品都十分生动、有味、耐看。百幅戏曲脸谱、剪纸挂历、台历、金箔剪纸等多种产品，进一步提高了蔚县剪纸的观赏性、收藏性和实用性，使蔚县剪纸这门具有地方特色的艺术畅销美国、日本、加拿大、新加坡等四十多个国家和地区，深受国内外客户的喜爱。

蔚县剪纸既表现出讲求完整圆满，对称偶数，动静结合，黑白相守等等概念，也表现了一定的地域特色。蔚县剪纸除了有北方风格的单纯质朴、豪放粗犷，还有它自己的特色，蔚县窗花之特点，是以阴刻为主，这点恰与其他地方的剪纸迥然不同。蔚县窗花多以黑强于白、实大于虚、面多于线的组合方式，巧妙展示丰富的内容和饱满盈实的画面效果，按民间的说法就是看起来要“福福泰泰”。老百姓摒弃构图单薄、细弱、空泛的“筛子货”。俗话说，老乡们喜欢这种“天庭饱满，地廓方圆”的效果。在处理画面上，稳定和丰满是第一位的。由于地域的特征，蔚县人具有了兼汉族和少数民族的民族特征以及风俗习惯和审美心理。再加上由于是采用点染手段制作剪纸，所以在用色上可以比较大胆、直接，不必受颜色的限制，艺人用自己独特的审美去点染剪纸。大红大绿尽情地抒发创作者内心的感受。同时在构图上，追求构图饱满、造型生动、色彩艳丽、粗中有细、巧而不拙，这种艺术特色也充分地表现了蔚县人豪放、耿直的性格特色以及他们所富有的浓厚的生活趣味和审美心理。

3. 文化价值

蔚县历史悠远，远在新石器时代，人们就开始在这片土地上生息繁衍。在村堡相连、泥沟土壑的蔚县乡间，青筋突起、挥锄使犁的男人的双手能在尺幅方寸的纸片上灵巧娴熟地刻出形神兼备的戏人、刻出绚烂多姿的百卉；女人那些揉搓黄糕、操持家务的十指能够调兑出数十种色彩来装饰数九寒天里壁垣单调的土黄和冷清的雪色。当一面面糊着白崭崭麻纸的大窗户上热闹地长着盛夏的莲藕、开着秋天的菊花、拥挤着戏楼上的戏曲演员和古书上的人物时，才知道乡间的子民是用怎样的巧手和心思、怎样的情趣和美感慈乌反哺般地给土黄色的大地最动人的民间艺术。这种叠加越发让人觉得一张张薄薄剪纸中的厚重，并让人禁不住去发掘这种厚重的根基和底脉。

在历史悠久、千姿百态的各种中国民间剪纸中，蔚县剪纸是一个比较独特的流派，它和我国其他民间剪纸大多用剪刀剪制的方法不同，是用刻刀刻制出来的，在刻法上以剔去线条、留下大面积的形体的阴刻为主；以镂空大面积的形体、只留下线条的阳刻为辅，以便于着色，充分发挥色彩的渲染和增色。这种刻染结合——“三分刻七分染”、“细靠刀工活靠染”的特点形成了蔚县刻纸构图完整、饱满，造型生动、优美而夸张，精细而古朴以及色彩明快艳丽的艺术效果和浓郁的民间风情，从而奠定了蔚县剪纸在全国独树一帜、享誉中外的地位。

杨戬（周永明作品 周玉刻）

10cm × 8cm

20世纪70年代末

蔚县剪纸除了从民间艺术的角度体现出美学特征外，还具有其他作为民间文化事象的特殊性，例如，亲和本土的乡土性，血缘亲友传承的沿革性，居落生存和规模从业的普及性，剪纸的商品性等等。

五、周玉艺术年表

1954年出生，河北蔚县人。

1984年，在中国美术馆中国民间艺术展中作品《金沙滩》获一等奖。

1985年12月，同天津蓟县文化馆梁国栋馆长发起并成功举办了天津首届全国十市县剪纸展，共有数百幅展出作品，作品独树一帜，风格各异，参观者赞叹不已。

1987年，在中国首届艺术节"画中戏"民间美术展览中，获奖作品《金沙滩》再次应邀参展，入选第一届中国艺术节《画中戏》民间美术展览丛书。

1988年2月，《河北日报》将其作品《龙》作为刊头发表，并配《龙魂诗》一首。

1992年，参加北京当代美术馆首届中国民族民间剪纸大赛并获特等奖，他的作品深得著名版画家李寸松先生及中国剪纸协会仉凤皋主席好评。

2004年6月，他的作品《脸谱》、《金猴献寿》、《兔娃》等入选"国色天香"丛书，同年10月作品《福字》、《关公》、《齐天大圣》等各种剪纸晾子入选《中国民间工艺风采丛书——民间剪纸》。

2005年5月，被中国艺术研究院聘为首批"民间艺术创作研究员"，作品《花卉》、《风调雨顺》、《脸谱》被中国艺术研究院收藏。

（本篇撰稿　王海霞）

范祚信
——高密剪纸传承人

他不识字，仅能写自己的名字，但他绝非没有文化，他的文化来自口口相传的口头传承，体现在他手中的剪刀上。一个个生动的民间故事从他的口中讲出来，一幅幅剪纸作品在他手中翻飞，每当这时，眼前这位握着剪刀的农民，就变成了令人敬仰的艺术大师。这些会说话的作品，向我们述说着这位农民艺术家和他的剪纸故事。一个从7岁就开始学习剪纸的人，已把剪纸融入了血液和骨子里。上世纪80年代初他就出名了，还带出了几十名徒弟。在专家眼里，他的剪纸充满了“金石”味道，独具一格。2005年，他被中国艺术研究院聘任为首批“民间艺术创作研究员”。2009年，他又被评为第三批国家级非物质文化遗产项目（高密剪纸）代表性传承人。

一、高密剪纸概介

山东高密东临青岛，西接潍坊，南傍日照，北连渤海，地处胶东半岛与山东内陆结合部，历史文化遗存深厚，民间艺术资源丰富。高密剪纸是山东省高密市民间艺术“四宝”——剪纸、泥塑、扑灰年画和茂腔之一。

高密临近青岛，交通便利，据史书记载，明洪武元年，大批移民从山西、河南、河北、江南等地汇集高密，也带来了各地的手艺和文化，移民中不乏能工巧匠，包括剪纸能手。因此，北方艺术的粗犷风格和江南艺术的细腻特色都融进了高密的本土文化。在长期的生活和交往中，包括剪纸在内的各项民间工艺之间互通有无，相互影响，高密剪纸便集各家之长，逐渐形成了自己的风格。

清代，高密剪纸的艺术水准达到了相当的高度，在各种民俗活动和日常生活中，都有剪纸的伴随。一直到改革开放之前，高密剪纸仍延续着传统的使用功能和装饰习俗，其主要的用途是作为节令装饰品，用于农舍的门窗、棚顶、箱柜、衣橱等室内各处，主要形式包括：窗花、门笺、墙花、顶棚花、灯花、花样、喜花、春花、丧花，等等。它的题材到了清末也已发展成熟，民间传说、神话故事和戏曲故事，花草虫鱼、飞禽走兽和人物，皆可入剪。

改革开放以来，高密剪纸饮誉海内外，不少作品曾多次在国内外展出并获奖。

20世纪80年代初，高密剪纸精品曾被中国美术馆、山东美术馆收藏，先后出版了《乡土瑰宝》、《民俗瑰宝》、《高密民间艺术精品选》、《中国民间十二生肖剪纸》等多部画册。高密剪纸艺人也都先后到香港、欧美各国和俄罗斯等国家和地区作表演和展览，高密剪纸的国内外影响不断扩大。

1984年，高密民间剪纸到北京中国美术馆展出，让人们发现了高密剪纸的艺术魅力，也进一步确立了它在中国民间剪纸界的地位。1993年，高密被文化部授予“中国民间剪纸之乡”称号，从那时起，不少艺术院校的学生专程到高密学习剪纸技艺。一些国内外专家、学者也慕名到高密研究高密剪纸。

1994年，高密被评为“全国民间（剪纸）艺术之乡”。2006年5月，高密剪纸被列入第一批国家级非物质文化遗产代表作名录。

高密剪纸艺人中最具代表性的是范祚信及其一家。范祚信一家八口老少三代都擅长剪纸，曾被授予“剪纸世家”称号。范祚信曾先后应邀在国内几十所高校开设讲座、表演和办展览，他的艺术受到了专家和美术界的一致好评。

福禄寿喜
75cm × 35cm
1998年

二、范祚信从艺经历及艺术成就

范祚信，生于1944年2月，山东省高密市井沟镇河南村人。范祚信生在一个民间艺术之家，他的母亲剪纸造诣很高，在当地是出了名的“巧手”，兄妹六人，他排行老大，但由于性格柔弱，常受到其他孩子的欺负，所以母亲便将儿子留在家中，跟着她学习剪纸。天资聪颖的范祚信从小就深受母亲的剪纸影响和熏陶，7岁就开始剪纸，开始只是剪些小型的“福”字、双喜字，或者饽饽花、窗花、鞋花等小幅作品，受到母亲的表扬后，剪纸的欲望一发而不可收。后来长大了，他总是手不离剪刀，看见什么剪什么，从家中的器物、小狗小猫到书里找得到的一切图形，都成了他剪纸的对象。到工地干活时，他也要带上剪刀，再苦再累也要剪上几剪子，心里才能踏实。由于范祚信对剪纸如此着魔，他被人称为“高密的魔剪”。他剪纸的高超水平和名声，也为他找来了同样热爱剪纸的爱人刘彩花。他们结婚后，夫妻互学互教，剪纸成了他们业余时间的全部。范祚信剪纸从不用画稿，拿起剪刀即可剪出各种形象。1994年10月，他剪的作品《水浒人物》入选文化部主办的“中国民间艺术一绝大展”，《水浒人物》中的一百单八将，每个人物个性都极其鲜明，被专家称为不可多得的剪纸珍品。他的儿子从小就能剪出各种图案，1986年6月山东省少儿作品评展中获得了一等奖。女儿更是剪纸小明星，在20世纪80年代中

吊笺一组
15cm–20cm不等
1995年

期访日期间，曾大获好评。1987年5月他随潍坊物产展代表团赴日本国进行现场剪纸表演，被誉为中国的“魔剪”。他们这一家人，各有本领，是名副其实的“剪纸之家”。

范祚信的母亲未出嫁时便剪得一手好剪纸，结婚后一直未搁下，她把手艺同时传给了范祚信二妹范祚兰、三妹范迎春、弟范祚运。范祚信就是受其母亲影响而从事剪纸创作的，他的亲人也同样受到影响，剪纸是范祚信一家的精神寄托，他们尝到了剪纸带给他们的荣誉和尊敬，也越发全力去为民间剪纸事业做些力所能及的事。

1982年高密市文化馆聘范祚信为剪纸教员，他在执教三年时间里，带出了十多名剪纸学生。后来又有几十名学生得到过他的指导和技艺传授，现在，他们都已成为高密剪纸界的主要力量，在各自不同的岗位上进行着剪纸创作。

几十年来，范祚信从未中断过剪纸，他把剪纸看做是生命中最重要的事，他在学习母亲教给他的传统剪纸外，还深入思考，不断创新。他的运剪就不同于以往妇女的普遍运用剪刀的方法，他要剪出物体的力度和味道，在剪圆形线条时，他不是剪成圆弧状的线，而是用一节一节的小直线条拼接成圆形，使得这种圆形的物体有了棱角和力度，不再柔弱。他在多年的实践中，形成了个人独特的艺术风格，被专家称为“金石味道”的剪纸。同时范祚信的剪纸也由于成就突出，个性鲜明等，

水浒人物
1994年

受到国内外收藏界、学术界和艺术界的广泛赞誉。

范祚信先后多次参加了全国性的剪纸展，一千多幅作品参加过全国省厅级剪纸表演；他有上千幅作品为中国美术馆、国家博物馆等艺术研究机构和国内外艺术爱好者所收藏。全国有二三十家报刊对此做过摄影及报道。其中《北京周报》以汉语、法语、英语、日本语系多种文版刊登。只《上海美术丛刊》就出版了六十多幅。北京《美术》月刊出版四十多幅，共出版作品一千三百多幅，《十二生肖》剪纸1999年被辽宁美术出版社出版发行。

自1985年以来，他参加省级以上剪纸展览数十次，并屡获大奖。他的作品《福禄寿喜》曾荣获中国美术馆举办的中国剪纸世纪回顾展一等奖。中央美院画廊、上海大学美院、中央工艺美院图书馆相继举办过范祚信剪纸展，《老鼠娶亲》等精品由中国美术馆收藏。

近年来，范祚信发掘创新了一些优秀作品，如《先师孔子行教像》，再现了孔子的圣人形象，人物刻画神态逼真，引起各界高度重视。

三、代表性作品赏析

1.《老鼠娶亲》

这组剪纸创作于1985年，是一幅剪纸长卷，整套剪纸细腻地描绘了招摇过市的老鼠的嫁娶场面。老鼠娶亲是民间艺人十分喜爱的题材，范祚信的《老鼠娶亲》以拟人化的表现手法，生动刻画了每一个老鼠的形态，一幅幅剪纸画面组成场面宏大的送亲队伍，井然有序，给人一种强烈的意趣美和形式美感，体现了浓重的民俗文化色彩。

这组《老鼠娶亲》剪纸作品有100只老鼠，送亲的老鼠队伍全是按照民间习俗的结婚仪仗而排列的，从鸣锣开道开始，依次是：八面锣组成的仪仗场面；旗牌伞扇的队伍，有龙凤旗、龙旗、凤旗、麟旗、魁旗等十面旗子，旗子上面的喜字应该是红囍，范祚信不识字不会写“红”字就剪了个“大囍”；“婚礼乐队”，剪的是骑在马上的吹、打、乐、舞、笙、管、琴、箫一组老鼠；嫁妆陪送，有椅子桌子凳子等，几个打灯笼的老鼠后面，就是新娘新郎的花轿。看来这是官家结婚，用的是官轿，这一组位于整个长卷的中间位置，然后是彩礼队，最后是护卫队。整个队伍前呼后应，浩浩荡荡，其隆重壮观之场面，的确不亚于皇家的公主出嫁。然而其婚礼的结局却与这大喜的场面相反，极其可悲：“老鼠新娘”一到家，就被“猫新郎”给吃掉了。这组作品讽刺了门当户对的婚姻观念。其意趣之清新，寓意之深邃，想象之丰富，在当代同类剪纸作品中，可谓无出其右者。尤其是那百只栩栩如生、憨态各异的老鼠，更是令人忍俊不禁。作者在造型上不受原物形体的限制，敢于大胆夸张和舍弃，注重写神，在似与不似之间，拙而不蠢，朴中见雅。

2.《十二生肖》

高密的十二生肖剪纸造型花样非常之多。范作信在创作这类作品过程中细心揣摩十二生肖的造型特征，再加入自己的构思，将十二种动物巧妙地融合到各种造型如“福、禄、寿、喜”文字中。1999年其专辑《中国民间十二生肖剪纸》一书，收录了他创作的各类剪纸1400件。“福、禄、寿、喜”动物剪纸作品《福禄寿喜》曾获中国美术馆举办的中国剪纸世纪回顾展一等奖。

3.《苏三起解》

苏三，原名周玉洁，明代山西大同府周家庄人，五岁时父母双亡，后被拐卖到北京苏淮妓院，遂改姓为苏，她排行第三，故改名为苏三，“玉堂春”是她的花名。苏三天生丽质，聪慧好学，琴棋书画样样精通。官宦子弟王景隆与苏三相遇，一见钟情，过往甚密，并立下山盟海誓。在那里不到一年，王景隆床头金尽，被

水浒人物
1994年

老鼠娶亲

1985年

十二生肖

1998年

苏三起解（局部）

老鸨赶出了门。苏三要王景隆发奋读书，二次进京应试，终于考中第八名进士。老鸨偷偷把苏三卖给山西马贩子沈洪为妾。沈洪长期经商在外，其妻皮氏与邻里赵昂私通，与赵昂合谋毒死沈洪，诬陷苏三，并以一千两银子行贿，知县贪赃枉法，对苏三严刑逼供，苏三受刑不过，只得屈忍画押，被判死刑，禁于死牢之中，适值王景隆出任山西巡按，得知苏三已犯死罪，便密访洪洞县，探知苏三冤情，即令火速押解苏三案全部人员到太原。王景隆为避嫌疑，遂托刘推官代为审理。刘氏公正判决，苏三奇冤得以昭雪，真正罪犯伏法，贪官知县被撤职查办，苏三和王景隆终成眷属。

这组作品为16幅的系列小幅剪纸作品，按故事情节分为了16个故事片段，每幅作品的主题内容用粗犷的文字写了出来，使观赏者能够清晰了解每幅作品的主旨。范祚信的剪纸作品不打草稿，这幅作品也不例外，他按照想象的故事形象顺手拈来，在动剪之前，已经想好画面的构图和黑白灰关系的处理。这幅作品构图严谨、线条组织疏密、穿插运用阴剪和阳剪的方法；画面用线条组织对比出明确的黑、白、灰关系，层次感丰富；突出表现主要人物，画面中的主人翁跃然纸上，拙朴中藏精巧，玲珑剔透，纯朴可爱。直线、曲线等形态上的刚柔变化和对比，令画面显得生动。运用阴剪和阳剪手法，巧用黑块和细线，善使锯齿纹和光滑面，有定规而不拘束，剪出了粗犷而精巧，简约而不单调，质朴而灵秀，生动又传神的艺术效果。

4.《百牛图》

几千年的中国文明，以农耕为基础，耕牛与人为伴，负

百牛图（局部）

三阳（羊）开泰

犁耕作，因此古语有云：耕牛乃养民之道也。范祚信在牛年之际，创作了《百牛图》，为牛年祈福一个好年景。

古时候，在立春祭祀中，牛扮演着十分重要的角色，宫廷和民间都要举行接芒神、鞭春牛和款增小土牛的仪式。在古代，牛不仅仅是代人犁地的牲畜，更重要的是它是上天派到人间的神牛，是散灾和驱鬼的神。山西年画《春牛图》中，就有这样一段民谚来描绘神牛的功能：“我是上方一头牛，差我人间遍地走，不食人间草和料，单吃散灾小鬼头。”由此可以看出，牛在人们心中代表着人们对丰收的祈望，对幸福的憧憬。牛也是中国民间最常见的吉祥图案，因此，民间各种艺术形式中的牛的造型成为千百年来人们喜闻乐见、长盛不衰的表现内容。

在范祚信的《百牛图》中，每个牛形态各异，有的憨态可掬，有的蓄势待发，有的扬蹄奔跑，有的呼之欲出；牛的身上有刻“福寿”的文字图案，还有四时花卉的纹样，还有的牛背上倚着牧童，手法洗练，风格粗犷。他以简练、概括的手法表现耕牛的稚拙感，重于变形夸张，表现了独特的剪纸风格。

5.《三阳（羊）开泰》

中国民俗中，“三阳开泰”是人们常用的吉祥语，在《易经》中，“三阳开泰”表示冬天过去，大地回春，万象更新。《易经》以正月为泰卦，古人认为是阴气渐去阳气始生。农历十一月冬至那天白昼最短，往后白昼渐长，故认为冬至是“一阳生”，十二月是“二阳生”，正月则是“三阳开泰”。

范祚信的剪纸作品中，以三只羊（谐音“阳”）为题材，在古汉语中，羊与“吉祥”的“祥”是通假字，因此，羊在古代又

顶棚花

被当成是灵兽和吉祥物。“三羊开泰”和“三阳开泰”都是吉祥之意，是中华传统文化的内容，长久以来约定俗成，现在往往被写成“三羊开泰”。

范祚信以生动流畅的线条，恰到好处地刻画了三只山羊，他通过对山羊肢体造型的夸张，以及羊毛的漩涡形和锯齿形的处理，达到了夸张和美化的装饰效果，使山羊的形象变得通透灵动，可谓是对生活素材化繁为简的艺术处理。这幅作品以“以象寓意”的方式表现了人们的内心追求美好生活的向往和对吉祥幸福的期盼。

四、艺术特色及主要价值

1. 艺术特色

民间剪纸和其他民间艺术一样，是为民众所用的艺术，不仅有物质的使用性，还有精神的实用性。作为民间艺术其存在的价值很重要的一点，就是看它在生活中如何使用。

春节是最隆重的民族节日。每逢春节，高密农村家家户户都贴剪纸，如影壁墙上的“福”字灯，天棚顶上的天棚花，窗户上的窗花，馒头上的馒头花，门顶上的“过门笺”等，都离不开剪纸。结婚时喜花是张贴在新房室内家具和器物上的，花样是衣服和居室绣制图样时所依据的底样。青年们定亲、结婚等都要把剪纸贴在家具或食品上，以示喜庆。婚房的顶棚中央为取喜气吉祥和幸福的气氛，常贴上

喜花

“龙凤呈祥”的团花，四角再贴上蝙蝠图案等等。

高密剪纸有着浓郁的地方文化特色：

（1）有浓厚的生活气息，它构思精巧，造型夸张，变形而不失真，粗犷中见清秀，稚拙中藏精巧，简约而不单调，质朴而灵秀。锯齿纹和挺拔的线条构成完整的画面。它集南北方剪纸玲珑剔透、淳朴敦厚的艺术特点于一体，自成风格。

（2）高密民间剪纸的独特之处还在于：线条挺健，“金石”味浓。带有棱角的线条，把完整的圆形或弧形线串联在一起，犹如硬朗的金石般，有棱有角，这是高密剪纸区别于其他地区剪纸的一个重要特征。

（3）此外，高密剪纸的特点还在于它粗中见秀，拙中藏巧。高密剪纸粗如大笔挥洒，细如春蚕吐丝。由于采用了阴剪和阳剪的手法，巧用了块面和细线，善使锯齿纹和光滑面，有定规而不拘束。

高密民间剪纸概括起来说，具有表现形式丰富，黑白对比强烈，富有韵律感，线条柔似流水，刚劲挺拔，粗细结合，有浓重的金石味；造型稚拙粗犷而不呆板，夸张变形而不失真，粗犷中见清秀，稚拙中藏精巧，以其独特的风格有别于其他民间剪纸。

2. 主要价值

高密剪纸首先是一种传统的装饰品，它内容丰富，生活气息浓厚。民间不论

水浒人物

1994年

逢年过节、婚丧嫁娶，都喜欢用它来装饰室内，特别是房舍最显眼的部位——窗子。过去，木格窗子常为竖条形的排列，所以贴上剪纸的窗户，常常窗花满目，充满喜气。顶棚花、门笺、馍馍花、碗头供垫、结婚礼品、影壁墙“福”字灯等，在这些地方贴上各种装饰剪纸，也为生活营造出一种欢庆喜悦的氛围。

高密剪纸纹样丰富，寓意吉祥。据了解，高密的剪纸纹样主要有：铜钱纹、元宝纹、“田”字纹、“米”字纹、方胜纹、喜字纹、“寿”字纹、云彩纹等。

铜钱纹为“八宝”之一，单个纹样寓意富贵、发财；成对的八宝又意味着“双钱”，与“双全”谐音。它常与蝙蝠、寿桃、寿字组合为一体，寓意“福寿双全”。元宝纹，是“八宝”之一，象征富贵。“田”字纹，寓意丰收和财富。相近含义的图形还有“米”字纹、方胜纹，它与宝珠、古钱、玉磬、犀角、银锭、珊瑚、如意合称为“八宝’，是吉祥如意的象征。喜字纹，还有“寿”字纹、云彩纹等的使用，高密本地使用较多，寓意美好。

剪纸作品中将这些文字作为吉祥图案，特别在婚庆剪纸中会反复出现。

“绣花样子”是剪纸艺术中为绣花而做的一种图案。在剪纸的传承和延续过程中，主要靠世世代代的口头传授和通过“熏样”方法来保留的，这些纹样是千百年来积淀的艺术精髓，也是剪纸艺术的精华和灵魂。高密剪纸中有许多造型都蕴含着深刻的象征意义的熏样，具有深厚的文化底蕴和象征意义。

高密剪纸造型稚拙粗犷而不呆板，夸张变形而不失真，粗犷中见清秀，稚拙中藏精巧，简约而不单调，质朴而灵秀，既忠实于自然，又不拘泥于自然。有时则大胆地冲破常规，巧妙地运用独特手法，达到自己的创作目的。这点上，范祚信和他的家族成员所创作的剪纸做出了最好的诠释。

水浒人物
1994年

五、范祚信艺术年表

1944年2月出生，山东高密市井沟镇河南村人。

1951年，7岁跟随母亲学习剪纸。

1951—1956年，在村里读书。

1957—1999年，在村里务农。

1982年，在中央工艺美术学院举办了了两次剪纸艺术展览。

1983年，范祚信及其家人就有剪纸作品发表，在日、法、英、德等文版的《人民中国》、《北京周报》发表作品48件。

1985年，先后在上海大学、南京艺术学院、天津美术学院举办剪纸艺术展览并授课。

1987年5月，东渡日本作现场表演，和同行的一位针灸名医，被日本友人并称为“神针魔剪”。

1987年，在中央美术学院民间美术系和北京师范大学进行一个星期的授课。

1994年10月，作品《水浒人物》入选文化部主办的中国民间艺术一绝大展。

1996年，剪纸《十二生肖》在首届山东省农民文化艺术节全省民间工艺美术品博览会中获金奖。

1999年，中法友好三十年，去法国进行剪纸艺术表演和文化交流；7月，其专集《中国民间十二生肖剪纸》由辽宁出版社出版发行，内载各类图案1400件。

2000年2月，参加在中国美术馆举办的“中国剪纸世纪回顾展”，荣获一等奖。

水浒人物

1994年

水浒人物
1994年

2001年，中日友好三十年，去日本进行剪纸艺术表演和文化交流；8月，剪纸《孔子像》在第二届中国国际民间艺术博览会评选中荣获“山花奖·民间工艺优秀奖”。

2005年，被中国艺术研究院聘为首批“民间艺术创作研究员”。

2009年2月，参加了在北京农展馆举办的“中国非物质文化遗产传统技艺大展”，现场展示技艺。

2010年4月，被中共潍坊市委宣传部、潍坊市文学艺术界联合会和潍坊市民间文艺家协会授予“潍坊市首批民间艺术大师”荣誉称号。10月，在首届中国非物质文化遗产博览会传承人展示活动中，荣获“传承人展示纪念奖”。

（本篇撰稿　张美荣）

卢雪

——香港现代剪纸艺术家

她靠着一把剪刀，从山东的一个小山村，走向了世界，她像一个云游的艺人，到处寻访着剪纸的真谛。当她掌握了剪纸的技艺时，她有了高于一般人的眼界。她的头脑中没有框框，敢于想别人不敢想的事，做别人认为不可能的事。在香港，她剪出了成套的《论语》故事，在全社会推广；接着又用剪纸的独特语言，剪出了《安徒生童话》，被丹麦安徒生博物馆收藏。香港为她提供了一个广阔的艺术平台。她是杰出人才计划的推广代表，她和她的艺术剪纸协会把香港现代剪纸推动得尽人皆知。现在，她站在一个更广阔的平台继续唱着她的剪纸之歌。2003年，她被中国艺术研究院聘为“特邀研究员”；2005年，又被聘任为首批“民间艺术创作研究员”，同年又被文化部授予“中华英才”称号。作为山东省政协委员，她感到传播中华优秀文化的责任更重了。

一、艺术剪纸——香港现代剪纸概介

在中国，剪纸是一门最普及的民间艺术形式，其中绝大多数都是以产地命名的，因为剪纸是地域性极强的艺术，每个民间艺术家的剪纸作品都会被打上地域的烙印，如被列为世界非物质文化遗产代表作项目的中国各地剪纸，等等。但是这里我们所涉及的艺术剪纸是一种特定的概念，它主要是指以现代艺术手段创作的香港现代剪纸。

香港现代剪纸不是凭空飞来的空降兵，它是大陆剪纸将原有的剪纸脱去某一特指的地域性特点而建立起的一种新的剪纸风格，它加入了表现时代主旋律的创意和元素，突破以往一花一草的单纯图案式题材，而追求更新颖的创作手法和更高远的立意。它更多地从人们喜闻乐见的当代文化中吸取和提炼新的题材，拓展视野，勇于创新。和内地剪纸不同的是，香港的现代剪纸拓宽了千百年来形成的剪纸题材，走出仅仅为礼俗活动的创作，融入大量现代审美意识，着力将时代精神和现实生活反映在剪纸作品中，以现代人的艺术标准和美的标准来评判作品。

与以往的剪纸相比较，艺术剪纸或称为香港现代剪纸在表现形式、技法、材料、功用性等方面具有自己的特色。

福建土楼
30cm × 60cm
2004年

孔子圣迹图
29cm × 42cm
2002年

第一， 香港现代剪纸拓宽了传统剪纸的题材，它把在香港发生的包括奥运题材、自然生态环境保护、中国和西方著名的文学作品、当代社会发生的大事件都视为剪纸创作的素材，它们以创新的方式，以剪纸去承载厚重的中国历史文化和主题，使剪纸的内容和主题更贴近时代和生活，并走向世界。

第二，香港现代剪纸在构图上根据现代人的需要有所创新，它既有粗犷夸张，又有细腻写实，还借鉴了其他艺术手法和表现形式为己所用。比如国画形式的剪纸，体裁上有中堂、条幅、横批、通景、扇面等，内容方面有花鸟、草虫、人物、山水、博古等，类似国画又不失剪纸趣味，使人感觉既熟悉又新颖。在颜色上更加柔和平淡，作品的大小也更加灵活，适应现代审美。现代剪纸从那种浓郁的民俗装饰风格中，向着观赏性、艺术性发展，看起来除具有剪纸的风格外，更有着图画的美丽。

第三，在表现技法上，香港现代剪纸的彩色剪纸用水粉颜料在宣纸上根据需要染出多种色纸，有深浅、渐变的效果，然后再进行制作，使一幅作品可以由几个部分、几种色彩组成，进行复贴组合，形成一幅完整的、有空间层次感的画面，打破了单一表现手法的局限性，在保持剪纸的通透和刀味、韵味等特点上，发挥了绘画效果和现代装饰效果，在技法上带来了时代气息和新鲜感。比如要刻画现代领袖人物和杰出人物，传统的剪纸就难以准确地表现，而现代剪纸艺术家们创用镂空法、叠纸法、填彩法和点彩法等在继承传统技法的基础上有所创新，在人物的面部表情处理上，更加生动、更加个性化。

第四，在材料的使用上，香港的现代剪纸开始突破传统材料和工具的局限

孔子
110cm × 60cm
2003年

性，大胆尝试材料运用的多样化，任何可以作剪刻加工的材料均可尝试。从功能上看，香港的现代剪纸从功用上已脱开了饰用、祭品、喜花等实际功能的范畴，与其他民间艺术一样同时具备诸如人文价值、鉴赏价值、收藏价值等并开始具有纯粹的审美效果。

香港的剪纸在早年从中国内地传入，在香港传承。在百多年的英国管治充满中西文化融合的社会环境下，传统剪纸逐步向现代剪纸演变。但由于民间剪纸艺人在本土不多，属单个而零散的传承，因此与中国内地其他地域的民间剪纸相比较，香港所存不多的民间剪纸并不明显标记出本地独有的艺术形式和风格。

香港现代剪纸已走出了农家院落，它的欣赏范围已不再局限于窗前、炕头，从小到邮票、贺卡、台历、旅游礼品、商标广告，大到将剪纸图形用于舞台美术、广场壁画、城市雕塑、建筑装饰、动画电影，其简洁大方的形式、东方文化的内涵，都以一种带着泥土芳香的亲切感受到人们的青睐。

回归大典
45cm × 90cm
2002年

香港的剪纸真正发展成具有自身特点而跟其他地区的剪纸有明显的区别，还是在21世纪的前十年。这完全得力于中国艺术剪纸协会不断的和有力的推动，并透过多媒体有效的推广，唤起了香港社会对剪纸的关注和兴趣，使香港的视觉艺术中不见经传的剪纸艺术异军突起，使“窗花”剪纸在数年间不断登上艺术“大雅之堂”而令人刮目相看。在短短的十年间，香港举办较大规模的剪纸艺术展就不下三十个，全港性的剪纸比赛几乎两年就举办一次，剪纸工作坊在博物馆、文化馆、中央图书馆、大中小学、商场等频繁举办，剪纸艺术以及具有剪纸元素的装潢于香港中西节庆的商场布置时有出现。随着剪纸的迅速推广和普及，参与政府或民间举办的剪纸活动的市民人数日多，喜爱剪纸的人也热心参加各种剪纸比赛。人们可以从十年来日益增加的剪纸参赛作品中看到香港的剪纸水平在不断提高，同时也可发现香港的剪纸已逐步发展成独特的现代剪纸流派，它以融合中西文化、创意新颖、不拘一格、剪工细腻和线条流畅为其特色。

卢雪在她的剪纸作品中，无论题材的丰富性，还是艺术的表现手法和表现力等方面，都不断在提高剪纸的发展空间，经过多年的努力和创造，她突破了剪纸技法及表现力的传统局限，将剪纸带到一个更为广阔的艺术高度，因而卢雪已成为香港有别于中国其他区域的、自成一派的现代艺术剪纸的代表人物、剪纸艺术家。

抗震救灾——祈福
45cm × 45cm
2008年

二、卢雪从艺经历与艺术成就

卢雪，1971年3月出生于山东泰安迎驾庄，村子以曾经迎接过皇帝而得名，是一个人杰地灵的地方。这里几乎家家女子自小就会绣花、剪纸，民间工艺有深厚广泛的群众基础。

卢雪是伴随着剪纸长大的。卢雪的启蒙老师是她的母亲，母亲是一名绣花和剪纸巧手。小时候，妈妈就经常给她讲“泰山老奶奶”、“黑龙潭”、“泰山石敢当”等民间故事。从记事起，她就看着妈妈用五彩丝线，刺绣出好多好看的绣花鞋、手帕、虎头帽等。刺绣需要的那些葡萄藤、牡丹花、芍药花、牵牛花、常春藤、小狗、小猫等绣花花样，成为她幼时最喜欢的东西，久而久之，也开启了卢雪的兴趣之门。五六岁时，她就常常用一支短短的铅笔（舍不得用长铅笔），一丝不苟地帮妈妈描花样儿，也开始学习绣花和剪纸，有时也拿起剪刀照着妈妈的样子剪几下，没有纸，就用杨树叶、地瓜叶、葵花叶练习。她的第一幅作品是6岁时以自家大芦花鸡为“模特”剪出的大红公鸡，芦花鸡高昂着头，大大的鸡冠、长长的脖子显得格外威风。这之后，“母女师生”常常在一起揣摸剪纸了。卢雪爱上了剪纸，爱上了剪刀下的五彩缤纷的心灵深处的图案世界。在很多人看来，整天剪纸会乏味枯燥，但她陶醉在剪纸乐趣中，在她看来，剪纸是一种享受，在她手下，无论人物、动物、花草都像被赋予了生命一样形象生动。

香港人物——曾荫权
50cm × 35cm
2007年

香港人物——查良镛
50cm × 35cm
2007年

卢雪不仅从母亲那里学到了剪纸的基本功，还学到了勤劳贤惠、知书达理和吃苦节俭的品格。后来，她们全家从山东搬到山西蒲县，一住就是7年，蒲县是著名的剪纸之乡，逢年过节、婚丧嫁娶都要在窑洞里贴剪纸。在这浓厚的艺术氛围中，她刻苦地向那里的妇女学剪纸。她学会了大量的窗花和绣花图案，她剪的窗花和图案，有山东老家粗放的北方剪纸意趣，又有黄土高原剪纸的原生态特点，生动传神，得到了当地人的称赞。她13岁时，就已经凭着独特的悟性、丰富的想象力和创造性成为当地一个小有名气的剪纸能人了。

因为家境不富裕，初中毕业后，卢雪辍学到城里给人做了两年半的保姆。这期间她自学了高中课程。她用省吃俭用的钱购买并阅读了大量中外文学名著，如《聊斋》、《红楼梦》、《悲惨世界》、《少年维特之烦恼》等等，仅《红楼梦》她就反复看过13遍，同时还复习功课，想考高中。这时期，能陪伴她、为她解忧的唯有手中的这把剪刀。

当时就听说中央美术学院有个民间美术专业，为能到这样的专业来学习，卢雪一直在坚持自学。1989年，当她怀揣梦想去北京时，却被告知就在那一年这个系被撤销了。后来，卢雪又想到山东工艺美院希望能够深造。但她至今敬仰的一位师长对她说，你的才华在剪纸，而这里是学不到这个的。你的老师在民间。卢雪茅塞顿开，她身揣菲薄的路费，南下苏杭广东，北上天津唐山，东去高密栖霞，西到黄土高坡，深入山村农舍，寻觅剪纸艺人。她在这些艺人家中一边帮人家干活抵口饭吃，一边学习各种剪纸技法。

香港人物——霍英东
50cm×35cm
2007年

香港人物——觉光法师
50cm×35cm
2007年

卢雪学艺的经历中印象最深的是在山西蒲县。有一次，她从一本杂志上看到一个 “爆炸式”的剪纸作品，这幅剪纸从中间向外逐渐扩大，且都相互衔连着，其技艺之高令她叹服。她一看落款是山西蒲县的一位民间艺人。她就沿着山路步行前往，途中脚下一滑，滚到山沟里，也不知过了多长时间，醒了，发现自己的衣服已经划破了，脸上也出了血；煎饼包不见了，她爬起来又往前走……天亮时，她终于见到了那位年迈的老艺人时，像见到妈妈一样，一下扑在她怀里哭了……

当时，这位老艺人和老伴又给她烧汤喝，又给她擦药，到了晚上当老艺人把一箱子剪纸拿给她看时，她又一次激动地哭了……在三个月的时间里，她白天帮无儿无女的老奶奶在地里干农活，晚上老艺人手把手地教她剪纸。老人被她的韧劲和诚心深深打动，将一身剪纸技艺毫无保留地传授于她。

学艺回来后，她又去过东北、广东、广西和湖南、湖北。她寻找艺人的方法是，先到当地的文化馆打听到剪纸艺人的住处，然后到人家中为其干活，求人家教她剪纸的“绝活”。

卢雪自23岁开始已出访欧、美、亚洲十多国进行艺术展、文化交流、演讲，在周游诸国中学习和吸收异国艺术精华，在广泛涉猎中西文化中融会贯通，兼收并蓄，推陈出新，追求作品与创新手法的统一，形似与神似的统一。

从2001年开始，卢雪转向香港发展。一方面她夜以继日进行艺术创作，另一方面她创办中国艺术剪纸协会，并担任会长，倾注大量精力，频繁穿梭内地和香港做剪纸的推广工作。

西湖
35cm×50cm
2003年

十年的时间，她在丹麦、日本、德国、法国和港澳台地区的博物馆、展览馆、会展中心、国家级礼堂、大型商场甚至杜莎夫人蜡像馆举办艺术剪纸展二十多场；先后组织和主办八个涉及海峡两岸四地，全国和香港的大型剪纸比赛和展览；亲自参与和组织内地剪纸艺术家、导师持续在香港的大、中、小学，文化中心，教师中心，小区会堂举办剪纸授艺及剪纸工作坊近万人。单是在2008年为配合迎接北京奥运举办的剪纸工作坊就超过300场，参加的市民人数逾4800人；多次应邀到香港沙田新城市广场、屯门市广场、领汇66个商场、新世界中心、美丽华酒店商场、奥海城、中环广场及太古广场等各大商场推广剪纸；与郭富城、容祖儿、张柏芝、官恩娜等香港知名艺人合作，举办剪纸时装表演；应香港公共巴士Roadshow邀请，制作20辑“剪现彩虹”剪纸电视专辑，连播56天，每天观看乘客逾300万人次；多次接受香港无线电视、亚视、有线电视及主流媒体、报章、杂志专访，借多媒体推广剪纸艺术。

正是在卢雪的推动下，使过去香港的视觉艺术范畴，原来几乎为空白和不入流的剪纸艺术异军突起，让一般市民心目中属雕虫小技的“窗花”剪纸在几年间不断频繁曝光，剪纸活动不停举办使人刮目相看，引起香港社会对剪纸艺术的兴趣和关注。经过多年的普及推广，越来越多的商场和机构在节庆期间用艺术剪纸或以剪纸元素的设计来装饰商场。

卢雪凭一把剪刀走天下，不仅在国内文化艺术界有着卓然表现，而且屡赴欧、美、亚等多个国家或地区作艺术交流、展览、演讲。2003年6月卢雪加入中国致公党，被选为山东省政协委员，2007年4月以“具备超卓才能或技术并拥有杰出成就”的条件获香港政府批准作为“优秀人才”到港定居。现为中国艺术剪纸协会

九龙壁
80cm × 240cm
1999年

（香港）会长，中国艺术研究院特邀研究员和首批“民间艺术创作研究员”，中国地质大学客座教授，山东师范大学齐鲁文化研究中心客座研究员，山东工艺美术学院客座教授；她曾荣获泰安市“专业技术拔尖人才”、“中华英才”、“感动山东”优秀人物、“中国新一代成就卓越的剪纸艺术家和文化大使”等荣誉称号，获得了“丹麦国旗骑士”勋章，2008年当选北京奥运会火炬手，受中国艺术研究院邀请参加北京奥运文化活动——“中国非物质文化技艺展演”，为文化部、国际奥委会官员展示剪纸技艺。

三、代表性作品赏析

1.《九龙壁》

卢雪选择九龙壁这一题材是因为她经常听到外国人说我们的祖国是东方的巨龙，我们中国人是华夏儿女，炎黄子孙，龙的传人。她认为龙最能代表我们中国，是中华民族几千年文明的标志。她在创作的过程中，冥思苦想，几经推敲和修改才最终完成了《九龙壁》这幅作品。

1998年伊始，她就全心全意投入了这幅作品的创作。为了能逼真传神地创作九龙壁，能够更有新意，她专门赶往故宫，对着九龙壁日夜揣摩，照了不少照片，沉醉其中，整整痴迷了半个月。如此题材的作品，如果太小显不出它的磅礴气势，如果太大又没那么大的纸来完成它，经过几夜的思考，她决定采取分部分完成九龙壁的制作，先把九条龙的各个部分剪出来，剪完后再想办法，把各部分合成一张成为一幅完整的作品。

这幅《九龙壁》是九条龙组成，它具有极强的象征意义：中间黄色的神龙，它代表中央政府；其余八条代表八个阶层。她又设计了五根通天柱子，通天柱下环

安徒生童话系列·皇帝的新装
25cm × 25cm
2003年

安徒生童话系列·卖火柴的小女孩
25cm × 25cm
2003年

绕着五湖四海，上面是云海，袅袅烟雾，香云缭绕，五湖四海的海面上波涛迭起，浪花飞溅，九条巨龙飞跃在海面之上，在天高任鸟飞、海阔凭鱼跃的空间里尽情地游弋。这幅作品从构思到制作历经十一个多月得以最终完成。如今，这幅作品被人民大会堂收藏。

2.《孔子圣迹图》

这是一幅由104幅画面组成的长卷形式的剪纸作品。卢雪创作此作品是为了表达对孔子的崇敬。自汉代起，人们不断地塑造孔子的形象，或图之于壁，或刻之于石，或镂之于木，或画之于纸帛，到明代中期产生了反映孔子生平事迹的《圣迹图》。山东是齐鲁文化之邦，几千年就受孔子儒家思想的影响。从孔子众多的圣迹图中，卢雪选择了孔子一生中比较重要的事迹作为主题，对孔子的德行、人格产生一种“高山仰止，景行行止”的瞻慕景仰之情，这也是卢雪创作这一剪纸作品的意义所在。

整个长卷构图精炼，造型完美，生动传神，不但反映了孔子的伟大思想，而且能使世人知晓至圣先师的善德懿行、人文内涵，也表达了人们对孔子的崇仰之意。

卢雪在创作孔子系列剪纸时也存在着一些困难，她认识、了解、领会、感悟着孔子的思想，如何将平民出身的孔子表现出受人尊重和尊崇相结合，在这方面做了一定的思考和探索。

安徒生童话系列·海的女儿
25cm×25cm
2003年

安徒生童话系列·丑小鸭
25cm×25cm
2003年

3.《安徒生童话》系列作品

卢雪的童年是伴随着安徒生的童话长大的，小时候，她几乎看遍了所有能找得到、买得着的安徒生童话的小人书。幼时的那种喜欢之情，给她创作安徒生童话剪纸打下了一定的基础，但是要想更好地表现童话世界，创造出更优秀的作品，并非易事，她为此付出了很大的努力。

卢雪的剪纸作品简洁明了、主题清楚，力求深刻传神，而周围环境的一草一木、一花一叶、服装饰品上的花纹都要包含着寓意。《皇帝的新装》中她要表现出皇帝的愚蠢、可笑，骗子们的虚伪和狡诈，皇帝衣服上有“月亮”和“小鸟”，月亮总是日新月异，或圆或缺，变幻莫测，小鸟象征着时落时飞，不能固定，这些就表示皇帝的衣服总是不断变化的，不断更换，对每件衣服都不满意，他就像那些喜欢追求时尚的女孩们，无论衣橱里挂满多少衣服，总是少那么一件令他最满意的。

在《卖火柴的小女孩》中，为要表现出小女孩的凄楚可怜、孤独无助和已故老奶奶的慈爱，她就用几棵挂满节日彩灯的圣诞树，将在欧美最隆重的节日——圣诞节具象化，在这篇原作里面，安徒生写的是一个一头金色头发的小女孩，但是真正创作起来，如果按原作创作，小女孩的美丽怎么都是掩饰不住的，因为人们对她那种美丽是永远爱怜的，所以无论怎么样来创作她，她的一头披散的长发，总是像一个落难的公主。卢雪在这里大胆地进行了改变，作了艺术上的处理和加工，将她的一头金发用一个破旧的打了好多补丁的三角形头巾包起来，经过这样一番处理，她的凄楚可怜、孤独无助就表现得淋漓尽致。虽然违背了原作，但是，她认为只有

香港湿地公园系列——暮

香港湿地公园系列——忆·恋

这样才能将原作所要表达的希望，小女孩得到一些温暖的愿望，表现到位，而头巾上的补丁，也更加渲染了她的悲剧色彩。

在《海的女儿》中，为要充分表现出小美人鱼的善良与美丽，对爱情的美好追求，及到最后升华到用自己的生命来成全祝福这种神圣的爱，她的举动和她的心灵十分伟大。在创作时，卢雪多次被这个故事感动得泪水不由自主地流了下来，无声哭泣，这种感动变成了一种发自心灵的震撼，她相信这些故事也都是真正的发生过的事情。

在创作《丑小鸭》时，卢雪也吸取经验，当她无论遇到多大的困难，都不灰心丧气，而是鼓起勇气面对失败，因为只要坚信自己是个天鹅，最后总会是一只美丽的天鹅。她在剪《丑小鸭》时，仿佛自己就成了丑小鸭，它的遭遇和大多数人一样，故事中的花草树木也都是有生命的。它们的生命是鲜活的。当看到这些童话故事的时候，你定会感觉到它们生命的存在。

卢雪在创作此系列剪纸时，重新捧起安徒生童话，怕自己的理解有偏差，她读了好几个版本的安徒生童话译文。美国动画片的形象也给了她很多灵感。在卢雪那里，没有什么是不可以为她所用的。她没有藩篱，她自由大胆，她艺高技精，安徒生笔下的人物在中国剪纸家手里再次复生了。2003年，卢雪把112幅取材安徒生美丽童话的剪纸送到安徒生的家乡，捐赠给丹麦安徒生博物馆，并被安徒生博物馆永久收藏。安徒生除了倾力创作童话之外，尤爱剪纸。据说这位大师随身带着一把剪刀，经常以剪纸取悦大人和孩子。安徒生小时候就喜欢听镇上的老人讲古老的故事，从这些丹麦传统文化的传承人口中，物质贫乏的安徒生一直接受着最丰富的文化滋养。当时丹麦处在传统文化向近现代文化转型的时期，安徒生的剪纸以其深刻的传统背景与他的童话相得益彰，非常好地刻画了那个时代。卢雪感到惊喜，也明

香港湿地公园系列——地狱·天堂

香港湿地公园系列——幸福像花儿一样

白了丹麦人为什么会授予她一枚安徒生也曾经得到过的丹麦国旗骑士勋章，原来丹麦人认为卢雪用“她高超的艺术展示了东方人对安徒生作品独特的理解”，作为安徒生童话的爱好者和剪纸艺术家，诞生在东方中国的她无意中和她喜欢的安徒生在精神上有了某种契合。

《安徒生童话》剪纸112幅在丹麦安徒生博物馆、香港中央图书馆和香港邮政署展厅公展。作品编印成册——《剪纸童话》，在2005年纪念安徒生诞辰200周年发行。安徒生童话中的四幅剪纸作品于2005年被香港邮政署设计成主题邮票公开发行。

4. 《香港湿地公园系列》

卢雪应邀创作的剪纸动漫艺术片《湿地蜻蜓》，优美的画面和音乐令现场观众耳目一新，成为极富创新特色的一大亮点，并使人对当下如何运用创新思维传承保护非物质文化遗产、打造振心亮眼的文化品牌、繁荣发展优秀民族传统文化，产生新的思考和启迪。

四、艺术特色与文化价值

1. 艺术特色

卢雪的艺术剪纸，以剪刀代笔，用中国宣纸施剪、彩染、素染等等。集中国剪纸南北刚柔相济的构图要素，又以中国画、版画、装饰画、油画、年画、水彩画等表现主题人物、植物。尤其将人物的举手投足、回眸、体态、衣纹、发型、衣着、气质、神态刻画得极为逼真，剪法多样，更传神地表现了主题。

卢雪潜心研究剪纸在用纸、用色上的创新，终于实现“质”的飞跃，即用宣

我的童年
30cm×30cm
2003年

纸为材料，并采用独具一格的染色技术，使其剪纸作品融合了国画、工笔画等艺术门类的风格，色彩艳丽，鸟兽、人物呼之欲出。剪纸内容也进一步拓宽，其中，有《水浒》人物108将，京剧人物脸谱，《红楼梦》人物造型，春牛图、花鸟系列、十二生肖等等，其作品之多达到一千多种，数量一万多幅，形象鲜明，惟妙惟肖，各具特色。

卢雪的剪纸虽来自母亲的言传手教，但又与那些游走于抽象与具象、色彩方面呈五彩缤纷的风格明显不同。卢雪近年的作品，运用西方绘画中的透视、空间安排和层次感的营造等技法，独特想象，细致描画，剪出的一张纸，不仅是线条，更是美丽。其创作的题材不仅突破了传统农家生活的内容，也赋予剪纸以更广阔的视角与更丰富的审美内涵，提升了剪纸的欣赏趣味，使民间传统技艺达到了崭新的艺术境界。

2. 文化价值

卢雪创造性地将体现中国传统文化精华的一些重大题材如孔子的《论语》、《孙子兵法》、《二十四孝》等引入剪纸艺术创作，使这一民间艺术形式承载了厚重的文化内涵，同时紧跟时代，创作了包括展示我国奥运健儿英姿的《中国人的骄傲》、表现孙中山先生历史形象的《伟人的剪现》等弘扬民族精神的大量具有重大社会影响的优秀作品，特别是她以极具创意的艺术构思和精湛的剪纸技艺，将一些闻名于世的西方优秀的儿童文学作品如《安徒生童话》、《格林童话》等，以中国特色的剪纸艺术表现出来，令西方读者为之折服，并由此获得国际声誉，从而使剪纸这一古老的民间群众传统艺术登上高雅艺术殿堂。

卢雪出身剪纸世家，但她不同于纯粹的民间艺人，她创作的剪纸作品，题材与造型手法也不同于一般民间剪纸艺术，以创新与贴近时代为主要特色。在中国的剪纸艺术界中，她是系列性运用剪纸艺术形式去承载中国重大历史文化题材的探索者，也是专题性的用中国剪纸艺术去表现西方文学艺术作品的第一人。无论从创作题材、内容的多元和广泛性，从剪纸艺术表现形式的多样性，以及把剪纸在社会推广普及性等方面，卢雪均作出了积极的贡献。

五、卢雪艺术年表

1971年，生于山东泰安迎驾庄，6岁始习剪纸。

1989年，作品《双龙戏珠》、《出水芙蓉》被山东剪纸协会收藏。

1990年，为北京第十一届亚运会捐赠21幅剪纸作品，同年在泰安市举办首次个人剪纸展。

1992年，在泰安市举办第二次个人作品展。

1994年，随山东省文化厅赴瑞士苏黎世参加“中国山东文化艺术展”，并登上瑞士苏黎世大学的讲台演讲。

1995年，应邀在美国加州大学举办剪纸讲座并接受NBA电视台采访。

1997年，随山东省代表团赴新加坡参加“春到河畔迎新年”活动，同年赴瑞典举办个人作品展。

1998年，为电视剧《嫂娘》创作主题剪纸9幅。

1999年，为庆祝中华人民共和国成立50周年，创作大型剪纸作品《九龙壁》，被人民大会堂收藏并展放在山东厅。

猪
20cm × 15cm
2003年

2000年，赴韩国九城市艺术交流和展览。

2001年，应邀担任新加坡全国首届艺术剪纸大赛首席评判。接受中国中央电视台“灿烂星空”节目人物专访；《人民日报》海外版刊发《让剪刀唱歌的人》的报道。

2002年，创办中国艺术剪纸协会（香港）并担任会长，同时应邀担任香港为庆回归举办的“两岸四地”剪纸大赛，香港、台湾、澳门区的首席评委。

2003年，被中国艺术研究院聘任为“特邀研究员”，历年制作的112幅五部安徒生童话剪纸作品被丹麦安徒生博物馆收藏，同年105幅孔子及孔子圣迹图被北京孔庙收藏；《北京青年报》海外英文版《新面孔》专版介绍卢雪剪纸艺术生涯。

2004年，剪纸作品《安徒生与五大洲孩子》被丹麦首相安纳斯·弗格·拉斯穆森收藏；《月光女神》被世界超级音乐天后莎拉·布莱曼（Sarah Brightman）收藏；4月在上海会见丹麦公主伊丽莎白；9月在香港太平山顶杜莎夫人蜡像馆展出大型等身高剪纸《张国荣》。

2005年3月，香港邮政署发行4幅安徒生童话剪纸作品邮票；5月被中国地质大学（北京）聘为客座教授；同月又被中国艺术研究院聘为首批“民间艺术创作研究员”及山东师范大学齐鲁文化研究中心客座研究员；4月在香港中央图书馆举办“纪念安徒生诞辰200周年”全国剪纸比赛优秀作品展暨颁奖礼；8月组织“安徒生故乡之旅”丹麦文化交流团赴哥本哈根、奥登赛及瑞典进行艺术交流；9月泰安市政府隆重举办“至圣先师——孔子”卢雪艺术剪纸世界巡展山东首展，并把卢雪剪纸展纳入泰山文化国际大会暨19届世界诗人大会的重要艺术交流活动；2005年被泰安市政府评为“专业技术拔尖人才”；同年被文化部授予“中华英才”称号。

茶

38cm × 19cm

2004年

2006年1月，参加在香港举办的首届中国民间艺术节；6月在济南首届山东国际文化产业博览会上举行卢雪剪纸艺术展；10月参加香港特区政府纪念孙中山诞辰140周年“伟人的艺术剪现”剪纸艺术展；11月应丹麦王国邀请，接受丹麦女王授予的“丹麦国旗骑士”勋章。

2007年1月，在香港图书馆举办剪纸艺术展，以“具备超卓才能或技术并拥有杰出成就”的条件获香港政府批准作为“优秀人才”到港定居；6月30日至7月16日，为庆祝香港回归10周年，举办“回归十载风云人物卢雪剪纸艺术展”；6月30日应香港渔农自然护理署特邀，在香港湿地公园举行了“千蝶翩翩庆回归”庆祝活动；11月随山东省政府赴日本山口县交流展出，举办《至圣先师孔子》剪纸艺术展；12月底当选山东省第十届政协委员。

2008年4月4日，迎接奥运倒数100天剪纸艺术展在香港举行。4月30日至5月4日作为迎奥运倒计时100天庆祝活动在青岛美术馆展出，并于6月11日至12日在济南科技馆展出。6月22日，作为2008年北京奥运会火炬手在山东参加火炬传递。6月25日，参加致公党中央和中国(香港)艺术剪纸协会共同主办的“中国人的骄傲”剪纸艺术展。7月获北京奥组委会选为奥运火炬手在山东省泰安市传递火炬;8月举办《生命之光》迎残奥剪纸大赛;9月举办迎残奥剪纸作品展。

2009年2月9日至23日，参加在北京农展馆举行的“中国非物质文化遗产传统技艺大展”。

2009年4月13日，卢雪应邀在山东师范大学附属小学举办的“传承和弘扬中华民族传统文化——中国民间艺术剪纸”专题讲座，并现场与孩子们互动。

2009年6月24日，在国家体育总局训练局内向多名北京奥运会冠军赠送了她精心创作的奥运冠军剪纸作品。

兔年剪纸

25cm × 30cm
2010年

2009年8月7日，由中国致公党委员会、中国奥林匹克委员会和中国(香港)艺术剪纸协会共同主办的“六十年的腾飞——中国体坛英杰艺术剪纸展”在北京开幕。

2009年10月22日，“六十年的腾飞——中国体坛英杰艺术剪纸展”在山东省科技馆隆重开幕；同日，参加第61届法兰克福书展中国主宾国活动。

2010年2月10日，参加文化部组织的2010年赴四川地震灾区“吉祥新春，温暖同行——送春联、送年画下基层活动”，给四川灾区送去400多幅自己的剪纸作品。

2010年2月11日，捐赠“地震素材剪纸作品”，作品被四川博物馆收藏，并颁发了收藏证书。

张国荣
15cm × 15cm
2004年

2010年，参加“首届非物质文化遗产博览会”获得金奖。

2010年7月，参加上海世博会山东周的非物质文化遗产交流活动。

2010年9月，参加由文化部、教育部、山东省人民政府联合在法国巴黎联合国教科文组织总部举办的大型 “孔子文化周”活动。

（本篇撰稿　王海霞）

皮影

陈增礼

——华阴皮影艺术家

他操着浓重的华阴腔讲述着他的影戏人生，他的皮影手稿，无论民俗仪仗、神仙鬼魅，还是美女小丑、武生花旦，皆如神来之笔画出的精灵从纸上走出。皮影的雕刻技艺更像是他与生俱来的手艺，令他痴迷一生。皮影是他的一切，伴随着他走过了近七十年的艺术人生之路。1985年，中国美术馆请他来北京为馆藏的皮影做鉴定、整理，美国的专家称他是中国皮影的“活宝藏”。他集画稿原创、刻影、演影戏于一身的天才般的技艺，让人感叹不已。2005年，他被中国艺术研究院聘任为首批“民间艺术创作研究员”。

一、华阴皮影概介

华阴皮影属于中国东西两大皮影体系中的西路皮影，但从陕西皮影的发展和分布看，它又是陕西皮影中的东路皮影。华阴在唐代时隶属华州，清代归属同州府，和华县相邻。华阴皮影和华县皮影在历史渊源及制作技艺上同根同源、一脉相承，均起源于汉代。“汉妃抱子窗前耍，巧剪桐叶照窗纱。文帝治国安天下，制乐传入百姓家”，早在2000年前的汉文帝时期，华州的皮影就已产生。《燕京岁时记》载曰：“陕西皮影戏历史悠久，关中则是中国影戏的发源地。近代陕西皮影戏流派极多，粗略言之，东路有碗碗腔皮影，南路有道情皮影，西路有弦板腔皮影，北路有阿宫腔皮影。四路皮影，尤以碗碗腔中的老腔皮影最为古朴，据民间传说自明代以来即在关中的二华（华阴、华县）潼关地区流行。”

华阴皮影戏年代久远，戏箱大都由同州朝邑雕刻作坊购买。在华阴皮影雕刻的历史中，能考证到的最早的艺人是岳庙东城子的贾甲娃，最有成就的艺人就是孟塬北霄堡村的陈增礼。贾甲娃在民国初年就为著名的皮影班子“三盛班”雕刻皮影，后来，传艺于李计柱。李计柱以厚纸加工雕刻皮影，在街头当工艺品出卖。这些工艺品吸引了孩提时期的陈增礼，便将它们买回家玩耍，仿照着用纸刻。后来陈增礼正式投在李计柱门下拜师学艺，成为华阴皮影雕刻艺术的最为著名的艺人。

华阴皮影历史悠久，源远流长，以其造型严谨、考究，雕刻细腻、精致，唱腔委婉、典雅，演技奇妙、精湛而独树一帜，在世界皮影界享有崇高的地位，被誉为艺坛奇葩，工艺瑰宝。尤其是随着电影、电视以及各种视觉传媒的普及和步步深入，全世界各地的皮影戏大多走向没落和消失，残余的道具成为博物馆里的民艺收藏品和部分艺术家或爱好者家中的装饰品。而华县皮影在历经千年之后的今天，仍有人在表演，在雕刻。其生生不灭的古老传统艺术焕发着绚丽的光彩，华阴皮影已被列入第一批国家级非物质文化遗产代表作名录。

华阴地区的民俗活动种类繁多，仪式隆重，而且十分讲究。在各地皮影艺术日益没落的今天，华阴皮影的雕刻、表演艺术不但没有失传，而且均有技艺高超的民间艺人继其衣钵，代有人出。华阴地区得天独厚的地理环境，丰富深厚的文化底蕴，多彩多姿的民间手工艺和淳朴的民俗传统，为皮影艺术的发生、发展与传承奠定了坚实的基础。面花、刺绣、剪纸等民间艺术非常丰富，村村都有能工巧匠。华阴地区自明代起就建有戏楼，至清末民初时在农村各个村庄十分普遍，秦腔、眉户、皮影戏、秧歌、社火的演出活动长年不断，在华阴的传统风俗中，无论是春祈

花卉
60cm×25cm
2009年

闹社火（局部）

闹社火
65cm × 200cm
1996年

秋报、得子贺岁、消灾纳福、婚丧嫁娶、逢年过节、社日庙会等都要演皮影戏，悦神娱人，通宵达旦的表演场面，不以为鲜。而在一些特定的条件下，经常会有两个皮影班社“唱对台”的情形出现，台上台下，情绪激烈高昂，盛况空前，这种相互角逐争胜的氛围在客观上进一步促进了东路皮影的发展和表演艺术水平的提高。从前在民俗活动中，皮影戏与人民生活息息相关，哪里需要到哪里去，有什么事就演什么戏。时至如今，即使大型的会社、祭祀活动没有了，民间皮影戏仍在民俗活动中演出着，从民俗的类别看，其具体可分为：

喜事——演出《七神姑》、《全家福》、《天仙配》、《龙凤呈祥》。

龙辇图——旗牌仪仗

80cm × 160cm
1999年

白事——女人去世，演出《女祭灵》；男人去世，演出《 备祭灵》、《万历王祭灵》等。

贺寿——主要节目是《八仙贺寿》、《郭子仪过寿》、《王母娘娘寿诞》。

满月——主要节目是《金碗钗送子》、《唐王爷送子》、《观音菩萨送子》。

遇有扩院盖新房，则就更加热闹。按当地民间传统习俗，一家盖房子全村帮忙，房子盖好时，主家请一台皮影戏，敲敲打打，热闹异常。一则酬亲谢邻，二则吹吹打打，取驱邪平安之意。建房时演出的皮影戏，自古有之。民间皮影戏的魅力在于它和民俗息息相关，为民俗所用，与人们的生产生活密切联系。时至当代，在广大农村，民俗活动中的皮影戏古风犹存，由于民间皮影戏还有社会需求，因而还有相当的生命力。

以皮影道具的功能来划分，东路皮影雕刻作品可以分为以下八种：

头茬类：主要表现人物的面部特征，多为正侧面的“五分脸”造型为主。

身段类：主要是体现人物身体的半侧面“七分”造型为主。

旗牌仪仗类：用来烘托气氛，多为龙套角色，由多个或多组手持刀具的人物组成。

云朵子类：塑造的是神仙人物站立在云朵上的造型。

坐骑类：多为武将骑马或骑兽的造型为主，为武打皮影戏中所常用。

桌椅陈设和花草景片类：多作为背景出现。

动物及变化类：神鬼题材戏曲中多出现，以神仙和地狱变相为主。

杨贵妃
高45cm
2008年

西施
高45cm
2008年

王昭君
高45cm
2008年

貂蝉
高45cm
2008年

固定场景类：多为大型背景，如建筑、景观等。

华阴皮影造型独特、雕镂精细、色彩鲜明、玲珑剔透，具有极高的艺术和民俗价值。影人制作以上等牛皮为原料，经泡制、刮毛、去脂、磨、刻、染、熨、缀等二十余道工序精工细作而成；影人高约33厘米左右，造型小巧玲珑，色彩鲜亮净透；以五官塑性格，吊眉展阳刚之气，平眉显阴柔之美，实脸圆嘴呈丑角诙谐幽默之趣，人物多通天鼻大额头。华阴皮影有独到的制作工艺技巧。传统的工艺流程有选皮、制皮、画稿、雕镂、彩绘、熨平、缀连、合成等工序。制作过程使用的工具为刀、锥、凿等。华阴的皮影雕刻，特别是陈增礼的皮影雕刻，影形适中，刀法娴熟，精巧细腻，形象逼真，人物个性鲜明，色彩炫丽，线条流畅，既具有陕西传统皮影的艺术特色，又因皮革透明度好，耐磨好用而受各地皮影班社欢迎。秦、晋、豫及广东、福建等皮影班社常来上门求教或订货，并深受国外友人的青睐。至今，华阴皮影已走出国门，并享有较好的声誉。

二、陈增礼从艺经历及艺术成就

陈增礼，1930年生于陕西省华阴市北雷村。小时家境贫寒，只上过几年小学，从小喜欢看戏，尤其是皮影戏。陈增礼是从1947年开始学皮影，那时候他们临近的村子有个老人组织了一个戏班子开始刻皮影唱戏，陈增礼就去看戏，认了不少的戏。他晚上看戏，心领神会，回家后赶紧把它描画出来，试着刻。材料用的是拿糨

旗牌仪仗
33cm × 8cm（单）
2005年

糊糊好的素纸，刻好后着上色，再打上蜡，晚上和同伴们借人家的前门楼撑起白布帐子，点上油灯，学着大人的样子唱皮影戏，乡亲们看了乐得前俯后仰。1958年陈增礼当了工人，在耀县水泥厂和西安的西北二公司搞建筑，一个月能赚四五十块钱。西安有个老艺人叫李占文，教人学皮影，那时候陈增礼没有跟他学，觉得刻皮影不赚钱，还不如上班。李占文给他留了一块皮子，让陈增礼刻两个靠（戏曲中的武生形象，因穿扎靠，简称为靠），陈增礼就刻了一个赵云，一个张飞，李占文看后觉得刻得很好，陈增礼由此开始每天下了班找点皮子就刻一刻。到了1963年，陈增礼从西安回到老家，跟着村里的戏班搭班唱戏，最开始是修补戏箱子里的一部分残坏的皮影，后来要是村子里有人杀牛，他就把皮子买回来，自己在家刻，那时候陈增礼天天晚上跟着戏班子唱戏，听得多了自然也就会了。刚开始进戏班时陈增礼就是在后面给人拆签子、装皮影，唱戏的唱到谁，他就给在签子上装哪个人物，后来他就自己操杆子演。之后，他拜在华阴著名皮影老艺人李志才门下学刻皮影。在李老师的精心指导下，他很快学会了描绘、雕刻、染色、上光、组装等技巧。为了提高手艺，他还搜集了成百上千的皮影图谱，反复研究揣摩。二十岁左右，他刻成了第一套完整的皮影，拿到文化馆参加展览，得到老腔艺人张全生的称赞，被引荐参加了华阴皮影社团组织革新社，主要搞皮影雕刻，也参加演出活动。从此，他正式步入了皮影艺术生涯。

20世纪60年代，反映现实生活的戏剧开始占领舞台，革新社也想排现代戏，但苦于无现代戏的皮影雕刻。陈增礼大胆尝试，先后完成了《沙家浜》、《红色娘子军》、《杨立本告状》、《夺印》等现代戏的皮影人物雕刻。文化大革命期间，

神靠（封神演义）陈增礼收藏
高33cm
清代

穆桂英
高35cm
2007年

又给老腔艺人王振中（白毛）设计雕刻了《智取威虎山》、《杜鹃山》、《红色娘子军》等戏的皮影人物。古装戏开放后，皮影戏班子演出活动非常活跃，这时他更是大显身手，成天执刀不休。为了刻好皮影，他还收集了全国各地的皮影作为借鉴，如唐山皮影、北京皮影、辽宁皮影等，刻苦钻研，反复揣摩，使自己的作品精益求精，达到了炉火纯青的地步。当时华阴十多个皮影班社的戏箱都有他的作品，他的名气越来越大，连山西、河南、福建、新疆等地的皮影班社和客商，都来买他刻的皮影。

和一般皮影雕刻艺人不同的是，陈增礼不但能刻、能画，还能唱，能挑签。他因地制宜，因陋就简，在家里撑起亮子（幕布），利用许多皮影艺人的演唱录音，挑动签子，播放录音，为左邻右舍和远道而来的游客，以及皮影戏爱好者演出。用他的话说这叫“一人台”。陕西省政协原主席周雅光还常到他家做客，看他演出。基于对皮影人物特定服饰、道具、脸谱、性格特征和特殊的表演手段等皮影知识的积累，他进而尝试创作皮影图谱，并获得成功。后来他又绘制了多种皮影故事长卷，如《大銮驾》、《孔圣人文行天下》、《大观灯》、《闹社火》等，在艺

西厢记
120cm × 240cm
2001年

术界产生了轰动。如果说皮影雕刻是一出皮影戏成功的重要基础的话，皮影影人的设计和画样则成为基础中的基础而显得倍加重要，陈增礼在皮影图谱的设计和绘制方面作出了重要的贡献。陕西省民间艺术馆还收藏了他的代表作《帝王出巡图》。华阴市政协还因此聘他为文史研究专员，保存了他多幅百米长卷皮影画。

由于陈增礼在皮影艺术上的卓越才能，慕名求教他的人络绎不绝。1980年，省艺术馆请他到西安整理馆藏皮影数百套。1984年，洛川县请他参加了赴法展演的筹备工作。1985年，北京中国美术馆请他赴京整理皮影。在京期间，美国加州大学副教授姜士彬与他切磋中国皮影艺术，把他誉为中国民间皮影的“活宝藏”。2005年，他被中国艺术研究院聘为首批“民间艺术创作研究员”。2006年，他应邀在西安曲江国际唐人文化周连续演出十多场，受到好评。

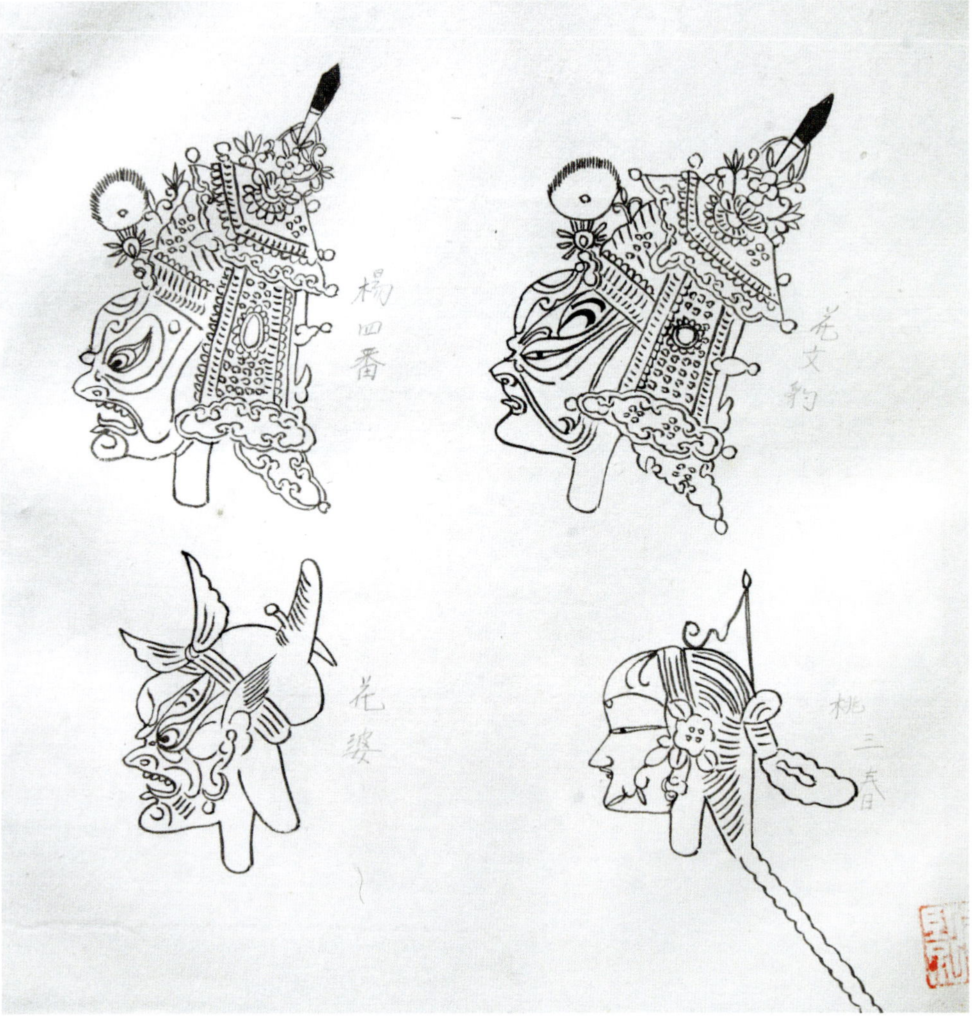

头茬一组（手稿）

三、代表作品赏析

1.《头茬一组》（手稿）

陕西东路皮影的头茬造型多采用正侧面，即所谓的“五分脸”，在表现丑、怪角色时，也有设计成“七分脸”的，这样可凸显出睁大的双眼，加大刻画面部造型的余地，扩大脸部的表现范围，这些都是出于皮影演出需要的考量。陈增礼最擅长皮影稿样的绘制和设计，他所描绘的皮影头茬充分体现了人物的性格和神态。陕西东路皮影的头茬包括人物的头部和面部两个部分：头部一般是发式和头上所戴的帽饰，这两种装饰物通常在一定意义上体现了人物的身份、地位，甚至性格等。东路皮影的头茬可在身份类似的人之间互相交换使用，所以制成可拆取的形式，原来一台戏如若有百人，不一定真使用百人的头茬，类似的可互换使用。女性头茬因为不同的旦角的年龄特征必须和发式配合起来表现，所以旦角的头茬综合了帽式和发式两种方式来进行区分，可分为：老旦头、小旦头、正旦头、仙旦头、妖旦头等。东路皮影中还有大量的专用头茬，专用头茬是为了配合特定的人物而使用的，不能

正旦
高33cm
2007年

鱼鳞靠 张飞（陈增礼收藏）
高33cm
清代

挪作他用，像包公、张飞、关公、孙悟空、唐僧、雷震子以及一些神怪头茬等。头茬的面部也有多种表现方式，一般根据戏剧中人物的性格来进行区分，比如花脸会突出眉毛、眼睛等五官，并着意在脸上的刻画，净脸就显得比较简单，但也以突出人物性格为主。陈增礼的皮影头茬中人物脸部虽然线条简约，但是也有很多种五官的造型方法，眉毛的造型上就有平眉、皱眉、柳叶眉等多种类别，胡须的造型也有三须、胖胡子、爹胡子、蛇形胡等类别，眼睛的表现分为凤眼、豹眼、豆眼、眯缝眼、三角眼等造型。生角、旦角影人的头部多为阳刻空脸，以空代色，含蓄的面部在视觉上形成一种玉颜丽质的色彩效果，透过空间联想达到色的补充，获得无色胜有色的艺术效果。

2. 旦角和武将

陕西东路皮影的旦角和武将等人物的特色主要体现在脸部和服饰的刻画上。这种整身人物的面部和头茬多表现正侧面五分脸，不同的是，整身人物的脸部基本上采取的是斜侧面的“七分脸”。东路皮影所唱的戏曲都是传统大戏，服饰上严格

龙辇图
60cm × 220cm
1998年

按照古代人的传统服饰而来，即把大量的装饰图案集中在戏装的领口和前襟部位，这些图案是区分戏曲角色官阶地位、身份性格的主要标志，如贵妇们需身穿霞帔、皇帝需着具有繁复图案的龙袍等。除了服装上重视外，在人物肢体的刻画方面，尽量把人物的胳膊伸展成自然的姿势，一是为了在表演过程中衣袖能有自然的动感，二是为了突出戏装宽袍大袖上的图案花纹。旦角在演出中一般一个身段可以配合类似身份的四五个头使用；武将则因为手中兵器的不同则多为一头一人的固定搭配。人物服装按照戏曲人物的装扮主要分为：龙袍、官衣、氅、靠、滚子身、神怪杂衣等类别。除此之外，有的大戏如《西厢记》中的人物，为了突出主角，生、旦穿的衣服上多雕刻有较为复杂的雪花、“卍”字等图案，且遍布全身，这既是为了体现雕工的细腻，也将“卍”字的吉祥寓意添置其中。

3.《龙辇图》、《旗牌》等仪仗类

旗牌仪仗是陕西东路皮影中最常出现的一种人物形式，他们在戏曲演出中为了烘托气氛，多扮演跑龙套的角色，一般由多人组成，两人或四人为一组。人物手中拿的东西不尽相同，卫士拿的是兵器，一般为金瓜、钺斧；宫娥彩女多举旗、掌扇、持宫灯等。配合皇帝的出巡，叫“銮驾”，多为黄色，有用马和象拉着的，也

有多人抬着的，如《龙辇图》中，就是由八匹马拉着一头象车，象车周围的装饰通体龙纹，体现了皇帝的身份；配合官员出场的仪仗，人物手中所持一般是回避、肃静木牌。配合山大王或将官出巡，人物手中一般拿着枪、戟等兵器。除了步行的仪仗人物，还有骑在马上的仪仗队，这种仪仗队多走在队伍的最前列，有开路的作用，如另一幅《龙辇图》中，走在最前方的为二位骑马的侍卫，后面依次为举旗的武将，持金瓜、钺斧、朝天蹬的卫士，掌扇的宫娥彩女等，这种旗牌仪仗人物均有的一般称为一堂，每种造型的均为两人甚至四人，皇帝出巡一般都是整一堂，再配合金銮驾，气势十足，一派皇家风范。皇后则相对少一些旗牌仪仗，多为半堂，出巡一般配合六个人物左右。官员按位阶高低也有不同。仪仗的人物雕刻四肢不需要活动，只分为两大部分，一部分是上半身包括头部、上半身、手中所持物体，由一整块皮子雕刻而成；一部分是下半身包括腿部和脚部。在演出时随着人物的移动，腿部可以来回摆动就可以了。

4. 云朵子

云朵子是陕西东路皮影雕刻中最具特色的影片，通常使用一整块牛皮雕刻而成，雕工精致，富于想象力，多表现的是神仙鬼怪等有腾云驾雾本领的形象，故又

云朵子（线稿）

称“神仙朵子”。云朵子中表现的人物比较固定，多为《封神演义》和《西游记》等神话故事中的诸神，也有搭配庙会祭祀、婚丧嫁娶、祝寿满月等民俗活动演出的，所以通常是一整张大的牛皮雕刻而成，四肢也不能活动，即不能互相交换使用。云朵子影片顾名思义，重在用云朵来体现人物的身份，所以云朵占据了影片三分之二的面积，在敷彩和勾画上，类似于双勾手法，体现出阴阳面来，使本来平面的云朵看上去立体很多，这样神仙立于其上才不会显得突兀。这幅云朵子是陈增礼绘制而成，虽然只是单线描绘，但从透视方面来说，却依然呈现出强烈的立体感。

5. 桌椅和植物类

这一类属于皮影戏曲演出中的砌末道具，一般放在大的场景中，如《花园》、《绣阁》等大亮子里做背景道具使用。在皮影艺人演出的皮影箱子里，这种桌椅道具放在一种名为场夹子的夹子中，一般唱哪种场就用哪些道具，这些桌椅既分为室外和室内使用，又可分为生活中和戏曲中使用。它们的造型接近明清时期的家具样式，对结构部件和装饰进行了必要的简化和添加，不但表现出明清家具的简洁特征，还增添了作为舞台配景的戏剧化效果。民间艺人巧用色彩区分出石质和木质两种材质的不同。这些桌椅雕刻得工整细致、繁而不乱，是陕西东路皮影中除却人物和大亮子之外最为精细的一种影片。皮影中的代表桌椅主要有：帅桌、相桌、堂桌、供桌、八仙桌、书桌、龙椅、绣花椅、石凳、绣墩、博古架、书架、茶几、榻等。其中供桌上除了摆放贡品香炉等用品，还有盆景、帷帐等辅助品，都被刻画得栩栩如生。为了更好地突出桌椅的立体效果和空间感，陕西东路皮影的桌椅大多使用斜二等轴透视的方法，在平面上将景深效果展示得天衣无缝。

花草也是东路皮影中背景衬托中必不可少的影片，为达到演出的戏剧效果，一般都作为盆景来表现，放置在花园、屋舍的角落等地，既为了装饰画面，也有构图上的考量。但花草毕竟为点缀，所以东路皮影中的花草树木在刻画时，民间艺人们并不会着墨太多，大多采用平涂的色彩表现方式，在体现其典型特征的地方，用点染来突出花草的阴阳明暗，却起到了以少胜多的艺术效果。东路皮影中的盆景注重造型的完整，植物和器物相得益彰。

6. 动物和神怪变化类

陕西东路皮影品种众多，动物是不可忽视的一个表现对象。皮影中的动物大致分为两种，一种是日常生活中的动物，主要有驴、鸡、鹰、猴、蛇、蝎子、蜜蜂、猪等，雕刻手法是在写实基础上的再次发挥，镂空的边际线和色彩的点染使得平日里司空见惯的动物显得华丽而夸张。另一种是以神话人物的坐骑为主的动物，主要包括龙、神虎、翼马、麒麟、白象、凤凰、仙鹤、四不像、神狮、神犬等瑞兽，这些坐骑通常和宝葫芦、风火轮、仙

供桌

80cm × 66cm

2005年

龙
35cm × 60cm
2006年

剑、宝瓶、神鞭等各种吉祥器物和武器同时出现，代表着主人的身份和地位。神怪变化类的皮影多表现的是地狱里的鬼怪以及水中的大小动物等，其中也包含一些瑞兽的变形，如给虎生出火焰一般的翅膀等。民间艺人们用拟人化的手法给这些鬼怪赋予人的各种神态，但在头部和衣着上会着力于体现它们自身的典型特征，比如《封神演义》中的雷震子、二郎神，《西游记》中的龙王、虾兵蟹将等，《唐王游地狱》中各种小鬼的变相等，《闹社火》中具有高超才能的踩高跷者等等。动物和神怪变化类的影片是陕西东路皮影雕刻中丰富想象力的典型代表，它们脱胎于民间戏剧和演义小说的原型，但民间艺人在此基础上进行了更大的发挥，所以无论在构图还是造型上均打破了传统思维的束缚，不拘一格。

7.《水晶宫》、《绣阁》等场景类

《水晶宫》、《绣阁》等在东路皮影中属于固定场景类的皮影，是皮影戏中形制最大的一种影片，在演出时摆上去，不用挑签撑起，通常一出戏末了才会取下来，中途不会更换，多适合于《西厢记》等折子戏。常见的固定场景类景片有《金銮殿》、《水晶宫》、《凌霄宝殿》、《阎罗殿》、《绣阁》、《帅帐》等等。有的占演戏亮子的上半部分，造型类似于牌楼，叫“半亮子”；有的面积几乎占满整个演戏的亮子，称为“满亮子”。这种影片为了方便放入皮影箱中，中间多用皮筋

水晶宫

120cm × 230cm
2002年

缀结而成，用时展开，不用时就可折叠放置。从画面上来说，场景类的景片类似于界画，对建筑物的刻画细致入微，整体又气势宏大，是陕西东路皮影中的精品。而满亮子就是在演出时所用的固定剧目的固定场景。《水晶宫》表现的是龙王的宫殿，描绘的是水族的大臣拜见龙王的场景。中间为普通的建筑样式，两边廊柱上各缠有一只巨龙，柱础上卧有两只金蟾，周围用海水和云纹装点，水中盘桓着蛟龙和鲤鱼等祥瑞动物，让人观之仿佛置身于水底世界，整幅图案色彩鲜艳，充满动感。

四、艺术特色及文化价值

1. 艺术特色

在人物的雕刻上，为了适应影人在屏幕上横向活动的要求，陈增礼采取了大胆夸张、合理变形的艺术手法，基本以正侧面“五分脸”和单目形象出现，个别丑、怪则为半侧面“七分脸”和双目形象。用镂线与凿孔互衬，交相辉映，使玲珑剔透的影人繁而不冗，质朴单纯的影人简而不空，并以平眉

绣阁
100cm × 200cm
2002年

和皱眉区别影人性格的阳刚与阴柔，整体上转化了自身形式的局限，而形成独有的造型特点。在影人性格的塑造上，首先对传递人物心灵的眉、眼进行强调夸张，作延长处理，通过艺术的夸张变形，达到高度的神韵表现。须、生影人以平眉细目表现其沉着安详之风采，线条平和，刀法稳健，使其温文尔雅的神情得到充分地表达，武生以皱眉凤眼表现其英俊骁勇之气概，在性格刻画上有口诀道：“生角若是眼眉平，多忠诚；要是恶，嘴角涡；圆眼睛，性情凶。”旦角影人多高额直鼻，以弯眉线眼表现其秀丽文静之神韵，东路皮影在刻画旦角时，有口诀为：“弯弯眉，线线眼，樱桃小口红一点。”旦角身段分一旦二旦，穷旦富旦，雕刻的刀法婉转，线条柔和，花纹细腻纤巧，且兼用明刀暗线，以精雕细琢的雪花“卍”字、梅兰菊竹、福寿字形等图案装饰，使其温柔娴静的神态更加妩媚动人，充分显示出女性的阴柔之美。生旦影人均为抿口形象，凸额尖鼻下朱唇一点，若有若无，颇为俏丽，影人做戏时小口似动非动，以实为虚，在视觉上给人一种微妙的说唱联想的感觉。净角以实脸皱眉表现其威武强悍，多作张口处理，刀法挺直，线条粗犷奔放，以放射形状的线纹，将其暴躁骁勇的气质揭示得逼真生动，而洋溢着将士威武英俊的阳刚之美。丑角形象塑造更为奇特，多用圆眼、吊眉、冲天鼻，以半张口刻画其滑稽诙谐之神情，为强化个性特征，而采取大刀阔斧的粗拙线条，衬以柔巧的花纹图

穆桂英挂帅
110cm×210cm
1999年

案，赋美态于陋形之中，刀法独具匠心，在强烈的对比中产生呼应，俗中见雅，生动有趣而耐人寻味，从而产生出刚柔雅俗交融的和谐美感。

在色彩表现上，东路皮影有“五色皮影”之称，用色基本以红、黄、绿、黑、白为主。着色采用中国绘画的工笔重彩方法，以固有色平涂分填，多次烘染，使色彩浑厚沉着，丽而不艳，具有浓厚民族传统的装饰趣味。染色的方法有三种：即套染、晕染和勾绘。套染是使色彩由浅及深，自然过渡，目的是强调色调的层次变化。晕染则是为了增强影人影物的立体感，使其给人的感觉更加自然丰满。勾绘是为了突出影人影物某部位或整体的轮廓。这三种染色方法，是传统皮影制作着色中普遍采用的基本方法。陕西东路皮影大胆运用补色，以大红大绿作强烈对比，以镂线凿孔计白，自然调和，而获得简洁明快的色彩效果。为了准确地揭示人物的性格，而依照舞台戏剧服饰和脸谱化的色彩，结合自身独有的特点和表现手法移植创新，强化人物的个性特征。中国民族传统中以青色为之“正”，如窦尔敦；以白色为之“奸”，如“曹操”；以红色为之“忠”，如关羽；还有黑脸代表骁勇，黄脸代表狡猾等，每种色调都有自身的处理手法和象征意义。

从构图上看，因为陕西东路皮影根据戏曲演出的需要，是借灯光把牛皮影人投射在亮子上来演出的，所以基本为平面构图，所有的人物、桌椅、宫苑、帷帐都

虎
45cm × 63cm
2006年

一字排开在画面上。华县皮影雕刻艺人们，凭直观悟透视之理，于平面牛皮上琢镂立体之像，把一个近大远小、体实魂虚的皮影小舞台表现得比大戏舞台更为奇妙，巧妙地在二维空间造型中利用模糊造型的手法实现某种心理投射感觉，以达到三维动势的体现。

2. 主要价值

华县皮影产生于民间，走的是普通平民百姓和贴近大众、贴近生活的路子，它的艺术表达方式是通俗化的，也是浅显的——以普通老百姓喜闻乐见的形式和通俗易懂的语言来表演和演绎故事，从而赢得了观众。陕西东部的民俗文化带有相当的信仰色彩，古俗和民间宗教相合，使皮影的表现带上了浓厚的神秘色彩，但是在当地，由于祖祖辈辈传承沿袭的关系，它被视为节俗和相关习俗中必有的道具，从而具有了精神上的实用价值。人们喜爱皮影，是因为他们能够从中获得愉悦和快乐。在日出而作，日落而息，文化生活贫乏的农村，只要皮影戏一进村，往日的宁静就被打破了，男女老幼奔走相告，朋友相约，亲戚相邀，就像过节一样热闹。在20世纪50年代前的渭南农村，每逢年过节、得子贺岁、消灾纳福、婚丧嫁娶、建房乔迁等都要请皮影戏班演出。人们对皮影戏的喜爱可见一斑。各项民俗活动从本质上讲，都是趋利避害、求吉纳祥，这表明这些民俗活动本身具有积极的人生意义，所以，皮影戏无论其剧情是悲剧还是喜剧，都给冷清单调的乡村生活带来了热烈的气氛，它的表演本身是娱乐性的，人们需要用艺术来抚慰现实生活的艰辛，以补充新的力量，鼓舞继续生存与奋斗的勇气。用中国哲学的观点来看，这种心理更具有阳柔与壮美的色彩，而不是宿命的恐惧。同时，由于皮影本身所具有的这种有所为的实用性，使其能与现代文明共生共存。这种历史渊源深厚的民俗文化，目前在华阴广大农村群众基础依然比较牢固。几乎所有的皮影戏演出，都与民俗活动有联系，从某种意义上讲，因为这些民俗活动与人们生活心理的重要关系，才使得与之密切关联的东路皮影坚持到了今天。

皮影具有鲜明的教化功能，皮影戏作为戏曲的一种，其剧本脱胎于历史故事和神话、小说、现实生活等，在这个前提下，随着皮影戏剧目的不断丰富，华县皮影戏通过演绎历史人物和故事，让人们在看戏这种娱乐活动的同时，从影戏的角色设定中了解历史、辨别是非和忠奸、学习忠孝节义，从这点来讲，皮影的“助教化成人伦”的作用便不可小觑，这也成为华县、华阴地区社会稳定的重要原因。

东路皮影艺术的表现形式反映的是民族精神的寄托。民俗民风是皮影艺术产生并赖以生存的土壤，皮影艺术是民俗民风的艺术语言，是民俗民风艺术化的表现。

五、陈增礼艺术年表

1930年，出生于陕西省华阴市北霄村。

1947年，开始拜师于著名皮影艺人李计柱门下学习皮影制作。

1963年，辞掉西安的工作，返乡专职从事皮影稿的绘制、皮影雕刻以及唱皮影戏。

1980年，陕西省艺术馆请他到西安整理馆藏皮影数百套。

1984年，陕西省洛川县请他参加了赴法展演的筹备工作。

1985年，受中国美术馆之邀赴京为中国美术馆鉴定、整理皮影。在京期间，美国加州大学副教授姜士彬与他切磋中国皮影艺术，把他誉为中国民间皮影的“活宝藏”。

2005年，被中国艺术研究院聘为首批“民间艺术创作研究员”。

2006年，应邀在西安曲江国际唐人文化周连续演出十多场，受到好评。

2007年至今，在家从事皮影创作，同时指导学徒和孙子制作皮影。

（本篇撰稿　邰高娣）

汪天喜
——华县皮影艺术家

他是个沉默寡言的人，吃饭穿衣都是农民那种质朴的样子，但和他谈起华县老家的皮影，他的话就多起来了。刻影子的皮子怎样熟，影子怎样刻，刻刀怎样用，皮子怎样推……小旦如何表现，衣纹上的雪花纹怎么刻才细腻，颜色是怎样用的……他的师傅和哥哥都是主攻皮影艺术的国家级工艺美术大师，他师从他们，又总结出了自己的一套技法，看过他作品的人，都公认他是目前皮影刻得最好的人。1996年，他就被陕西省文化厅授予“民间皮影雕刻艺术家”的称号；2005年，他被评为陕西省工艺美术大师，同年被中国艺术研究院聘任为首批“民间艺术创作研究员”。他刻皮影出了名，很多收藏家找到他，请他刻成套的大影子。日子好过了，他至今仍在乡下的家中，每天握着刀子，刻着他的皮影。

一、华县皮影概介

华县古称华州，位于陕西关中东部，因地处华山脚下而得名，南靠秦岭，北依渭河，是黄河流域中华文化的发祥地之一。据考证，中国皮影戏发源于陕西，陕西皮影又最早出现于渭南，而古之渭南，正是华州所辖之地。因此，有皮影发源于华县之说。

相传皮影起源于汉代，据《汉书・外戚传》所载，汉武帝爱妃李夫人染疾故去，武帝终日思念不已，方士齐人李少翁夜张灯烛，设帷帐，使武帝另坐他帐，遥观故人之影。此记载虽未言明李少翁所弄之术是否是皮影戏，但的确是运用的光影效果，因此学界一般以此典故作为皮影戏发展之嚆矢。唐朝是我国历史上文化大繁荣时期，皮影戏在故都陕西兴起，并由宫廷逐渐传入民间。到了宋朝，影戏随都城的变迁，从陕西传至宋都汴京（开封），并且日臻完善，孟元老在《东京梦华录》中记载了崇宁、大观以来影戏艺人的姓名，还描述了“每一巷口，无乐棚去处，多设小影戏棚子”、“诸棚看人日日如是”等影戏演出的繁盛场面，可见宋代的皮影戏已成为一种民间普及的艺术形式。北宋亡，金兵掳走影戏等倡优伎艺百余人，影戏随之北传；南宋偏安于临安（杭州），影戏继而传播于湖、广、皖、浙等南方各地，皮影戏逐渐由黄河流域扩至全国。元明时期，皮影戏传入京城，并随着海上交通的发展，皮影戏从我国传入南亚、阿拉伯半岛以及欧洲等地区和国家。至清代，皮影戏在全国各地广为流传，并发展成为各具特色的诸多流派，其故事脚本、音乐唱腔、表演技法、人物造型都各具特色。清代富察敦崇所著《燕京岁时记》云：“陕西皮影戏历史悠久，关中则是中国影戏的发源地。近代陕西皮影戏流派极多，粗略言之，东路有碗碗腔皮影，南路有道情皮影，西路有弦板腔皮影，北路有阿宫腔皮影。西路皮影，尤以碗碗腔中的老腔皮影最为古朴，据民间传说自明代以来即在关中的二华（华阴、华县）潼关地区流行。”由此可见，陕西作为皮影艺术的发源地，其历史之悠久，流派之丰富，华县皮影更是其中之佼佼者。

华县皮影属陕西东路，又称碗碗腔皮影。据《华县志》记载，“在清末时……有演出班社二三十家。民国时期皮影仍盛行不衰，极盛时有48家。”旧日的华县皮影班子以五人一班，车推筐背即可携带全部戏具，随时可以搭台演出，具有很强的流动性，是一种民间喜闻乐见的戏曲节目。然而在“文革”时期，华县皮影受到严重冲击，邻县各地皮影戏班四散尽绝，仅剩华县城的光明、光艺、光庆、光华四个班社靠演“样板戏”生存。改革开放后，华县先后恢复成立皮影班社13家，

蹴鞠图
70cm × 180cm
2007年

皮影从业人员逐渐有所增加。20世纪80年代以来，华县皮影多次参加全省全国的展演汇演，屡获殊荣，并应邀赴国外开展民间文化交流，受到广泛关注。2006年，华县皮影戏被列入第一批国家级非物质文化遗产名录，这门古老传统的戏曲艺术更焕发出绚丽光彩，成为人类共同的文化遗产。

华县皮影能够流行千年盛行而不衰，与华县地区丰富多彩的民俗活动息息相关。华县皮影戏是土生土长的艺术，伴随着劳动人民走过了漫长的历史。在广大农村，无论是祈神祭祀、社日庙会、求神报赛，还是百姓结婚、添丁、祝寿、丧葬、节日庆典、酬神还愿等民俗活动都离不开皮影戏助兴。在华县，皮影戏以其简便易行的特点成为乡民酬神还愿的媒介，同时又是广大农民消遣娱乐的一种文化生活，具有广泛而深入的群众基础。

表演皮影戏首先离不开影人，随着皮影戏的恢复发展，皮影雕刻也作为一门独立的民间手工技艺受到重视和关注。华县的皮影雕刻在长期的发展中形成了鲜明的艺术特征，其所代表的陕西东路皮影风格在全国久负盛名。

华县皮影按照题材内容可分为：

历史人物类：如帝王将相等。

神怪人物类：各种神兵神将、天官菩萨，地冥府里的小鬼判官、魑魅阎君等。

戏曲人物类：其一为陕西秦腔戏曲人物，其二为现代样板戏人物。

花园
100.5cm × 190cm
2005年

动物：各种坐骑，牛、羊、猴、四不像等。

建筑背景：皇宫金殿、兵营帅帐、亭台楼阁、内宅花园等。

行驶工具：如马车、牛车、轿车、官轿、官船、民船等。

室内陈设：如龙案、帅桌、供桌、龙椅、衣柜、书架等。

仪仗武器：如龙凤旗、金瓜、斧钺、朝天蹬等。

飞禽走兽：如各色战马、狮子、白象、麒麟、凤凰等。

这些场景、器物、动物和道具的造型数量众多，也是体现华县皮影造型丰富而精彩的一个重要方面。

二、从艺经历及艺术成就

汪天喜，1959年生于皮影之乡陕西华县，自幼随兄学习皮影雕刻，后拜全国著名皮影雕刻大师李占文先生为师，潜心钻研皮影艺术，掌握了传统华县皮影的全套雕刻技艺，并擅长皮影设计，其设计制作的皮影作品被诸多艺术机构收藏。1996年，汪天喜被陕西省文化厅授予“民间皮影雕刻艺术家”称号；2005年，被中国艺术研究院聘任为首批“民间艺术创作研究员”，并被评为陕西省工艺美术大师；2010年，被评为“陕西省非物质文化遗产项目代表性传承人”。

汪天喜出生于陕西华县柳枝镇梁堡村陈堡组，年长其9岁的兄长汪天稳自幼随

仪仗
50cm × 14cm
2006年

陕西著名皮影雕刻大师李占文先生学习皮影雕刻技术，受此影响，汪天喜从七八岁时便给兄长打下手，接触到皮影的制作。后因家境贫困，1974年，初中毕业的汪天喜辍学在家，正式跟随兄长学习皮影雕刻。后来，他又多次登门求教著名的皮影雕刻大师李占文先生，悉心请教皮影雕刻的艺术技巧。汪天喜为人憨厚，学习勤快，加之又有一定的雕刻基础，李大师对其颇为赏识，便将所有绝活毫无保留地传授于他，使他很快全面掌握了制作皮影的所有技法。

汪天喜非常热爱皮影艺术，全身心地投入其中。他白天劳动，晚上在煤油灯下刻苦钻研，还常常带着干粮向外地皮影演出艺人请教学习，并免费为皮影班社修

凌霄殿
96cm×180cm
2006年

补皮影。他的诚实与执著感动了演皮影戏的老艺人，他们将演出用的老皮影拿出来，让他拓印成画谱，这大大拓宽了他的视野和思路。为了解决当时牛皮原料粗劣、雕刻工具简单的问题，在多次求教无果的情况下，他通过自己摸索、反复练习，经过三年多的实验，终于掌握了雕刻工具的制作和牛皮的炮制等工艺。

经过不懈的努力，至20世纪80年代初，汪天喜已完整掌握了制皮、打造工具、绘图、雕刻、染色、熨烫等制作皮影的全部工序。1982年，汪天喜设计并制作了他的第一套作品——《皇帝出巡图》，这套皮影在沿用传统风格的基础上，同时又融入自己的设计。自此以后，汪天喜雕刻的皮影作品逐渐形成了自己的艺术特色，既美观又不乏精细，既有传统韵味又不乏新意，在继承的同时，勇于创新。1994年，他设计制作的《鸡冠花红》小型儿童皮影造型，在全国专业剧院团儿童小型木偶剧皮影戏金猴录像评比中，被中国木偶皮影艺术学会评为“最佳皮影造型奖”。1995年，作品《马车》载入世界宣传册；1997年，作品获得“迎回归民间美术作品大赛优秀奖”；2002年，作品入选文化部主办的“中国陕西皮影艺术展”；2005年获上海民族民间艺术博览会特殊贡献奖；2007年汪天喜皮影工作室获文化部“文化遗产日奖”。汪天喜本人也多次作为杰出的皮影雕刻艺术家参加国内外的各项大型展览和文化交流活动，为祖国和自己赢得了荣誉。

面对这些成就，汪天喜并没有停止对皮影艺术孜孜以求的探索，他收集、整理了大量的传统皮影资料，在此基础上不断积累创新。不仅如此，他还无偿地将自己的皮影雕刻技艺传授给同村以及周边地区的农民及下岗工人，带领大家共同致富，几十年来他直接教授的徒弟达六十余人，其中有的已成为华县皮影产业的中坚力量。这些都是汪天喜为保护和传承皮影艺术作出的贡献。

从艺三十余年，汪天喜继承并发展了华县皮影的雕刻技艺，在秉承传统皮影艺术精华的同时又不断完善、创新，融合现代设计手法，创作出了许多新的皮影图样，其娴熟的刀法、细腻的刀工、精致的作品令人叹为观止。

汪天喜和爱人薛芝芬自1984年共同创立“华县皮影工艺厂”，至2006年变更为“华县天喜皮影艺术有限公司”，这个从家庭作坊发展起来的皮影公司，一直在没有任何社会资助的条件下自筹资金进行业务运作。前几年，汪天喜的女儿大学毕业后回到华县，帮助父亲打理公司业务，女婿也开始跟着他学习皮影制作，这让汪天喜感到十分欣慰。如今，汪天喜除了忙公司的订单，还有着自己的“五年规划”。他想做一套《唐王游地狱》，这套皮影共分为60篇，每一篇内容和人物都不一样，里面还会讲述一些民间故事和传说；同时，他还想恢复一种已经失传百余年的传统的牛皮皮影的制作方法，这种方法制出的牛皮表面特别光滑，据其讲述，他曾在上海博物馆见过这种皮影，摸上去手感就像绸子一样。对皮影艺术的痴迷，让汪天喜一步一个脚印地跋涉在艺术道路上，他不仅要把老祖宗的手艺传承发展下去，还要让更多的人去了解这门精湛的手艺。现在的汪天喜每天依旧早起，做着与皮影有关的事情，他认为艺无止境，想要精益求精就一刻都不能松懈。对他而言，做好皮影，日子才过得踏实。

三、代表作品赏析

1.《竹林七贤》（局部）

此幅皮影是以中国古代文学名人名家为题材的作品，表现的是竹林七贤聚于竹林之下的生活情景。魏晋间，以嵇康、阮籍、山涛、王戎、向秀、刘伶、阮咸为代表的风流名士，因不满暴政，乃逍遥山林，谈玄醉酒，长歌当哭，不与统治者合作，世称“竹林七贤”。他们常于竹林聚会，饮酒清谈，抚琴吟诗。这幅作品中共雕刻11个人物，作者通过巧妙的构思，将这些人物安排在一起，使整幅作品节奏明

竹林七贤（局部）
200cm × 55cm
2008年

快，又不失典雅。

这幅作品是作者参考天津杨柳青画社出版的《竹林七贤》年画制作的，与绘画作品不同的是，作者以雕刻的方式，以刀代笔，将此作品以皮影的形式呈现出来。这幅作品雕工细腻，颜色以蓝、绿、红为主。作者所塑造的“竹林七贤”和四个书童，其人物形象亦各有特色。嵇康的悠然自得，王戎与向秀的雅致闲情，刘伶与阮咸对弈的“神游局外”之意，阮籍盘膝而坐，拨琴听曲的入画入境的神态，都塑造得惟妙惟肖。四个小书童，亦是憨态可掬：煮茶的小童坐卧在地上，神色严肃，手拿蒲扇认真煮茶；抱卷轴的小童一副小心翼翼的模样；扛书的小童将书扛在肩上；展画的小童恭恭敬敬的样子十分传神。

考量一件皮影作品的好坏，最重要的是要看它雕刻的是否连贯，纹饰是否细致精美。在这件作品中，作者在镂刻人物服饰上下足功夫，每个人物的服饰图案各不相同，有雪花纹、卍字纹、梅花、云纹等，十分丰富和细致，线条流畅，不间

太岁（彩色）
80cm × 42cm
2005年

太岁（线稿）
80cm × 42cm
2005年

断，不单列，花瓣、花型对称，并且大小均匀，没有断茬，充分显示出作者精湛的皮影雕刻技艺。

2. 影人一组

华县皮影雕工精致，人物形象丰富生动，有生、旦、净、末、丑几种角色之分。其中最能表现人物特征的是影人的头部（头茬），通过眉、眼、口、鼻、须的细微差别，表现不同人物的不同性格和特征。以影人眉眼为例，有平眉细眼、弯眉线眼、皱眉豹眼等。另外，在皮影戏造型中有许多影人的头部属于专属造型，如牛头、马面、韦陀、护法、福禄寿三星等，这些形象多年来在老百姓心中已经约定俗成，必须用传统的图谱样式。除此之外，影人的头饰和头帽造型也多种多样，发饰有披发、抓髻、辫子等；头帽分为冠、帽、盔、巾等，它是区别皮影人物地位

贾宝玉
47cm × 31cm
1990年

与身份的重要标志。其中，冠又分为皇冠、凤冠、都督冠、驸马冠等；帽又分为王帽、相帽、纱帽、罗帽等；盔可分为帅盔、太子盔、狮子盔等；巾的种类更多，有员外巾、文生巾、穷方巾等等。此外还有很多其他特定的头饰与头帽。

作者在制作不同角色的影人时，运用了不同的雕刻手法和技巧。如雕刻生角影人时，线条要平和，刀法要稳健，使其温文尔雅的神情得到充分的表达；雕刻旦角影人，则要刀法婉转，线条柔和，所刻花纹细腻纤巧，且兼用明刀暗线，再精雕细琢服饰上的雪花“卍”字、梅兰菊竹、福寿字形等图案纹饰，使其温柔娴静的形象更加妩媚动人，充分显现出女性的阴柔之美；雕刻净角的刀法挺直，线条粗犷奔放，以放射形状的线纹，将其暴躁骁勇的性格表现得逼真生动，洋溢出武将威勇英俊的阳刚之美；雕刻丑角运用的刀法独具匠心，为强化个性特征，采取大刀阔斧的

帅帐
95cm × 177cm
2000年

粗拙线条，衬以柔巧的花纹图案，在强烈的对比中产生呼应，俗中见雅，生动有趣而耐人寻味，从而产生出刚柔雅俗交融的和谐美感。

3. 帅帐

在皮影戏中，除了主角人物，还有一类布景类的作品，如花木怪石、宫殿帅帐、书苑绣阁、天堂地狱等，这类皮影一般是固定在“亮子”（演出皮影戏的布质屏幕）上，根据剧情需要作为故事场景，虽然只是背景，却极大地增加了影戏的逼真性和丰富性，因此对于一出影戏来说是必不可少的。华县皮影当中，这类布景皮影种类十分丰富，雕刻也是相当精美，极具特色。如案几绣墩，刀工尤为精细，纹路刀凿兼施，结合块面，虚实反衬，以达到玲珑精致、空灵典雅的装饰效果；宫殿帅帐之类的大场面雕刻，在大块面积的牛皮上雕梁画栋，浑然一体，表现出物体整体之完美。

这件帅帐作品，构图饱满充实，具有浓郁的装饰性，空间布局巧妙自然，颇有气势；色彩上以大面积红色为主，辅以黄、绿二色，黑色勾线，皮色为白，颜色繁而不乱，艳而不俗，整体感觉协调；纹饰图案上，雕梁画栋，采用民间传统吉祥符号，如青龙、蝙蝠、牡丹、寿桃等，寓意福寿三多、吉祥富贵等含义；雕刻技法上，采用阴、阳刻兼施，点线面结合的手法，使装饰纹样巧妙地排列接续，在同一

工具

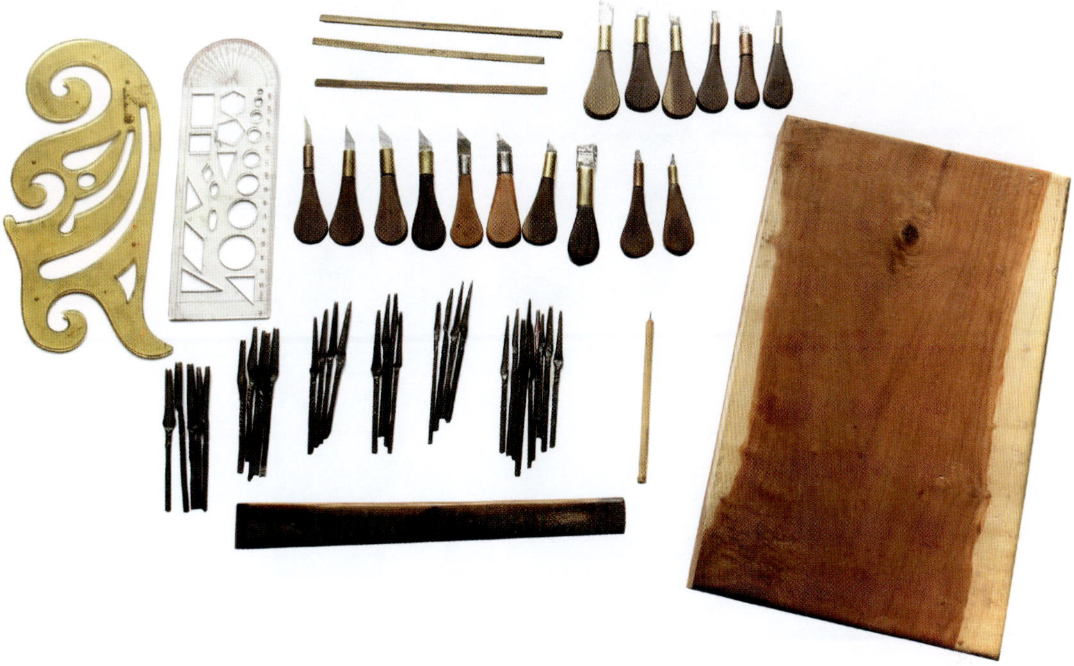

幅画面上同时采用焦点透视和散点透视两种方法，随画面需要而设定，镂线密而不乱，粗细结合，玲珑剔透，气势宏大。

四、艺术特色及主要价值

1．艺术特色

华县皮影制作工艺精细，工序繁多，流程严谨。这对它形成自身特色有直接影响。制作一件皮影需经过泡、刮、磨、画、刻、染、熨、缀等二十多道手工工序，每道工序都有其特殊要求。

（1）选皮

选择合适的牛皮，是刻出好皮影的前提。华县皮影一般选用二至四岁的秦川黄牛皮，以现宰杀的牛皮为最佳。除此之外，还要选择表面平滑光亮、无斑点、坚韧富有弹性的牛皮。

（2）制皮

制皮大概分为泡皮、刮皮、绷晾、打磨几个步骤。

华县皮影传统的牛皮制作过程相当繁复，有“净皮”和“灰皮”两种工艺。

净皮的制作工艺是将选好的牛皮放入干净的凉水中浸泡两三天（根据气温高

才子佳人（小生小旦）（线稿）
33cm × 12cm
1995年

低、牛皮干湿程度和水温具体灵活掌握），取出后用刀刮制，先刮去牛毛，再刮去里皮上附着的肉渣肉膜，然后刮去里皮，每刮一次都要用清水洗泡一次，反复多次直到把牛皮刮薄泡亮为止，将刮好后的牛皮撑展于木架之上，阴干即成。

灰皮的制作工艺又称为软刮，与制作净皮不同之处是在浸泡牛皮时加入化学药剂配方，其成分包括氧化钙（石灰）、硫化钠、硫酸、硫酸铵等，牛皮在其中经过反复刮制、浸泡而成。这种方法制作出来的灰皮，色泽洁白透亮，透明度高，质地柔和光滑，弹性强，不变形，十分适宜雕镂刻制皮影。这种灰皮因为工繁价昂，以前多由豪门大户制作。

由于传统的牛皮制作方法十分费时费力，且较难掌握，因此现代皮影艺人一般采用新方法制作牛皮。

① 泡皮：选好牛皮后，将它浸入盛满清水的器皿中，放入些许洗衣粉或草木灰、石灰等，使其发酵，以便于刮去毛肉，留下净皮。一般选春秋两季最适宜泡皮。

② 刮皮：将泡好的牛皮搭在木桩上，用特制的刮刀进行刮削，先刮脂肪，后刮毛，直至薄厚均匀，里外肉毛都要刮干净。

③ 绷晾：刮好后，用绳子将其绷展在木框上阴干，切忌日晒或火烤。一般而言，阴干牛皮夏天八九小时即可，冬季需三天，春秋则两天左右。

④ 打磨：根据所要雕刻图案的大小，将阴干后的牛皮裁成小块，用细砂纸打磨，也可用碗的外层光滑面将皮子两面都擀平，使之光滑。之后再用水清洗三至四遍，待皮湿软后，用特制的“推尺”稍加油汁，逐次推磨，使牛皮更加平展光滑，

雕刻

上色

消除收缩性。这样制出的皮料近似玻璃，适宜雕刻。

（3）选料

打磨完皮子后，制皮这道工序就完成了，但在进行雕刻皮影之前，还有关键的一步就是选料。

一张牛皮从头到尾厚度不同，向上越靠近颈部的皮子越薄，向下越靠近臀部的皮子越厚，因此，雕刻不同的皮影造型或者同一造型的不同部分，所选的牛皮也不尽相同。例如，一般颈部的牛皮，用来雕刻小生、旦角的头颈和手部；脊梁处的牛皮，多用来雕刻龙袍、透花，有花纹的衣服之类；腹部的牛皮，多用来砸“雪花”、“万（卍）字”等较细的图案；臀部的牛皮，则多用来雕刻线条比较简单、做工较粗的人物、布景和道具，如桌椅、幡子、花草、武将等。

（4）雕刻

选料之后，就开始雕刻皮影，这是皮影制作技艺中最关键之处。“工欲善其事，必先利其器”，雕刻皮影首先需要各种特质的工具。一位皮影雕刻艺人通常备有数十种雕刻工具，且有着讲究的分工：刻刀分为平口刀、斜口刀和各种花样凿刀三大类，其中平口刀用于雕刻各类直线，斜口刀用于刻各种不规则形状的细小花纹，这两种刀具又各有五六种宽度规格；花样凿刀则用来凿刻各种花样，又有大小圆口、半圆口等不同样式。除了刻刀，还有专门的凿眼工具，分为圆形、半圆形、套花等十余种，用来凿各种衣饰“花眼”，而一般大的“花眼”，如龙眼、马眼、鱼鳞等，也可以不用凿眼工具，直接用刀子刻出。

青蛙元帅
33cm × 37cm
2007年

雕刻时首先过稿，即在选好的牛皮上打轮廓，具体是将牛皮盖在图样纸上，利用牛皮的透明度，用钢针把图样拷贝、描绘在皮面上。然后将皮子放置在梨木或枣木制成的刻板上，运用各种刀凿工具进行雕刻。华县皮影雕刻的主要手法是“推皮走刀”，即皮动刀不动，也就是右手握刀扎透牛皮固定于刻板之上不动，用左手五个指头灵活地推转牛皮在刀刃上刻出各种精致细腻的图案。此手法刻出的皮影刀口整齐，刚劲有力，流畅圆润。雕刻的顺序是先凿后刻，即先用各种凿眼工具凿出所需的各种形状孔眼，再用各种刀具刻镂所需的线条纹路。雕刻的过程中，要用湿布捂软皮子，并让牛皮保持潮软状态。

（5）染色

皮影雕刻好后经推平打光就可上色。传统色料一般采用矿物和植物炮制出大红、大绿、杏黄等颜色。其方法是首先将制好的纯色放入稍大的酒盅内，放进几块用精皮熬制的透明皮胶，然后把盅盏放在特制的灯架上，下边点燃酒精灯火加热，使胶色溶在一起成黏稠状，趁热用毛笔蘸色涂于皮影上。此种方法配成的颜色附着力强，透明度高。上色时应以笔头蘸饱颜色由上而下依次填涂，用笔要爽利，避免来回拖动笔，导致颜色互串，应注意保持画面干净。

（6）熨烫

熨烫俗称“出水”，也叫“发汗”，是制作皮影过程中重要的干燥工序，其

跪俑
38cm×26cm
2006年

目的是为了使颜色经过适当高温吃入牛皮内，并使皮内保留的水分得以挥发。脱水发汗的方法很多，有的用薄木板夹住皮影部件，压在热炕席下；也有的用平布包裹皮影部件，以烙铁或电熨斗烫；另一种很老的土办法是将土坯或砖块搭成人字形，下面用麦秸烧热，然后将烧热的土坯砖块熨压皮影使其脱水发汗，这种方法的脱水发汗效果最好，这是因为土坯烘热后，温度平和、吸水力强的缘故。熨烫过程最重要的就是要掌握火候温度，火候不到不展挺，火候过度则灼焦，因此需要雕刻艺人在长期实践中积累经验。

（7）缀结

缀结就是装订成形，是皮影制作的最后一道工序，即把雕刻好的各个部件用牛皮刻成的枢钉或细牛皮条搓成的线（现在一般用韧性好的线代替）缀结合成。以一件皮影人物为例，通常包括头颈、胸、腹、双腿、双臂、双肘、双手等共计十一个部件，需逐次缀结，一般情况下影人头部和身子的联结是活口的，根据需要可换头茬。装订的要点是各部件联结处的固定点一定要选准，也就是“订缝”要好，这是影响成形的关键技术。最后，要给影人装置三根竹棍做操作杆，俗称“签子”，即在影人颈部加一根主签，两手腕处各加一根活动签。至此，一件完整的影人即告完成。

皮影雕刻是一门独特的雕镂造型艺术，在程式化的造型语言中又包含了具体

物象的个性美。陕西皮影大致分为东、西两大路，两者在影人形制、艺术风格上都有所不同。以宝鸡、陇县为代表的西路皮影影人身型较大，风格较粗犷；东路皮影则形体小巧，雕刻精细，以华县最具代表性。

一般认为，华县皮影的人物造型与汉代画像石艺术有着一脉相承的关系，又汲取了唐宋时期寺庙壁画及塑像中的艺术成分，以元杂剧中的人物进行角色分类，在悠久的发展完善中，形成头茬样式多达四百七十余种，影身多至一百八十一种。华县皮影最显著的特点就是造型精巧别致，刻工精细，用线刚劲，图案花纹细致，制作工艺严谨，运用成套雕镂技法。

人物造型上，华县皮影遵循影人“五分头，七分相”的共同特征，即正侧面的头部与半侧面的身子结合，体现了民间求全的观念。影人高约九至十寸，由十一个部件组成，头和身的比例为一比四，头部较大，占整个皮影高度的五分之一，表演起来更能突出人物的个性特征；人物前额突出，俗称“岩颅”，饱满的前庭成为华县皮影的一个显著造型特征。生、旦、净、丑各种角色在造型上又各有特点，旦角人物柳眉凤目、尖鼻小口、纤腰莲足，表现的是女性的秀婉妩媚；净角形象则方面大耳、豹头浑眼，鼻如悬胆、宽肩圆腰，表现其威武强悍；丑角形象多用圆眼、

马球图
300cm × 60cm
2008年

吊眉、冲天鼻，嘴巴半张，体现其滑稽诙谐的神情，虽貌丑却可爱。尤其在眉眼的设计上，将人物的性格表现得十分突出，须、生角色以平眉细目表现其沉着文雅；旦角以弯眉线眼表现其秀丽文静；武生以立眉凤眼突现其英俊骁勇。另外，还有大量的神怪角色，均采取拟人化的手法，赋予人形，又以头面服装的不同特征异于人类，极富想象力和浪漫主义色彩。

雕刻技法上，运用“推皮走刀”的手法，刻出的皮影刀口整齐，刚劲有力。基本以镂空为主，刀凿并用，刀口与凿孔互相衬托，刻法上有阳刻和阴刻两种方式，阳刻即空底，刻去大面积皮子，只留下线条，演出时衬着影窗，可产生强烈的对比效果，常用于雕刻面部；阴刻则是实底，在大面积皮子上刻镂线条，多用于刻制服装、图案。通常两种手法结合运用，产生点线分明、虚实有致的艺术效果，使玲珑剔透的影人繁而不冗、简而不空。

图案纹饰上，结合传统的绘画线描形式，吸取了民间印花布和戏曲服装特点，女性的发饰、服饰多选用花、草、云、凤等花样，男性则多用龙、虎、水、云等图案，而甲靠的花纹图饰一般多采用雪花、“卍”字、梅花、鱼鳞、星眼、人字、十字、松针等互套四方连续图案，以“卍”字和“雪花”型图案最具代表性，体现出浓郁的古典审美意趣。

影人色彩上，设色简洁明快，大红大绿对比强烈，以红、黄、绿、黑色为主，牛皮本色计白，采用中国绘画的工笔重彩之法，以镂线分色，用固有色平涂分填，多次烘染，借刀线“勾”白，自然调和，使影人色彩简而不单、丽而不艳。

2. 主要价值

华县皮影是陕西东路皮影的代表，在国内外颇负盛名。与陕西乃至全国其他地区各流派皮影相比较，华县皮影的艺术造型雕刻精美，演出技巧也是奇妙精湛，并以委婉优美的音乐唱腔成为众多皮影流派中的一枝独秀，享有“国宝”、“活化石”、“中华一绝”的美誉。

与大多数的民间艺术相同，华县皮影能够流行千年而不衰，首先要归功于其所具有的民俗功能。在文化活动匮乏的年代，尤其是广大农村，皮影戏是十分受欢迎的一种娱乐形式。华县皮影戏班的演出称做“五人忙”，一个戏班由五人组成，其中一人操签（皮影），其余四人掌握吹拉弹唱等职，再加上一辆推车、一个背篓，就可容纳所有的演出装备。演出的简便易行，使得华县皮影演出的流动性极强，很适合农村演出，在广大农民的民俗生活中占据了重要位置。而华县民俗活动的兴盛，更是极大地促进了民间皮影戏的繁荣发展。据《重修华县县志稿·风俗志》记载：“无论庆吊、率多借此（演出活动）铺张，忙后特多”，“二华一带每年春冬祈牛马、火神、龙王、药王、关帝、河渎诸神都有定月定日，大则搭台，小则影戏，木偶、曲子演唱、三日惯例，年年如是。”由此可见，种种民俗活动成为华县皮影戏赖以生存的土壤，而皮影戏又在这些民俗活动中起到不可或缺的作用。

随着时代的发展，华县皮影戏由乡下搭台演出逐渐走向现代舞台，并成为中国优秀传统艺术的代表走向世界，精美的皮影也已经成为独立于影戏之外的一种造型艺术形式。随着国家非物质

博古架

80cm × 50cm
2005年

文化遗产保护工作的开展，2007年，“华县皮影制作技艺”被列入陕西省级非物质文化遗产传统手工技艺项目。华县皮影以其独特的艺术风格，独立的审美价值，成为深受人们喜爱的地道的民间手工艺品。

华县皮影，无论是生、旦、净、丑等人物角色，还是神魔怪兽、阎罗地煞等神怪角色，或者是花木怪石、桌椅帅帐等布景，都具有造型严谨、刻工精致、风格古朴的特点，这些特点又借助牛皮特殊的质感并运用光影效果得以体现，使得皮影具有一种与众不同的视觉效果，具有很强的装饰性和艺术性。将一件精工细刻的皮影作品进行装裱镶上镜框，就成为精美的手工艺品，可装饰家居、点缀生活。而那些年代久远的传世皮影精品，更是进入博物馆，成为珍贵的收藏品、艺术品供人们欣赏。

如今，以汪天喜为代表的华县皮影雕刻已经形成了批量发展，走向了国内和国际市场，形成华县皮影的品牌效应。通过量产的发展模式，不仅可以带动当地经济，还使得皮影这门古老的民间艺术得以传承发展，优秀的传统文化得以弘扬。2008年9月，华县皮影产业群被文化部命名为国家文化产业示范基地，同年10月，华县又因皮影被命名为民间文化艺术之乡。这些都将成为皮影艺术新的发展契机，华县皮影也必将在发展中显现出更大的文化价值。

五、汪天喜艺术年表

1959年11月，出生于陕西省华县柳枝镇梁堡村。

1970年代初，随兄汪天稳学习皮影雕刻，后由兄长引荐拜著名皮影雕刻艺术大师李占文先生为师；经过十几年的学习，完整掌握了传统制皮、打造工具、绘图、雕刻、染色、熨烫等制作皮影的全部工序。

1986年，获陕西省“社会主义现代化建设突出成绩奖”。

1988年，设计制作的《鸡冠花红》在“中国木偶剧金猴录像”比赛中被评为“最佳皮影造型奖”。

1994年，作品《鸡冠花红》获中国木偶皮影艺术学会“全国最佳皮影造型奖”。

1995年，作品《马车》载入世界宣传册。

1996年，陕西省文化厅授予“陕西省民间（工艺）美术师”。

1997年，作品获陕西省文化厅“迎回归民间美术作品大赛”优秀奖。

1998年，应邀参加了陕西省和日本香川县友好结交五周年纪念活动。

1999年，被渭南市委评为“渭南市党员科技帮扶标兵”；同年，在加拿大参加亚洲艺术节活动。

2001年，赴德国、法国参加中国古代科技成果巡回展。

2003年，被评为“渭南市农村优秀乡土人才”。

2004年，陕西省委授予“陕西农村百名杰出人才”；同年入选西部专家库“皮影设计雕刻专家”。

2005年，被中国艺术研究院聘为首批“民间艺术创作研究员”，被陕西省发展和改革委员会授予“陕西省二级工艺美术大师”，并获上海民族民间艺术博览会“特殊贡献奖”；同年，赴澳门参加新春艺术展。

2006年，入选《中国民间艺术通鉴》及《中国民间艺术家名家指南》。

2007年，获文化部颁发的“文化遗产日奖”；同年应邀参加中国非物质文化遗产专题展。

2008年，受邀参加奥运会“中国故事”文化展示活动，奥组委与文化部共同授予荣誉证书；同年，作品获陕西旅游商品博览会“最受欢迎奖”。

2009年，应中国艺术研究院之邀参加德国法兰克福“中国非物质文化遗产保护成果展”；同年，被华县文体事业局评为非物质文化遗产传承与保护优秀传承人。

2010年，作品获中国农民艺术节优秀奖；同年，参加西安、天津、济南、杭州全国非物质文化遗产展示作品分别获优秀奖、银奖；被陕西省文化厅评为“陕西省非物质文化遗产项目代表性传承人”。

（本篇撰稿　刘莹　任晓姝）

王明君

——西路皮影艺术家

他生于皮影世家，五六岁就开始模仿大人耍影，有模有样，9岁就进了父亲办的皮影班学艺。全面学习了雕、挑、敲、唱技艺，成为一名全活儿的艺人，取艺名王云飞。岐山这一西周文明发祥地的中国源头文化，滋养着这位第六代皮影传人，他是少有的集演、唱、刻影于一身的“全能型”艺人，他建立了自己的戏班子，常年演出，他肚子里装了上百出戏，出口成曲，戏里的人物和故事他了如指掌。2003年，他被宝鸡市人民政府授予“优秀民间艺术家”称号；2005年，他被评为“陕西省工艺美术大师”，同年被中国艺术研究院聘任为首批“民间艺术创作研究员”。对皮影艺术的痴迷，对这门艺术一生的付出成就了他独具特色的陕西西府一派的影戏大家。

一、西路皮影概介

近代史学家顾颉刚在《中国影戏史略及其现状》中认为：“中国影戏之发源地为陕西，自秦汉至隋唐当皆以其最盛。”中国学界把中国皮影分为东西两个系统，西路皮影，指的是陕西、山西、青海等一带的西部地区的皮影艺术；东路则是以河北唐山为代表的滦州影系。陕西是西路皮影艺术的发源地，西路皮影也分为东西两路，宝鸡皮影主要集中在岐山一带，是陕西皮影中的西路皮影的代表，其特点是：影人体型高大，身高为一尺以上；与以华县、华阴为代表的东路皮影人物略矮胖有所区别。宝鸡皮影造型优美，图案雕刻细腻，陕西西路皮影的艺术风格也影响到甘肃陇东和山西等地。

在宝鸡当地的传说中，有皮影艺术源于孔子的说法，内容是孔子周游列国，但羞于自己面容丑陋，不敢面见百姓，于是他的弟子子路等人就想了个办法，用白布把马车围住，里面点上油灯，灯光透过白布，把用纸雕刻的影人呈现在白布上，借此传播儒学，后来逐步发展成皮影戏。

清代，宝鸡皮影戏已经十分繁荣，据记载，在清初顺治年间，岐山县马江乡何家村有王庆皮影班（弦板腔），乾隆五十年左右千阳县齐家乡也出现了皮影班（西府碗碗腔）。从清代中叶以后，宝鸡地区皮影戏班日渐增多，多盛行于山区，西府一带节日、庙会、丧葬、乡会都会邀请皮影戏班演出。民国及中华人民共和国成立初期，宝鸡地区约有皮影班数百个。皮影戏演出规模增大，每会多以数台演出，虢镇农历四月八的庙会，皮影戏达二十多台。

文化大革命之前，皮影戏仍受到政府重视，1956年，陕西省举办了第一届木偶、皮影戏观摩演出，1965年春，宝鸡地区文化部门对皮影戏班进行了整顿，并合并了多家戏班，到各县巡回演出现代戏。1980年，宝鸡县阳平乡李生财、杨仁泉皮影戏班应陕西省文化局邀请，赴西安公演一个月。1989年，岐山县王明君的皮影班应县文化馆之邀，为13个国家驻北京大使馆参观团表演，获得高度赞扬。

皮影是刻制和演出相结合的艺术，在宝鸡当地，主要是在过年过节时演皮影戏，每年过完春节，农历的二月二、三月三都是演戏的高峰时期，演皮影戏和宝鸡当地的民俗活动联系紧密。二月二，龙抬头，在宝鸡这一天是岳王庙的庙会，会有主事的人来请王明君的皮影戏班；三月三是岐山县的马王爷会，戏班也会去马王爷庙里唱戏。除了这些庙会，红白喜事也会将戏班子请去演戏，一般多是在宝鸡市岐山县城附近演出。

白天锁（穆桂英破天门）
36cm × 30cm
2010年

怀王
38cm × 30cm
2010年

陕西西路皮影题材内容主要分为以下几种：

历史人物类：帝王（赵匡胤、唐明皇）将相（呼延赞、关公、包公）。

神怪人物类：各种神兵神将（黑虎、灵官）、天官菩萨、地冥府里的小鬼判官、魍魉阎君。

戏曲人物类：一为陕西秦腔戏曲人物（《华亭相会》高文举等），二为现代样板戏人物（工农商学兵）。

动物：各种坐骑，牛、羊、猴、四不像等等。

建筑背景：金銮宝殿、花园、厅堂、桌椅等。

宝鸡地区的皮影戏声腔有：“弦板腔”、“西府秦腔”、“西府道情”、“西府曲子”、“眉户”、“陕西秦腔”数种。其中以“西府秦腔”、“陕西秦腔”居多，演出剧目与宝鸡舞台流行的剧目大致相同，以演历史传统戏为主。20世纪60年代，大演革命样板戏时，皮影戏也上演了那时的革命样板戏。王明君的“王云飞皮影剧团”到现在仍在演出，他已经把自己的子女都悉心培养了出来，他们能刻能唱，成为了王家皮影的第七代传人。

完颜阿骨达（鱼盔 金兀术之父）
36cm × 30cm
2010年

呼延赞
36cm × 30cm
2010年

二、从艺经历及艺术成就

王明君，1941年出生，艺名王云飞，陕西省岐山县人，陕西西路王家皮影第六代传人，擅长皮影刻制和皮影演出。他的皮影制作刀工精细，色彩鲜明，造型生动，主要表现民间传说故事，他的皮影作品被中国民间艺术博物馆永久收藏。在皮影演出中，他从唱、念、做、打到打板挑线样样精通，尤其是皮影挑线技艺，双手并用，杀、砍、骑、变，吞云驾雾，曾多次为外国元首表演。2002年，他获“南京中国民俗吉祥艺术节”表演金奖，被聘为“南京大学民俗艺术研究室艺术家”；2004年被宝鸡市人民政府授予“优秀民间工艺美术家”称号；2005年被中国艺术研究院聘为首批“民间艺术创作研究员”。

陕西省岐山县雍川镇何家村王明君家族七代从事皮影艺术。《岐山县志》卷二十一《戏剧篇》记载：“王庆班，灯盏碗碗腔皮影班社。祖传家班，系马江乡何家村王庆于清康熙元年（1662）创办。初，王庆以弦板腔演出。第二代王忠清，初演弦板腔，后改为西府灯盏碗碗腔，从业约四十余年，第四代盛期改为秦腔，又延两代，剧目三百余本。”近十年来，第六代传人王明君带领皮影班辗转省内外城

穆桂英
36cm × 30cm
2010年

岳飞
42cm × 39cm
1952年

乡，演出两千余场，深受欢迎。王家自明崇祯年间雕刻“牛皮人人”，演唱“灯影戏”，至今已有近四百年历史。历经七世，代代相传，人称“皮影世家”。

1941年生于皮影世家的王明君，从小耳濡目染，受皮影艺术的熏陶，五六岁时就以土炕当台子、窗纸作幕帐，用父辈给他做玩具的废旧影人在窗户上演练蹬腿甩胳膊，跑跳戏耍，厮杀打斗，套路有序，动作利落，很受父辈赏识。在本村近邻演唱的闲暇空间，也是他上台演练“拳脚”的机会，他从此与挑线结下了不解之缘。初进戏班争着挑，开戏之前练习挑，休息时候琢磨挑。随着年岁的增加，他的挑线技能日臻成熟。九岁起就进父亲王积财领班的“积娃戏社”学艺，从雕、挑、敲、唱逐项学起，苦钻硬记，渐露艺技，成了父辈皮影艺术的传人。除了跟随父亲学艺外，王明君也向其他艺人学了很多戏。他家有戏箱子，谁来用箱子他就跟谁去学。他跟着岐山过去有名的皮影戏艺人“四海”、“董步荣”、“杜好力”等人学了不少东西。四海教了他《青龙关》、《淮土关》、《天水关》；董步荣教了他《周公征东》；杜好力教了他《抱琵琶》、《白蛇盗草》、《张良归山》等等，他们既教他剧本内容（口传），又教他挑线演技、唱腔和道白。王明君家里的戏班牌子改过好几次：他爷爷在世时，称“乐顺班”，新中国成立后一度更名为“新艺社”，现在称为“王云飞皮影班”，王云飞是他的艺名，他14岁便出师领班，来往于陕西、甘肃两省之间演出，人称“西府一绝”。20世纪80年代，王明君开始学习皮影刻制技艺，他的作品先后荣获数十项大奖。

过去，很多皮影戏班是演、刻分开的，演戏的不刻影，刻影的不演戏。王明君却因生在皮影世家而得天独厚地受到了全面的培养，这使他雕、挑、敲、唱技艺俱佳，且独有王家班的特色，自成陕西西府一派。历年来他们的演出受到了中央、省、市、县及有关部门的表彰奖励，还不断有国际友人慕名拜访。2002年5月，他的皮影表演在“南京·首届中国民俗吉祥艺术节”获得了金奖。1985年，他在岐山县城为十三国驻北京大使表演了皮影，深博赞誉。他的皮影作品1992年9月在陕西省第二届古文化艺术节上获得了“天马”奖，并分别被中国美术馆、中国艺术研究院、中国诗酒文化协会诗书画院、南京大学民俗艺术陈列馆收藏。

“王云飞皮影班”是三秦大地上土生土长的皮影戏班，传承数代而不衰。他们坚持自制影人，独创一体，在造型上，他们不断吸收汉画像石、剪纸、戏曲脸谱的艺术特色，来完善和丰富戏曲影人的形象。王明君在五十多年的皮影艺术生涯中，承上启下，把王家祖传的皮影艺术全面传承并不断拓展。王明君雕刻的生旦影人，口点朱红，若有若无，颇为俏丽。他注重以眉毛表现人物性格，文人雅士以平眉表现清秀文静，武生将帅以立眉表现英武刚强，可以说眉毛的刻画在影人雕刻中起到了画龙点睛的作用。王明君亲自设计制作皮影，由于对表演影戏的熟悉，他对同一人物在不同时期和不同环境下的形象作不同的处理，突破了皮影人物形象单一固化的模式，这些细节上的极好把握，让影戏表演取得了更好的效果。

王明君作为一名皮影艺术家，在了解学习了国家有关非物质文化遗产保护政策之后，他也懂得了这项事业的重要意义。作为非物质文化遗产项目的传承人，也作为保护人，他对自己做了多项规定：首先是在研究方面，他非常积极地支持学者的工作，对于研究者，他不保守，热情接待他们并帮助搜集资料，提供线索，寻找艺人，力求为岐山皮影艺术的研究和继承尽最大努力；再者，他把培养年轻的继承人，留传皮影艺术看得至关重要，他懂得传承和发展这个道理，从20世纪80年代开始，他就已经开始培养继承人了，到现在他先后培养了“签手”——操杆表演者王同兴（儿子）、吴福财、张建、尹小玲等主要徒弟；培养了以雕刻传人王秀玲（儿媳妇）为主的一批年轻人，为陕西西路皮影艺术的传承作出了很大贡献。这些都是基于王明君这位传承人对于影戏艺术的朴实的思想和真心的热爱，他的自觉自愿的行为获得了广泛的社会赞誉。

灵官（开道神）
40cm × 43cm
2010年

三、代表性作品赏析

1. 黑虎、灵官一组

王明君所在的岐山县一带，演出的皮影戏主要是庙会戏、平安戏和红白事戏。平安戏也属于庙会戏的一种，只不过敬的是五圣公等山神、土地。庙会戏过去一般是三天四晚上连演七本戏，现在也有两天三晚上演五本戏的，戏的内容由“奠酒”、本戏、捎戏三部分组成。给神演戏一定要有“奠酒”，而且是每晚演前都要举行，一演数天，凡演必奠。演戏是非常讲究秩序的，在岐山，影戏的演出过程为：会长（寺庙的主持）先将瓜果、菜、酒等供品供奉于皮影戏台前，焚三炷香叩拜，请神降临赐福等，放鞭炮，敬神的是大家共同的心愿，还愿的是某一家某一人给神的回敬，所以十分的严肃和认真，如果出了差错，事主（即定戏的主家）就会到台子上把锣鼓提走，甚至砸了。从前神庙寺院都有一定的土地，轮流耕作，也承办祭祀活动，所收的粮食或银钱就是用于敬神唱戏的，传统的“会社”戏，有庆贺丰收和敬神还愿的意思，这种“会社”戏开戏前都要鸣放鞭炮，什么庙敬什么神，都是有规定的。

黑虎（开道神）
45cm × 38cm
2010年

这类戏第一场节目一般先演“安神”戏，首先出场的是玉皇大帝玉柱天二十六天将中的黑虎灵官，黑虎上台道白，开篇讲道：“家出四川峨眉山，太师闻仲将吾搬。野人陆压背七箭，将吾祭祀在岐山。吾公明赵（即赵公明），阴平官吉地时福，命我赵王二帅监场，跨动了黑虎。”黑虎灵官姓赵名朗字公明，《封神演义》中封为“正一龙虎玄坛真君”，他统领招宝、纳珍、招财、和市，所以又称“赵公元帅”，在民间也被看做是财神。接着，灵官上场道：“家出汴京在河南，三十二岁吾归命。子牙斩将封神位，封吾开道王灵官。言吾灵官王，阴平官吉地时福，命我赵王二帅监场，跨动了青狮。”王灵官姓王名善，是玉皇大帝的“巡检使者”，民间也将其看成是火神。赵、王二灵官首先出场，意在驱邪开路，为民降福赐财，扮演开路神的角色，先把道路扫清了，天官才驾云出来赐福于人们。西路皮影中黑虎、灵官二位神也是驾着云朵出来，皮影中称为“朵子”，以朵子造型出现的一般均为道教中能够腾云驾雾的神灵。皮影中的赵公明骑着黑虎，身披黑甲，头戴黑冠，怒目圆睁，威风凛凛，以铁索作缰绳，将张着血盆大口的黑虎驯服。影人的色彩以黑色和黄色为主，对比鲜明。王灵官赤面髯须，身穿金甲红袍，三目怒视，右手举钢鞭，左手持三角风火轮，坐骑为瑞兽青狮，威武勇猛，影人的色彩多为红、紫、蓝、绿色，以晕染为主，加之在透亮度

四不像
（狮头豹眼龙甲凤尾）
30cm × 48cm
王明君收藏
清代

牛
20cm × 24cm
王明君收藏
清代

高的皮子上表现，显得较为明快。

2. 动物题材

岐山是西周文化的发源地，《封神演义》中的诸多人物和故事都是以西周作为历史背景展开的，所以以岐山为代表的陕西西路皮影中，出现了非常多的《封神演义》里面的人物坐骑，“四不像”就是《封神演义》中姜子牙的坐骑。相传姜子牙当年学业期满离开昆仑山时，其师元始天尊送了他三件宝：打神鞭、杏黄旗、四不像。“四不像”作为“三宝”之一，为周朝800年天下的基业立下了不朽的功勋。“四不像”也叫麋鹿，长相非常特殊，犄角像鹿，面部像马，蹄子像牛，尾巴像驴，但整体看上去却似鹿非鹿，似马非马，似牛非牛，似驴非驴，于是人们美其名曰“四不像”。但民间皮影中的“四不像”，由于是姜子牙的坐骑，被赋予了诸多的神奇色彩，它不再是原来鹿、马、牛、驴这些生活中常见的动物造型，取而代之

包公

20cm × 12cm
1953年

皇帝

20cm × 7.5cm
1953年

国舅 曹华

17cm × 10cm
1953年

曹操

22cm × 13cm
1953年

的是狮、豹、龙、凤等祥瑞的动物。西路皮影的“四不像”造型为狮头、豹眼、龙甲、凤尾，将诸多寓意吉祥的动物特征融于一身，更突出了其作为瑞兽的本质，也承载了民间艺人的朴素愿望。此件皮影少刻而多点缀，“四不像”周身为金黄色，以浓淡点出龙的鳞甲，在鬃毛和尾巴处以大量平行的线条表现出毛发的走势，充满动感，几欲跃起，体现了其日行千里、神通广大，辅佐姜子牙降妖除怪的身份特性。

3. 头茬一组

头茬是皮影戏中最为精华的部分，人物特征大多通过头茬来表现。皮影戏中有“换头不换身”的说法，即不同的戏只需换头茬即可，身子可以混用。皮影头茬一般都有固定的脸谱，根据人物的性格来塑造表情及造型特征。宝鸡皮影比秦腔脸谱更为夸张，图案性强，能充分体现人物性格。形象上“公忠者雕以正貌，奸邪者刻以丑形，盖亦寓褒贬于其间尔”，各种人物极易识别，与东路皮影风格迥异，生、旦、净、丑和性格忠奸，从面部即可一眼识别。如：表现正派的白脸人物时，通常用阳刻的手法来强调面部流畅的线条，特征是细长眼睛柳叶眉，樱桃小嘴朝天鼻，以表现其英俊潇洒或秀丽多姿的形态。

头茬除了面部刻画细致外，另一个精彩之处就是头饰的雕刻，既有直接和脸部连成一体的刻法，也有单独造型的头饰(帽子、头花、翎毛等)。头饰有冠、帽、盔、巾。冠有皇冠、凤冠、都督冠、驸马冠等。帽子有王帽、相帽、纱帽、学帽、毡帽、红缨帽。盔有高盔、帅盔、霸王盔、太子盔。巾有包巾、硬扎巾、软包巾、员外巾、文武公子巾、丑公子巾。头帽合在一起还要配上野鸡翎、髯口。为了使整个头部显得生动而悦目，还在头饰上刻有精美的花纹和饰品。刻画旦角时，由于面部全部用阳刻线条制成，显得较“空”，所以在头饰上则用繁复阴刻的花纹装饰，形成疏密相间、虚实得当、错落有致的线条组合，从而产生强烈的艺术效果。

帅桌
24cm × 33cm
1953年

四、艺术特色及主要价值

卫士（一组）
40cm × 9.5cm
1952年

1. 艺术特色

宝鸡皮影的用料非常讲究，一定要选用上等黄牛皮来制作。雕刻前，需先将生牛皮在冷水中浸泡约三四天，去毛后用夹子绷展阴干，待干透后，才能用刀具雕刻成所需的影人形象或图案，之后，要经过上胶、敷色、熨平、发汗、上漆等工序，最后晾干配套安装，才能制成影人。在雕刻上，常用的刀法有扎刀、拉刀、推刀、平口、尖口、圆口、断口等，各种刀法自有不同的用途和效果。扎刀多用于图案中细节的雕琢，拉刀多用于平滑的曲线和长直线，推刀则用于大块的剔除，平口刀用于较方正的物体，尖口刀用于延伸的线条（如眉毛、胡须），圆口刀多用于图案之中，断口刀多用于形象复杂、面积较大的物体，既增强图案的美观效果，又起到加固的作用。在实际操作中，刀法的变化灵活多样，一般视需要而定，一个优秀的艺人能非常熟练地应用这些刀具，刻出想要的影人。

陕西西路皮影从产生至今，其造型经历了一个漫长的传承和发展过程，形成了今天的特点。其造型特色主要有两方面：一、影人造型秉承陕西皮影形象生动、造型夸张、刻工精细、皮质考究的特征；二、皮影艺术的创作汲取了本地汉帛画、画像石、画像砖和唐宋寺观壁画的手法与风格。宝鸡地区的民间美术种类丰富，年画、剪纸、皮影、社火脸谱等各种艺术门类相互融合，这样的背景下产生的西路皮影，有着十分独特的风格。

宝鸡皮影从头到脚共十几个部件，在雕刻水平、透明程度、色彩变化上都有其独到的特色。王明君酷爱雕“人人”（即皮影中的人物造型），从雕刻原料的研制到雕刻工具的打造，以及人物造型、山水花鸟、金殿帐房、绣楼花园、王桌帅椅、石礅衣架都是他亲自设计。他们家祖传的皮影雕刻风格属西路派，其特点是皮质粗厚，造型瘦高，刀功粗犷，着色单调，耐用易挑，活动灵便。而东路的皮影特点是皮质薄光，造型敦实，刀功略细，色泽较全。人物造型上，西路的皮影人物是金瓜鼻子，往前勾，眼睛为弧形；东路的皮影人物鼻子是直鼻，眼睛也是细长且直。西路的皮影配色比较单调，东路皮影颜色丰富。王明君认为工艺品要是太单纯，显不出工艺，所以他就开创性地把东、西路的皮影

崔彦表
13cm × 12cm

配合在一起，用西路的身材高大，用东路的刻工花色，取人长补己短，并大胆创新。

他首先从牛皮上着手，通过选用优质牛皮，反复调配泡制药料，调整泡制天数，增加刮制次数，延长阴干时间等一系列的炮制流程，经过两年的不懈努力，终于研制成功薄厚适中，柔软透明，着色光亮，与东路相媲美的雕刻用料。

其次，他从雕刻工具上下功夫，把以前的数量少许的刻刀发展到现在的推刀、拉刀、平刀、铋刀、碾板等十三种雕刻工具，而且都是就地取材。废钢锯条、废旧架子车幅条等，都被他改造成雕刻工具。在雕刻上他改祖传刺雕法为现在的推、拉、铋雕法，工艺新、流程快、效果佳。

其三，他改过去的配色单调为现在的以红、黄、绿、黑、蓝、白色为主，着色时给颜料兑以自行研制的添加剂，不同色彩之间注重色相的对比，同一色彩之间也有浓淡深浅的变化，他称之为“跑色”，即表现色彩的渐变，使作品色泽柔和透亮，鲜艳逼真。

其四，在作品造型上他大胆创新，融合东路人物造型敦实憨厚，西路瘦高清雅之特点，在原东西路皮影高度的基础上，把四肢按比例进行缩放，使现在的皮影高度为39公分左右，比例适当，形态自然。

其五，在皮影戏曲人物的构思设计上，完全按生丑净旦，分门别类设计雕刻。使一眼半鼻、一耳半脸的“单眼戏”造型规范别致，栩栩如生。如正旦，他雕刻成柳叶眉、杏核眼、高鼻梁、瓜子脸，体现了传统女性贤慧、善良、美丽的特征。他把妖旦设计雕刻成双眉弯皱、眼歪鼻斜、嘴巴大张、下巴略红、头插牛角的恶妇。对于老旦，他则设计雕刻成细弯的双眉、略低的鼻梁，头戴金簪、额带红点。同为旦角，一人一面，毫不雷同。对同一个人物在不同时期的身份及地位变化，他都有不同的刻画。

关公
53cm × 31cm
2010年

皮影戏《打登州》中的程咬金，在做“绿林好汉”时期，他有勇无谋，力大无穷，被刻成“虎豹红粗眉、抓抓红胡须、红嘴露白牙、身着黑衫衣”的形象。及至后来，在秦琼等人的劝说下，他在瓦岗军中又变成一个智勇双全、忠心报国、屡立战功的英雄。此时，又被刻成“眉目清秀、长长黑须、嘴态自然”的形象。最后，程咬金被唐太宗李世民封为国公，当朝理政，又被刻为“清秀白皙眉、笑态自然嘴、身着蓝袍衣”的形象。显然，通过这一系列造型特征的变化，人物的性格惟妙惟肖地展现在观众眼前。皮影是平面艺术，且是侧面造型，要在二维平面上表现三维效果，必然重视线条的表现力，线条和色彩并用、阴刻与阳刻相结合，是所有皮影造型的共同特征。此外，王明君还注重对道具的刻画。在处理“番王”这一形象时，其主要特征之一就是头插“野鸡翎”，以显其性格野性粗犷的一面。野鸡翎有手绘的，也有羽毛制成的。

在演出中，道具的作用主要是营造气氛。宝鸡皮影的道具丰富多彩，上包括天宫场景，下包括地狱情形，各种场景齐全。如：龙宫宝殿、天堂地狱、将相府第、亭台楼榭、神仙洞窟、花草虫鱼、四时花木、车船轿辇、室内陈设等，所有道具无不形象逼真、精美绝伦，使皮影演出锦上添花。

挑线是王明君最拿手的技术，他懂得许多挑线技巧：摇纱帽、提袍甩袖捋胡子、戴帽子、摆梢子；刀劈头颅、枪扎剑砍、上马下马、足踢拳打；上天宫、游地狱，鱼鳖海怪水兵子等等，样样精通。他不但学会了父亲双手能挑八马人厮杀斗打的技能，而且标新立异，独创挑技。他在主挑的鬼戏《秦合城》中，用墨头（即火绳）做火源，吹松香形成火烟，加上灯光的忽明忽暗，使幕帐上呈现出烟雾缭绕、阴森可怕的地狱场景。他用竹板雕成影人的神鞭，用黄表（民间敬神用的一种小黄纸）搓成油灯碗内的灯芯，竹板刮黄表灯芯形成鞭扫灯花的

宫娥采女
38cm × 10cm × 4
2008年

象拉车
30cm × 41cm
1953年

效果。在现代戏《三世仇》中，他用自行车的气门芯做导管，把挑线人口中的烟雾传到戏剧人物山水狼的嘴中冒出来，加上“穷人没吃又没穿，地主婆摆阔抽水烟”的唱词，形影逼真，把剥削阶级的骄奢淫逸表现得淋漓尽致。他把手电筒的小灯泡拔掉，固定在戏剧人物张九儿的手中，接上导线用电筒开关控制，使狗腿张九儿在受命烧穷人房子一场戏中，口中念念有词“北风呼呼响，阴天没月亮，张九挟着草，去烧虎儿房”。手中的电筒时灭时闪，表演手法新颖独特，情节惟妙惟肖。他用废铁丝做成可转动的支架，在硬纸片上雕出月亮、星星、雪、雨，套在汽灯上，演唱时根据剧情的需要，可在幕帐上显现月亮、星星、飘雪下雨，匠心独运，演艺高超。

人称王明君“月白腔”（沙哑腔），缺少祖父“三口腔”的先天条件，但他能缺啥(角色)唱啥（角色），唱啥（角色）像啥（角色）。而且剧目繁多，神戏、鬼戏、丑角戏、历史戏、现代戏，脑子里装着八十多本。本本剧词烂熟，乡土气息浓厚，传情做戏，情真意切，土言土语，感人肺腑。他演唱的《朱成登哭坟》一段，“生时之一理，死葬之一理，祭之一理，哀之一理，考为孝焉，我朱成登生不能伺，死不能葬，葬不能祭，祭不能哀，牛有舔犊之意，兔有守丘之德，羊羔跪地求食，豺狼保本，乌鸦反哺禽食百天，如此看将起来，我朱成登还不如一鸟乎。”寥寥数句，人味浓，情味真，催人泪下。是对尊老爱老、敬老养老者的激励，是对忤逆不孝者的鞭挞。

2. 主要价值

宝鸡皮影是我国民间长期以来流传下来的一种表演艺术形式，它根植于宝鸡民间的庙会、红白喜事、过寿等乡俗之中，至今仍为观众喜爱。

第一，它具有深远的民俗价值。皮影艺术至今仍然活跃于农村，甚至于某些城市中，这些影戏班社不仅存在着许多年代悠久的、具有文物价值的皮影子，而且仍保存、流传着许多皮影艺术的表演技巧和雕刻制作流程。王明君的戏曲班子走街串巷，“哪里有会往哪里跟”，意思是哪里有庙会就到哪里去演戏，除了主事的人要求唱的戏外，一般都会唱和庙会内容相符合的戏。比如关公庙就会唱《过五关、斩六将》的内容，突出关羽的高大形象；岐山是西周文明的发源地，周公庙就在岐山县城的郊区，每年这里都有大型的祭祀周公的活动，王明君的戏班经常被请去演戏，这时就会唱《封神演义》中的故事；过寿的家里人请，就会唱《郭艾拜寿》、《三娘教子》等戏；过白事的人请，就会唱祭灵的戏，等等。皮影是区域化的艺术，它的发展和当地的民俗习惯有着密切的关系，乡俗也是皮影得以开花结果的重要土壤。

第二，宝鸡皮影具有口头文化传承的特点，丰富了戏曲艺术。王明君从小跟随父亲及岐山当地有名的艺人学艺，至今能唱七八十本戏，但这些戏都是世代口头相传下来的，没有剧本，王明君靠着无数次的重复将它们烂熟于心中。他认为唱戏就是给人说书，“没有精炼语言，没有歇后语，没有成语就不能说服人，皮影戏在一些交感（主要）地方都有精炼语言，组织得非常好”，这就说明了这些戏本都是根据当地人的生活和语言习惯编辑而来，有非常重要的文化价值。比如戏里唱的“山不在大小，出神仙为妙；水不在深浅，跨蛟龙为潭；物不在轻重，缺者为贵；人不在大小，有才有志就好”，这些戏大多为秦腔唱段，虽然这些还是在口头传唱，没有记录成文字，但它包含了丰富的历史文化知识和故事，是补充戏曲艺术非常宝贵的资料，也具有较高的文学价值。除此之外，其中蕴含的文化价值和教育意义也是今天提倡传统文化所不可缺少的部分。

第三，皮影艺术融合戏曲、表演、美术等多种艺术门类，仅仅从单一角度研究皮影艺术是不能够真正反映皮影艺术的真实全貌的。它广泛吸收地方戏曲、民间剪纸、民间年画艺术的造型特征，以其唯美主义的艺术追求，现实主义与浪漫主义相结合的艺术手法，创造了大量形态优美、雕刻精细、极具形式美感的影人和影片以及具有丰富想象力的神仙、朵子，其造型巧妙地运用民间传统吉祥图案，既丰富和充实了皮影的造型，又迎合了民间大众的集体审美意识，具有黄河流域母体文化的艺术特征及内涵。对于这样一门人文内涵如此丰富的综合性的艺术，只有各学科之间协力合作，取长补短，才能将皮影这一艺术真正研究深入。

赵匡胤
22cm × 9cm
1953年

五、王明君艺术年表

1941年，生于陕西省宝鸡市岐山县。

1949年，8岁的王明君跟随父亲学习家传的皮影表演技艺。

1955年，14岁的王明君出师领班，来往陕西、甘肃两省进行演出。

1984年，祖传皮影箱子近千件皮影作品被中国美术馆收藏。

1989年，获宝鸡市民间艺术节一等奖；同年，应县文化馆之邀，为13个国家驻北京大使馆参观团表演。

1990年，受中国美术馆邀请，前往北京为中国美术馆的馆藏皮影作品作鉴定。

1992年，获第二届古文化艺术节“天马奖”；同年，作品入选《陕西省戏曲志·宝鸡市卷》。

1995年，被宝鸡市美术协会授予“宝鸡工艺美术大师”称号。

1998年，获“世纪杯·中国工艺美术创作大展”入围优秀奖和佳作奖。

2002年，获南京首届中国民族吉祥艺术节表演金奖；同年，南京大学民族艺术研究室授予其“民间艺术家”称号，其作品入选《中国民间美术全集》。

2003年，被宝鸡市政府授予“优秀民间艺术家”称号。

2004年，被宝鸡市人民政府授予“优秀民间工艺美术家”称号。

2005年，陕西省发展与改革委员会授予“陕西省工艺美术大师（二级）”称号；5月，被中国艺术研究院聘为首批“民间艺术创作研究员”，被国家核心期刊《中华文化画报》报道。

2006年，作品收录进《中国民间艺术通鉴》；论文被《中国·云南国际民间工艺高层论坛论文集》登载。

2007年，被宝鸡市戏剧家协会聘为宝鸡市戏剧家协会顾问。

2008年，由王明君口述，李志杰、高喜爱记录整理的西府秦腔剧目集《西府秦腔——王云飞演唱剧目集》出版，书中记录的是王庆班传演的部分优秀剧目，成为西府皮影最为宝贵的资料。同年，受邀参加“全国皮影传统流派雕刻精品邀请展”，作品入选《中国皮影传统流派雕刻精品集萃》。

2009年，被《关中皮影》一书登载；同年，被《宝鸡日报》以《西府戏剧大王王云飞》为题报道。

2010年，5月参加深圳文博会，现场进行皮影戏表演。6月，参加宝鸡市文化局举办的“非遗保护，人人参与”——宝鸡市非物质文化遗产项目展演系列活动。

（本篇撰稿　郃高娣）

陆歧（晋）
24cm × 9cm
1953年

泥塑

胡深

——凤翔泥塑传承人

一个老实巴交的农民，瘦小的身材，不善言辞的嘴巴，这就是一开始胡深老人给人的印象，怎样都和中国工艺美术大师的头衔连不上。他是陕西省凤翔县六营村土生土长的艺人，全村人都做泥活儿，他也不例外。过去穷，做泥塑只是用来补贴家用。但胡深是一个有心人，他把泥塑当成了他全部的生活，他把那些老虎、小马和小动物都做活了。他的泥塑和他一起成名了，六道营也跟着富起来了。2005年，他被中国艺术研究院聘任为首批“民间艺术创作研究员”；2006年，他又被评为第五届中国工艺美术大师；2007年，入选第一批国家级非物质文化遗产项目（凤翔泥塑）代表性传承人。

关公
27cm × 20cm
2010年

一、凤翔泥塑概介

凤翔泥塑被当地人称为“泥货”，最开始为手工捏制的各种泥制玩具，后来随着种类的增加，发展为用泥制的模具做出动物、人物等模型，并在表面用墨线或颜料勾勒出图案的一种民间工艺品，主产区位于陕西省凤翔县城城东四公里处的六营村。凤翔古时称雍州，为关中地区重要的历史文化名城，出土了大量泥制的生产、生活用品。据《凤翔县志》记载：“县境内发掘出土的春秋、战国、汉、唐时期的古墓随葬器物中，有各种形态的动物、人物陶俑，如虎、牛、鸽、猪、狗、羊、独角兽、骆驼等，其型制相似今日之泥塑。”而关于泥塑的具体起源，六营当地传说约六百多年前，明太祖朱元璋曾派部将李文忠在雍水河畔屯兵，后来第六营士兵在当地安营扎寨，其中一部分江西籍士兵会做陶瓷品，军转民后，他们便利用该地黏性很强的“板板土”经过兑水、和泥、制模等简单工序，捏出泥人、动物、器物等，当做泥玩具在市集上出售，用以养家糊口，这便成为六营泥塑的雏形。

20世纪60年代以前，六营村从事泥塑生产的有三百多户，并带动了周边的六道村等村子也开始制作泥塑。“文革”开始后，凤翔泥塑一度受到毁灭性打击，全村做泥塑的仅剩二三户，当地流传“泥货没本，越做越紧”和“有女不给营里（六营，当地也叫营里）嫁，手里捏的泥疙瘩”，意思是做泥塑的人没出息，挣不了钱，嫁女儿也不会嫁到六营村来，凤翔泥塑的发展跌入最低谷。20世纪80年代初，凤翔泥塑的代表艺人胡深应邀赴京在中央美院举办展览，这是凤翔泥塑第一次走入高校的展馆，引起了极大的轰动，并有法国的民间艺术考察团专程造访六营泥塑村，使凤翔泥塑一度获得诸多的殊荣。此后，胡深及其儿孙开始在国内外多次受邀参加展览，展示和宣传凤翔泥塑。2002年，凤翔泥塑中的代表作品“泥塑马”的造型被当做当年的生肖特种邮票登上国家名片，此后，“泥塑羊”又一次登上邮票，使凤翔泥塑在全国被更多的人所知晓，由此也成为陕西省“一村一品”的典型代表。如今，六营村几乎家家从事泥塑生产，大大扩充了凤翔泥塑的制作规模，所作的产品也远销国内外诸多地方，使凤翔泥塑成为家喻户晓的民间工艺品，也成为凤翔最具有代表性和生命力的民间艺术品种。

凤翔泥塑产生最初，是做成小型的玩具，供小孩玩耍，民间艺人也能借此贴补家用，后来在发展过程中，渐渐地和当地的民俗相结合，出现了诸多含有镇宅驱邪寓意的品种。在凤翔当地，每年都有许多大大小小的庙会，最为重要的就是灵山的庙会，这个本以佛教寺庙净慧寺闻名的灵山，因为自唐代以来香火极为旺盛，被凤翔当地人视为祈子、保平安的圣地，故当地有“宁舍二亩地，不舍灵山会”的说法。每年的灵山庙会上人头攒动，这也使泥塑艺人找到了出售泥塑的最佳场合，他们所作的契合人们求子心理的泥娃娃、保平安的泥菩萨等在庙会上经常一销而空；除此之外，在凤翔当地，孩子过满月时，长辈们都要送泥塑坐虎，寓意类似于陕北的“拴娃狮子”。坐虎如山，既能当成孩子的玩具，也能保孩子在成长的过程中平安健康，用虎威来避邪，以寄托长辈对孩子的疼爱之情和健康成长的祝福。

凤翔泥塑以前在品种上显得比较单一，现在发展为二百七十多个品种，共有五种类型：第一种是墙壁上挂的浮雕型的，像虎、钟馗、财神等，有五十多个品种；第二种是圆体动物，有眼睛、耳朵、嘴巴、脚、尾巴，最突出的就是各种生肖动物，有五十多个品种；第三种是历史人物，《三国演义》、《西游记》里面的人物，有五十多个产品；第四种是脸谱，指的是历史上英雄人物的脸谱，有五十个品种；第五种是玩具，大约五公分大的小孩玩具，有七八十个品种。

凤翔泥塑的制作工艺繁复，大概有制模、制纸筋、入泥、脱胎、挂粉、勾线、彩绘和涂漆等多道工序。凤翔泥塑注重线条的流畅性，笔法简练。在色彩的选择上，分为彩绘和墨线两种。彩绘一般用墨色勾出轮廓后，以饱和度较高的红、绿、黄等色在上面平涂匀染，色彩鲜艳、喜庆，对比强烈，具有浓厚的乡土气息；墨线则主要体现在勾线的技巧上，用线条的长短粗细表现出一种素雅醒目的感觉。凤翔是文物遗存和民间美术种类众多的一个地区，古代石刻、年画、剪纸和刺绣纹饰也被泥塑加以结合利用，具有鲜明的地方特色。

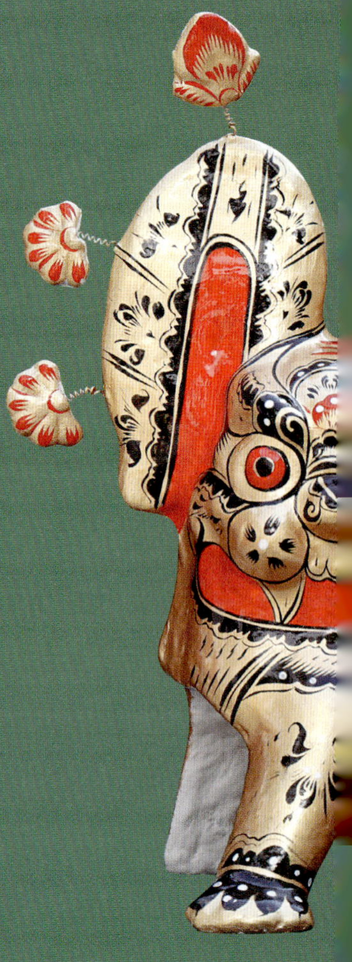

坐虎
44cm × 39cm
2009年

二、胡深从艺经历及艺术成就

胡深，1931年10月生于陕西省凤翔县城关镇六营村，是六营“泥塑村”最杰出的代表人物。他从10岁起随父亲胡克勤学习制作泥塑，至今从事彩绘泥塑已经有七十余年，多年来他潜心传统、大胆创新，形成了个人特色鲜明的艺术风格。其作品几十年来多次参加国内外展览会。曾获陕西省传统特色一等奖，文化部“中国民间艺术一绝大展”银奖等数十项大奖。

少年的胡深家境贫寒，使得他不得不中途辍学，边做农活边做泥塑以贴补家用，这段苦日子却练就了胡深在泥塑制作方面的基本功。后来胡深结识了同拜父亲门下的胡凤珍，二人结为连理，开始了夫妇二人一个做一个画的泥塑制作生涯。1962年，胡深夫妇在已有的泥塑品种的基础上开始挖掘创新更多的种类，他们制作的戏剧人物、花鸟动物又频频出现在城乡庙会上，成为人们争相购买的对象。“破四旧”、“文革”开始以后，胡深所作的泥塑被当做“四旧”，几乎破坏殆尽。改革开放后，随着陕西省民俗专家对泥塑的挖掘和研究，凤翔泥塑又得到了重生，

牛头

27cm × 25cm

2009年

20世纪80年代初，一件凤翔泥塑在集市上卖到八分钱，每次胡深到集市上去卖，总会被抢购一空，人们对这种根植于民间土壤中的民间工艺品的兴趣浓厚，这也极大地增强了胡深继续制作泥塑的信心。1983年，胡深应邀赴中央美院办展讲学，展览期间胡深带去的泥塑受到美院师生的极大追捧，《人民日报》发文报道了此次展览。随后，中央工艺美院也邀请胡深办展。两次进京展览，使凤翔泥塑被越来越多的人所了解。从20世纪80年代中期至本世纪初，来自美、日、法、德的民间艺术爱好者们纷纷慕名前来胡深家中观摩和购买凤翔泥塑，凤翔泥塑的知名度大增，胡深的作品被选入全国中小学美术教科书，中央新闻纪录制片厂、中央电视台等多家影视单位以及国内外许多报刊媒体都曾多次报道介绍过他的艺术成就，胡深本人被推荐为凤翔县第七届、第八届县政协委员，县民间工艺协会名誉主席，宝鸡市民间工艺家协会常务理事。2002年，胡深制作的墨线《泥塑马》以其憨态可掬的造型和浓厚的民俗意味被选为当年的国家生肖邮票发行，使凤翔泥塑名声大振，凤翔泥塑成为拉动六营村经济发展的重要指标，政府的重视、人们的热捧也使得这一民间艺术开始迅速走向产业化发展。在胡深的带领下，他的两个儿子、儿媳妇、女儿先后学会了制作泥塑的技艺，并各有所长。胡深的大儿子胡永兴自幼随父亲制作泥塑，从艺已有30年，不仅全面传承了传统的泥塑制作技艺，更在父亲的基础上有所创新，近些年创作了泥卧虎、牛头挂片、十二生肖挂片等新作品，多次受到各大展览和媒体的推介和报道。随着父亲年岁增高，不便于经常外出办展宣传，胡永兴成为家中唯一能集制作与宣传、推广的继承人，近些年来他多次在北京、上海、港澳台等地办展，为凤翔泥塑的发展不遗余力。胡深的女儿胡小红从小跟随父母学艺，成年后她以民间常见的葫芦和马勺为载体，融入凤翔彩绘泥塑的传统用色手法，走出一条创新之路。儿女们的泥塑作品多次获得全国性的大奖，胡氏一门成为了名副其实的"泥塑世家"。2004年，胡深创作的彩绘泥塑《吉祥猴》，被文化部确定为中国猴年对外交流礼品。2005年被中国艺术研究院聘为首批"民间艺术创作研究员"，随后又被评为第五届"中国工艺美术大师"。

三、代表性作品赏析

1. 虎面挂片

凤翔泥塑中虎的造型最多，虎面挂片为其中的代表作。关于虎面挂片，有一个神奇的民间传说。明朝初年，大将李文忠拿下凤翔后，奉命守城，但他大意轻

挂虎
42cm × 35cm
2007年

挂虎
80cm × 80cm
2010年

敌，只留了24个士兵看守城门。这些士兵中有一位原是捏泥活的艺人，他在闲暇时候做了很多的虎头挂脸。有天晚上，敌兵杀来，守兵们回城报信已来不及，正在焦急之时，那位艺人就拿出自己做的虎头挂脸让每人各戴一个。敌兵来到城下，只见24个有着斗大虎脸、狰狞可怕的武将怒视而立，便吓得四处逃散，自此凤翔安定。虎面挂片也因此被当地人看做是保家宅平安的祥瑞之物。东汉王充《论衡·订鬼篇》引《山海经》云：“立大桃人，门户画神荼、郁垒与虎，悬苇索以御凶魅。”由此可见，虎在中国民间自古以来就有“御凶魅”的作用，凤翔当地民间中有前门拒鬼，后门拒妖，前门贴白虎、门神，后门悬挂虎的风俗，如果家里人闹病生灾长期不愈，或婚后多年无子，都要悬挂虎用以镇宅保平安。

虎面挂片在色彩上分为墨线和彩绘两种；形制上虎面挂片为浮雕式的半立体单薄胎造型，类似于面具。泥塑虎面挂片的每个面部结构划分都有其固定的意义，

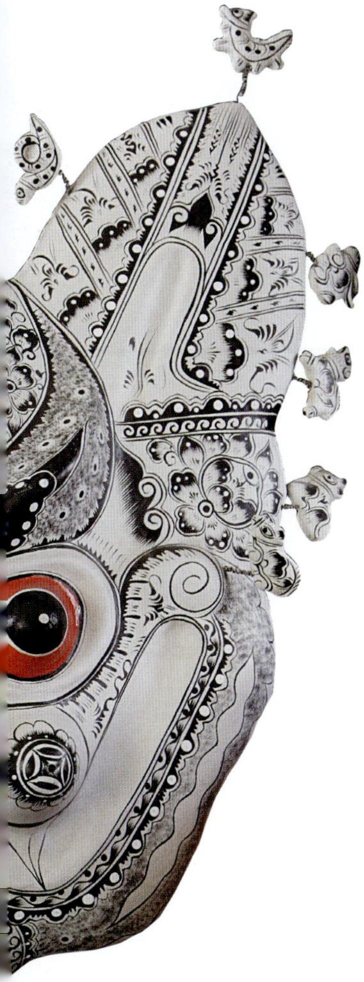

挂虎

100cm × 100cm

2009年

几乎将所有象征和期盼寄寓其中。虎面挂片的纹饰吸收了瓦当、铺首以及社火脸谱的一些装饰手法，将动物正面头像平面化处理，并给予艺术变形和夸张，被认为是陕西当地地方戏剧面具的演化物。凤翔挂虎的造型怪诞、神奇、皱眉大眼，眼睛象征日月，均为太阳型，着重突出了两眼的神采，既威慑狞厉又热烈温和，展现了吉祥瑞兽的形象。在凤翔当地，人们形容虎脸挂片的时候说："眼要大，眉要皱，让人见了又喜又怕。"虎头暴额凸睛，色彩强烈鲜艳，双眉为两条相对的头部朝下的鱼组合而成，鱼口左右绘有莲花和莲蓬。两鱼相对的格式，是否源于仰韶彩陶中的鱼纹女阴生殖符号，还有待考证，但是可以确定的是，它们也是生命繁衍的象征，莲蓬多子，是生命绵延不绝的暗喻。而鼻子为人祖，属阳性，勾勒成金钱符号，如此组合，表达了阴阳相合万物兴的理念。虎头上的"王"字被牡丹富贵花取代，这里的牡丹不仅寓意富贵，也具有吉祥高照的含义。虎面的其他纹饰，也多以五谷或大自然中的花草、果实等巧妙组合。眉为阴阳双鱼；额头为莲花，或三仙果之一石榴或桃；下巴为牡丹；鬓角作佛手；双耳脸颊画梅花；两腮为卷曲胡须。满面彩绘，黑白虚实布置得当，显得饱满、火烈、 热闹、率真。耳朵上缀以颤头的蝴蝶或小孩，蝴蝶在这里代表多福的意思，淋漓尽致地反映出自然界生生不息的永恒规律。虎面上的石榴表示了多福多子；艾草表示去毒避邪；海棠也是富贵的意思；有的虎面挂片的鼻翼两端饰以鲜红的辣椒，乡土气息极浓，据泥塑艺人解说，民间话说妇女的泼辣，借之渲染虎的厉害，这种淳淳的民风，就自然地融入到其中。鼻根和两颊皆画金钱纹，在这里指万贯利钱的意思。《诗经》有“瓜瓞绵绵”之说，虎头上还绘有宝葫芦，象征子孙昌盛，希冀生命绵延不绝、子孙永享五谷丰登的深刻内涵。凤翔的虎面挂片如猫似虎，貌似威猛却有更多的喜剧色彩，幽默诙谐可鞠可亲，自然被农家所喜爱。每当春节将至，家家户户将虎面挂片挂在屋内为的是避邪驱灾，祈愿吉祥富裕，人丁兴旺。所以在凤翔，挂虎被视为生命保护神和繁衍生育之神。

2. 坐虎

坐虎是凤翔泥塑中将虎的造型立体化的一种艺术表现形式，在造型上属圆雕，和浮雕的虎面挂片有所不同。在凤翔当地，孩子过满月、百天或者周岁生日的时候，外婆或者舅舅家的人把它当做礼品送到孩子家中，将其置于炕头上，让小孩子用来玩耍，和城里小孩子的玩具相似，其寓意则是表达他们对小孩长命富贵的祝福，让虎作为小孩子驱恶避邪的保护神，佑护他们平平安安。从其形象上看，坐虎前腿立后腿蹲坐，头部侧转，形态极度概括，但不失虎的神韵。坐虎的身侧缓而平，加强了二维的平面性，弱化了三维立体感，整体轮廓简单，注重平面图案的装饰感。坐虎的造型圆润，胎型立体中空，胎薄体轻，能够摆放在台面上。坐虎一般多着力于正面的勾画，背面则留白。虎的面部绘制较为概括，五官上夸大了双耳和嘴巴，突出虎的威严。面部符号多和挂片虎相似，鼻子仍为人祖，属阳性，双鱼眉，太阳型眼睛洋溢出阳刚之气。面部的阳性纹饰和躯体的莲花、牡丹阴性纹饰呼应协调，加之浓艳的色彩，观赏性极强。坐虎的四周也有与挂片一样的“颤头”，其题材多是简单的吉祥花卉。有的坐虎周围的颤头多达十二个，装饰为十二生肖的形象，从中反映出民间艺术中繁简搭配的讲究形式。胡深用夸张浪漫的艺术手法，既生动形象地表现出豪迈矫健、无畏激进的虎的秉性，又融谦和淳朴、顽强创造的人性于其中。他的泥塑虎描绘得极为细致，线条流畅、光滑，用色也是浓淡得当，显示了其多年的功力。

坐虎（正面）
54cm × 42cm
2009年

坐虎（背面）

钟馗
45cm×30cm
2010年

钟馗
43cm×29cm
2010年

四、艺术特色及主要价值

1. 艺术特色

凤翔泥塑作为一门纯手工技艺，最主要的特色体现在其繁多的工序上，大致可分为以下十道：

（1）选土：凤翔泥塑以六营村东边万泉沟的土为基本原材料，当地叫板板土。万泉沟沟壁的泥是一层一层的，做泥塑的泥最好取第三、四层，这种土表面光洁、坚硬，掺水拌和后比较柔软又便于捏制，柔韧性好，不易干裂。

（2）和泥：和泥一般都备有石磨盘和木槌。首先，将泥块捶碎成粉末，掺水拌和，将泥浆捶细，加纸屑再捶，将棉质纸屑掺于泥中，直到纸屑与泥完全融为一体，将泥巴掰开后，其断面出现纤维状即可。原来和泥的时候要在里面加点纸浆，现在都加棉花、棉絮，这样可以增加拉力，因为泥塑外壳很薄，要是不增加拉力的话，泥塑易碎。

（3）擀泥饼：做泥塑用泥不能太稀，须有一定的稠度，如做虎头挂片，要将泥团擀成饼状，大小比挂片的模子略大一点，厚度约1.5厘米。

钟馗
25cm × 18cm
2010年

（4）入模：泥饼擀成后，即可入模，只需将泥饼对准模子，重合放上。然后按模，并除掉模子以外的多余泥饼部分；再次按模，检查各个部位都已妥当为止。做模具的时候，是用一块木板把泥塑做一个大形，这就叫“泥货没样，边做边详（端详）”（是说泥塑的模子是慢慢调整做出来的），把做好的模子阴干后，再上色。模具原来是用泥巴做的，现在是用石膏做的，石膏模具吸水性好，把泥巴擀成薄饼，盖在上面，用手按压进去，等稍微硬一点以后，不变形了再拿出来晾干。

（5）出模：入模后半小时内，便可出模，由于泥饼与模子干湿程度不同，脱模十分方便，但须小心翼翼地将泥片提到备好的纸巾上。像挂虎上面有那种弹簧的十二生肖，先插弹簧，等弹簧干了不变形了，再把做好的十二生肖接上去。做好的泥胎趁泥还湿着的时候把表面洗一下，确保表面的光滑。

（6）晾晒：把洗好的泥胎摆在空坪中晾晒，直到挂片干透，便可竖立起来，摆在一侧备用。

（7）上白粉：在彩绘前，要在泥挂片表面上涂白粉，以便上色后色泽鲜艳。白粉是本地产的一种白土制成的，这种白土是凤翔县冯家山水库的水冲刷石头堆积成的石头粉，质地比较细腻光滑，土质纯、没有砂尘、不裂缝。将泥块碾成粉末，

挂好白浆的十二生肖泥塑
20世纪90年代

置入锅内放水调和，加入少量骨胶，稀稠适度，加热调匀为止。然后用勺子舀出白泥浆淋于泥片上，反复三四次，上完后置于阴处晾干，最后拿砂纸再处理一下表面，也是为了让其更光滑。处理泥胎的表面都要趁泥巴还很软的时候，泥巴干硬了就容易碎裂。

（8）线描：线条是凤翔泥塑造型的根本，一切纹样符号都靠线来表现；线条是分界线，各种色彩线在条内涂敷，就不会乱。线条分为四大类，主线：绘出主要结构，线条较粗壮有力。分线：往往随主线而行，线条较细。随线：随机应变之线，随意而劲挺。绕线：装饰性强，呈弯曲流畅状。

（9）上色：大红是凤翔泥塑的主色，为达到热烈喜庆效果起到决定作用。品绿也是主色，与大红互为相辅，民间说：红配绿，看不足。玫瑰红是副色，为加强热烈喜庆效果，补充大红的不足，又让红色有了冷暖变化。品黄为陪衬色，起到增加画面亮度的作用，但不宜太多。

（10）上油：就是上清漆。彩绘全部完成后，待颜色完全干透，便在彩绘表层薄薄地涂上一至二层透明清漆，起到保护色彩不被水溶化的作用。

从造型上来讲，凤翔泥塑分为浮雕和圆雕两种。浮雕的作品主要是各种挂片，圆雕则多为立体的动物及人物。总体上看，不管是浮雕还是圆雕，凤翔泥塑的造型都偏圆润一些，它所使用的原材料和制作工序中的泥洗有关。制作凤翔泥塑所使用的板板土，经过长年累月的风化，叠加成数层片岩状的岩土层，表面的较为疏松，对制作泥塑来说显得韧劲不足，所以选土时大多选取中间既有韧劲又质地细腻的土来用，这就使得凤翔泥塑在轮廓上显得较为柔和，加上最后用白土洗泥的过程，更加淡化了轮廓线，而多以团状的块面来表现其造型。凤翔泥塑中的动物种类众多，多表现的是家禽及十二生肖等等，动物形态多为静止的状态，多为侧身像，但头却呈正面示人。凤翔泥塑在塑造动物造型时多突出动物的耳朵，将耳朵置于整件作品的最上方，高于头部，最具代表性的就是坐虎，它的耳朵几乎占据了整件作

素色十二生肖
2008年

五毒挂片
21cm×21cm
2008年

品的三分之一，双耳耸立、双目眈眈，眼睛呈圆圈状，身体做蓄势待发状态，静态中蕴含着丰富的动态。虎爪被处理成半圆状，反映了凤翔泥塑在写实中融入了夸张的手法，也保留了汉唐以来圆雕动物造型的传统和风格。凤翔泥塑在造型上另一个特色是在主题动物造型的周边装饰了众多的“颤头”，即指插在两侧和头顶的小泥塑饰件，多趁泥胎尚未完全干时用弹簧连缀在四周，等晾干后便能完全固定在主体泥胎上，“颤头”好似戏曲人物头戴的官帽上的帽翅，颤颤悠悠，来回晃动，不仅在空间上拓展了泥塑的形制，也为静态的动物形象增加了几分动感，成为凤翔泥塑造型上的特色之处。

另外凤翔泥塑中还有一种叫“五毒”的挂片，艺人运用八卦形式构图，将蛇、蝎子、蜈蚣、 蜥蜴分布四方，中间盘一蟾蜍，多在端午前后送给小孩，期望小孩免受五毒侵扰，用以避邪。在人物造型方面，除了正面站立的历史人物外，近些年，钟馗、关公、门神等寓意吉祥的人物也被民间艺人制成挂片的形式，他们参考了戏曲和年画中的这些人物的造型，并在此基础上变形夸张，这些人物的身体呈反“S”型，突出头部和腹部，使人物造型并不严格按照人体比例，而是呈现出卡通化的趋势，这种符合现代人审美需求的作品，一经上市便颇为走俏。

凤翔泥塑的色彩体系主要为彩绘和黑白墨线两种。彩绘的大多选择颜色鲜艳的品色作为主要颜料，以红、绿、黄、黑、白五色为主，以此表达他们对阴阳五行传统的遵循。在当地人看来绿色代表万年长寿；红色表示四季红火；黑、黄二色代表尊贵，是身份和地位的象征，黄色有时也代表丰收和希望；适时的留白则是为了突出颜色上的对比。尽管凤翔泥塑在最后有上清漆这道工序，但在颜色的选择上，人们还是选择清亮一些的，突出亮度，这一点也符合民间色彩“尖”“阳”的应用规律。“尖”指的是颜色的突出，画工在一幅画上着力于表现哪种颜色，就要使这

彩色十二生肖

2009年

泥模

种颜色更“尖”，红的要更红，绿的要更绿。“阳”指的是颜色要强烈，这不仅指红绿、蓝黄对比强烈，也指整幅作品近看色彩要鲜艳，远看依然要醒目才行。凤翔泥塑的代表作品“生肖羊”，在体态丰满而又略显顽皮的造型上，以彩绘填涂和墨线勾描为主要装饰手法。卷曲肥大的金黄色羊角，赤红的前胸，粉红的四瓣花，翠绿的花叶和装饰，图案之外的其余部位则自然显露白色底粉，加上黑色线条的灵动勾勒，整体感觉大红大绿，色调明快，使泥塑作品洋溢着浑朴大方的气息。

黑白墨线的泥塑作品，主要体现在线条的勾勒上，民间艺人讲勾线的时候 “起笔要重（音chóng）”，多勾几次，是为了让线条匀称，流畅大气；“落笔要重（音zhòng）”，落笔的时候要把笔稍微压下去一点，尾部会圆一点，不会太细，显得有分量，也能使墨线的泥塑透出素雅端庄的气韵，以黑墨勾线和简练笔法涂染，抽象奇特的造型在黑与白之间让人体味民俗文化的神秘和诱惑之美。这些正是来自于乡土的味道，用简单的黑白两色将“大俗即大雅”的意境表现得恰到好处。

除了造型和色彩的独特，凤翔泥塑的纹样也是多种多样，有的是人或动物的肖形，有的是各类花果。这些看似是装饰性的彩绘与点缀，其实包含着很深的寓意，既是民俗符号，也是民间艺术特有的符号。泥塑上彩绘的莲花、石榴花、蝴蝶等都具有平安、吉祥等象征寓意。被选为 2002 马年生肖邮票主图案的“平安马”泥塑作品，胡深用白描手法在马身上绘制了大量具有吉祥寓意的图案：双獾纹意为青梅竹马、形影不离、永结同心；五个墨点代表五子夺魁、一马当先、马到功成、独占魁首；马鞍上的青铜器角形阴阳纹意为三星高照、永世安昌；马尾上的十二道

挂虎

42cm × 35cm

2005年

纹络代表天干地支、生死轮回、永不停息；马身后的七个墨点表示老马识途、吉（七）星高照；马鬃纹饰取意三人为众、多而茂密、延绵不断。凤翔泥塑的纹饰整体含义庞杂丰厚，它们出自古老的民俗信仰及图腾崇拜，表达了人们希冀幸福吉祥、平安和谐的美好愿望。

2. 主要价值

据艺人们口头相传，凤翔泥塑产生于明代，就其造型特点、彩绘图式看，与当地出土文物有共通之处，彩绘泥塑在造型上具有汉唐雕塑的丰满圆滑与悍猛，又有远古饕餮纹饰与图腾文化的神秘和古朴，同时又体现出中国艺术的写意性特征，具有历史研究价值。在中国古代文化史上，饕餮文化占有重要地位，它所表现出来的狰狞、粗犷、豪放不羁显示出的震撼人心的威力，象征着中国的历史挣脱野蛮，跨入文明古国的重要标志。与凤翔相邻的岐山县，是西周文明的发祥地，这里出土了大量有饕餮纹的青铜礼器，从二者形象的比对中不难看出之间的相似性。西周中期以前的饕餮纹大多装饰华美，形成了层次分明、富丽繁缛而神秘的风格。而从西周中期开始青铜器的风格转向“以素为贵”。原先“以文为贵”的繁缛狞厉的饕餮纹便渐渐失去了昔日的风光。与此相应，此后的青铜器也在“礼崩乐坏”的进程中逐渐走向生活化的装饰纹样，青铜器的狞厉感减弱，活泼感加强。而凤翔泥塑的虎脸挂片无疑就是这种风格流变的集中体现，从其形象上看，它是在狞恶凶猛的大轮廓骨架中以细小填充纹样和色彩给予柔化、生活化，只是虎脸那圆睁的怒目还在提示着我们不能小觑它。而饕餮纹最重要的特征也是它的眼睛。这一点的相似性决定了它们整个外形上的相像。在饕餮纹深沉凸出的怪异形象、细密曲折的纹饰线条、坚实稳定的器物造型中，充盈着模糊幽远的情感、意念和追求，饱含着野蛮的、残暴的威慑力，散发着原始、天真、拙朴的美感。凤翔泥塑虎和各式各样的饕餮纹样一样，呈现出一种狞厉的美。

凤翔泥塑较完整地继承了传统的捏制方法和制作工艺。它作为农业社会的一项副业生产，承担着家庭收入的部分责任，也成为全家男女老幼一起制作的一种手工艺，在制作工艺分工也不同于其他民间美术，如男人创作主型、制模、翻坯，而绘制却由妇人们完成。所以凤翔泥塑造型粗犷、大气，多带有阳刚之美，而绘制又带有灵秀、艳丽的阴柔之美，风格独特，具有较高研究农民文化与妇女文化的价值。

凤翔泥塑较完整地传承了传统题材和民间美术特有的象征和寓意装饰手法，形成了独特的艺术语言，具有研究民间文化的价值。凤翔泥塑中的动物题材多为十二生肖中的动物，其中以虎为代表，这源自古代人们对动物图腾的膜拜。而在动物身体上描绘莲花、牡丹等吉祥花卉图案是为了表达人们对美好生活的期望，以花鸟鱼虫、瑞兽为主的意象造型是中国古代图腾崇拜、生殖崇拜、神灵崇拜的遗存，反映出图腾时代的文化特点。

凤翔泥塑广泛用于送子、护生、辟邪、镇宅、纳福等民俗文化之中，具有民俗研究价值。特别是泥塑虎，它的实用价值是为幼童制作的玩具，为了伴随着新生命健康生长，但随着社会的发展，它更是成为人们镇宅、驱邪、禳灾，以及生育的保护神，是中华大地上的吉祥物，它不只是一件具有审美意义的物件，更是由古以来华夏民族对幸福吉祥、人丁兴旺传统的传承延续。

凤翔泥塑较完整地继承了民族传统的造型观念和审美思想。凤翔地区的民俗中具有尚红的特点，逢年过节，人们总喜欢用红色为主体色彩来装饰屋室环境，红色的门帘、窗花，炕头上的大红被褥等等，在凤翔人的家中随处可见。除此之外，饮食上凤翔人嗜好吃辣，田地里也少不了种植辣椒，每年秋天，火红呛人的辣椒成为关中平原上独特的风景。另外，乔迁新居要在房梁上搭一丈红布、去庙里上布施要用红绳等等，都体现着凤翔人尚红的习俗。这一点自然而然的也被转化到艺术创作中来，凤翔泥塑以红色为主色，注重色彩的搭配及补色的运用，是凤翔人审美特征的体现。另外，凤翔泥塑造型变形夸张，线条勾画用笔流畅，具有较高的美学价值。

财神
44cm × 27cm
2008年

五、胡深艺术年表

1931年10月，生于陕西省凤翔县六营村。

1941年跟随父亲胡克勤学习凤翔泥塑制作技艺。

1962年，胡深夫妇开始从事专业凤翔泥塑的制作。

1982年，应邀到中央美术学院举办展览，引起轰动。

1989年9月，胡深作品“彩色泥偶”在陕西省第二届艺术节中荣获传统特色一等奖。

1994年10月，“泥虎脸”荣获中国民间艺术一绝大展银奖。

1997年10月，“彩塑泥塑·大坐虎”在宝鸡市民间艺术展演中荣获特等奖。“彩绘泥塑”在九七“高新杯”宝鸡市工艺美术作品展览中荣获特别奖。

2002年，作品“生肖马”荣登国家邮票主图；10月，胡深创作的50件作品被中国农业博物馆收藏。

2003年，作品“生肖羊”荣登国家邮票主图；2月，获山西省民间艺术绝活大赛一等奖；9月，“彩塑泥塑·大坐虎”在宝鸡市民间艺术展演中荣获特等奖。

2004年，创作的彩绘泥塑吉祥猴作品，被文化部确定为中国猴年对外交流礼品；8月，作品“线描小马”在江苏省首届“大阿福奖（工艺美术）”评审中，荣获金奖。“满月虎”获陕西省传统特色工艺品一等奖。

2005年，被中国艺术研究院聘为首批“民间艺术创作研究员”。

2006年12月，被评为“第五届中国工艺美术大师”。

（本篇撰稿　邰高娣）

牛（金底）
14cm × 26cm
2010年

喻湘涟　王南仙

——惠山泥人传承人

这两位老人是世间少有的一对成功搭档，在五十年的合作生涯里，她们的惠山泥人“手捏戏文”珠联璧合，一个塑，一个绘，相得益彰。喻湘涟细眯的眼睛有着老鹰一般的犀利，只在一扫当中，就把一个对象的神和形都抓住了。王南仙，原就是天生的美丽女子，生来就懂得如何打扮，只是，她把这份能耐全用到了泥人上，经过她手绘的泥人美得令人感叹。1993年，喻湘涟被评为第三届中国工艺美术大师；1997年，王南仙被评为第四届中国工艺美术大师。2005年，两人同时被中国艺术研究院聘任为首批“民间艺术创作研究员”。2007年两人又同时入选第一批国家级非物质文化遗产项目（惠山泥人）代表性传承人。

西门庆
20cm × 9cm
1982年

一、惠山泥人概介

惠山泥人，又称无锡泥人、无锡彩塑，因取无锡惠山脚下得天独厚的黑泥捏制而得名，是以产地冠名的著名传统民间彩塑艺术品，历经四百余年，传承至今，独具江南地方特色，被称为富有东方色彩的民间彩塑，享誉海内外。

目前仍无明确的文献记载惠山泥人究竟始于何时，但据明末文学家张岱（号陶庵）著作《陶庵梦忆》卷七《愚公谷》中所载："无锡去县北五里为铭（锡）山，进桥，店在岸，店精雅，卖泉酒、水坛、花缸、宜兴罐、风炉、盆盎、泥人等货。"这是目前关于无锡泥人最早的文字记载。由此可知，早在明代，无锡惠山泥人就已经作为成熟的商品流行于市井之中。至清代，惠山泥人步入鼎盛时期。乾隆年间，无锡出现专业的泥人作坊，在"上河塘"一带，有钱、袁、朱、蒋四姓人家开设专门经营泥人的手工作坊，既做又卖。惠山自古以风景优美著称，历来为人文荟萃之地，水陆交通发达，工商经济极为兴盛，是米商布贾的游乐胜地。每逢香会、春秋两祭和赶节场的日子，总是会汇集大批男女老幼到这里游山观景，是出售泥人的兴旺季节，从而吸引了更多手艺人从事泥人制作行业。同光期间，惠山泥人发展迅猛，声名远播，行销广泛，出现了四十余家专门从事泥人生产的手工作坊，其中著名的有胡万盛大房、二房、章万盛、章万丰、章锦泰、陈洪茂、周六房、龚源盛、龚源茂、戴洪泰、陈云记、丁合兴、周坤记、秦源昌等，这些作坊的出现标志着惠山泥人向产业化、专业化的迈进。随着名气与日俱增，惠山泥人从供应市井庙会的日常要货，衍生出一种取材于当时流行的戏曲故事人物，不用模具而完全用手捏制的"手捏戏文"，人物塑造及妆銮极为精细，这类手捏戏文主要供应豪门大户在年节、嫁娶、祝寿等喜庆场合烘托气氛。与此同时，惠山泥人生产分工日益细化，塑形与彩绘开始分家，塑与绘分别由两种艺人担任，各自都具备了相对独立的专业方向，一些艺人专门钻研塑形工艺，另一些人则潜心探究彩绘。此时在惠山出现了两位杰出的艺人，周阿生和丁阿金，他们在"手捏戏文"的捏塑和彩绘方面都有过很大的创造和发展。清人周镐在《咏惠山泥美人》诗中吟道："款款纤腰掌上

如意
9cm × 6cm
1982年

珍，琅玕为骨水为神……”可见惠山泥人在清代技艺水平已非常成熟，具有高深的艺术造诣。光绪戊戌年间，无锡还成立了泥塑艺人的行会组织“耍货公所”。

清末民国直到新中国成立前，战乱频繁，民不聊生，惠山泥人也几经摧残，但由于其深深根植于民间，这门手艺终究保留了下来。新中国成立后，在党和政府的关怀下，惠山地区成立了“无锡惠山泥人厂”，后来又相继成立了“惠山泥塑创作研究所”以及“惠山泥人博物馆”，并举办培训班，培养彩塑专业人才，使这门传统彩塑艺术传承至今。2006年，惠山泥人被列入第一批国家级非物质文化遗产名录，古树又开新花。

惠山泥人按制作工艺、艺术形式及艺术风格大致分为两类，即粗货和细货。

粗货大多是用模具搽泥印制，又叫泥耍货。粗货一般造型粗犷、简练，色彩单纯、鲜艳，讲究强烈的对比效果。早期的粗货作品主要是儿童玩具，有蚕猫、车老虎、车状元、春牛、小花囡、大阿福、三胖子、堆罗汉等。这些作品用色大胆、泼辣，基本采用原色，却给人一种艳而不俗、雅俗共赏的审美效果。尤其是“大阿福”，几乎成为惠山泥人的代名词。

细货则是由艺人直接捏制而成的手捏泥人，手捏泥人在形态上又分为三种：1.手捏戏文，采用“捏段（身段）镶手”的制作形式，即除头型用模子印制外，其余部位均为手捏；2.小板戏，采用“印段镶手”的方法，由于手捏戏文极受欢迎，供不应求，为满足市场需求，创造出以模子印制身段代替手捏的方法，较之手捏戏文粗犷笨重，尺寸也小，内容多为长靠武戏，均固定在泥板底座上，故称小板戏；3.大、小文座，主要是财神、鬼谷子等神像作品，尺寸较大。其中以手捏戏文最具代表性。手捏戏文大多取材戏曲故事，故得名。清代中叶后，惠山的手捏艺人仿照京剧、徽剧、昆剧中的各种角色捏制各种戏文，使手捏泥人进入一个全新阶段，出现了丁阿金、周阿生、陈桂荣、陈杏芳等著名艺人。手捏泥人造型写实、细腻，惟妙惟肖，用色讲究、古朴稳重。昆剧戏文追求典雅柔和的色调，京戏人物则赋色较为丰富浓重。

二、喻湘涟、王南仙从艺经历及艺术成就

半个多世纪以来，惠山泥人以其浓郁的地方特色、民族特色和极高的艺术价值赢得了海内外各界的赞誉和喜爱，也成就了一批又一批艺术大师。在当代无锡惠山泥人艺人中，喻湘涟和王南仙是领军人物，她们的作品代表着当代惠山手捏戏文的最高成就。两人都是当代女艺术家，喻湘涟精于捏塑，王南仙专注彩绘，两人长期合作，可谓珠联璧合、相得益彰，成为无锡惠山泥人的主要传承人。20世纪90年代，两人荣获中华人民共和国轻工部授予的“中国工艺美术大师”称号；2005年，被中国艺术研究院特聘为首批“民间艺术创作研究员”；2007年被评为第一批国家级非物质文化遗产项目（惠山泥人）代表性传承人。

喻湘涟，1940年出生于江苏无锡泥人世家。喻湘涟的外曾祖父蒋三元是清末民初著名的泥塑艺人，其开设的“蒋万顺泥人耍货店”以制作粗货为主；其子蒋金奎，即喻湘涟的外祖父，继承父业，成为惠山泥人粗货的代表人物，尤以塑绘被养蚕人家视为守护神的“蚕猫”为最佳，故而在20世纪30年代赢得“猫王”美誉。后蒋金奎入赘丁家（丁阿金后代），进而学到丁家的泥塑制作技法。喻湘涟之母蒋兰英在丈夫早逝后，带女投奔娘家居住，并随父制售泥人。喻湘涟在此环境中成长，六七岁时就开始帮家里做泥人，协助做一些印坯、揩坯、打底色等下手活；1955年，喻湘涟15岁时，正式拜其外祖父的堂兄——著名的泥塑艺人蒋子贤为师，开始学习手捏戏文，从此走上泥塑的艺术道路。后来蒋子贤师傅去世，喻湘涟又相继拜张阿仁、章根宝等老艺人为师学习手捏戏文。1956年4月，16岁的喻湘涟考取了惠山泥塑创作研究所开办的四年制“惠山泥塑彩绘训练班”，受到雕塑、解剖、素描、文艺理论等系统性的艺术培训，奠定了扎实的美术基本功。训练班学习结束后，喻湘涟进入泥人生产合作社（无锡惠山泥人厂前身）工作，当时惠山泥人大量出口，销路很好，喻湘涟在工作中潜心钻研，技艺日臻成熟。20世纪70年代，“文革”开始，传统手艺被当做“封资修”打倒，喻湘涟也被下放到苏北响水县农村，一待就是十年。这期间，她仍然对手捏戏文念念不忘，传统题材不让捏，她就捏适应时代风气的样板戏题材作品，受到欢迎。后来她还为南京博物院捏制了全套的样板戏作品用以收藏。

结亲
17cm × 20cm
2007年

少狮太狮
29cm × 23cm
2003年

1979年落实政策后，喻湘涟回到无锡泥人研究所，继续从事手捏戏文的老本行。这期间，她进行了大量传统手捏戏文的整理、复制和修复工作，并从中集各家之长，融会贯通，继承并发扬了惠山泥人的地方风格。1990年，喻湘涟从研究所退休，但她依然没有停止这门手艺，并与王南仙合作，恢复制作了全套传统手捏戏文。这些作品在国内外各级展览中斩获无数大奖，并被南京博物院、中国工艺美术馆、中国美术馆等专业艺术机构系统性收藏。

王南仙，1941年出生，江苏省无锡市人。王南仙的外祖父在江南首屈一指的私家园林寄畅园内开了一家茶馆，同时兼售泥人，顾客多是来无锡赏花喝茶的有钱的上海人，因此泥人售价也高。王南仙生长在这个颇为富裕的家庭中，从小就受到外婆、母亲等制作泥人的熏陶，懂得泥人制作的方法。1956年，王南仙也进入惠山泥塑彩绘训练班，跟随虞仁金师傅学习彩绘。三年训练班学习结束，王南仙被分到泥人生产合作社创作设计组实习，并被留在惠山著名的泥人彩绘高手陈毓秀工作室，跟随陈师傅继续学习手捏戏文的彩绘方法。王南仙通过陈师傅的悉心教授和自身的勤奋刻苦，学会了行将失传的惠山手捏戏文的传统彩绘和妆銮技艺，可谓受益匪浅。后来她担任泥人厂彩绘创作组组长和设计室副主任等职，还参加了各种业务的进修，并于1983年进入无锡轻工业学院深造一年，积累了更多的绘画理论和色彩知识，使她自身艺术修养更上一个高度。当时适逢南京博物院要修复一批清代惠山泥人，邀请两位艺人进修这项工作，由此开启了王南仙和喻湘涟正式合作的生涯。二人本着“修旧如旧”的原则，为南京博物院修复了近二百套泥塑作品。王南仙从

赵公明（门神）
27cm × 16cm
2009年

姜太公（门神）
25cm × 18cm
2009年

艺至今五十余年，在惠山泥人彩绘方面积累了丰富的艺术经验，技法纯熟，尤其擅长手捏戏曲人物的彩绘技法，对人物面相的描绘十分精致，注重刻画人物神态，传达喜怒哀乐不同表情，极为生动传神。她与喻湘涟长期合作，开创了惠山泥人新的高峰。两人共同创作的传统手捏戏文作品被南京博物院、中国美术馆等收藏。1996年，王南仙获轻工部授予的“中国工艺美术大师”称号，2007年与喻湘涟一起被评为第一批国家级非物质文化遗产项目（惠山泥人）代表性传承人。

喻湘涟和王南仙能在众多的无锡彩塑艺人中脱颖而出，首先得益于她们扎实的技艺功底，再者与两人的默契搭档密不可分。巧合的是，两人的师傅蒋子贤和陈毓秀就是长期合作的搭档，两人在捏塑和彩绘中都属技术佼佼者，自然也组合成一对塑、彩搭档，两人的作品都在继承师传基础上形成自身的艺术风格。

手捏戏文是对戏曲舞台艺术的再创作，不仅要熟知戏曲内容和人物扮相，还要具有极强的提炼概括和审美眼光。手捏戏文取材昆曲内容较多，因此戏文人物讲究优雅含蓄，动作内敛。喻湘涟在捏塑人物造型上既有大动态的塑造，也有小动态，甚至静态的表现，寓动于静；王南仙彩绘以清秀工谨见长，着色讲究素雅恬美，人物开相俊秀清爽，注重眼神的刻画，神态传神。两人创作的粗货作品则另有一番自然巧拙的味道，造型简练概括却不失饱满，彩绘笔法粗细结合，收放自如，充满天真童趣。

两人在五十年的艺术实践中，不断探索，逐步加深对惠山泥人艺术的理解与评判，并将自己的创作经验进行总结。喻湘涟总结出“捏塑十八法”，并形成

团阿福（一对）
61cm × 60cm
1992年

“头、足、身、手”的捏塑程序；王南仙总结“彩绘七法”，并归纳了“生、旦、净、丑”的“开相”程序及妆銮手法的分类。这些技法的总结，涵盖了惠山泥人传统技艺的历史经验，是对惠山泥人发展传承作出的重大贡献。

三、代表作品赏析

1.《团阿福》

大阿福是惠山泥人中最具特色的传统作品，这个形象是根据民间传说创作的。相传古时惠山一带丛林密布、古木参天，常有名为“青饕”的怪兽出没，害及百姓，尤其喜欢吞食孩童，人们生活不得安宁，一片凄惨景象。后来，上天派下名叫“沙孩儿”的一对金童玉女，下凡除害。沙孩儿力大无比，将自己变成一对胖乎乎的小孩，引诱怪兽出现，合力将其降服。从此，惠山百姓得享太平。为敬重“沙孩儿”的恩德，惠山人们便取当地黑泥塑像供奉，尊称“大阿福”，意指给百姓带来安福祥和之气，并成为镇山驱兽、避邪讨福的吉祥物流传于民间。

传统的大阿福形象端庄饱满，细眉眯眼，嘴角上扬，面露笑意。男阿福头戴紫金冠，女阿福则梳双髻，两人均盘膝而坐，双手托抱形似麒麟又似狮子的怪兽，一副和善祥悦之态。后来，大阿福的形象逐渐演变得更加世俗化，成为一对笑容可掬、活泼可爱的孩童形象，并派生出抱鲢鱼阿福、抱仙桃阿福、抱元宝阿福、团阿福等新形象，但都延续了传统大阿福饱满、浑圆的造型特征。

如今的惠山泥人，已不再像过去那样粗货和细货有分明的区别，着色刻画都

珍珠塔·赠塔
16cm×12cm
1992年

比较严谨细致。这对团阿福作品，色彩上运用红蓝搭配，色彩鲜艳，对比明快，彩绘精细。阿福脸上笑意盈盈，充满喜庆纳福的吉祥气氛，十分惹人喜爱。

2.《珍珠塔·赠塔》

源自著名传统锡剧《珍珠塔》，主要讲的是方卿和陈翠娥之间的爱情故事。河南方卿因家中变故，走投无路之下，远赴襄阳投奔姑母，不料却遭其冷言奚落，方卿愤愤然欲离去。表姐陈翠娥贤淑善良，同情方卿遭遇并生爱慕之心，临别之时遂将一座价值不菲的珍珠塔藏于点心盒中，赠与方卿，并嘱其小心保管。方卿不知其中缘故，拜谢而去。之后，二人几经周折，终成眷属。

作品中，陈翠娥居左，头戴花簪，穿橘色对襟长衫，白裙红鞋，人物开相以形写神，柳眉杏眼，一副含情脉脉、欲言又止的神态；方卿居右，头戴方巾帽，穿蓝布衫袍，肩背雨伞、包袱，一副远行装扮，方卿脸上神情温良谦恭，浑然不觉翠娥心意。整件作品造型优美含蓄，赋色素雅清新，人物手持的蓝印花布包裹、红油纸伞等，又突出了浓郁的江南特色。

3.《贵妃醉酒》

《贵妃醉酒》又名《百花亭》，讲的是唐明皇与杨贵妃相约百花亭饮酒赏月，杨贵妃悉心装扮前

贵妃醉酒
14cm × 10cm
1984年

来百花亭，岂料明皇却临幸西宫梅妃处，杨贵妃久候不至，遂命太监高力士将酒端上，望月独饮，不觉沉醉，对月长叹，自比广寒宫嫦娥，借醉意发泄心中幽恨。高力士一旁察言观色、小心伺候。百花亭内只见高力士举盘端酒不断，杨贵妃酒入愁肠，不觉酩酊大醉。

此件作品两个人物的构图，杨贵妃立于右侧，双手向后扬起水袖，醉眼迷离，口衔酒杯，蹒跚向前作摇摇欲坠状；高力士半跪在左侧，生怕酒杯坠地吃罪不起，急用双手撩起长袍前摆承接，突出高力士逢迎谄媚的神态特征。彩绘线描工整，赋色明快，颇显雍容华丽。

4.《霸王别姬》

《霸王别姬》是家喻户晓的经典京剧曲目。讲的是秦末楚汉相争中，西楚霸王项羽被刘邦兵马困于垓下，项羽突围不出，又听到四面楚歌，疑楚军尽已降汉，自知大势已去，在营中与爱妃虞姬饮酒作别。为解项羽忧闷虞姬舞剑，席间自刎殉情。项羽杀出重围，至乌江，自觉无颜见江东父老，遂自刎于江边。

作品中人物装束效仿京剧舞台，虞姬头戴如意冠，身着马面裙、鱼鳞甲，双

整型

用包的方法做袍子

手持剑，身姿婀娜，正是“劝君王饮酒听虞歌，解君忧闷舞婆娑”；项羽勾黑十字门、钢叉脸、悲眼寿字眉，戴霸王盔，扎霸王靠，一手抚案，一手托须，神情悲怆，正所谓“四面楚歌声，君王意气尽”。整件作品仿佛是将舞台上的人物搬至台下，鲜活如生，令人百看不厌。

四、艺术特色及主要价值

1. 艺术特色

惠山泥人分为粗货和细货，粗货较之细货制作工艺相对简单，但都要经过滤泥、锤泥、翻模或泥塑、印坯、整修、彩绘等诸多工序。最初的惠山泥人都是将塑好的泥坯自然晾干后，在上面直接施彩而成，但由于泥坯较为容易损伤破坏，因此后来都改为先将泥坯进行素烧形成陶坯，然后再进行彩绘，这样就使泥人更加坚硬，易于保存。

霸王别姬
21cm×18cm
20世纪80年代

惠山泥人所用的黑泥取自惠山东北坡山脚下地面一公尺以下的天然黏土，质地细腻柔软，弯而不断、干而不裂，可塑性很强，是捏塑泥人的极佳原料。这种得天独厚的自然条件，使得惠山泥人较其他地方彩塑表现出更加光洁、细腻的特征。

（1）粗货制作工艺

① 印模：粗货多为模制，称之为“印模”，即先做好原型，翻印成泥模，自然晾干后，入火焙烧形成陶模，增加其坚硬度和使用寿命。模制粗货又有单片模和双片模之分，单片模仅用一块模子翻印出泥人正面，背面用手压平即可，通常为实心，早期耍货多为单片模制成；双片模则用模子印出正背两面泥片，再将两者结合，中间为空心，这种方法可减轻泥人的重量，后多被采用。20世纪70年代以后，研制出富有弹性的“橡胶模”新工艺，使复杂的造型都可以灌浆

智取威虎山
25.5cm × 30cm
1987年

一次成型。

② 彩绘：印坯完成后，用湿布或湿笔擦拭表面使泥坯保持平整光洁，然后即可进行彩绘。惠山泥人素有“三分塑、七分彩”的说法，尤其体现在粗货上。先要在泥坯上涂一层白粉，谓之“打底”，然后逐层施彩，并运用褪晕的手法，即通过控制颜料和水的比例来实现颜色的深浅过渡，达到自然、流畅、均匀的效果。最后勾花、描画面部五官，一件要货作品即可完成。

（2）手捏戏文制作工艺

以“手捏戏文”为代表的细货，其捏制和彩绘过程则要复杂得多。完成一件手捏戏文作品，前后需经过十几道工序，分前期捏塑和后期彩绘两大部分。

① 捏塑工艺

捏塑工艺大致分为一印、二捏、三镶、四压四个步骤。

印：即用模子印出人物头部和脸型的初坯，然后稍加修饰，再加上装饰品。

捏：即分别捏出人物的身段和手臂，要遵循“从下而上、由里到外”的原则。具体来说，要先从人物的脚部和腿部开始捏起，然后包裤边或裙边，将两腿并拢；向上捏腹部和胸部形成人物身段，先包上内层衣服，再加外层衣服；捏左右手臂，包袖管。这样的目的是易于掌握人物身体的比例和变化，保证人物躯体的姿态不被衣饰等破坏。捏衣袍时讲究“边薄中厚、下薄上厚”，衣袍的边缘要薄一些，能增强衣服的质感和衣带的飘逸感，衣袍的中上部和关节部位要厚实一点，可保持

新生
27cm × 30cm
2007年

较高的强度，不易坏损。

镶：即镶粘组合，同时这也是一个调整、完善的过程。将左右手臂安装在身段的两肩，并扳好人物姿势；在颈部打洞加领子，把头部安装上去，调整人物的大动态。

压：在镶好手臂的泥坯身上压出衣纹等细节装饰。

整个捏塑的过程要用到揉、搓、捏、拍、包、推、敲、镶、贴、扳、捻、捋、装、格、剪、戳、滚、拉等手法，统称为“手捏十八法”。捏塑完成后，将人物底部插上棒脚，将其插入事先做好的泥质底板上，组合成一套完整的戏文。

② 彩绘工艺

打底：彩绘之前要先在泥坯需要涂染浅色的部位刷一层白粉，称之为“打底”，黑色或深色的地方则不需打底，因为底粉太厚反而容易脱色。

上色：手捏戏文的色彩运用多借鉴戏曲舞台，在此基础上进行概括提炼二次创作。艺人们在长期的积累中，总结出很多彩绘口诀，如“红配绿，一块玉；红配紫，一块死”、“红要红的鲜，绿要绿的娇，白要白的净”等，又有“头色不过四，身色不过三”的说法，力求用较少的颜色渲染出舞台上的绚烂效果。上色时要由浅入深，先染肤色，再绘衣服，然后勾勒衣饰花纹，之后描发染头色。

开相：即描绘泥人的眉眼五官。人物的喜怒哀乐、性格神态都要通过脸部刻画来体现，所谓“开相活，戏才活”，可见开相的好坏对一件手捏戏文作品是否成功起到至关重要的作用。生、旦、净、丑，不同的角色其五官的刻画也不尽相同，仅眉毛就有柳叶眉、一字眉、卧蚕眉、八字眉、散眉、扫帚眉、剑眉、寿眉八种画法，需根据不同人物要求采用不同的画法。而眼睛更是体现人物神态的关键所在，因此要求更高，不同角色运用不同眼睛的画法，如刻画权臣丑官采用鼠眼、蛇眼，需小而露凶，令人不寒而栗；表现旦角则用丹凤眼，突出清秀中略带妩媚的特点；牛眼则大而无光。手捏戏文多为两三人组合为一出戏，因此人物之间的眼神的呼应尤为重要，两个人物的眼睛要根据故事情节相互对应起来，这样才是一出活的戏。

妆銮：是指彩绘过程中最后采用的装饰工艺。手捏戏文的道具和饰物，如武将所持的刀、枪、剑、戟，旦角的头饰，须生的髯口等部件，都是另外做好后装饰上去的，称之为妆銮。妆銮通常运用的材料有丝绒、绫罗绸缎、绒球、绢花、珠子、丝线、羊毛、铝皮等，经过艺人们的巧手制作成各种小部件后，装饰在泥人身上，达到锦上添花的效果。妆銮的成熟运用，成为惠山泥人的风格特征之一。

2. 主要价值

俗话说，一方水土养育一方人。惠山泥人的兴起和发展与惠山所处的地理环境及民间习俗密不可分。惠山位于太湖之滨，风景名胜颇多，历来在无锡人的日常生活和社会活动中占有重要位置，是无锡人游览常去之处，民谚“惠山街，五里长，踏花归，鞋底香”，说的就是无锡人游惠山的情景。无锡人爱玩惠山，并玩出了许多习俗，如清明上山踏青，八月十五惠山赏月，重阳登高爬惠山等。惠山的迎神赛会在苏南地区也是首屈一指，每年香汛期间，远自上海、苏州、常州等地，近至县郊乡下，游人、香客、商人等纷至沓来，遥遥数十里，拥满惠山县城，盛极一时。届时，惠山摊贩云集，热闹非凡。游人如织，给惠山泥人带来无限商机，游客来到惠山都不免购买些土产回家，而惠山泥人丰富多彩的吉祥寓意满足了人们的精神需求，自然成为人们竞相购买的对象。人们给小孩儿买“大阿福”保健康圆满，给老人买“寿星”祝延年益寿，给情侣买“和合二仙”祝婚姻美满，给初婚女子买“送子观音”祝早得贵子，给生意人买“财神”祝财源广进，给庄稼人买“春牛”祝喜获丰收……这些无疑是惠山泥人民俗价值的体现。

手捏戏文是随着戏曲艺术在江南的盛行而产生发展起来的。入清以来，戏曲流行于无锡，常有戏班到无锡演出。惠山多祠堂、寺庙，逢神赛会便请来戏班搭台唱戏，用以酬神祭祖。这些戏曲演出为民间艺人提供了大量观摩学习的机会和丰富的创作素材。他们通过巧手捏绘，将舞台上动态的戏曲表演，融入静态的戏文泥塑，并通过对人物表情、形体动作、线条色彩等的生动塑造，使其再现舞台之美，具有强烈的装饰意味。这些又是惠山泥人文化价值的体现。

惠山泥人自明代盛行，逾今已历时四百余年，其发展和传承过程体现出这门源自民间的手工艺有着强大的生命力和适应力。早先，它根植于民间，满足了人们在民俗活动中的各种需求，深深融入人们的民俗生活之中，并在某种程度上承载了人们对美好生活的精神寄托；进入现代，惠山泥人不仅没有过时或被淘汰，而是焕发出更高

和合二仙
18cm × 6cm
1985年

奇袭白虎团
24.5cm × 27cm
1987年

层次的艺术价值。从20世纪80年代起，南京博物院、中国美术馆等专业艺术机构就开始收藏惠山泥人作品，喻湘涟和王南仙两位大师合作的大量作品被竞相收藏，在海内外各种展览中，她们的作品更是声名远播，享有盛誉。可见，如今的惠山泥人已经不仅仅是一件简单的民俗工艺品，而是具有高度审美和收藏价值，能登大雅之堂的艺术品。并且，作为一种极具江南地方特色的彩塑艺术，惠山泥人已经成为向世界介绍惠山乃至传播中国文化的艺术载体。

五、喻湘涟、王南仙艺术年表

1. 喻湘涟艺术年表

1940年1月，出生于江苏省无锡市泥人世家。

1955年7月，毕业于无锡市第二初级中学；拜泥塑艺人蒋子贤为师学习手捏戏文。

1956—1959年，在惠山泥塑彩绘训练班学习捏塑。

1959年9月—1964年3月，在惠山泥人厂手捏泥人组从事手捏戏文设计、复制。

1964年4月—1969年12月，在惠山泥人研究所从事惠山手捏戏文研究。

1969年12月—1971年12月，下放至苏北响水县劳动，半年后临时性调南京博物院搞革命历史展览。

1971年12月—1979年6月，调入响水县工艺制品厂从事石膏卷笔刀设计。

1979年6月—1986年6月，落实艺人政策后归队，回到泥人研究所重操旧业至退休。

八仙

36cm × 30cm

1992年

1986年7月—1995年2月，被调入无锡市泥人博物馆，从事修复历史作品、研究工作至退休。

1993年12月，获中华人民共和国轻工部颁发的“中国工艺美术大师”称号。

1995年7月，被东南大学汉声中国民间艺术研究所特聘为研究员，从事手捏戏文研究创作。

2002年2月，被聘为泥人博物馆顾问。

2003年10月，荣获由中国工艺美术家学会、中国工艺美术学会民间工艺美术专业委员会颁发的“突出贡献奖”；11月，由汉声杂志社出版《惠山泥人》三册一套专辑；同年又由中国台湾历史博物馆出版了《戏泥话偶》惠山泥人展画册。

2005年5月，特聘为中国艺术研究院首批“民间艺术创作研究员”；12月，被评为研究员及高级工艺美术师。

2006年2月，被台湾南华大学管理学院特聘为客座研究员；12月，被文化部评为国家级非物质文化遗产项目（惠山泥人）代表性传承人。

2008年1月，龚良主编的《手捏戏文、泥土神韵——喻湘涟、王南仙捐赠南京博物院惠山泥人作品集》由荣宝斋出版社出版；4月，创作设计手捏泥人“佛门的一天”一套237件，被台湾佛光山佛陀纪念馆收藏。

2009年，复制创作惠山传统泥人共228件，被中国美术馆收藏。

2010年，创作设计手捏戏文全本“白蛇传”十四组60件，被南京博物院收藏。

2. 王南仙艺术年表

1941年5月，出生于江苏省无锡市。

1956年4月—1960年4月，在惠山泥塑彩绘训练班学习。

1960年4月—1964年12月，在无锡市泥人厂创作设计室从事手捏戏文彩绘。

1964年12月—1969年12月，在无锡泥人研究所“陈毓秀工作室”从事传统手捏戏文彩绘研究。

1969年12月—1978年12月，在无锡市惠山泥人厂创作室从事彩绘设计。

1978年12月—1996年5月，在无锡市泥人研究所彩塑工作室从事彩绘。

1986年6月至1995年2月，在无锡市泥人博物馆从事惠山泥人修复。

1993年7月，被江苏省工艺美术专业高级职务评审委员会聘为“高级工艺美术师”。

1996年5月，被聘为东南大学台湾汉声民间艺术研究所研究员。

1997年，被评为“中国工艺美术大师”称号。

2002年2月，被聘为惠山泥人博物馆顾问。

2003年10月，荣获由中国工艺美术家学会、中国工艺美术学会民间工艺美术专业委员会颁发的“突出贡献奖”。11月，由汉声杂志社出版《惠山泥人》三册一套专辑；同年又由中国台湾历史博物馆出版了《戏泥话偶》惠山泥人展画册。

2004年12月，开始在无锡市民间艺术博物馆大师工作室“王南仙工作室”从事彩塑创作。

2005年5月，特聘为中国艺术研究院首批“民间艺术创作研究员”。

2006年2月，台湾南华大学文化事业创业研究中心特聘客座研究员；6月，特聘无锡市博物馆特约研究员；12月，被文化部评为“国家级非物质文化遗产项目（惠山泥人）代表性传承人”。

2008年1月，龚良主编的《手捏戏文、泥土神韵——喻湘涟、王南仙捐赠南京博物院惠山泥人作品集》由荣宝斋出版社出版；4月，创作设计手捏泥人“佛门的一天”一套237件，被台湾佛光山佛陀纪念馆收藏。

2009年，复制创作惠山传统泥人共228件，被中国美术馆收藏。

2010年，创作设计手捏戏文全本“白蛇传”十四组60件，被南京博物院收藏。

（本篇撰稿　刘莹）

逯彤

——天津『泥人张』艺术家

他是一个非常认真的人，心思缜密而又为人腼腆，你很难想象他为了学习“泥人张”彩塑吃了多少苦，学徒都走光的时候，唯有他坚守着这份手艺。他静静坐在那里时，心里已经打好了腹稿，一旦做起泥塑，便换了一个人般动作敏捷，手指麻利。他拿出的泥塑，常常让人感觉它们是有情性有生命、能够呼吸的活着的人。正应了那句对天津“泥人张”评价的话——“给口气就活了”。那些唯美的古典美人儿，醉态恣肆的饮中八仙，都出自他手中的那团泥巴。2005年，他被中国艺术研究院聘任为首批“民间艺术创作研究员”。

一、“泥人张”概介

天津“泥人张”彩塑创始于清朝道光年间，创始人张长林，字明山（1826—1906）。“泥人张”至今已有一百八十多年的历史。“泥人张”艺术的产生，离不开天津这个特定的自然和人文环境。随着盐业的发展，漕运的繁盛，天津逐渐成为北方著名的商埠，来往于天津的商贾名人众多，各种手工艺人聚集此地，带动了天津民间艺术的繁荣，涌现出了杨柳青木版年画、魏氏风筝等民间美术种类。除此之外，天津的曲艺文化繁盛，常有名伶名角搭台演出，在这样的市民艺术发达的背景下，加之天津城商业和手工业的繁荣发展，“泥人张”彩塑艺术应运而生。它以市井生活和戏曲、小说故事为主要题材，创作的作品贴近百姓生活，成为一种深得百姓喜爱的艺术品而流行于晚清民国的天津地区。

“泥人张”在发展的过程中，起初是以家庭作坊的生产模式，延续着父传子的传承方式，后来逐渐发展为对外招徒，使“泥人张”的技艺不拘泥于一家人之手，发展规模和影响力越来越大。“泥人张”至今已有五代，即：第一代创始人张明山，创立了“泥人张”字号；第二代张玉亭，新中国成立后曾被聘为天津市文史馆馆长；第三代张景祜，曾先后受聘于中央美院和中央工艺美院任教，他把“泥人张”的民间技艺带进大学课堂，并在天津建立“泥人张彩塑工作室”，对外分批招收学员，对推动“泥人张”的发展起到至关重要的作用，如今“泥人张”的优秀传人逯彤等，都出自这几批训练班；第四代传人张铭、第五代传人张乃英等，为“泥人张”在全国乃至世界的影响的扩大，贡献了自己的力量。

高山流水
30cm × 53cm
2003年

孔乙己
31cm × 17cm
1989年

鲁班
48cm × 28cm
2005年

一宗艺术的产生，总是和当地的文化和经济密切联系在一起的。天津“泥人张”的产生也不例外。天津著名的天后宫供奉的是妈祖神，每天来此祈子还愿的人络绎不绝，祈子的人都要“偷”一个泥娃娃“阿哥”回家，供在家里，为的是从庙里拴回来的阿哥，能为他们带来子嗣。天津传统习俗中，还有供阿哥的习俗，每年供奉的阿哥都要随年龄的增长换成更大一号的泥娃娃继续供奉，在天津的街道上，有很多“洗娃娃铺”，就是为人们提供泥塑的“阿哥”的店铺。

天津虽不是京剧的发源地，但天津地处陆路、水路的南北交通要道，往来天津人数众多，戏曲艺术十分发达，天津人爱看戏也得益于经济和文化的发达繁荣。据史料记载，从京剧的萌芽开始，众多京剧名伶都曾在天津演出过，如“京剧老生前三杰”之一的余三胜、谭鑫培，南派京剧创始人之一王鸿寿，李桂春、盖叫天、杨小楼、周信芳以及后来的梅、尚、程、荀“四大名旦”等等，甚至“四大名旦”的称谓都是在天津的《大风报》上首次提出的。而天津的“名丑”刘赶三、孙菊仙等人，也经常登台献艺。这一方面对京剧的传播起到了一定的促进作用，一方面也充实了“泥人张”的创作题材。

“泥人张”彩塑创作题材广泛，主要有以下几种：

1. 反映民间习俗、现实生活的，如：《吹糖人》、《卖糖者》、《三百六十行》等；

苏东坡把酒问青天
44cm × 22cm
1989年

曹雪芹
31cm×24cm
1989年

2. 历史及民间故事题材的，如：《八仙》、《耕读渔樵》、《和合二仙》等；

3. 戏曲和小说题材的，如《水浒》、《红楼梦》、《三国演义》。

"泥人张"的艺术特色主要体现在塑与绘的完美结合上。它先主要以捏塑技艺突出人物造型的块面感，然后对细部进行主要刻画。"泥人张"彩塑虽为捏塑，但也注重对线条的运用，使泥制的作品不至于死板、呆笨。在绘色上多采取的是工笔画的方法，使作品更加生动传神。"泥人张" 彩塑以刻画各种人物形象为特色，不仅专注于对人物外形的塑造，更为难得的是能抓住人物的神态，准确地把握人物的性格，通过对人物的塑造展现了当时社会的民风民俗及生活气息。

二、逯彤从艺经历及艺术成就

逯彤，1945年6月生于天津一个普通的工人家庭，自幼便喜爱画画。1960年初中毕业，正赶上"节粮度荒"，他想参加工作，减轻父母的负担。正巧天津电影制片厂招收艺术学员，他便报考了美术专业，希望以后能做做布景、道具等方面的工作。为了应

过大年（局部）
31cm × 24cm
2010年

考，他便到天津市文化局学习国画、雕塑和美术理论知识。当时正赶上“泥人张彩塑工作室”成立，开始对外招徒，国家也开始实施保护民间艺术的政策，机缘巧合之下，逯彤被“泥人张彩塑工作室”录取，开始投身到“泥人张”第四代张铭门下学习彩塑技艺。当时和逯彤一批的异姓“泥人张”艺徒，先后已有六十多人，男学徒就有三十多人。当时的条件非常艰苦，工资也很微薄，最后这批男学徒里就只剩下逯彤一个人在坚持学习了。三年的专业学习，让逯彤学到了更多关于泥塑的知识，为了深入学习彩塑技术，逯彤在学习条件和生活环境十分艰苦的情况下，主动放弃回家，每天住在工作室，勤学苦练，一心想要把泥塑这门技艺学到手。在学艺期间，逯彤还跟随来天津给学徒们做课外指导的“泥人张”第三代传人张景祜学艺，学到了很多制作泥塑的技巧和窍门，这些带给逯彤很多启示。

1963年“泥人张”彩塑作品第一次进京在美术馆展出， 由邓颖超和陈毅剪彩，整个展览盛况空前。由于泥人张的泥塑以写实风格为主，很多作品都是表现劳动人民的，特别生动形象，又有群众基础，再加上展览还有现场制作表演，因此非常受欢迎，展览延期一周。郭沫若还为展览题词：“用泥造人首女娲，明山泥人锦上花。昨日造人只一家，而今桃李满天下。”那一年逯彤也参加了展览，他的作品是《白蛇传》。那个时候条件很艰苦，学徒一个月才15元钱的工资，每天住在工作室里做泥塑，吃的也十分简单——烧饼咸菜。但这次展览中央领导的出席、学术界的好评、人潮涌动的观众，给逯彤留下了深刻的印象，他受到极大的鼓舞。逯彤心

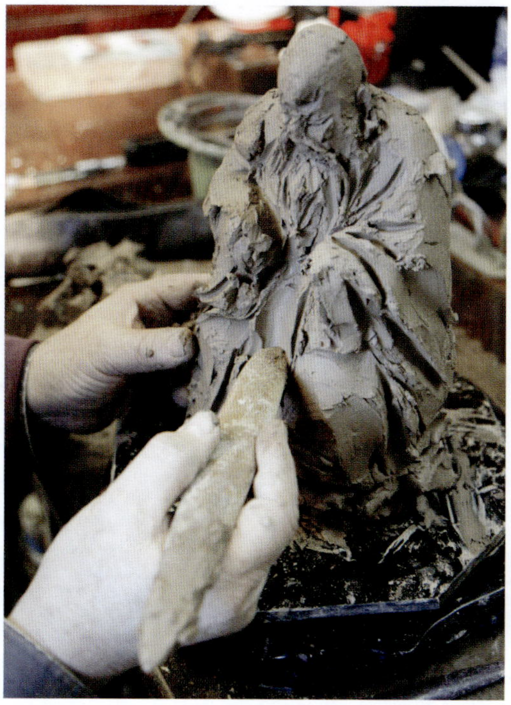

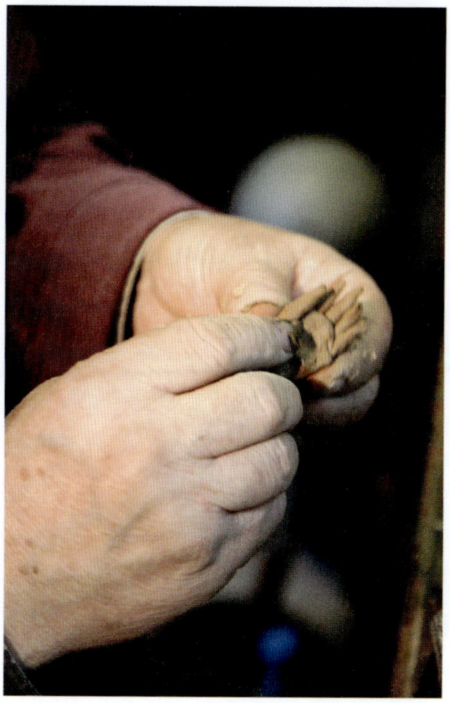

技艺流程

里充满了干劲，也促使他决心把“泥人张”彩塑这一民间艺术不断发扬光大。

1964年，刚刚19岁的逯彤创作了自己的代表作《山里人》，当时一度轰动美术界。这件作品不仅入选全国美展，还被《美术》杂志出版在第五期的封面上。当时，逯彤的老师张铭是泥人张工作室的教导主任及工作室的副主任，直接给他们授课。张铭一点也不保守，他很支持学员们自由发挥，鼓励他们喜欢做什么就做什么，并不要求他们只局限于做“泥人张”的泥塑。于是，逯彤开始尝试并借鉴各种风格。他从中国传统的雕塑中吸取营养，认真揣摩汉唐时期的雕塑，还去山西晋祠学习和复制晋祠中的宋代仕女，除此之外，他还喜欢夏加尔的绘画。后来他把茂陵、昭陵中那种比较粗犷、雄浑大气的雕塑风格融入到自己的创作中来，创作了一批造型比较结实的作品，如《挑扁担》等。

“文革”开始后，逯彤的老师张铭被打成右派，一切与泥塑相关的事情都被停止。泥塑不能做了，但是逯彤无时无刻都想着能有朝一日重新做泥塑。“文革”结束后，逯彤马上投入到泥塑工作中。1978年，天津美协在成都举办了一个杨柳青年画和“泥人张”的联合展览，逯彤参加了展览。当时参加这个展览的人可以体验生活，逯彤选择了四川阿坝藏区。这期间，逯彤去了日尔盖、马尔康等很多地方，在藏区还赶上当地的赛马会。一个月体验生活结束后，逯彤回到天津准备作品参赛。在藏区的所闻所见，带给他很多感触和灵感，他相继做出了《晨》和《藏女》两件作品。作品《晨》表现的是一位藏族妇女，走在送孩子上学的路上，孩子骑着大牦牛，

藏女
40cm × 32cm
1978年

这件作品参加了1979年的第五届全国美展并被天津美协收藏，后来这件作品不幸遗失。同期所做的另一件彩塑《藏女》成了逯彤最为著名的作品之一。这件作品不同于一般民间题材，逯彤用精湛的技法，塑造了一个有着高原特色、高高颧骨和健美身姿的藏族少女，他不仅将藏于人物笑容间的那份自信传捏得惟妙惟肖，而且为衣服、发丝、木桶甚至人的肌肤都赋予了应有的质感，此件作品后来被中国美术馆收藏。

20世纪80年代，民间艺术品开始走向市场，具有传统题材及风格的艺术作品大量制作并销售。逯彤所在的工作室也开始转向市场化，制作了很多相对传统的泥塑作品，这期间日本近代美术馆来到泥人张工作室征集泥塑作品，想请工作室制作一批具有"泥人张"第一代、第二代风格的中国古代仕女。逯彤将"泥人张"的风格与古代传统泥塑的风格相结合，制作了彩塑作品《春江花月夜》。这套作品有九个人物，每个人物的形象各不相同。为了更好地完成这套作品，逯彤查找了许多关于宋代乐器的资料，并根据对各种乐器的理解，形象地塑造了与之相配的人物。后来，《春江花月夜》获得天津第一届鲁迅文学奖，这次获奖不仅奠定了逯彤在泥塑界的地位，还更加坚定了他要把传统艺术搞好的决心。此后他陆续做出系列作品，如《红楼梦》、《金瓶梅》、《酒文化》、《历代帝王》等。这些作品构思典雅，意境深远，具有剧情及文化的连续性，且不乏精致，既体现了传统泥人张的写实生动的艺术风格，也有逯彤对所塑造的人物的独特见解，别具大家风度。这些系列作品先后在国内外诸多城市展出，十分受欢迎。

文君当垆

27cm × 24cm（男）
36cm × 13cm（女）
1989年

退休后的逯彤，并没有太多的空闲时间，每天与泥巴为伴让逯彤过得很充实，他想要在有限的时间里继续创作，多给世上留下好的作品。再有就是怎么传承手艺，把自己学到的技艺和多年积累的经验传授给徒弟们。从1978年开始他就陆陆续续地在全国各地大学或短期培训班教授彩塑，如今他所教授过的学生不下百人，但一直没有正式收徒。退休后，逯彤先后收了几名入室弟子，其中不乏省级大师、高级工艺美术师。对于自己的弟子，逯彤是有要求的，他希望这些徒弟们能在继承“泥人张”这门手艺的基础上，发挥自己的特长，做出具有自己风格的作品。在他的教导下，几个徒弟风格不一，各有所长，这让逯彤感到很欣慰。对于传授技艺，逯彤身体力行地坚持着，他说：“能把泥人张的艺术推广下去，就是我对前几代人最好的回报吧。”

逯彤从艺五十余年，现为天津市工艺美术大师、中国艺术研究院民间艺术创作研究员、世界民间艺术雕塑大师、中国书画研究院艺术委员会委员、名人协会中国书画研究院名誉院长、中国工艺美术学会雕塑委员会委员、中国红楼梦学会会员、中国历代服饰研究会会员、天津民协顾问、天津美协会员。他的作品在继承传统的基础上，又不乏自己独特的艺术风格。近十年来逯彤以清末民初市井风情为题材创作出的三百六十行人物，深受日本、新加坡和中国台湾收藏界瞩目。逯彤曾多次出访日本、新加坡、巴基斯坦、丹麦、法国、韩国、澳大利亚等国进行艺术交流，受到国际美术界高度赞誉和表彰，其作品也被国内外多家美术馆收藏。

弹弦女

31cm × 14cm
1996年

三、代表性作品赏析

1.《春江花月夜》

《春江花月夜》是中国古典十大名曲之一，为中国古典民乐之代表，历来深受广大群众的喜爱，曾经改编为各种中西乐器的独奏、合奏曲，可谓是最广为人知的中国传统音乐。这套《春江花月夜》彩塑作品为逯彤20世纪80年代所做，造型古典而精美。

这套作品共有九个人物，“九”在中国古代被视为吉祥而神圣的数字，是最大的数字，含有“登峰造极”之意，作者制作这套作品在数字上便取其吉祥寓意。除此之外，逯彤还整理了大量资料作为参考，从宋代众多的乐器中选出琵琶、击星、拍板、古筝、箜篌、古琴、箫、笛子、笙九种。并把自己对乐器的理解、感受，与塑造的人物相结合，将这些形态各异的仕女们的情感含蓄又不乏生动地表现出来，凸显了整套作品的优雅格调。

作品中的吹箫仕女，神态忧郁，与箫奏出来的婉转、清远的音乐十分符合；琵琶弹奏出来的音乐动人心弦，作者便设计了仕女横抱琵琶的造型，其目光飘向远方，仿佛在思念远方亲人。古筝，悠扬而有力，作者将弹古筝的仕女安排在整套作品的中心位置，仕女形象上也表现出得意开心的样子。在九个人物中，敲打击星的

春江花月夜
43cm × 180cm
1982年

仕女，年龄最大，取晨钟暮鼓的意思。只见她仰着头，状态悠闲，很有当一天和尚撞一天钟的感觉。还有手持拍板的仕女，穿着一身在宋代很盛行的男性服装。弹拨古琴的仕女，半侧着身子，眼帘低垂，仿佛陶醉在乐曲之中一般……这些人物神态和情绪各不相同，整套彩塑也有一种乐曲般的节奏起伏感，意境深远而悠长，让观赏者仿佛身临其境，不知不觉陶醉其中。

2.《过大年》

这套作品以清末民初的天津地域为背景，表现了一个五世同堂家族35个人物丰富多彩的民俗生活。作品分为室内室外两个部分，室内室外本身又是一体，不可分割。逯彤利用这种巧妙构思，将北方所有传统年节民俗涵盖在内，既强化了整体作品隆重热闹的节日气氛，又不失细节的精彩，张弛有度，引人入胜。

室内部分，从左到右可以有序地分为打麻将、吃年饭、给老人拜年、包饺子、煮饺子这五组人物活动场景，每组人数不等，形态各异，惟妙惟肖。通过观看和欣赏这些小场景，我们不难发现与新年相关的传统习俗。如拜年便是中国民间的传统习俗，是人们辞旧迎新、相互表达美好祝愿的一种方式。古时“拜年”一词原有的含义是为长者拜贺新年，包括向长者叩头施礼、祝贺新年如意、问候生活安好等内容。再如包饺子、吃饺子的习俗也是由来已久。尤其是在中国北方它已经成为

大多数家庭欢度除夕的一个重要活动。在过年时吃饺子，尤其是农历正月初一的伊始，吃饺子取“更岁交子”之意，有“喜庆团圆”和“吉祥如意”的意思。

在此套作品的室内部分中，屋子中央坐有二位老人，为一家之长，此刻正笑眯眯地看着给他们磕头拜年的小孙儿。包饺子的桌子由两个方桌组成，围有揉面的、有擀皮儿的、也有包馅儿的人们。提到过年，许多人想到的都是一家围在一起包饺子。吃年饭的人们相互敬酒，好不热闹。坐在最前面的那对母子，十分引人注目，年轻的母亲细心地给年幼的孩子喂食，生动而传神。辞旧迎新之时，全家人欢聚一起，免不了要打牌娱乐一番。在室内一角，坐有打麻将的四人，他们的“战事正酣”，个个聚精会神，让人看了不禁莞尔。此外，室内还有祭灶、祭祀祖先的场景，虽无人祭祀，但作者通过制作小道具向观赏者介绍了这些习俗，看似无意，却暗含作者的巧妙心思。

再看室外，已经是白雪皑皑了，寓意瑞雪兆丰年。寒冷的冬季没有减弱人们对过年的热情，室外院中一样热闹非凡，既有放鞭炮、堆雪人的，也有亲朋登门来拜年的场景。院中的小童正要点燃鞭炮，另一小童早就捂住双耳，躲到墙根下面去了。雪白的地面上洒有鞭炮放过后的红色纸屑，门上贴有大红的春联，还有院子一角堆起的雪人，这

元宵赏灯
50cm × 150cm
2007年

过大年一组

50cm × 220cm

2010年

些小细节都将春节的喜庆气氛表现得淋漓尽致。让人们在观赏这套作品时，被眼前这此情此景所深深地感染。

3.《八仙》整套作品

“八仙”是指民间广为流传的道教八位神仙。与道教许多神仙不同，八仙均来自人间，并各有自己的凡间故事。八仙是通过了凡间的磨难之后才得道的，所以深受民众喜爱。八仙中有将军、皇亲国戚、叫花子、道士等等，并非生而为仙，而且都有些缺点，例如汉钟离袒胸露乳、吕洞宾个性轻佻、李铁拐酗酒成性等等。此外，八仙也分别代表了男、女、老、幼、富、贵、贫、贱。

“八仙”作为百姓耳熟能详的神话故事，有着深厚的群众基础，但作为传统题材，它也早已被各个艺术门类所表现。因此在创作上，给予作者的空间十分有限。逯彤所创作的这套作品，并未因题材的传统和人物特定的性格而失去魅力，整套作品散发着奔放、飘逸之感，粗而不劣，神形兼备。这套作品制作于20世纪80年代，这也正是逯彤研究泥人张传统风格的时期。这套作品就是逯彤经过对泥人张第一、第二代传统风格的学习和体验而制作的，集中体现了作者对传统泥人张风格的体会领悟。整套作品共分八件，分别为铁拐李、汉钟离、张果老、蓝采和、何仙姑、吕洞宾、韩湘子、曹国舅。每个人物都个性十足，不论从何种角度观看都被塑造得传神而具有生命力，无论是成组或单独拿出陈列都不显突兀。

张果老
32cm × 37cm
1980年

铁拐李
33cm × 22cm
1980年

吕洞宾
44cm × 34cm
1980年

四、艺术特色及主要价值

1. 艺术特色

逯彤的“泥人张”彩塑作品属于室内陈列性雕塑，一般高约40厘米左右，可放在案头或架上，故又称为架上雕塑、彩塑艺术。制作一件泥人彩塑，大致要经过选泥、做成熟泥、画草图、打大型、做细部、上色、烧制等几步。即便是比较简单的作品，从打大型开始到成品，也要一个多月。

相对于其他的民间美术门类来说，泥塑的工具相对简单，主要的工具只有削泥刀、拍泥的板子和塑型用的“压子”。逯彤现在用餐刀削泥，“压子”是逯彤自己用竹子做的，质地稍硬。“压子”的形状为一头细而尖，另一头呈扁圆形。细尖头一般用于塑人的五官等细小部位；扁圆头一般用于压衣纹。在逯彤看来，只这些工具基本上就够他做泥塑的了，他认为做泥塑最主要还是靠自己的手。

逯彤用来塑像的原料主要是当地的黏土。以前把这种黏土取回来后首先要加水拌泥，在这个过程中，需掺入适当的棉花或毛头纸，然后用木槌捶捣，使棉花与泥土完全融合均匀，再将拌好的泥贮于缸内或阴凉处，用塑料布盖好。这样做是为了使做出来的泥人不燥不裂。现在都是用加工好的泥。因为要频繁地参加各种国际国内展览，为了便于托运和携带，逯彤现在做完泥塑都需烧制成陶的。烧制时，温度要达700摄氏度左右，出窑后经打磨、整理后即可着色。上色时，逯彤采用涂、染、勾、描、润、擦、点、画等多种技法，构成虚实相间、粗细分明、粗犷而细腻的风格。

逯彤在继承传统基础上，以中国古典名著为创作主攻方向，大胆将民间技艺融入西方人体艺术表现，采用系列化表现手法，形成粗犷、夸张、奔放、飘逸、富有趣味性的风格。逯彤彩塑选题广泛，首先是在表现现实生活作品中采取写实手法，夸张适度，力求传神，在继承中国民族传统彩塑

韩湘子
42cm × 23cm
1980年

曹国舅
42cm × 28cm
1980年

何仙姑
40cm × 22cm
1980年

蓝采和
42cm × 25cm
1980年

技艺基础上，借鉴并融合西方造型艺术之长，独辟蹊径，开辟了一条以中为体、洋为中用的泥塑新路子。

逯彤的彩塑具有鲜明的现代写实主义特色，严格按照生活本真来结构作品，真实地刻画出人物性格、体态。其作品在整体造型上既保留民族传统又强调完整性，增强作品的质感和力度。如1982年所作《春江花月夜》、1984年所作《八仙过海》、《元妃省亲》，1989年所作《饮中八仙》等，这些作品在借鉴传统表现群体人物方面有新的发展。逯彤以《金瓶梅》为创作题材的彩塑作品，破天荒地在传统作品中表现人体美，使传统体裁得以突破和拓展。另外他在表现形式上大胆尝试系列化彩塑，相继完成了不同系列的彩塑作品，如《红楼梦》系列，《金瓶梅》系列、《酒文化》及《华夏百帝》系列。通过个体、组体和群体，构成有聚有散、起伏跌宕的立体长卷，增强了彩塑作品所传达的视觉表现力和文化内涵。在创作中，逯彤根据题材内容和情节的需要，引入景物，提高了景物的作用，使他的彩塑作品更丰富、更具生命力。

逯彤所塑作品注重传神，人物动势流畅，衣纹飘逸，色彩协调。正是因为他娴熟精湛的塑造泥人的技艺，才使得他的作品如此的丰富多彩。通过多年制作彩塑的经验积累，逯彤塑制技艺可以概括为四个特点。

汉钟离
29cm × 38cm
1980年

第一是快，凭借四十年功力熟中生巧，熟中见快，在塑制中留有刀痕笔触，是因随意性捕捉瞬间的灵感所产生的意外效果。第二是活，注重“捕神求形”，抓住人物的灵气，达到形神兼备。第三是多，在表现群体创作时，体现出繁而不乱，层次分明，增强作品观赏性。第四是新，首先是新的概念，题材内容新，其次是做法及表现形式要新颖。

2. 主要价值

“泥人张”产生的清代，是一个历史大变革的时期，封建的政治、经济、文化发生了一系列深刻的变化。开放的天津漕运码头，市民文化的大兴，提升了新生市民阶层的审美情趣和品位，“泥人张”作为世俗美术的代表，审美取向多倾向于世俗人物、美人仕女、百戏故事、戏曲小说等，这类作品以写实为特色，人物造型，音容笑貌、色彩装饰、无不强调一个“像”字。它们虽然失去了民间美术的质朴和山野之气，却适合城市市民阶层的文化品位。“泥人张”的技艺代表着民国时期泥塑造型的整体水平，从侧面反映出这一时期泥塑技艺的总体发展状态，充实、完善和发展了传统的艺术表现形式。此外，“泥人张”中有一部分作品是供儿童玩耍的传统玩具，其形象可爱、造型夸张，极富地方特色。这些传统玩具与民俗的关系十分密切，具有一定的传承历史。其题材是中国传统文化的一部分，表现的是民众的信仰、习俗和戏曲、传说、民间文学等内容。这些作品的造型、色彩和结构随意、主观，具有原始文化和乡土艺术的特点，反映了中国的传统审美观念。时至今日，虽然这些泥人玩具很多已改头换面，但个中的涵义及先人的智慧和精湛的技艺却仍长存其中。

五、逯彤艺术年表

1945年6月，出生于天津。

1951—1957年，就读于天津市中营小学。

1957—1960年，就读于天津市三十七中学。

1960—1963年，就读于天津市文化艺术学校泥人张彩塑艺术专业。

1963年，进入天津泥人张泥塑工作室，师承泥人张第四代张铭，为第五代异性传人。

1964年，作品《山里人》入选第四届全国美展，被中国美术馆收藏。1964年4期登上《美术》杂志封面，并被《大公报》、《北京晚报》、《河北日报》、《陕西群众文艺》等报刊登载。

1978—1988年，先后在天津塘沽区工人文化宫、红桥区工人俱乐部、天津美院工艺美术系、安徽阜阳办彩塑班。

1979年作品《晨》入选新中国成立30周年全国美展；作品《争光》、《传播优选法》

获全国科普美术展二等奖。

1983年，作品《春江花月夜》被日本大阪近代美术馆收藏，同年荣获天津首届鲁迅文艺奖；后又获世界华人艺术大奖荣誉金奖等。

1988年，《曹雪芹》、《黛玉葬花》、《元妃省亲》等作品在新加坡“中国红楼梦展”展出；同年，被国家授予“高级工艺美术师”称号。

1989年，携大型彩塑作品《金瓶梅》参加国际金瓶梅学术讨论会。

1990年，作品《金瓶梅》系列、《酒文化》系列在新加坡国立文物馆举办专题展。

1991年，毕业于天津工艺美院职工大专班；同年，作品《邓小平接见吴作栋》被新加坡总统府收藏。

1994年7月，获拉瓦尔品第阿拉伯国际艺术节展示奖。

1995年8月，赴日本、韩国参加中国文化名人书画展。

1996年，作品《玛格丽特二世女王像》被丹麦王室收藏。

1999年，作品《春江花月夜》获世界华人艺术大奖金奖。

2001年9月，作品《水》获首届中华（天津）民间艺术精品博览会银奖。

2005年，被中国艺术研究院聘为首批“民间艺术创作研究员”，作品《黛玉葬花》被中国艺术研究院收藏；同年，获上海民族民间艺术博览会“特殊贡献奖”。

2006年，被邀参加澳大利亚悉尼大歌剧院现场演示彩塑技艺；同年，作品《鲁智深》被法国美协评为“2006卢浮宫世界美术年展特别奖”。

2007年，作品《春江花月夜》、《曹雪芹》、《藏女》被中国美术馆收藏。

2008年，作品《春江花月夜》、《高山流水》在国家歌剧院展藏；同年，《藏女》获“天津市首届民间美术百花奖金奖”；同年，被天津市经济委员会授予“工艺美术大师”。

（本篇撰稿　任晓姝）

锁蛟龙
35cm × 76cm
1986年

双起翔
——北京泥塑艺术家

他从小就喜欢老北京的泥彩塑，加上家里的舅舅是个泥塑高手，教他做泥塑，他这辈子就和彩塑结了缘。他这一生把精力全都放在了一件事儿上，那就是设计和制作泥彩塑，他不敢交朋友，因为怕浪费时间。一辈子的付出，让他名扬京城，作品形式多样，又充满京味，他获奖无数，但仍每天照旧劳作。2005年，他被中国艺术研究院聘任为首批“民间艺术创作研究员”；2006年，他又被评为第五届中国工艺美术大大师。至今，他年事已高，听力也下降了很多，但他还是每天要过问一下泥塑的事。

一、北京传统泥塑概介

泥塑是我国一种古老常见的民间艺术。它以泥土为原料，以手工捏制成形，或素或彩，以人物、动物为主。我国泥塑艺术可上溯到距今4000至1万年前的新石器时期。史前文化地下考古就有多处发现。汉代，泥塑已成为重要的艺术品种；到了唐代，大型泥塑艺术达到顶峰。宋代，已有人专门从事泥塑制作，观赏性的泥塑出现，泥塑被作为商品出售。元代之后，历经明、清、民国，泥塑艺术品在社会上广泛使用主要有两种，一种是寺院的神佛塑像；另一种就是民俗活动中的泥塑玩具和摆设类泥塑，尤其是小型泥塑，既可观赏陈设，又可作为儿童玩物。

一种艺术形式的产生必定和本地特有的民俗文化分不开。清中叶以后，出现了“乾嘉盛世”的局面，政治形势渐趋安定，社会经济消费空前发达，北京作为帝都，市民文化大兴，产生了交易民间玩意儿的庙会、花市等场所，客观上促进了民间泥塑的发展。这一时期京剧也在北京逐渐繁荣，以京剧故事为创作素材的民间艺术形式增多，泥塑京剧脸谱随之产生。

清朝光绪年间，北京各大庙会的玩物摊上就有泥塑出售。那时西城有位姓桂的满族人，爱好京剧，能诗善画，尤其爱好京剧脸谱。他用胶泥塑了一具脸型，晒干后，用它做模子，翻出些泥坯，模仿舞台脸谱勾画上色，经过不断改进，越做越精细，送给亲友，很受欢迎。后来，闻名求其绘制者渐多，人们称呼他“花脸桂子”。

辛亥革命之后，满族人的特权被取消，这位桂姓满人家道中落，便开始做脸谱售卖，用以糊口。继“花脸桂子”之后，又相继出现了许多泥塑脸谱艺人，比较有名的如白如霖、李荣山、赵友三、石家兄弟、马成子等。他们在脸谱艺术上各有风格，各具特色。

从20世纪20年代后期起，泥塑脸谱除在各大庙会上出售外，又发展到东安市场、各玩具商店和艺术品商店等都有经营，很受顾客欢迎，最为有名的是“耍货白”和“耍货刘”两家，其中“耍货白”的“德顺祥”玩具店更是集结了李荣山等高手。后来由北平丙寅采油公司东家傅某出资，开办了北平教育模型公

兔儿爷
32.5cm × 90cm
1996年

虎娃
29cm × 18cm
1980年

吉祥如意（娃娃）
19cm × 13cm
2001年

司，聘请赵友三等人为技师，制作教学模型、泥塑脸谱、彩塑泥人等。同时，东安市场丹桂商场开设了松竹梅商店，专卖泥塑脸谱，生意兴隆，除少数内销外，大部分供出口。他们还重金聘请著名京剧演员侯喜瑞、朱斌仙等为他们设计脸谱，大大丰富了北京的脸谱艺术。正当北京脸谱艺术呈现空前繁荣的时候，“七七”事变爆发，许多商店作坊倒闭，大部分做脸谱的艺人被迫改行，李荣山被迫去卖报，汪崇斌去拉黄包车，还有的去当小工以及闯关东。北京泥塑艺术顿显凋零。如今，北京泥塑更是因为后继乏人而被列入非物质文化遗产的保护名录。

“兔儿爷”是老北京中秋节的标志之一，它的产生和民间社会注重中秋祭月有关。明人纪坤的《花王阁盛稿》 载：“京中秋节多以泥抟兔形，衣冠踞坐如人状，儿女祀而拜之。”到了清代，兔儿爷的功能已由祭月转变为儿童的中秋节玩具，之后，人们把玉兔进一步拟人化，用泥巴塑造成各种不同形式的“兔儿爷”。

双起翔是老北京泥彩塑的继承者，他的泥塑有两个特点：

一是继承了老北京民间玩具的传统，保持着浓郁的北京风味；他制作的传统泥塑从题材内容上大致可分为泥塑脸谱、兔儿爷以及刀马人等人物彩塑三类。脸谱多为京剧人物脸谱，刀马人则多为戏曲及历史故事中的武将人物，如赵云、关羽等。

二是在继承传统的基础上大胆改革，注重人物神态的刻画，区别于以前的耍货，走出了一条符合现代人审美情趣的新路子。双起翔的北京泥塑从造型手段上看，脸谱类的是以模制成型，然后加以彩绘而成，纹饰刻画细腻；刀马人、兔儿爷

钟馗
69cm × 33cm
20世纪90年代初

等造型是以手工捏塑成型，然后施以彩绘。其中刀马人的形象造型优美、动态生动、表现传神，显得气宇不凡；而“兔儿爷”造型则带有很强的随意性，兔子被拟人化为高大威猛的将军形象，或骑马、或骑象，造型多样，是北京中秋节的民俗节日象征。

二、双起翔从艺经历及艺术成就

双起翔，1931年出生于北京，父亲是绢花艺人，母亲的娘家住在崇文门外，跟当时著名的绢花艺人“花儿金”金玉林是邻居，母亲也做绢花和纸花。他小时候家里很穷，9岁开始就靠捡破烂挣来的钱帮家里贴补家用。后来，双起翔在盔具厂当童工，专做戏装上的金属片。双起翔从小酷爱彩塑艺术，三四岁时即到崇文门外花市一带看彩塑。1944年，双起翔跟着二舅父李荣山学泥塑。李荣山是北京有名的“泥人圣手”，他是东安市场“耍货白”的徒弟，在“耍货白”的“德顺祥”耍货店里当学徒。双起翔跟着舅父学习了三年半，在“德顺祥”玩具店主要做彩塑泥人、动物、花鸟、沙盘等。17岁学徒满后，他开始自己做泥脸谱，卖给东安市场的耍货铺。1953年起他制作的彩塑脸谱在北京东安市场及北京工艺美术服务部出售。1956年合作化后，他到彩塑厂任彩塑组组长。1958年到北京西城模具厂工作。1961年，模具厂和彩塑厂合并，他进了脸谱车间，负责设计脸谱。1962年至1965年就职于北京彩塑厂，其间他设计的作品共获得7次优秀奖。1964年彩塑厂又与金属工艺品厂合并，他成为金属工艺制胎工人。1970年他在金属工艺品厂任技术组设计师。1983年退休后，带领子女们一起制作泥彩塑工艺品供应市场。1994年他受邀赴新加坡访问，举办“双起翔大师京剧脸谱特展”。2003年被北京市工艺美术行业协会评为“北京市一级工艺美术大师”。这一年，他的作品《老北京泥娃娃》获“北京旅游商品设计大赛”银奖；同年，他的《精制大脸谱》也获得了“首届北京工艺美术展”金奖。2005年他被中国艺术研究院聘为首批“民间艺术创作研究员”。 2006年被评为“中国工艺美术大师”。

钟馗
72cm × 34cm
20世纪90年代初

双起翔的学艺之路并不是很顺畅，他十几岁起就萌发了学泥塑的想法，但父母一直阻挠，他们觉得学泥塑是个没出息的行

崇贯道
15cm × 11cm
20世纪90年代初

鲁智深
14cm × 11.5cm
1996年

当，长大了连个媳妇都娶不上。可双起翔铁了心要学，13岁时他正式拜舅父为师。双起翔的舅父李荣山技艺很高，作品粗犷、色彩艳丽，以民俗、人物、鸟兽为主要题材，受过“花脸桂子”的指点，做一些脸谱出售来维持生计，他因生活所迫要多出活儿多卖钱，所以没时间多搜集素材做创新作品。李荣山的作品路子虽不广，但已形成自己的独特风格，他的作品《万象更新》、《北京兔儿爷》均被首都博物馆收藏。

双起翔的艺术造诣来源于儿时接受的北京民间艺术的熏陶，庙会、厂甸出售的民间玩具和街头玩具艺人的创作都深刻地影响着双起翔艺术思想的形成。李荣山告诉双起翔，泥塑行当有三品，三品即是“锣活儿”，就是打锣卖糖的人挑卖的小玩意；二品是“绕细子”，是指一般俗人玩的泥玩具之类，在街头巷尾的小店卖；一品则是属于高层次的，在东安市场卖。从此，双起翔决定做一个一品活儿的艺人，这个信念一直没有改变过。双起翔不仅学到了师傅的全部技艺，而且他对泥塑发展做了很多思考和实践。多年来，他虚心博取众家之长，勤于学习，努力探索，对造型、纹饰、色彩都做了重大的改造，摸索出了一套泥彩塑工艺的经验，从而形成了自己的独特风格。他的作品造型稳重大方，繁中求简，纹饰、色彩笔锋流畅，用色协调，作品不断推陈出新。

双起翔十分喜爱京剧，他经常看戏，借看戏之机观察并探究京剧脸谱的精髓，并多方请戏剧界各派老师指点，不拘一格，虚心求教，搜集素材，用于自己的创作之中。他观察到郝寿臣、袁世海的脸型上额大、底额宽，纹饰构图比较开展，

青面兽（杨志）
44cm×12cm
20世纪80年代

所以将彩塑脸谱两腮加宽成七分脸，使人一目了然。在人物纹饰的研究上，他也颇下工夫，经过比对，他发现京剧的各流派各有所长，如郝寿臣扮的窦尔敦脸谱好看，纹路清晰，但色彩过于跳跃，他便将大绿色改为粉绿色，更显得装饰味足；袁世海演的舞台上的张飞，勾脸利落、火爆，性格突出，而双起翔在勾画脸谱时将眉心画得很简练，更显出了张飞的精神劲儿；金少山扮演的包公脸多用黑色勾画，以突出其正气，但双起翔在包公的脸谱上却减少了黑色，使额头月牙更加突出，更加体现了包公的一副清官面目；裘盛戎扮演的姚期脸相稳重，徐茂公脸有正气，双起翔就学习其长处，他认为舞台艺术要求远效果，因此色彩对比反差要大，纹饰的夸张也比较强烈，而彩塑脸谱不过三五寸，只在眼下近处欣赏，因此要求静中求动，色彩丰富稳重。他取京剧各流派代表人物的舞台扮相所长，并对其加以改造，使之适应彩塑脸谱的观赏需要。经过他的再创造，京剧脸谱纹饰更加细腻，造型更加流畅，色彩更加柔和，点睛之处最具神采，对观赏者很有吸引力。

双起翔在泥塑创作方面善于吸取众家之长，敢于大胆创新，更重要的，他敢于在创新中坚持自己的理念，不为其他人的看法而改变自己的想法，这使他的泥塑创作十分具有个人特色从而被业界认可。双起翔记得小时候看过一幅画叫《五月节》，上面画的是钟馗，民间过端午的时候贴一张钟馗在门上，两边插上艾草，认为这样可以驱鬼避邪。他从小就对这个钟馗形象印象深刻。20世纪六七十年代，批修正主义，借钟馗打鬼。他在参考著名昆曲表演艺术家侯玉山的钟馗脸谱的基础上，根据小时候印象中的钟馗形象，创作了一个新《钟馗》，侯玉山做的钟馗帽子十分复杂，不好用泥塑来表现，用在彩塑脸谱上也不大适合，双起翔就把帽子改成了唐巾帽，还加上两个帽翅，又把额上的紫蝙蝠改为红蝙蝠，把黑胡子改为红胡子，他认为黑胡子看起来比较凶，改成红色和脸谱的其他部分比较统一，这样整个造型看起来比较大气，更符合舞台要求。他做好以后拿去向业内的几位权威请教。权威们看了都摇头撇嘴，有的说颜色太近了，都是红的，把帽子改成绿色比较好；有的说改成蓝帽子吧；有的又说黑色的更好看。最后，双起翔还是坚持了自己的创意，并把这个《钟馗》拿到北京市工艺美术研究所展览，并获得了齐白石的秘书以及徐北丁、张承杰等人的一致好评，1963年双起翔做的《钟馗》在北海“团城工艺美术展览会”上得了优秀奖。这件事对双起翔触动很大，他觉得一个想要有成就的人，必须要有自己的主

兔儿爷
20cm × 15cm
20世纪90年代初

见，否则就会一事无成，做东西之前必须要自己构思好，有个清晰的思路和主张。

“不管什么脸谱，一到双起翔手里就能画好”，这是前辈艺人对双起翔的评价，能得到这样的赞誉自然是下了许多苦功夫。双起翔的父母都是做绢花、纸花的，他从小就耳濡目染，对色彩、造型等极为敏感。双起翔说：“小时候我常常去崇文门外逛花市，也看人家捏泥人，天天看，站在人家摊子前就不走了。人家看我很感兴趣又认真，就给我指点一二。印象最深的就是八月节看‘兔儿爷’，看得多了，那个形象印在脑子里就再也忘不了了，所以才有现在的‘兔儿爷’。”双起翔制作的泥塑“兔儿爷”或骑虎、或骑狮、或坐于莲花之上，一个个形态各异，大小不一，吉祥可爱，被包括中国美术馆在内的多个美术馆和专业机构收藏。

双起翔善于从生活中发现灵感，创作的人物造型大多来源于日常生活。1981年，他在西安集市上看到一个中年妇女，背上背着个胖乎乎的娃娃，娃娃头上戴着个帽子，额头上还绣了个“虎”字，他被那小孩的可爱深深打动了。1986年是虎年，他根据在西安所见的一幕，创作了泥人《虎娃》。“虎娃”一身黑色绣花衣，粉嫩的小脸胖乎乎的，十分可爱，就连平日里凶猛威严的老虎也被双起翔刻画成了憨态可掬的样子。依据“虎娃”，双起翔又创作了同系列的“犬娃”等作品，这些来自于生活的质朴画面成为了双起翔泥塑创作最为直接和重要的灵感。

廉颇
8cm × 6cm
20世纪50年代后期

鲁智深
17cm × 12.5cm
20世纪80年代

姚刚
7cm × 5cm
20世纪60年代初

李七
5cm × 5.5cm
20世纪50年代后期

除了生活赠与他的巧思，双起翔还善于从书中汲取让自己思维和眼界更为开阔的思想源泉。他常说："学手艺不能保守，要善于吸取别人的长处，哪怕人家岁数比我小，我有九分比他强，他只有一分胜过我，那他也是我的师傅，我就跟他学这一分。"双起翔经常翻阅一本《旧时儿戏》的书，这本书里讲的都是过去孩子们喜爱玩的传统游戏，每页还有相应的插图，从这些传统游戏里面可以看到很多以前的儿童玩具，双起翔从中借鉴了不少创作方法；另有一本《京工巧匠》，介绍了北京各行各业民间艺人的概况，有捏面人的、捏泥人的、绘风筝的，双起翔从其他艺术门类中取人之长，补己之短，把别人的精妙之处融入到自己的创作中，并形成自己的特色。爱戏的双起翔更是多次翻阅《中国戏曲》一书，给他的泥塑脸谱制作和修正带来诸多的指导和帮助。

三、代表性作品赏析

1. 戏曲脸谱

北京传统脸谱是泥做的，最大的不超过10厘米，装在锦匣里，供人观赏。双起翔在原有脸谱的基础上，创作出一种大脸谱，净高40—60厘米，再加上髯口，有的会达到一米甚至一米二高。过去的脸谱小，是因为在材料的使用上具有一定的局限性，所使用的泥为一般的黄泥，如果做太大的脸谱，极易干裂，不好保存。而双起翔敢于制作大脸谱，正是因为他创造性地发明了一种新材料和新方法，从而解决了这一问题。双起翔的大脸谱制作主要是在1980年以后到1990年的这十年间，开始他创作直径30厘米左右，和人面差不多大的作品；后来创作的作品多数为35到40厘米。1990年以后，他开始设计超大脸谱。在材料的选择上，双起翔多用"大白"，因为"大白"强度和韧度比较好，不容易摔碎，携带还比较轻。随着脸谱尺寸的加大，完全用泥土已不可能。传统的面具，用纸浆制作，其实是用废纸裱糊成型，费工费时，而且表面粗糙。双起翔经过多年的摸索试验，终于发明了一种类似胶质的材料，取名叫"白泥"，性能安全可靠，便于加工，而且轻便、坚固，易于运输保存。"白泥"由纸浆、大白和胶组成，材料很常见，但是泥土、纸浆、大白和胶这几种材料的配比很关键，用它制作的大脸谱，既轻薄又不走形，可以保存二十年以上。

在京剧脸谱的塑造上，由于双起翔喜好京剧，注重研究京剧脸谱，其中一件根据《李七长亭》的故事创造的《李七》，便是双起翔脸谱作品的代表作。李七是一个强盗，在坐牢的时候被别人用板凳打伤了额头，所以双起翔在创作时在李七的额头上做了一个星形的红色伤口，使鲜血顺着鼻翼流到下巴，这道伤口和鲜血不仅带来视觉上的强烈冲击力，还展现了人物背后的故事，生动形象。

双起翔在泥塑创作中非常重视构思，要先在脑海中勾勒出形象、配出颜色来。对于他来说，像流水线那样制作出来的是商品，精益求精的才是艺术品。双起翔擅长"点睛"，他将泥人制作中的点眼方法与脸谱绘画巧妙结合，在眼神的聚焦上煞费苦心，使人物的性格和神态一下子生动起来。在彩绘上，双起翔还擅用漆和色两种不同的色料，红、黑两色用漆绘，其余白、绿、黄、蓝及粉红等仍用色料勾绘。由于漆色明亮，不但能使底

姜维
150cm × 50cm
2006年

兔儿爷
12cm × 10cm
1996年

富贵山 兔儿爷
47cm × 30cm
2005年

色突出，还能与其余色彩产生明显的对比，给人一种明快的视觉感。因此，双起翔制作出来的脸谱色彩明丽、个性鲜明，尤其是漆点的眼睛，灵动生辉，似乎能够穿透人的心底，不管是裂眼眦目的钟馗，刚烈耿直的窦尔敦，还是忠心赤胆的红脸关公，都在双起翔的手下被活灵活现地刻画出来，特别是白脸曹操的描绘，冷白的脸上墨笔轻勾，便描出双狡黠多疑的眼睛，一股奸邪之气深入骨髓。

2. 兔儿爷

兔儿爷是老北京中秋节的节令玩具，产生于明代，盛行于清代，曾经是旧时北京中秋节的标志。月亮代表阴，所以老北京的一个规矩是“男不拜月，女不祭灶”，故兔儿爷在中秋夜时是被女性祭拜的，祭拜仪式结束后，兔儿爷就分发给孩子们拿去玩。在老北京，一般父母亲戚朋友都会在中秋节前给孩子们买兔儿爷，这一习俗甚至连皇家也不例外，久而久之，这种祭祀用品更多成为一种泥玩具被孩子们所喜爱。

传统的兔儿爷坐山，按民间艺人的说法，这座山实际上是庙。民间百姓传说玉兔下凡到人间来送药，救民众于病难之中。由于玉兔本来是母兔子，但过去是男尊女卑的社会，怕不受人重视，所以它就去庙里借了法门的衣服，把盔甲穿到身上伪装成男性，这才去送药，等

骑虎兔儿爷

16cm × 10cm × 2

1980年

它送完药治好病后回到庙里还衣服的时候，百姓才发现它就是玉兔，就做了兔儿爷用来祭拜，而玉兔来自月宫，所以就选在中秋节时由家中的女子来祭拜，以表感念之情。现在兔儿爷的坐山的造型实际上就是纪念它去送药时的变装的那座庙，手里拿的是药杵子，表示玉兔正要去送药。兔儿爷的靠旗实际上只有一个，而不是现在的四个，原意也不是靠旗，而是原来每个庙门前都有的那杆庙旗，因为它是在庙里面被人发现的，为了纪念，所以用的是庙旗，并且只有一个。至于为什么叫兔儿爷，原因和老北京的民俗有所联系，老北京习俗是：一个女人终身未嫁，她的家族的后代都管她叫爷，这一叫法在旗人里面很流行，20世纪70年代前后还有人这么叫，所以人们把这个叫法也延续到了玉兔身上，故叫兔儿爷。

兔儿爷大多模印成型，上底粉，遍施彩绘，兔首人身，一副武将的装束，形态可人，以泥胎兔儿爷最为典型。直至20世纪50年代初，北京的兔儿爷依然多见。中秋节前，街巷仍设“兔儿爷摊子”，专售此物，大的约1米，小的不足3厘米。《燕京岁时记》是这么描述兔儿爷摊子的：“每届中秋，市人之巧者，用黄土抟成蟾兔之像以出售，谓之兔儿爷。有衣冠而张盖者，有甲胄而带纛旗者，有骑虎者，有默坐者，大者三尺，小者尺余，其余匠艺工人无美不备，盖亦谑而虐矣。”由此可见，兔儿爷在那个时候是北京过中秋节的一部分，骑虎的兔儿爷被特别提出，可见它的造型之经典，这里的“纛旗”是插在大点儿的兔儿爷背后的一面帅旗，北京有歇后语云：“兔儿爷的旗子——单挑”。兔儿爷的造型很多，骑虎的兔儿爷是最古老、最常见的一种造型。然而随着时代的变迁，兔儿爷这种民间工艺品从人们视线中消失了。20世纪80年代，双起翔凭借回忆小时候在泥人摊上看到的兔儿爷的样

典韦
11.5cm × 5cm
20世纪80年代

子，将兔儿爷恢复出来，并且对原有的兔儿爷进行了改进，增加了多种形式，在原有兔儿爷衣冠毕具、执药杵、骑虎，或披甲胄、或衣红袍的基础上，发展出了有骑黑虎、骑黄虎、骑鹿、骑麒麟、骑狮子、骑象甚至是孔雀身上，有坐在莲花座、菊花、牡丹和五彩云上的，还有背插靠旗、头顶伞盖的，各式各样不胜枚举。

双起翔制作兔儿爷的泥土必须要经过“澄泥”的程序，或者又叫“澄浆泥”，把沙子滤出；为了让其更结实，又掺些“白泥”，由于选料和工序上的细致严谨，双起翔制作的兔儿爷更注重衣着华丽和面目五官的神情，通常双目直视，三瓣嘴紧闭，脸蛋上施淡淡的胭脂，俊秀中含威武，端庄中有稚气，活泼生动惹人喜爱。

3. 刀马人和鬃人

“刀马人”塑造的都是提刀跨马的古代战将形象。这是一种小型泥塑作品，连人带马，一共也就两寸来高。人物、马身、马蹄部分以特制的熟泥捏成，马腿、兵器或其他道具以铅丝、竹条等制成。成型后刷上白粉，再施以鲜艳的色彩。因其人物多取自《三国演义》的戏曲形象，所以老北京人也称其

赵云
11.5cm × 5cm
20世纪80年代

鬃人——程咬金

15cm × 11cm
1980年

鬃人——蔡阳

15cm × 11cm
1980年

为“三国刀马人”。双起翔的刀马人在绘制技巧上颇为写意，这也和刀马人的体型较小有很大关系，但“麻雀虽小，五脏俱全”，从人物的服饰扎靠、面部神态、坐骑兵器，全部写意传神，一样也不落下。刀马人的颜色较为鲜艳，以明亮的色调为主。除了刀马人，双起翔还制作一种鬃人。北京鬃人是受皮影戏和京剧影响而产生的，人物造型的身高一般约9—16厘米，设计巧妙，制作精细。头和底座采用胶泥脱胎，是用胶泥做头和底座，用秫秸秆做身架，外绷彩纸（或色绸）外衣，并絮少许棉花，然后依据人物故事勾画脸谱，描绘服饰，底座粘一圈约二三厘米长的猪鬃，便制作成一个生动的鬃人，数个鬃人组成一组戏剧人物，按京戏中的生、旦、净、末、丑，放置于铜盘中，只要轻轻敲打铜盘的边，靠猪鬃的弹力，盘中的人物便会舞动起来，再配上京剧的唱腔，就如同真人在舞台上演出，展现了古典文学和戏曲艺术的魅力。所以老北京人也称它为“铜盘人”或“盘中好戏”，或者干脆叫它“铜茶盘子戏”。鬃人较之刀马人色彩更为鲜艳，刻画的也更为细腻，如果说刀马人是大写意的话，那鬃人就有点类似工笔画。人物的脸谱也是遵循舞台上戏曲人物的面部刻画，精致又严谨，甚至连胡须、靠旗都刻画得一丝不苟，鲜活生动。

四、艺术特色及主要价值

1. 艺术特色

双起翔艺术的特色主要体现在其作品的制作技艺上，大致分为以下步骤：

（1）寻泥。现在要想找到适合做泥玩具的黄土，已经不像以前那么容易了。近二十年北京城发生了很大的变化，到处都建起了高楼大厦，过去的护城河、菜地、黄土岗都不见了踪影。双起翔一般都是去建筑工地找土。盖楼打地基时要挖很深的坑，挖出来的土，随着地层构成的变化，就有可能出现适合泥塑的泥土。双起翔挑选泥土时通过看成色、揉捏、品尝就能判断出是否为优良的原材料。

（2）澄泥。澄泥就是让泥里的杂质沉下去。先要准备十几口大瓦缸，把黄土调成的泥浆泡在里面，同时要不断地搅拌这些泥浆，经过一天一夜的沉淀，泥浆就会在缸里分为三层，最下面是沙子等杂质，中间是匀细的黄泥，最上面就是清水了，把清水滤去后，丢弃最底层的杂质，挖出中间的细泥，就是做泥塑的原材料，这是最讲究的淘泥的办法，与做陶瓷的澄泥方法一样，是最传统的澄泥方式，这样才能做出光滑、不糙不裂的泥玩具。

（3）晾泥。把细泥晾干，晾干时不能放到太阳下直晒，以免干湿不均匀，必须阴干，且要在最上面容易干的泥表面洒水以保持能揉捏的湿度，为下一步揉泥做好准备。

兔儿爷制作工艺流程

彩绘兔儿爷

（4）揉泥。把泥阴干后，在软硬适度时，就可以揉泥了。揉泥是为了让泥更有韧劲、更光滑，也更容易制范。具体做法是把泥放到木板上，反复地揉，像和面一样，泥要揉到十成才是最好用的。

（5）做“子儿”。“子儿”是原型，就是制作模具的泥范。不论是做泥玩具还是做大脸谱，都要先制范。双起翔用的范都是自己创作的，这是一件泥塑作品最为重要的一步，就像年画中的打底稿一样，做什么样的形象、做多大的规格，都要在这一步做到周全。一般需要两片模具，前脸一片、后身一片。这一步不需要过于繁细，基本体量是前窄后宽、前小后大。

（6）翻模。在做好的泥范上涂满石膏浆，制成石膏模子，叫翻模。石膏浆随用随调，先铺一层，盖满原型；再调浆盖第二层，以此类推，逐层加厚，最后把表面抹平，等石膏浆凝固后，取出原型，模子就做好了。一个石膏模子可以翻印多个泥坯。

（7）印坯。在做好的石膏模子里把揉好的黄泥压进去，印出泥坯，就是印坯。先把和好的黄泥压成薄片，按进模子里，一定要压实，然后沿着模子边沿削去多余的泥土。前后两片模都做好后相对起来，就形成了中空的泥胎，底部另外加一块泥封住，出模后，泥坯就做好了。

（8）打磨。把做好的泥坯晾干后，将表面和接口处的毛边都削平，然后再用细砂纸打磨光滑。双起翔的泥坯很轻很薄，这是因为他用土极细极匀，并且在泥土里加了胶的原因。

戏曲人物之一
10.5cm × 5.5cm
2001年

武生
14cm × 12cm
20世纪90年代初

（9）上底色。双起翔的泥塑全部是刷色打底，这区别于其他地方的蘸底和喷底的方法，这是因为双起翔觉得蘸底容易起气泡，会导致表面不平整，而喷底太匀整，又失去了泥本身的纹理，所以他都是用刷底的办法。把用大白粉或者立德粉与胶水调和的胶粉水分两次刷在泥坯上，泥坯的背部和底部都留空不刷，露出泥土的本色，不是为了省料，而是为了显示出泥货的味道。

（10）上色。这是决定一幅作品气韵风貌的一个步骤。双起翔的泥塑作品最注重的就是形象的神态，所以这一步对他来说至关重要。俗语说“三分塑、七分彩”，一个泥塑形象的神情、特色全在勾勒上色这道工序中体现。双起翔上色基本上是用“中锋运笔”，全凭手腕的力量勾勒线条和上色，这样勾出来的线条充满动感，色彩也会显出层次来。

（11）开脸。这一步是在大块面的上色完成后对人物脸部进行细致描绘的过程。开脸不仅仅是画出五官而已，最重要的是把人物的性格特征甚至身份均要表现出来。

（12）上漆。在上好颜色的泥塑表面再涂一层清漆，有时也用桐油，这是为了使其更为光亮润泽。涂漆并不是满涂，人物的脸蛋一般不涂，露出白色粉底，涂一点淡淡的胭脂。嘴部一般涂少量的漆，让嘴巴看上去丰润一些。服饰、鞋帽上一般涂得较多，所用颜色形成对比，以增加色彩的层次感。

（13）上髯口。这道工序主要是做大脸谱时才有。髯口指的是戏曲里人物的胡须，一般用丝、麻做成，双起翔创新性的加进了草根、竹根、鬃片、动物的毛发和粗麻等材料，染上不同的颜色，装在脸谱上。

中国泥玩具的历史几乎与中国文明同步。史前遗物中的彩陶上已经出现了捏塑、雕塑、印塑的人物、动物等形象，如河姆渡文化遗址出土的陶猪、甘肃仰韶文化遗址出土的人头盖饰等等。这些作品的工艺特征明显地标示着泥塑艺术的成功，理当视为泥玩具的萌芽。现代泥玩具当以乡镇农村所产最有特色，而大工业生产的产物则多流于西化而失古朴，唯有民间手工艺的产物才保持了民族的、传统的中国风格，北京泥塑以其承载了众多人童年回忆的人文情怀和民俗意义而成为中国传统文化的典型，它以其鲜明的艺术特色至今仍延续着强劲的生命力。

在色彩使用上，泥塑脸谱因为依附于京剧而存在，也使其成为用色最多的一种泥塑，所谓脸谱色彩是指脸膛的主要色彩而言，有红、紫、黑、白、蓝、绿、黄、粉红、褐、赭、金、银等色，作者需要以丰富的想象和夸张，突出剧目中复杂的人物形象。双起翔的京剧脸谱着重在形、神、意等方面，表现多种人物忠、奸、善、恶的性格和身份，寓意褒贬、爱憎分明。在着色上变化丰富，勾绘精巧，富有图案美，具有鲜明的思想性和艺术性。一般来说，红色的代表忠勇、正直，如关羽、黄盖；紫色的代表智勇刚义、刚正威严；黑色的代表勇猛、直爽，如张飞、包拯；绿色的代表顽强、侠义；蓝色的代表刚强、骁勇，如窦尔敦、朱温；灰色的代表老年枭雄；白色的代表奸诈、狠毒、阴险，如曹操；黄色的代表凶暴、沉着，如典韦、宇文成都；金银色的代表神、佛、鬼怪、精灵，如佛祖、伽蓝；油白色的代表自负、跋扈。虽说京剧脸谱的用色依照一定的程式，但也不是绝对的，而是富有灵活性的。如红色在表现《三国》人物关羽时，代表其赤胆忠心；但在表现《法门寺》中的太监刘瑾时，却是代表其养尊处优、权压朝臣的丑恶一面；还有比如《水浒》人物晁盖虽是“黄色三块瓦脸”，在这里却不是指其凶暴，而是代表其面部肤色发黄，印堂勾画一个椭圆红光，一看就知是位堂堂正正的老英雄；再有如《八大锤》中的金兀术虽使用了金色，但并非指其是神仙、精灵，而是代表其姓金。由此可见，脸谱色彩的表现形式多样，是极其丰富的。脸谱的描绘着色方式分为揉、勾、抹、破4种基本类型；根据脸谱的图案排列，又分为整脸、三块瓦脸、花三块瓦脸，就是我们常说的“花脸”和碎脸。比如窦尔敦，就是三块瓦脸，眼窝这儿黑色的是一块，脸上蓝色的是一块，额头上蓝色的又是一块，加上眼窝上面红色的眉毛，看上去明丽、大气。双起翔将北京的泥土分为红、黄、蓝、白、黑五色，具有五种特点，根据泥土的“五色五性”分别处理，成为他的艺术创作的特点。

在人物形象上，各种眉眼鼻窝大多都有固定意义，如螳螂眉表示人物好斗，三角眼窝表示人物阴险，花眉、花鼻窝表示人物豪放等等。各种谱式也都有各自的

兔儿爷
25cm × 21cm
1983年

使用对象，尤为凸显的有以下几种：水白脸，适用于上层统治阶级，而且多为坏人；六分脸，适用于正直果敢的老将；碎脸，适用于性格暴烈的武将和绿林好汉；还有“三块瓦”和“十字门”脸一般用于武将；还有些专谱，仅用于某一角色的脸谱，如包拯、关羽、项羽，这在戏剧界称为“无双脸”。除此之外，每个不同的人物都有不同的胡须及盔头与其相对应，所以在做大脸谱的髯口时，双起翔也注重给不同的人物用不同的材料，这样才能更为贴切地表现人物性格。比如用丝、麻做的髯口齐整、好看，也容易做成胡须比较长而飘逸的，关公被称为“美髯公”，所以他的胡子多采用丝、麻质地的，由于丝、麻质地太软，所以不适合刚烈、粗犷的人物；而鬃的质地短曲又粗硬，所以适合做如张飞、钟馗的胡子，俗称“虬”；还有的用牦牛的尾巴毛，由于这种毛只有黑、白两色，所以红胡子一般是双起翔自己染出来的，如窦尔敦的大红胡子。

2. 主要价值

在北京泥塑发展的过程中，是老北京的民俗孕育了北京的民间泥塑。北京由于是旧日京城，所以导致了北京泥塑自身带有极强的区域性特色。庙会文化、市井文化、传统习俗等北京民俗文化的内容随着社会的发展、朝代的更替、时代的变迁更加具有丰富性、多样性和特殊性。北京人的生活习俗、审美趣味以及在此基础上建立起来的一种世俗品位和积极的人生态度，都为北京民间泥塑的发展和繁荣奠定了基础，由京剧在京城的兴盛所带动起来的京剧泥脸谱、由老北京祭月活动派生出来的兔儿爷等等，都是在这一基础上产生的艺术和民间玩具。民间泥塑经过

鬃人——姜维
15cm × 11cm
1980年

一代代民间艺人不断地经验积累，形成了自身专有的技艺口诀，并一代代言传身授得以延续和恪守，这为民间泥塑形态特征的程式化提供了规范和约束，并进一步强化了这种程式化。从双起翔的经历和艺术成就看，他无疑是北京泥彩塑最为全面的传承者。

五、双起翔艺术年表

1931年，出生于北京。

1944年，师从北京泥人圣手李荣山，历时三年半。

1948年，学满出徒，开始自己创作泥塑。

1953年，起他制作的彩塑脸谱在北京东安市场及北京工艺美术服务部出售。

1958年，到北京西城模具厂工作。

1962年至1965年，就职于北京彩塑厂，其间作品共获7次优秀奖。

1970年，随企业合并到北京金属工艺品厂，在技术组做设计，设计过十二生肖、脸谱、蜡烛台、鼻烟壶等，也复制青铜器。还用传统的“失蜡法”铸造了一件“自在观音像”，在邓小平访美时送给了布热津斯基。

1983年，退休后，开始自己做泥塑、大脸谱。

1993年，在大观园举办“双起翔京剧脸谱艺术个展”，展出作品三百多件。

1994年，双起翔应邀赴新加坡访问，并举办“双起翔大师京剧脸谱特展”，作品受到新加坡各界好评。

2003年，被北京市工艺美术行业协会评为“北京市一级工艺美术大师”。作品《老北京泥娃娃》获“北京旅游商品设计大赛”银奖；《精制大脸谱》获2003年“首届北京工艺美术展”金奖。

2005年，被中国艺术研究院聘为首批“民间艺术创作研究员”。

2006年，被评为“中国工艺美术大师”。

2007年至今，在家指导子孙制作泥塑。

（本篇撰稿　邰高娣）

张荣达

——北京泥塑艺术家

他的作品放在我们面前，就像老北京民俗中走来的邻家的媳妇和老奶奶、老爷爷，当和他聊起学习创作泥塑的经历和感想时，你会了解到他的成功一方面得益于口传心授的传统教育和个人悟性天赋，一方面来自他对学院派的知识体系的学习和掌握，而正是这两方面的合力，让他没有束缚地思索和不断实践，从而成就了他和他的作品。他的成功是用双手干出来的，他的作品是生活的磨难赐予他的。张荣达是一个具有创新意识的人，他一直不断地探索着传统泥塑的现代生存之道，他南下广东，向大师学艺，向陶瓷艺人请教，他的作品终于赢得了广泛认可，人们对他的“写实”功夫十分佩服，他的作品成了人们争相收藏的藏品。2005年，他被中国艺术研究院聘任为首批“民间艺术创作研究员”。

一、民间泥塑与北京泥塑概介

泥塑艺术是中国传统的民间艺术，其历史最早可上溯至新石器时代。它以泥土为原料，手工捏制成形或做成陶泥范翻模制成，内容以人物和动物为主。现今可见的最早的手工捏制泥塑实物是浙江河姆渡文化遗址出土的陶猪和陶羊，距今已有约6000至7000年。

自新石器时代之后，中国泥塑艺术一直没有间断。《战国策》一书记载了春秋战国时期孟尝君准备入秦国，苏秦为了阻止他，便用桃人和土偶对话的故事，使孟尝君最终打消了入秦的念头。故事中桃人对土偶说："子，西岸之土也，挺子以为人。"说明土偶的材质乃土也。泥塑发展到汉代已成为重要的艺术品种。汉代流行"事死如事生"的厚葬之风，人们期待死后能像在世时一样过着奢华、富贵的生活，所以墓葬中需要大量的陪葬品，其中有为数众多的陶俑、陶兽、陶马车、陶灶、陶船等等，而陶俑又有兵马俑、杂技俑、说唱俑等多种形式，其中有手捏的，也有模制的。最让人称赞的就是东汉时期手工捏塑的说唱俑，他们姿态各异，神情极富戏剧性，风格朴拙、气势奔放，具有独特的艺术魅力，生动反映了社会政治经济面貌，这种厚葬之风客观上为泥塑的发展和演变起了推动作用。

两汉以后，随着道教的兴起和佛教的传入，多神化的奉祀活动，以及社会上的道观、佛寺、庙堂的兴起，直接促进了泥塑偶像的需求和泥塑艺术的发展。特别是佛教在中国逐渐兴盛，魏晋南北朝到隋唐时期，大量的石窟寺开凿，产生了融石窟寺建筑、雕塑和壁画于一体的佛教石窟艺术，这一时期的泥塑主要以彩绘佛像为主。前期多一佛二菩萨的形式，隋唐后出现了群像，身姿各异，有纤腰柔掌、曲眉秀目的菩萨，也有刚健勇武的神武将。唐代，泥塑艺术达到了顶峰。被誉为雕塑圣手的杨惠之就是唐代泥塑艺人的杰出代表。他与吴道子同拜师张僧繇门下，吴道子在绘画上取得成功，杨惠之不甘其后，毅然焚毁笔砚，奋发专攻泥塑，最后终成名家。当世人称赞："道子画，惠之塑，夺得僧繇神笔路。"

芭蕾
66cm × 30cm
2009年

宋代，宗教题材的大型佛像继续繁荣。随着商业的繁荣，市民文化大兴，当时的都城汴梁街巷纵横交错，店铺鳞次栉比，商品琳琅满目，小型泥塑玩具也发展起来。有许多人专门从事泥人制作，作为商品出售。北宋时东京著名的泥玩具"磨喝乐"在七月七日前后出售，不仅平民百姓买回去"乞巧"，达官贵人也要在七夕期间买回去供奉玩耍。陆游在《老学庵笔记》中曾记载过鄜州（今陕西富县）的泥玩具："承平时鄜州田氏作泥孩儿名天下，态度无穷，虽京师工效之莫能及。一对至值十缣，一床至值三十千……小者二三寸，大者尺余，无绝大者。"

元代之后，历经明、清、民国，泥塑艺术品在社会上仍然流传不衰，尤其是小型泥塑，既可观赏陈设，又可让儿童玩耍。几乎全国各地都有生产，其中著名的产地有以产"大阿福"和戏曲人物闻名的无锡惠山、以人物彩塑"泥人张"见长的天津、生肖玩具为主的陕西凤翔、中秋节"兔儿爷"和戏曲脸谱为主的北京，另外还有山东高密、河南浚县、淮阳等地。

北京泥塑的发展和老北京的民俗文化有着密不可分的关系。明清时期，北京作为帝都，商业发达，文化艺术也呈现出十分繁荣的情景，老北京的民风民俗被民间艺人用自己手中的民间艺术品表现出来，并一直延续至今。张荣达这位土生土长的北京人，从小就生活在京城文化氛围中，他的泥塑不仅在沿袭传统工艺的基础上融入了老北京的风俗市井文化，五行八作，街坊邻居，新闻时事，都在他的观察之中；他创作的反映老北京民俗的泥塑作品如《喜脉》、《悄悄话》、《冲茶汤》等就融合了老北京的泥塑的亲切和真实，韵味十足。除此之外，他也紧跟时代发展，创作了一些表达现实题材的作品，如表现政要名人的《和谐》和《运筹帷幄》、《决胜千里》，表现体育名人的《龙腾虎跃》等。张荣达的北京泥塑既有传统工艺的写实精细，又具有鲜明的现实主义的艺术再现特点，在合理的范围内做适度的夸张，去反映鲜活的生活状态。他擅长给人物即兴塑像，这种肖像作品往往以很快的速度捕捉人物瞬间的表情，不用任何工具，只凭十个手指的捏压揉按，不到二十分钟，一尊惟妙惟肖的塑像便摆在了人们眼前。

二、张荣达从艺经历及艺术成就

张荣达1955年出生于北京，回族，自幼酷爱美术，喜欢用绘画来表现自己眼睛所看到的景象。他在学生时代，经常给班里办黑板报，教室后边的黑板就是他发挥的艺术空间。1974年，他在北京大兴县红星人民公社插队，当时农村插队时没有纸张，也没有笔，根本无法绘画，但农村却从来不缺泥巴，为了不放弃自己的爱好，张荣达开始玩起了泥巴。一次看阿尔巴尼亚的电影《第八个铜像》，电影中的雕塑家使张荣达敬佩不已，只要一有闲暇，他就拿起泥巴，见什么捏什么，他不用任何工具，只是徒手捏像。张荣达对泥土的热爱之情从这个时候开始转化为手中的一个又一个作品。在田间地头在工作间歇他常利用田里的泥巴捏个作品供大家欣赏，大家都觉得他的塑像惟妙惟肖，赞叹不已，这给了他莫大的鼓励，也激励了他继续创作下去的信心。

张荣达返乡回城参加工作以后，几乎没什么假期，玩泥的时间少之又少。但

女高音
28cm × 14cm
2005年

是，张荣达对泥土的迷恋却更加深入了。用他的话说，当时的人根本就没有用这些手艺去赚钱的意识，玩泥巴，就是因为喜欢，喜欢那种用十指塑造泥土时的感觉。这种感觉几乎让他痴狂。回城后，他发现城里的土根本不能用来捏泥塑，为了找到合适的胶泥（黏土），张荣达逢休息日便一大早出门，骑着自行车，带着麻袋到十几公里外的远郊县去挖泥，经常天黑才能回到家。他回城后，辗转当过建筑工人，但他仍然没有放弃他对艺术的追求。他在单位画板报，受到了大家的一致好评。对艺术的挚爱在他心中一直如熊熊烈火，无法熄灭。但在20世纪70年代，工作繁忙加上生活穷困，他想进行专业的美术学习是非常困难的。当时钱绍武在崇文区文化馆开班讲课，因为没有时间，张荣达在朋友的帮助下只去听了钱绍武教授讲的一堂美术课，之前张荣达的创作都是自己在实践中摸索，不成体系，而这堂钱绍武先生的课让他对美术知识有了初级的认识，使他受益匪浅。从这次听课以后，张荣达便立志自学泥塑，以后的十多年间，他一直在自学，从未间断过。1986年，因工作调动，张荣达开始能挤出一些时间来做泥塑了，他自己买了一些有关雕塑方面的书籍进行学习，这一时期做得最多的还是人像。20世纪80年代中期，是张荣达泥塑学习和实践的高峰期，他靠着自己的想象，练习捏塑了不少作品，也为以后的泥塑道路奠定了基础。1991年，张荣达调到华昌工贸公司工作，任公司的美工，做产品的橱窗布置，因为长时间的学习和积淀，他总能为公司做出新颖、别致的布置。这一时期，张荣达所做的泥塑在“天桥乐”茶园开始展示，他也终于把自己在家做了成百上千次的作品拿出来呈现于世人眼前。

1994年经中央工艺美院教授张守智推荐，当时穷困的张荣达怀揣借来的2000元于1995年去当时的中央工艺美院进修，在半年多的学习期间，张荣达系统地学习了学院派的雕塑专业课程，对人体的骨骼、肌肉结构有了深层次的了解，对解剖、透视等美术理论基础也进行了全面的学习。在中央工艺美院学习期间，他还对“天津泥人张”第四代张铝老师的作品进行了细致研究和学习，在以后的创作中，他把学院派的雕塑手法和民间的泥塑手法相结合，为自己的泥塑作品注入了新鲜血液，并形成了自己独有的风格。

2006年，张荣达为了开阔视野，学习新的理念，了解广东佛山著名的石湾陶塑艺术，多次往来石湾亲身体验、实地参观考察。后来他更是把一年中的大部分时间用在佛山，并成立了自己的工作室，他结合佛山的新素材，发挥自己在民间泥塑上的个人特长，创作了很多新的写实主义风格的作品。

由于从小生活在老北京的胡同里，出于对老北京风俗民情的怀念，1990年，张荣达开始做老北京民俗题材的泥塑作品，如今，这个题材已经成为张荣达泥塑作品的一项主要内容，至今他还在不断充实和延续着这一题材。张荣达的泥塑的另一项主要内容是现实题材作品。他总是能敏锐地注意到现代的社会热点和重大历史事件，并把其中的关键场景和焦点人物用自己的泥塑艺术表现出来。除此之外，张荣达的现场塑像能力很强，他曾为多位外国元首现场塑像。1993年曾为访华的美国前总统尼克松当场塑像，尼克松总统亲笔为张荣达签字留念。此后还曾为克罗地亚总统图季曼、新西兰议长吉古塞尔、葡萄牙总统苏亚雷斯现场塑像。1999年他应邀去新加坡，为吴作栋总理当场塑像。2003年张荣达在抗击“非典”的非常时期，为武警总院医师李小红烈士塑像。2004年在中国文学艺术界举办的“百花迎春”春节大型联欢晚会上，他代表中国文联为航天英雄杨利伟现场塑像，并赠送给杨利伟。在现场塑像的二十分钟左右的时间里，他凭着长期练就的抓灵魂、抓特征的本领，把每一个塑造对象的特征和心理都拿捏得非常到位，这种准确快速的造型能力，恰恰是学院派的学堂里学不来的，是民间艺术的养分培育出来的。

20世纪90年代开始，张荣达的泥塑艺术被越来越多的人所认可，同时也获得了许多荣誉，1993年经北京工艺美术行业协会推荐，北京传统工艺美术评审委员会评审，授予张荣达“北京市工艺美术大师”称号，并享受政府津贴。2001年、2002年和2004年他先后应邀赴台湾地区、德国法兰克福市进行文化交流。2003年，他根据圆明园兽首创作的5件泥塑，在保利大厦义卖，用于抢救流失海外的文物，引起强烈反响。2005年他被中国艺术研究院聘为首批“民间艺术创作研究员”。2008年，被北京市政府选入高级人才培训班，再次步入清华大学工艺美术学院进行研修。2009年，他被选入北京工艺美术高级人才海外培训班，并且参加了海峡两岸“文化创意展”。他的代表作《喜脉》、《悄悄话》、《祥子和虎妞》等，曾分别荣获第二届中国国际民间艺术博览会民间工艺银奖、中国北方现代陶艺作品大奖、第六届中国民间文艺奖金奖。

三、　代表性作品赏析

在张荣达的泥塑作品中，京味十足的泥塑作品占了绝大多数，在张荣达看来，自己的家乡北京是民俗文化的大宝库，他从小生活在胡同里，对老北京街头巷尾的老百姓有特殊的感情，他想把经典的老北京人和他们的生活用泥塑再现出来。

1. 老北京民俗系列：《喜脉》

这幅作品创作于2003年，2004年荣获第六届中国民间文艺“山花奖”金奖，2005年5月被中国艺术研究院收藏。这件作品的灵感来源于张荣达陪妻子去看病，在一家小诊所见到一位姓栾的九十多岁的老中医给人看病的场景，根据他的精神矍

喜脉

45cm × 50cm × 25cm
2003年

铄的原型创作了这位郎中的形象，并把看病这一不吉利的事情用“有喜”的主题做一转变，符合人们最朴素的愿望。作品以富于感染力的视觉形象，将抽象的内容转化成活生生的可视世界。只见一位穿马褂的郎中正眯缝着眼睛为一个身怀六甲的年轻少妇把脉，尽管只是几块泥巴捏就，但郎中的矍铄和少妇的羞涩却表现得极为传神。这件作品经过了艺术的夸张，将怀孕的少妇体形塑造得异常丰满，肥大的臀部和隆起的腹部形成了优美的曲线，让人联想到古代西方的雕塑名作《维伦多夫的维纳斯》，预示着一种旺盛的生殖、繁衍能力。老中医的沉稳和少妇的羞怯、老中医青筋爆出的手和少妇纤细修长的手，以及两人一高一矮、一胖一瘦都形成了鲜明的对比，提高了艺术欣赏价值。老中医认真、庄重、期盼的神态，体现了人们关爱、盼望生命的感情。盼做母亲的少妇抚慰着怀中爱的结晶，微妙地将夫妻恩爱之情阐述得淋漓尽致。

2. 老北京民俗系列：《悄悄话》

作品《悄悄话》塑造的是两位老妇人指手画脚闲聊的形象，仿佛让人回到了老北京胡同里的墙根底下，耳边似乎真的响起老妇人家长里短的闲扯声音。作品把老北京现实生活中那种喜欢搬弄是非、闲言碎语的人的神情刻画得惟妙惟肖：一位侧耳倾听，另一位将手附到她耳朵上正窃窃私语，从两位老人的脸上、身上、衣着，甚至五官的长相上所体现出来的人物的性格，都是那样的妙趣天成，一目了然。这件泥塑寓意深远地把一个具体的形象刻画得丰富多彩，生活气息浓厚，形象

悄悄话
30cm × 34cm × 15cm
2001年

逼真。作品富于夸张，不仅形似，还神似，体现出人物与时代所形成的和谐与统一。张荣达后来经常将此作品和另一件名叫《门楼》的作品搭配一起，将破旧的老式门楼作为两人聊天的背景，使作品更像是在平常的一户人家门口那样朴实自然，同时又增添了整幅作品的民俗意味。此幅作品2001年9月荣获第四届中国北方现代陶艺作品展“松汀杯”大奖。

3. 老北京民俗系列：《修鞋》

作品《修鞋》取材于老北京民间生活。记录了街头的一位修鞋匠。他头顶草帽，鼻梁上架着一副老花镜，坐在粗木的小板凳上，右手拿锥子，左手握着放在膝盖上的平底鞋，正在聚精会神地为坐在他身旁的一位少女修鞋。少女身边坐着的戴眼镜的小伙子，手里正举着伞为少女遮挡头上的阳光，传递着他心中的爱。小伙子另一只手里紧紧抱住一本厚厚的书，可见这对恩爱的五四式青年虽然生活俭朴却没有忘记读书。此情此景用泥土的本色来表达，使修鞋匠更显朴实。流露出让人无比羡慕的甜美生活。

4. 老北京民俗系列：《茶馆》

《茶馆》是中国话剧史上的经典。老舍先生通过描写一个小小的茶馆折射出了旧社会的世态炎凉。在这个小空间里，达官贵族和平民百姓相聚一堂，来来往往的各色人物被高度浓缩。他们在这里谈天说地、议论时政，为自己的命运担心，同时又很无奈。张荣达年少时不但看老舍先生的《茶馆》，也亲身见过北京城的茶馆，于是他用立体的塑造方式再现了他对茶馆的记忆。作品《品茶》是根据老舍茶馆提供的微缩全景场面中的一组照片创作的。《茶馆系列2》是根据改编的《茶馆》话剧创作的，张荣达十分喜欢看话剧《茶馆》，话剧里王利发、常四爷、松二爷是三个具有代表性的人物，老年后他们再次相聚茶馆的这一幕更是让人难以忘怀。所以张荣达就以老话剧的三位老人为题材，采用夸张手法创作了这个作

修鞋
40cm × 52cm × 20cm
1998年

茶馆
60cm × 66cm × 20cm
1996—2009年

品。作品利用了陶土的本色和雕刻凹凸纹路表现人物的长袍马褂，点缀了传统精白色釉料渲染了老人须发，再配上一个竹子做成的微缩小鸟笼。作品的人物表情刻画丰富，把这三个始终贯穿全剧的人物用立体艺术形式展示了出来。

5. 老北京民俗系列：《冲茶汤》

冲茶汤是老北京常见的景象，尤其是在回族聚居的牛街上，戴着礼拜帽冲茶汤的人随处可见，张荣达是回族，对这种回族人所喜爱的吃食充满回忆，塑造起回族的人物自然也是得心应手，形象生动。作品刻画的是冲茶汤时一瞬间的场景，人物屏气凝神、动作利落干净都表现在他身体的造型之中，冲茶汤的师傅一手端碗，一手掀起铜壶，壶嘴向下倾斜，一股沸水直冲碗内，刹那间水满茶汤熟，仿佛看得见铜壶口边冒出的热气。这里张荣达对人物也是进行了夸张塑造，但却使人物的动态更加传神。这尊泥塑也是张荣达对老北京旧时记忆的凝固。

6. 现代题材：《和谐》

作品《和谐》是以改革开放总设计师邓小平与孙同乐的情景作为切入点而塑造的。作品中小平同志坐在沙发上，双手正要托起外孙，慈爱的笑容从双眼中流露出来的情形，生动传神地反映了一代伟人和谐、其乐融融的家庭生活，体现了伟人亲民、可爱的一面。作品取名为《和谐》，寓意内心和谐、家庭和谐、人生和谐、社会和谐。作品从意境构思、处理手法、表现形式、造型风格等几方面，巧妙地迎合了当今时代构建"和谐社会"的主旋律，铸造了一个完美、精巧、和谐的美学统一体，使人们从和谐美中得到了一种"欲醉还休"的艺术愉悦。作品《和谐》2009年作为第一个现代题材的艺术作品被中南海紫光阁收藏。

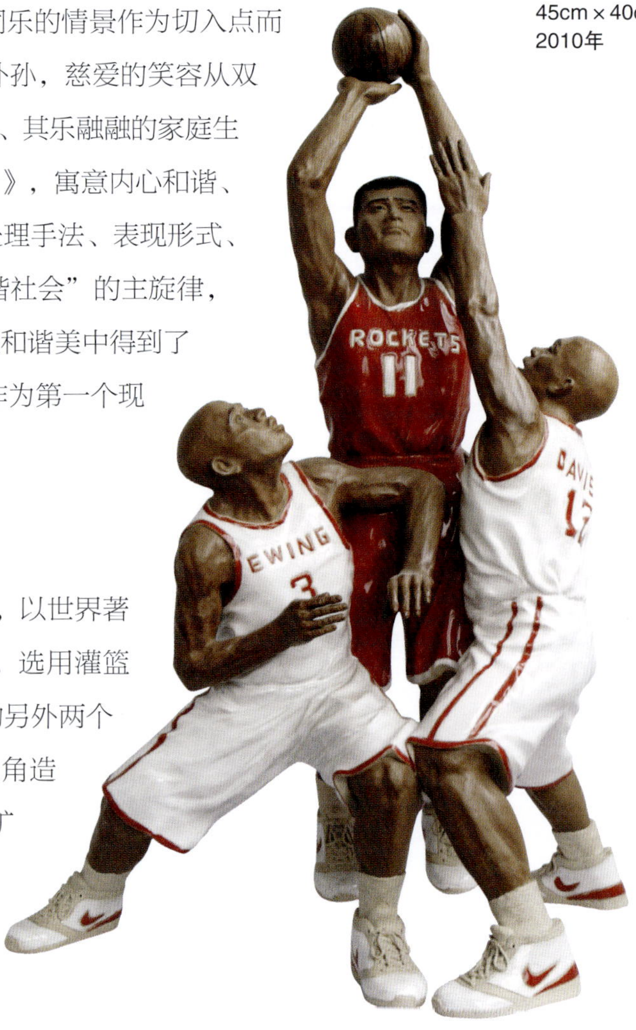

龙腾虎跃
45cm × 40cm × 75cm
2010年

7. 现代题材：《龙腾虎跃》

作品《龙腾虎跃》是以运动场上的篮球赛为题材，以世界著名的"东方小巨人"姚明为代表的三人组合群体雕塑，选用灌篮高手姚明双脚腾空而起、以双手抱球投篮作高点，借助另外两个竞争队员的形体作支撑，使作品构成了稳定立体的三角造型，表现出运动场上的拼搏情景。衣着颜色上用天然矿物质研磨配制而成的大红与精白颜色釉料配合，对比强烈、夺人眼球。暴露的肌肉部分选用了陶土的本

冲茶汤

30cm × 35cm × 25cm
1999年

和谐

35cm × 35cm × 40cm
2008年

色，体现出了体格肤色健美的效果。张荣达从小就喜爱运动，每当他看比赛时就兴奋，是这些运动健儿们顽强拼搏的精神激发了他创作的灵感，手中泥巴最能表达他对他们的羡慕，于是他就用自己的创作来记录运动员的生活，从雕塑中捕捉那运动瞬间的感觉，用雕塑固定住这“经典战役”中动人心魂的场景。本作品长达半年的创作时间，听取了多方人士建议，不厌其烦地反复修改与完善，把姚明在被多人夹击下突破上篮的神态和表情刻画得入木三分，整件作品颇具动感。

8. 现代题材：《运筹帷幄》、《决胜千里》

《运筹帷幄》、《决胜千里》是为庆祝新中国成立60周年而作的两件作品。表现了解放战争时期毛泽东、朱德在西柏坡运筹帷幄、决胜千里之外的情形，突出了人物的“神”，表现出革命先驱沉着、无畏和大气的风范。这两件作品改变以往塑造伟人的习惯，用新的手法创造出别具一格的领袖形象。从小生长在政治中心北京的张荣达，对报纸、宣传画上的伟人形象十分熟悉。再加上自己一直很喜欢看关于解放战争题材的书和电视，所以当新中国成立60周年这一时刻来临时，他便萌发了做伟人像的念头。为了做好伟人像，他作了很长时间的准备，查找了大量的历史资料，不厌其烦多次到中国革命军事博物馆、毛主席故居、西柏坡等革命圣地参观学习，把在艰苦的岁月中领袖身穿军大衣，风尘仆仆，坚定的大无畏的革命精神展现在我们眼前。2009年12月荣获第四届北京“工美杯”金奖。

运筹帷幄
20cm×8cm×20cm
2009年

四、艺术特色及主要价值

1. 艺术特色

张荣达的泥塑是通过自己的实践摸索出来的，极具个人特色，可以用“眼明手快”来形容，就是在他捏塑的时候觉得他的手指特别听话，似乎有一种特殊物质

茶馆系列二
60cm × 70cm
2009年

不断地从他的大脑直接传递到手上，控制着手的动作。他塑肖像的时候，先把泥巴放在手里揉捏成椭圆形的形状，看一眼模特，便陷入一种极其专注的状态，然后极其迅速地用手捏出了脸部的大致轮廓。他不时抬眼看一下模特，而手里的动作从来都没停止。他下手极准，从来不见他毁掉刚才的步骤重新捏过，每一步似乎都经过仔细的丈量和测算，偏差率小到可以忽略。他时不时抬眼看了一下所塑的对象，第一次见面就能够敏锐地把握到五官的细致特征，并同步用手中的泥土再现出来。这神来之手的背后，是他积累了多年的纯熟的技艺，而一套古已有之的“刻削之道”塑诀更是早已熟烂在他的心里，支撑着他的手和眼的动作。

张荣达的泥塑不是佛山公仔和石湾传统人物造像的程式化的作品，他更为突出的是以写实风格来塑造各类现实人物。这种写实是中国宋代以来的民间塑像造型的传统，也是天津“泥人张”的写实性作品的传统，犹如绘画中的写生作品，所表现的是形与神统一的形象，而抓住这种一瞬间的形和神，将人物最本质的状貌和内心表现出来，就是张荣达最擅长的技艺。他的肖像泥塑注重作品的写实程度，捕捉人物的瞬间表情，抓住人物的内心所透发出来的那样一种人神一体的特征，而不只是外形的相像，这就是捏塑功夫之外的修炼了。张荣达下手制作泥塑时的那种稳、准、狠，作品呈现出来的那种人物活脱的状貌和表情，赋予泥塑呼吸般的生命感的“绝活儿”，都得益于他从小就学习和练就的造型能力。

张荣达的泥塑虽然脱胎于传统，但他是个高度重视发展与创新的人，他认为

突破
50cm × 38cm
2007年

过去传统的泥塑有很多的限制，如作品的牢度差和色彩单一，这减少了作品的吸引力，并使写实的作品缺少了真实的美感。为了弥补这个缺憾，近年来，他决定尝试将泥塑采用陶瓷工艺加以深化，增加作品牢度是一方面，更重要的是增加色彩表现的丰富性。但是这种提升不是一种量的增加和改变，而是改变了原有的技艺方法。传统泥塑的赋彩是以彩绘的方式来完成，如无锡泥塑，颜色的表现是直接的，可以自行控制并马上见到的，但是陶瓷的色彩是使用釉料完成的，这对于张荣达是一门全新的学问，要从头学习釉料和釉色变化的全部知识，但是为了创作出新的“泥塑”，这种从头再来的艰苦摸索在张荣达看来是值得的。

于是，做好泥塑已经不再是完成了全部工作，它只是其中的第一步，接下来还要进行烧制。一个原来的泥塑要做成彩色的陶瓷，做成一个形色兼备的完整的成品，烧制便成为最困难的过程。如何使塑好的塑像不会烧坏变形，是张荣达一直思索的问题。除了变形的问题外，还有更关键的是色彩的掌控问题，即釉料的使用和掌控技术。张荣达在作品中喜爱使用中国传统的矿物色釉料，他认为传统矿物色中的好的釉料，散发出来的光泽是通透和谐、温润自然的，而化工的釉料往往给人发飘、不沉着的感觉，与他塑造的形象要求相去甚远，但是目前传统釉料很难得到，

茶馆系列一
35cm × 50cm
1996年

这就加大了烧制的难度。例如他创作的《龙腾虎跃》这个塑像，采用的釉料主要有两种，俗称鸡冠红和珠白，但是由于价格昂贵，现在只有少数釉料作坊在生产；鸡冠红也是传统的矿物质研磨的，十分难得。但是为了作品表现到位，他坚持使用这种传统的天然的釉料。为使作品的色彩真实和理想，他不怕困难，而面对受到藏家和观众褒奖的作品，他的内心才感到释然。

2. 主要价值

张荣达生于北京，长在北京的老胡同里，他的民俗题材的作品都是出自内心，带着感情而创作的。老百姓的生活就是他创作的素材，用泥巴捏出带有老北京民间的乡土气息、再现北方人的性格特点的作品是他最擅长的。他塑造出来的老北京民俗风情，三教九流、五行八作的作品，无不像身边熟悉的人和事，富有亲近感和艺术魅力。他坚持不断的努力学习，提高自身的艺术欣赏和创作能力，他勤于观察，努力主动地开阔视野，学习新的理念和知识，接触、使用新材料，并具有十分强烈的创新意识，这些都为他作品的与时俱进和创新发展做了最好的铺垫。而传承与创新在张荣达的作品中是最为鲜明的特征。从他的泥塑作品和陶瓷作品中，都能

梳妆
36cm×21cm
2005年

看到这一点，新鲜感和创新性永远是他作品的魅力所在。

五、张荣达艺术年表

1955年12月，生于北京。

1969年，毕业于北京市宣武区第二师范附小。

1973年，毕业于北京五十八中学。

1974年，在大兴县红星人民公社插队。

1993年，为美国前总统尼克松当场塑像；同年，还曾为克罗地亚总统图季曼当场塑像。

1994年，为新西兰议长吉古塞尔当场塑像；同年为葡萄牙总统苏亚雷斯当场塑像。

1995年，在中央工艺美院雕塑专业学习进修。

1999年，应邀去新加坡为吴作栋总理当场塑像。

2001年，作品《老来乐》在第二届中国国际民间艺术博览会获得“山花奖”民间艺术银奖；同年陶塑作品《悄悄话》荣获中国北方现代陶艺作品展“松汀杯”大奖。2001、2002年曾两次应邀赴台湾参加文化交流，深受台湾同胞赞赏。

2003年，张荣达被北京市政府授予“北京二级工艺美术大师”称号；在抗击“非典”的非常时期为武警总院医师李小红烈士塑像，被武警总院珍藏；同年在幸福工程爱心活动中，现场为爱心大使王光美塑像；同年，被唐山学院特聘为雕塑专业教授和大唐画院副院长。

2004年，雕塑作品《喜脉》荣获第六届中国民间文艺“山花奖”民间工艺类金奖；10月，在“大佛杯”中国高尔夫精英挑战赛活动中现场为国际球星索伦斯、麦克维尔、张连伟塑像；同年在中国文学艺术界举办的“百花迎春”春节大型联欢晚会上，代表中国文联为航天英雄杨利伟现场塑像，并赠送给杨利伟收藏；同年应邀去德国法兰克福做文化交流，为驻德国大使马灿荣和法兰克福议长海因茨·比尔

老掌柜
35cm×15cm
2007年

曼现场塑像，并赠送他本人。

2005年，被中国艺术研究院特聘为首批“民间艺术创作研究员”；同年，雕塑作品《喜脉》被中国艺术研究院收藏；11月，荣获上海民族民间艺术博览会“特殊贡献奖”。

2007年，泥塑作品《突破》荣获第三届“工美杯”铜奖；同年，应邀去西班牙现场为萨马兰奇先生塑像，并赠送他本人。

2008年，在北京市政府的关怀和支持下，被选入高级人才培训班，再次步入清华大学工艺美术学院进行高级研修。同年，荣获北京市文学艺术界联合会颁发的首都文艺家抗震救灾献爱心作品义卖荣誉证书。同年，荣获北京文学艺术界联合会颁发的北京2008年第29届 “人文奥运”突出贡献荣誉证书。

2009年，为北京市政府授予“一级工艺美术大师”称号，并享受北京市政府带徒津贴；同年，被选入北京工艺美术高级人才海外培训班，并且参加了海峡两岸“文化创意展”，并被广东柏林陶艺术研究院聘为研究院副院长；这一年，他的陶瓷作品《和谐》被中南海紫光阁收藏；陶塑作品《运筹帷幄》、《决胜千里》荣获第四届北京工艺美术“工美杯”金奖；雕塑作品《四尊文人肖像》在“北京市庆祝新中国成立60周年文艺作品征集评奖”中获得优秀奖。

2010年10月，参加中国文联艺术家采风慰问团走进中国国际救援队，现场为荣立个人三等功的战士塑像，并被部队收藏。

（本篇撰稿　赵文成）

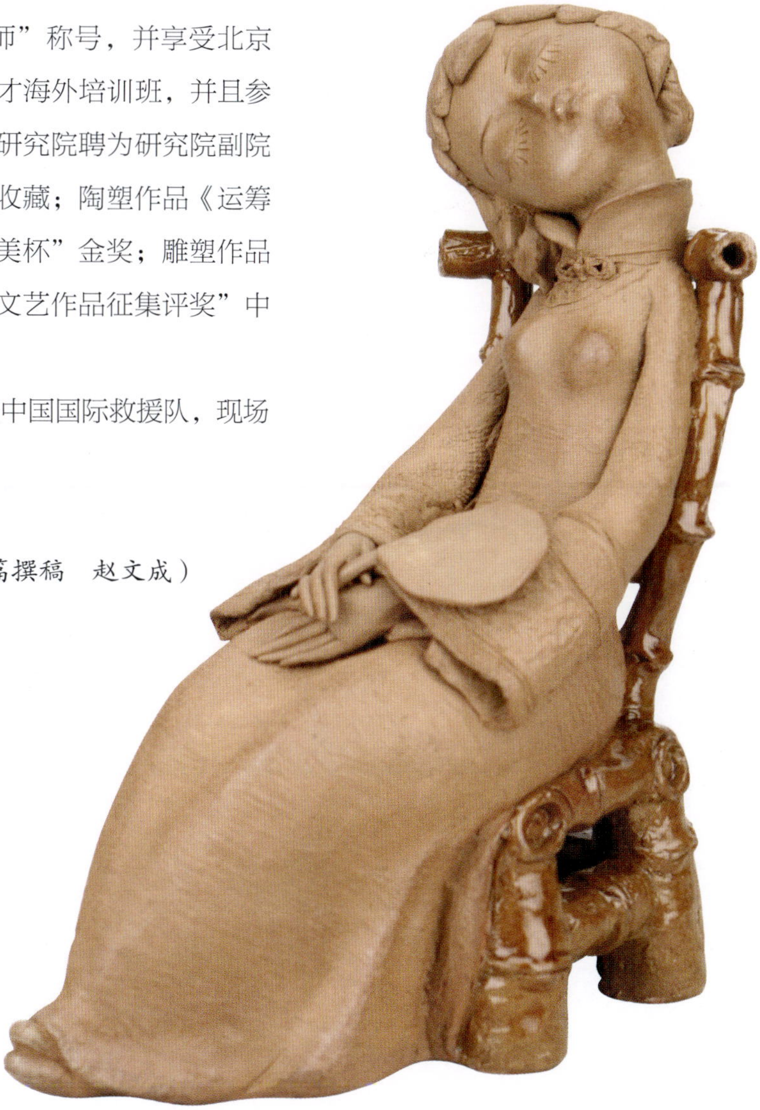

甜梦
36cm × 28cm
2004年

◎主　编　王文章
◎副主编　王海霞

大美在民間（下）

中国艺术研究院首批民间艺术创作研究员风采

文化藝術出版社
Culture and Art Publishing House

面塑

郎志丽

——北京『面人郎』传承人

一个柔弱的女子，在过去手艺“传男不传女”的时代，去学习面塑，本就是难以想象的，但她却以此为终身职业。所谓的子承父业，也终于有了女承父业的案例。郎志丽16岁随父亲郎绍安学习面塑，全面继承发展了“面人郎”面塑艺术。她捏出的面人以小见长，以逼真和富有新意被人称颂。她的作品把“小的是美好的”这一审美理念表达得如此到位，让人过目难忘。2005年，她被中国艺术研究院聘任为首批“民间艺术创作研究员”。2009年，郎志丽被评为第三批国家级非物质文化遗产项目（北京面人郎）代表性传承人。

一、北京“面人郎”面塑概介

北京面塑艺术是经过几代民间艺人传承发展，在吸收了其他姊妹艺术之精华，广采众长，并不断探索的基础上形成的，是具有北京特色的面塑艺术品类。北京面塑来自民间，发展至今形成了多个流派。“面人郎”是其中的一个重要派别，至今已有一百多年的历史。

北京郎派面塑艺术的创始人是被誉为“面人郎” 的郎绍安先生（1909—1992），他是近代中国著名的面塑大师，满族镶红旗钮钴禄氏后裔，其师傅是著名的“面人大王”赵阔明（1900—1980）。面塑这种手艺，百分之十靠师父指点，剩下的都得靠自己研究揣摩。郎先生未受过专业的美术教育，长期的底层生活使他有机会得以深入地观察和体验社会生活的各个方面，他的艺术灵感完全来自于民间生活的历练。郎绍安在旧社会从事手艺三十多年，他的面塑作品题材广泛，有反映三百六十行和各种民俗的作品，如“剃头的”、“耍猴儿的”、“逛庙会的”等等。经过多年的艺术实践，他练就了眼明手快，看得准，拿得稳，造型准确，形象逼真，装饰简洁的捏塑手法。新中国成立后多次代表中国到国外进行艺术表演，被国外友人惊呼为“上帝之手”。

1957年，郎绍安之女郎志丽开始随父学习面塑，继承发展了面人郎面塑艺术，除了继承面人郎的传统技艺外，郎志丽还对父亲传授的手艺进行改良，把自己的思考和想法纳入到她的创作中来。例如在勾勒人物的鼻窝时，她就将父亲“一道印儿”的手法改良为“反复按”，使鼻窝能有一个更为真实和圆润的弧度。另外利用葫芦和核桃为展示空间，创作大型场景和寓言故事也是郎志丽独有的创意。郎绍安将手中的传统面塑由扦举式发展到案头式，郎志丽则针对传统作品的尺寸局限，将面塑向大型化、微型化和集成化方向发展。后来，相继出现郎志英、郎志祥、郎志慧、郎志春、王兴山、张宝琳等面人郎的传人。

改革开放后，随着现代社会的飞速发展，面人郎面塑艺术处于困境之中，原有的工艺美术厂相继转产、下马、倒闭，从艺人员改行另谋职业。要使其技艺得以传承和发展，还需要得到社会的关注和政府的支持，郎志丽至今仍有这种感叹。

迎春
8cm × 7cm
1978年

吉祥娃娃
12cm × 30cm
2008年

面人郎的题材主要是传统戏曲、历史人物、四大名著、民间传说、神话故事、民俗生活、儿童卡通人物以及十二生肖和其他动物。比如刘备、关羽、张飞、福禄寿、八仙、嫦娥、哪吒、唐僧师徒、杨家将、水浒英雄、金陵十二钗、白毛女、葫芦娃、蜡笔小新、奥特曼等。当然时髦因素也会影响面塑的创作，如郎志丽捏制出来的2008年北京奥运会的吉祥物“福娃”造型受到人们的好评和喜爱，且销路甚好。20世纪80年代，在传统核桃面人的基础上开发出葫芦面人，可在两瓣葫芦内轻松创作如《百子图》、《水浒传》等群像作品。

郎氏面塑艺术风格细腻、写实、生动，颜色丰富，面塑体积小，便于携带，面人可以小到0.5厘米。郎氏家人都能捏得一手好面人，并各有千秋。一个3厘米大的核桃，郎绍安能放下一个人，而郎志丽可以放下“十八罗汉”，又经久不霉、不裂、不变形、不褪色。郎志丽和郎绍安在对细节的处理上也颇有不同，比如作品《嫦娥奔月》，郎绍安塑造的嫦娥体态优美，姿容华贵，在细微处下足了工夫，嫦娥脚下的祥云也以面捏制而成，细腻而逼真地再现了云的厚重质感；而郎志丽则以撕碎的棉花表现云的轻灵，渲染了一种冉冉飞升的飘逸，艺术效果上可谓是各擅其长，各有千秋。

北京郎氏面塑的原料简单，制作快捷，小巧精美，具有广泛的民间性和受众面，深受人民群众的喜爱，在我国众多的工艺美术品中独具特色，已成为北京独特的民间艺术形式之一。

裾缸
13cm × 9cm
1985年

二、郎志丽从艺经历及艺术成就

郎志丽，满族，1942年出生在一个民间艺术气氛浓郁的满族家庭里。父亲郎绍安从12岁师从人称“面人大王”的面塑艺人赵阔明，多年跟随师傅走南闯北，学得了面塑艺术的精髓。新中国成立后进入北京市工艺美术研究所，潜心研究面塑艺术。

郎志丽从小在父亲郎绍安的熏陶下学习制作面人，带着对面塑艺术的天赋和父亲口授心传技法的熟练掌握，郎志丽6岁左右就能帮父亲捏制一些作为面人配件的糖葫芦、皮球、小白兔、飞机等小的物件。1957年郎志丽参加了工作，女承父业进入了北京市工艺美术研究所，当年就做出面塑《穆桂英》并参加了莫斯科国际少儿艺术作品比赛，获得了优秀奖，在当时一下就引起了不小的轰动。1958年她随父亲一起制作了上海大世界新旧对比面塑造型，这不仅是接受新事物的开始，也是她日后发展创新面塑艺术的基础。

如今郎志丽虽然已经年近花甲，但是回顾自己走过的路，感到十分欣慰，与此同时，她也开始将自己的创作经验与技巧加以整理，毫无保留地传授给下一代。郎志丽看到面塑艺术后继有人，郎家的面塑仍然十分受欢迎，就感到很欣慰，这也是她最大的心愿，她说自己后半生的追求就是有生之年能为面人艺术事业再作些贡献。

郎志丽在面塑艺术上已经形成了自己的艺术风格，她作品最大的特点是小巧、细腻。她的代表作有《关公》、《七仙女》、《百子图》、《八仙过海》、

葫芦面塑·平安五福
17.5cm×11cm
1995年

《四大天王》、《红楼梦》人物等作品。她以微型面塑核桃人创作了《十八罗汉》、《十二花神》、《福禄寿三星》、《秋翁遇仙》。她大胆采用新材料同面塑工艺相结合，参与拍摄了科教片《菌蘑》、《心脏主动脉》等。其作品参加世界少儿作品展并获奖。1984年参加中古传统文化展，1987年获第十一届亚运会会标三等奖。1998年被中国国际名人协会授予荣誉证书，1999年其论文《论面塑艺术的创新》经世界学术贡献奖评审委员会评审获论文金奖。2005年被中国艺术研究院聘为首批“民间艺术创作研究员”。她的事迹被收入《中国妇女500杰》、《中国当代艺术界名人录》。

郎志丽做面人，不仅继承了父亲做工精巧的特点，还更擅长推陈出新。父亲曾在核桃里边做面人，做成高级工艺美术陈列品。于是，郎志丽也想出了一招，把一个葫芦劈开放进面人，这样既摆脱了盒式面塑的局限，还可以在里边讲故事增加情节。如今，郎志丽的一双巧手已经创作出了数不胜数的佳作，然而，望着这一屋子的面人，她常想，父亲的手艺传给了我，我的手艺该传给谁呢？收徒是郎志丽首先想到的，虽然外孙女对面塑已表现出一定的天赋，但她并没有把收徒的范围局限在自家人上，而是把对面人艺术的热爱作为了对徒弟的第一要求。现在，郎志丽不仅已有了四个徒弟，还开始整理笔记材料，记录自己从事面塑行业五十多年来的心得、技巧，把这门艺术用文字的形式记录并传承下去。

一位美籍华人用这样的诗句赞美郎志丽："郎家世代艺专精，志在传世巧天工，丽质慧心似水仙，手中自有像万千，巧艺真传声名扬。"面对诸多的荣誉，郎志丽心情却很平静。她认为自己的父亲作为一代名师，在面塑技法上已经达到炉火纯青的至高境界，他的生活阅历之广、社会见识之多、艺术悟性之高是自己这辈人所无法比拟的。所以，身为名师之后，要想青出于蓝胜于蓝是极其困难的，因此，她虽然已经具备了父辈传授给自己的全部技艺并拥有了良好的创作基础，但她仍然认为父亲的艺术高度是一道难以逾越的高山，要想有所成就，只能另辟蹊径摸索属于自己的路。因此，走出藩篱、立志创新是自己顺应艺术发展规律应做的事。

三、代表性作品赏析

1.《十八罗汉》

核桃面塑，属于精微面塑。十八罗汉出自民间传说，元代寺庙供奉他们的塑像，罗汉是佛教修行得道，断尽烦恼，堪受世间供养的圣者，位置次于菩萨。面塑十八罗汉个个神采奕奕，黑白眼珠分明、人物造型各异，神情相互呼应。手持各自法器，神通广大，人物形象最大限度在0.4—0.7厘米之间，人物生动，形象逼真，神情惟妙惟肖，精巧细微，可谓巧夺天工。

十八罗汉
6cm × 4cm
2001年

2.《元春省亲》

《元春省亲》是根据《红楼梦》创作的。贾政的大女儿元春被封为贵妃，皇帝准许她元宵节回贾府省亲。贾府为迎接元春省亲，专门修了一座大观园。元宵之日，元春乘坐绣凤金銮大轿，前呼后拥来到大观园。见到贾母、王夫人等彼此悲喜交集。《元春省亲》这幅作品人物众多，人物造型各异，人物的神态还互相呼应，人物形象刻画得栩栩如生，对人物的着装也刻画到精致细微，具有很强的艺术感染力。作品以贾母和贾元春为中心展开故事情节，画面呈焦点透视，令人有身临其境的感觉。

3.《关公》

此幅作品表现的是《三国演义》中的武将关公，关羽（160—220）本字长生，后改字云长，河东解县（今山西运城）人，东汉末年名将，刘备起兵时，关羽跟随刘备，忠心不二，深受刘备信任。刘备、诸葛亮等入蜀，关羽镇守荆州，刘备夺取汉中后，关羽乘势北伐曹魏，曾水淹七军、擒于禁、斩庞德，威震华夏，吓

关公
18cm × 6.5cm
1991年

得曹操差点迁都躲避，但是东吴偷袭荆州，关羽兵败被害。关羽去世后，逐渐被神化，被民间尊为“关公”；历代朝廷多有褒封，清代奉为“忠义神武灵佑仁勇威显关圣大帝”，崇为“武圣”，与“文圣”孔子齐名。《三国演义》尊其为“五虎上将”之首。关公满面赤色，卧蚕眉，丹凤眼，神态庄重威严，威风凛凛，一身正气，右手握一柄青龙偃月刀，左手微捋五绺长髯，大有威震敌胆的英雄气概。造型上是京剧的扮相，身穿绿色蟒袍，头戴专有的绿色盔头，缀黄绒球配后兜，两耳垂白飘带和黄丝穗，头饰和下身衣服装饰图案华丽多样、颜色丰富，点以金粉和银粉进行装饰，红色的人物形象和绿色的衣服能够很好地融合在一起，而并不冲突，这也体现出创作者很高的艺术审美和颜色把握水准。关公的脸为红色，表示忠勇，京剧脸谱中“红脸忠勇”之说法即由关羽的脸谱而来，加上关羽有“美髯公”之美誉，所以作品都会加上演关羽时专用的大髯口，称为“五绺”或“关公髯”，此作品创作的关羽的人物形象和史书中的记载、戏曲演出中的扮相完全吻合，足以说明创作者深厚的传统文化涵养和精湛的艺术表现力。

4.《西游记》

葫芦面塑是郎志丽的创新，她运用葫芦造型做出的系列作品，摆脱了盒式面塑的局限性，把一个葫芦对开，可以增加作品情节的连贯性，既丰富了传统面塑的装饰性，又增加了面塑品种。此作品表现的是《西游记》师徒取经的第八十一难，通天河遇老龟，经书被打湿。如来佛祖让观音算了一下说师徒四人经历了八十难，凡是都讲究九九归真，就让观音再作一法。唐僧取经回去时要过通天河，但过不去，有一只通天老龟可以驮他们过去，老龟得知唐僧忘记帮他问年岁的事情后，一气之下把唐僧师徒翻到通天河里，结果经文弄湿，师徒晒书，这是唐僧取经的最后一难。作品高17.5厘米、宽11厘米，把师徒四人和天空中作法的观音置于同一个葫芦中，作

葫芦面塑·西游记
17.5cm × 11cm
1995年

元春省亲
26cm × 50cm
2009年

品上面表现的是一袭白衣脚踩莲花手拿玉净瓶的观音菩萨，下面是唐僧四人被龟驮着过通天河，唐僧和沙悟净坐在龟的前面打坐，后面生动地刻画了猪八戒的眼神和孙悟空的动态，孙悟空和猪八戒的言谈交流打破了静的艺术氛围，动态活现，构成了巧妙的互动性，可以感受通天河里的浪涛汹涌。黑色的海龟，红色衣衫的悟空和八戒，色彩斑斓的包袱，人物两边装饰有绿色的植物，用色恰到好处，从侧面反映出师徒四人不同的人物性格。作者用巧妙的艺术手法叙述了完整的故事情节，一静一动，一上一下，主题突出，主次分明，重点突出了葫芦下面的部分，可见作者在创作此作品时进行了周密的安排和构图。

5. 《梁红玉》

此幅作品表现的是被人们广为传诵的梁红玉击鼓退金兵的故事。梁红玉（1102—1135），宋朝著名抗金女英雄，史书中只称梁氏。红玉是其战死后各类野史和话本中所取的名字。首见于明朝张四维所写传奇《双烈记》：“奴家梁氏，小字红玉。父亡母在，占籍教坊，东京人（实为淮安人）也。”精通翰墨，又生有神力，能挽强弓，每发必中；对平常少年多白眼相看，自无娼家气息。后结识名将韩世忠，感其恩义，以身相许。建炎三年，在平定苗傅叛乱中立下殊勋，一夜奔驰数百里召韩世忠入卫平叛。因此被封为安国夫人和护国夫人，后多次随夫出征。在建炎四年长江阻击战中金兵进攻镇江时，她冒着箭雨亲自擂鼓为宋兵助威，和韩世忠

梁红玉

12cm × 12cm
2007年

黛玉葬花

10cm × 7.5cm
2009年

共同指挥作战，将入侵的金军阻击在长江南岸达48天之久，从此名震天下，使得南宋半壁江山得以延续下去，后独领一军与韩世忠转战各地，多次击败金军。此幅作品中的梁红玉的形象英姿飒爽，目光炯炯有神，神情淡定自若，身后佩剑，挂有梁字的锦旗飘飘，站在鼓的面前，两手拿鼓槌，俨然一副必胜的神情。作品人物形象装饰华丽，发簪耳坠一应俱全，头饰上还洒些金片银粉，人物更显富丽典雅，衣袖裙子随风摆动，配色明亮俏丽，衣衫上镶的花边，裙幅上绣的云朵都刻画入微。整个作品以红色为基调兼以绿色、黄色为辅色，最后点以银色，人物形象刻画得生动传神，表现手法细腻，有静有动，以一个人统领千军万马，可以联想到两军交战厮杀的场面。

6.《贝壳八仙》

此作品是贝壳面塑，是把八仙放置在一个贝壳中，组成一幅作品，用以表现一个完整的故事情节，营造了叙事的环境，改变了单个“面人儿”的单调。这是郎志丽又一新的艺术创新，凭借了一种新的媒介，利用天然的材料来展现一个组合，有故事叙事情节，贝壳的下面用蓝色的面做成一些像波浪水纹的图案，渲染处于大海中的气氛，可见创作者独特的艺术创新思维。此作品是把八仙形象组合排列在一个天然的贝壳中，队伍中最前面的是吹着笛子神情悠然的韩湘子；紧接着是女装打扮，手提花篮的蓝采和；再往后是手拿“渔鼓”的张果老；身后是头戴纱帽，身穿紫红袍官服，手持阴阳板（玉板）的曹国舅；紧挨着是一袭蓝衣身后背剑的得吕洞宾；后面是身缚荷花的何仙姑；接着是袒胸露乳，手摇棕扇，大眼睛，红脸膛，头上扎了两个丫环髻，神态自若，一副闲散样子的汉钟离；最后是铁拐李，他金箍一道收束乱发，铁拐一根助拄跛足，背后半隐半现一个黄色的葫

贝壳八仙
14cm × 19cm
2010年

芦，据说里面装有仙药，降到人间时，专门用来治病救人。

四、艺术特色及主要价值

1. 艺术特色

面塑，是一种看上去制作简单但艺术性很高的民间工艺品。面塑用的面是三成糯米粉和七成白面掺和而成，再加上适量的蜂蜜、甘油、石蜡、蜂蜜等成分，经过防裂防霉的处理，使之不容易腐裂，制成柔软的各色面团。然后经过揉匀、调色，制成各种彩色的面塑。面有黏性，在捏面之前要用黄蜡润手。有时还要采用羊毛、羽毛、丝线、棉花等材料，来制作人物的胡须、头发、冠顶之类，增加面人的生动性。

郎派面塑所使用的工具极其简单，主要是拨子、梳子、篦子、镊子、拨棍、锥子和剪刀。拨子有竹质的、角质的、树脂的，也有有机玻璃的，可以自己制作。小梳子，以前有一种老头梳胡子用的胡梳十分好用，现在已没有卖的了。

做一个完整的面人大概需要二十个步骤。首先是做面、对色。做面也分几个步骤：除了制作技艺，面的配制也有些区别，这熟面是以四分之三的面粉和四分之一的糯米和制而成，烫熟后再上锅蒸，为了增加面的通润以防止干裂还要加上蜂蜜，

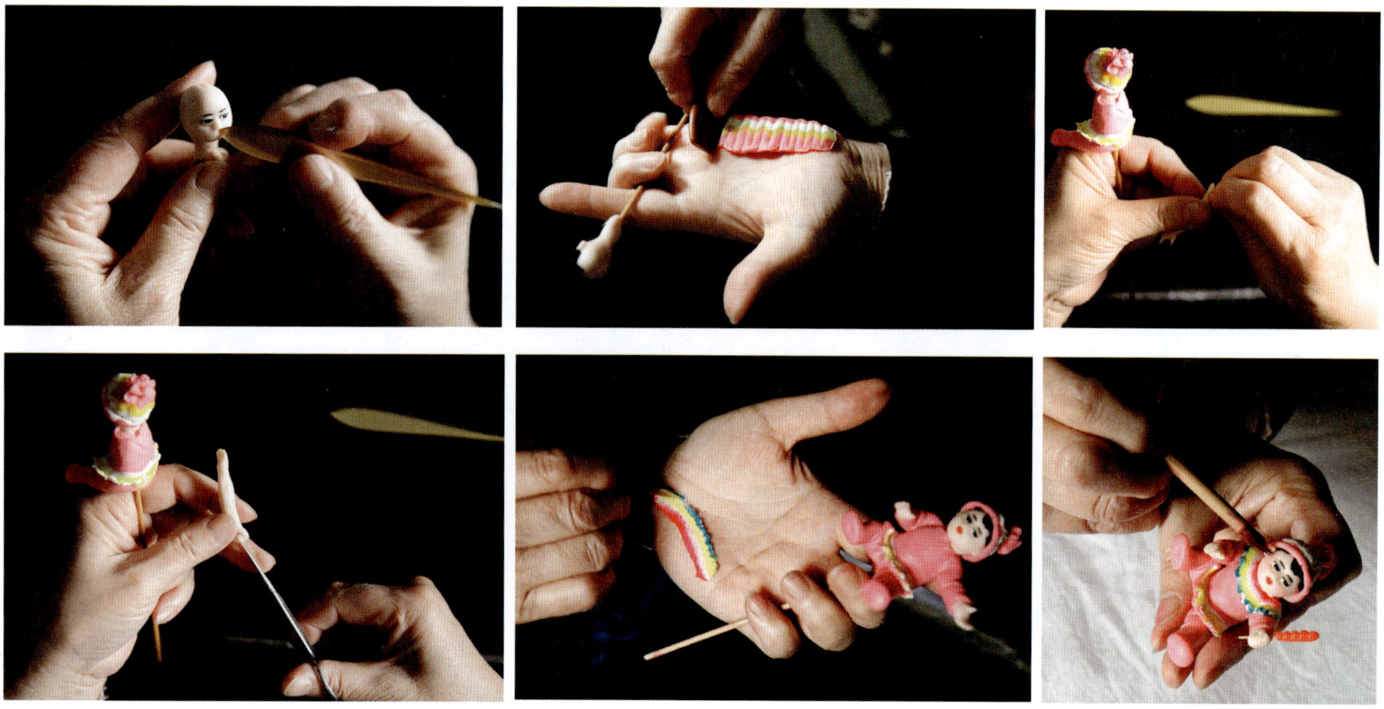

加工工艺

最后再混以特制的颜色揉搓，这样的面人可以保证几十年不褪色。郎家很多传世作品已有五十多年历史，色彩仍是通透饱满，形态也未有丝毫改变。

用开水烫面，蒸完以后揉，揉完以后对颜色，先对肉色，颜色主要就是白的、红的、粉的、黄的、绿的、黑的。肉色也是对出来，大部分是白的底面，加上粉色，白色比粉色多，揉匀了以后就是肉色；接下来捏头脸。面人是先捏头脸，头定型以后，捏眉毛、眼睛、鼻子，用面搓成条捏出来，然后粘上去。戏曲人物也一样，先做头脸，做完脸后安头发，安头发的时候就把整个头上的东西都做好了，再做身段。做面人，面的软硬要合适，面太软了不容易成型，面太硬了粘不上去，在做面的时候就需要做一块软面和一块硬面，用来调节。先把身子填出来，然后从底下往上做，先做腿、再做胳膊，有服饰的都是一次成型做出来。戏曲人物有扎靠装饰之类的，都是做完衣服以后才安胳膊。脸蛋上色都是用毛笔。一般都是搓彩条，捏得多，绘得少，手绘的一般多就是花脸。面人和泥人不同的就是，面的不能修不能补，泥的可以修补，面主要是捏，泥是塑。做面塑就是把手掌当案板。有时候粘不住就用拨子给它拨弄两下，把它塞进去就定型了。捏的时候把头插在一根棍子上，以免头大脖子细，支撑不住。以前的拨子是牛角做的，现在就用有机玻璃，拨子是最主要的工具。一件面塑干透大概得一个星期到十天的时间。每件面塑都是最后上脸上的颜色。颜色都是用的品色，加水以调和。不染脸的话色彩过白，不好看。

郎志丽对于面塑总是以“小题大做”的态度，在精细的手的动作中拿捏神韵。她以女性特有的细腻，给每一个面塑作品注入了生命。面人造型生动传神，风

制作工具

格细腻写实，在颜料上，她将过去常用的品色改为色彩更丰富的广告色和银光色；在技术上，郎志丽突破了前人的技法，改变了过去面塑人物鼻梁上的那道凹印，而采用填充法给予了完善；采用斜切式手法处理眉毛，这样就解决了过去人物眉毛一般粗的问题，让眉峰和眉梢活灵活现，流露出面人的神态。在面塑材料的使用上，她还不断尝试使用新材料、新工艺。在老一辈面塑艺人创作核桃面塑的启发下，她还创新出在葫芦里塑造面人的技法，可将更大场景的寓言故事在葫芦里得到体现。由于她经常用心去观察社会和日常生活，并在创作过程中不断出新出奇，她的面塑作品更加具有独特的艺术魅力。她此后又借鉴了玉器、脸谱、彩绘等姐妹艺术，并创出了仿珊瑚、仿象牙等新作品，广受欢迎。

郎志丽的面塑风格细腻，充分运用揉、捏、揪、挑、压、搓、滚、碾、剁、拨、按、切等技法对细节不厌其烦地塑造，一丝不苟。武将头盔上的花纹，衣服褶皱的颜色，旗子上的字迹图案，人物的眼睫毛、双眼皮、头饰发髻，无一处不体现制作的细腻和耐心。但这并不意味着任何时候都要细致描摹，该简时简，该繁时繁，要有繁简的巧妙搭配，方见真谛，郎志丽的面塑都是一次成型，制作之前，她要经过深思熟虑，把神态细节在心里打好腹稿，捏起来一气呵成。注意力集中在作品的神韵上，让人物形象静中有动，呼之欲出。面人制作的关键在于力度的把握，面人制作时要做到不增不补，肢体间需要无缝连接，这全靠一双妙手控制力道来达到。

在面塑创作中，人物的塑造是最难的，尤其是神态，容易显得呆板，难以展现人物的精气神，“捏的不是面，应该是真人，是个有血有肉有神的活人”，“要得笑，嘴角翘，喜笑颜开在眼神，愁眉苦脸在眉梢”，两句话道出了人物塑造的精髓。郎派面塑集中精力在美和神韵上下工夫，让人物形象不仅有静态美，还有动态美，呼之欲出。

杨贵妃
10.5cm × 6cm
2008年

2. 文化价值

面人郎面塑集美术、雕塑、服饰、化妆及造型艺术为一体，每创作一件作品都需艺人付出智慧与心血，因此有较强的艺术欣赏和收藏价值，对老北京民俗风情方面，也具有一定的参考和研究价值。

中国的面塑艺术早在汉代就已有文字记载，经过几千年的传承和经营，可谓是历史源远流长，早已是中国文化和民间艺术的一部分，也是研究历史、考古、民俗、雕塑、美学不可忽视的实物资料。面塑在人物的塑造方面，具有一些共性：突出文官学富五车、满腹经纶；武官虎背熊腰、昂首挺胸；老人老态龙钟、脊背弯曲；女性削肩细腰、亭亭玉立；儿童虎头虎脑、憨态可掬。在一组面塑中，则注重场景气氛的营造，每个人物的神情姿态个性分明，但却紧密围绕着情节，烘托主题。对动物的塑造则突出其温顺可亲、喜庆祥和的一面，而不是夸大其凶猛的生物特征。

面塑之美，美在其自然的材料、自然的工艺、质朴的心境。它塑造的形象是符合民俗文化心理的，是老百姓喜闻乐见的。诚如日本著名民艺学者柳宗悦（1889—1961）说的那样：民艺品中含有自然之美，最能反映民众的生存活力。

面塑作为一种民间生命力极强的造型艺术，扎根于民众生活。它作为艺术形式，其中的造型意识和方法是中国传统的塑作艺术的代表。千百年的发展，北方民间面塑形成了自己独特的地方艺术风格。由于面塑兼有民族文化意识和区域性文化内涵的双重选择，属于一定的历史范畴，因此不可避免地要受到时代的制约，但它所具有的艺术魅力又超越了历史的限制，它所给予人们的审美享受超越了产生它的时代，并且被新的时代、新的生活赋予新的民俗意识和新的文化内涵。其构思的自由性、造型的灵活性丰富了我们作品的创作手法和思维方式。

五、郎志丽艺术年表

1942年，出生于北京的面人世家。

1957年，参加莫斯科“世界少年儿童作品展”。

1958年，被北京市少年宫聘为面塑组辅导员。

1983年，参加美国芝加哥展览会。

1987年，参加北京“第十一届亚运会会标展”，荣获二等奖。

1988年，参加北京民间艺术出国预审展。

1992年，参加“中国传统工艺品联合展”。

1994年，被收录到《中国当代艺术界名人录》。

1995年，参加“首届中国民俗旅游节”和“联合国第四届妇女大会”，面塑论文《论民间艺术的创新》获得金奖。

1996年，被青年宫手工艺品实习场专业委员会聘为专家委员。

1999年，面塑作品《四大天王》参加“老北京民俗风物展”，10月，作品《关公》参加“庆祝中华人民共和国成立50周年北京民间艺术精品展”。

2000年，民间玩具参加国际玩具博览会并荣获二等奖。

2003年，被北京市经济委员会授予“北京二级民间工艺大师”称号；同年被北京市玩具协会授予“北京民间玩具工艺大师”称号。

2004年，参加美国北卡罗利探索馆中国传统技术展。

2005年5月，特聘为中国艺术研究院首批“民间艺术创作研究员”；11月应邀参加上海民族民间博览会并获“特殊贡献奖”；同年面塑作品《西游记（葫芦）》参加“第二届北京工艺美术展”获得“工美杯”银奖。

2006年，参加北京市海淀区妇女才艺比赛获得一等奖。

2007年，面塑《霸王别姬》获“第三届工美杯”银奖。

2008年，被评为“海淀区非物质文化遗产项目（面人郎 面塑）传承人”；5月，参加北京市文联首都文艺家抗震救灾献爱心作品义卖活动。

2009年2月，参加文化部组织的“中国非物质文化遗产传统技艺大展”；同年，被北京市文化局授予北京市非物质文化遗产项目“面人郎代表性传承人”；同年，被北京工艺美术行业协会、北京民间文艺家协会和北京玩具协会授予“面人郎”荣誉称号；同年，被授予国家级非物质文化遗产项目（北京面人郎）代表性传承人称号；同年作品《元春省亲》参加“第四届工美杯”，被北京传统工艺美术评审委员会授予金奖。

2011年1月，参加文化部举办的“我们的节日——百名非物质文化遗产项目代表性传承人迎春展示活动”。

（本篇撰稿　张美荣）

冯海瑞

——北京面塑艺术家

他不姓汤，也不是蜚声京城的“面人汤”家族成员或亲戚，却是北京“面人汤”的传人，他痴迷戏曲，才华横溢，他爱好各种手艺，但却对面塑艺术情有独钟。他塑造的扎靠神将，叱咤风云；民俗场景，让老北京风情活灵活现 。他赋予面团以生命，让它们在掌中跃动、舞蹈。他最喜爱的题材是历史人物钟馗，他塑造的系列钟馗形象，把这一人物扬善惩恶的性格表达得淋漓尽致。他对面塑艺术的热爱之情，也借着他捏出的各种人物形象传神地表达出来。2005年，他被中国艺术研究院聘任为首批“民间艺术创作研究员”。

一、北京面塑概介

面塑，也称面人，是我国传统的民间艺术之一，制作的主要原料是面粉和糯米面。加入各种颜料的面团经过艺人的捏塑、推堆等手法，可以塑造出各色古今人物、飞禽走兽，民间俗称面人或江米人。据文献记载，面塑艺术的起源最早可追溯到战国时期的“俑”，马王堆汉墓也有“面俑”出土。西汉时期，人们用麦面捏塑蒸制成特定形象的礼馍来用作礼仪和祭祀活动的道具，仪式结束后可食用。到了宋代，社会的进步促使了手工业和商业的发展，在《梦粱录》、《东京梦华录》等文献中都有面塑随节令岁时的活动而出现的记载。明代时期，社会经济和手工艺行业较前朝都更为发达和繁荣，面塑艺人们也都各显其能，相互竞争，使提高面塑技艺成为有意识的创作活动，因而面塑也有了新的变化和发展，逐渐超出了其原有的祭祀和食用功能，演变为观赏性艺术。面塑发展的鼎盛时期在清代，因受到当时人文艺术的影响，面塑的内容和形式也不断推陈出新，其表现手段和技巧也日趋成熟完善，由此涌现出不少技艺精湛的著名面塑艺人，将面塑艺术推向高度精致和传神的方向发展，使街头玩物登上了“大雅之堂”的案几。

北京地区真正具有观赏性的面塑艺术始于清末。开始，这种面人常出现在街头巷尾和庙会上，背着小木箱的面塑艺人大多来自山东菏泽一带。仅菏泽一个地区就有几百个面塑艺人，他们游走于全国各地，制作的面人主要为签插式，内容以一些吉祥人物、戏曲人物为主，流传到北京地区的面塑也多为这一类。

北京地区的面塑艺术形成之初，主要是用于清明祭祀仪式之中。清明节尽管因为与寒食习俗的重合或靠近融入了一些庄重的气氛，但还是一个充满希望的祭祀节日，它包含着对春天回归的祝福和万物兴旺的祈望，所以逐渐地，面塑艺术成为这种祝福的主要载体。民间习俗为面塑的产生和发展提供了土壤，使面塑最终成为一项独立的民间艺术品类。北京过去有供“胡食”（即胡人之食，来自蒙古）之说，有一种是在木质楼子上面，插很多用面捏成的戏剧人。再就是婴儿“百天”的时候，外婆请民间艺人做“麒麟送子”的面塑送到女儿家，这些民间习俗使面塑艺术逐步发展起来，如旧时的北京地区流传着每逢节庆喜日用面粉做“巧饽饽”、“月糕”的风俗，手巧的家庭主妇在制作面食时常为孩子们捏个小面鱼、小面鸡等。

一直到新中国成立前后，在北京街头或是白云观、白塔寺、护国寺、蟠桃宫等的庙会上，常有许多敲糖锣的摊贩，其中就有不少是捏面人的。北京著名的面塑艺人有汤子博、郎绍安、曹仪策等。他们在发展北京面塑的基础上，逐渐形成了各自不同的艺术风格，后被人称为“面人汤”、“面人郎”。

北京通州的汤子博是“面人汤”的创始人，汤子博本身就有很坚实的绘画和文学基础，并且他在学习的过程中不断实践，提升了面人的艺术水准，使面人慢慢由街头玩物上升为案头摆设和把玩对象。过去卖的面人都是捏在一根棍上，从汤老先生开始，把原来的面人插竿去掉，对它进行了改造，使汤氏面塑成为名副其实的独立摆设品和艺术欣赏品，这一改进具有重要的里程碑意义。由于汤老先生对古诗词典故的了解，使他创作的作品在内容上具有了文人气息，跟原来的民间面人有所区别。由于汤子博的努力，民俗面人变成了观赏面塑，后者工艺更加复杂，技艺更加细腻，作品则更具审美品格。汤老先生兄弟三个都从事这个行业，他们一起被人称为“面人汤”。尔后，著名的“面人郎”郎绍安、曹仪策等都在发展北京面塑的基础上形成了具有各自特色的风格，北京面塑艺术更加丰富多彩。

冯海瑞早期的创作大多都以汤氏面人中的盔甲武将及神话人物等题材为主，手艺精良，色彩考究，整体看起来古朴脱俗。他尤其注重人物面部表情的刻画，所塑人物形象神态均威严遒劲，人物的额盔、铠甲、蟒袍以及手中的武器多饰金银粉，更显其硬朗质感，接近戏曲舞台的戏曲人物效果。后来他专注于戏曲人物和老北京民俗题材作品的创作，所捏人物讲究人体的比例造型，注意表现人物性格特点，不论作品尺寸大小，粗看形似，细看神似，具有很强的艺术感染力，生动地表达了人物在舞台上唱、念、做、打的一刹那的亮相特点；人物的脸谱、服饰、色彩、扎靠、兵器等道具，也与剧中人物相同，生动传神，呼之欲动。

事事如意
19cm × 13cm
2007年

二、冯海瑞从艺经历及艺术成就

冯海瑞，1935年生人，自幼爱好戏曲、绘画、脸谱、面人、泥人、花灯、剪纸、风筝等民间艺术。他常在泥胎上画脸谱，尤其酷爱面塑，站在捏面人的摊前可以看一整天而忘记了吃饭。20世纪60年代，为提高面塑技艺，他从名家画册中学刻木偶头，创作了一批各式戏装木偶头作品。冯海瑞喜爱读古今书籍，从故事情节中揣摩人物的个性、思想、心态及形体动作。在他看来，从事艺术自身条件不好不要紧，关键是要多学、多看、多琢磨。作品可以反映出艺人的修养，眼高手才能高。为了提高在创作中色彩的运用和构图能力，他还学习绘画知识，将绘画造型和设色精髓运用到面塑创作中去。

冯海瑞真正从爱好转为专业做面塑还得从拜师算起。1973年，冯海瑞拜了汤氏兄弟汤子高之子——汤氏面人第二代传人汤金章为师，开始研习面塑，专攻武将、盔甲人物。汤金章只比冯海瑞大一岁，为人厚道不保守，善于对学生作品进行指点。冯海瑞非常珍惜这段经历，与汤金章之间也可谓半师半友，这种亲密的亦师亦友的关系，使冯海瑞有机会临摹汤子高亲手制作的戏曲人物。自此，冯海瑞的面塑技艺开始突飞猛进。在后来的实践中他在坚持汤氏面人特点的基础上，又博采众长，逐渐形成了自己的艺术风格。他的代表作有《四大天王》、《风调雨顺》、《钟馗》等。20世纪90年代，他最得意的作品《四大天王》终于步入中国美术馆展示于众，当时参观的人特别多，这使得冯海瑞非常激动，更加坚定了坚持创作面塑的决心。

冯海瑞遵从师诲，悟出了“捏面人就是捏面神”的精髓所在。以往，虽然面塑艺人在材质上有很多改进，但操作上大致相同，所运用的都是传统做法，因此要想达到以形塑“神”的效果，关键还在于个人的文化底蕴和“艺外之功”。神是无形的，要靠塑造。多学、多看、多悟已经成为冯海瑞创作的根本。艺术创作与生活紧密相连，因此他注意观察生活中的每一个细节，如鞋匠钉鞋与木匠钉钉子的不同；茶叶店包茶叶与药店包药的不同，他都一一在心里记录下来，这种坚持观察生活的做法成为他的一种习惯。看京剧演员表演时，京剧舞台上的一招一式都非常讲究，他把演员的动作都记在脑子里，以便塑造时做到心中有数。他的创作特点是一定要先看实物，而不是简单地临摹作品或照片。“面人汤”所说的“传神”是戏曲中最讲究的“四功五法”，即“手、眼、身、法、步”的呼应，这是把握塑造戏曲人物的以形塑“神”的关键，全面地了解戏曲，比临摹作品更重要。冯海瑞常常在

二进宫
7cm × 12cm
2005年

闲暇时，抱着月琴上票房结交演员，边伴奏边揣摩台上人物的眼神与仪态，仔细观察剧情发展、舞台造型的色彩、布局，以及演员过场、动作，以便将戏曲人物的站、坐、丁字步等细节融进自己的作品中。他还到后台观察调度情况、演员的穿戴服饰甚至穿戴的顺序。他不仅看戏，还学习壁画中的戏曲场景，从中汲取养分充实自己。冯海瑞深有感触地说："戏曲对我的创作滋养最深，我是从舞台上学到程式和动作的，比如《钟馗嫁妹》中钟馗一上场后就有好多的动作，这在心里面已经记得牢靠了。演员也是多少年的功夫，我的眼睛就跟随着他不眨眼地等待那一个造型的出现，演员亮相的一个瞬间就是一个作品的构图，舞台上演员在台上的位置和绘画中的构图是一样的。"他以写实的表现手法塑造出一系列传统的戏曲人物，如2005年创作的《单刀会》、《连环套》等。其中《连环套》中的戏曲面人所表现的剑拔弩张的气氛是他的得意之作。而他的《五虎将》戏曲面人则最接近"面人汤"的作品。正是这种对生活的观察和提炼、理解与思考，才使得他的这些面人变成了有生命的精灵。

冯海瑞的创作成就来自于他的勤奋，他注意学习老师的精髓但不拘于老师的技法。为了创作新题材以表现有情趣的作品，他下了很多功夫来倾心再现老北京民风民俗场景，如拉洋车的、磨剪子磨刀的、理发的、婚嫁迎娶、耍猴的等人物形象。1990年，在庆祝新中国成立40周年民间艺术展中，他的《北新桥的传说》等作品以及在1999年庆祝新中国成立50周年民间艺术精品展中，他的作品《旧北京年景系列》都获了奖。因为原汁原味的老北京场景已经没有了，这方面的老照片资料也很有限，因此冯海瑞买来北京民俗专家金受申、常人春的著作，还在琉璃厂购买到

击鼓骂曹
28cm × 56cm
2005年

马海方画的一本反映老北京三百六十行旧景的画册，同时也借鉴了一些北京风情画家所描写的老北京风俗作品，并从中揣摩当时的情境，请教老先生回忆老北京三百六十行人物的特征、衣着打扮，然后按自己的理解画出小样，再请专家进行修改。受师辈影响，冯海瑞在创作前第一次构思的时候，喜欢设计画稿，把要表现的人物和场景都画出来，“老百姓的衣衫要体现出粗糙、褶皱的质感，富贵公子的绫罗绸缎要用光面配祥云图案。场景中的人物眼神相互呼应，有交流，手指的指向，甚至点头哈腰的角度都要在画稿里设计好”。他还常常为提高从画稿到捏塑作品的效果，在画稿的一角配上几句顺口溜注释表达这个场景的主题，这些便是冯海瑞“以静制动”的绝活。

冯海瑞师承名师，他从悠久的面塑历史中汲取养分，并用面塑向世界宣传中国悠久的文化。国家对于他的面塑艺术创作给予了很高的评价，如今他已成为一位优秀的面塑技艺的继承人与代表人物了。

三、代表性作品赏析

冯海瑞的面塑艺术主要分为三种系列：

一为戏曲系列：代表性作品有京剧《霸王别姬》、《三岔口》、《连环套》；二为老北京民俗系列：代表性作品有《拉洋片》、《剃头》、《旧北京年景系列》；第三部分为盔甲武将和神话人物系列：代表性作品有《四大天王》、《风调雨顺》、《钟馗》系列。这里展现的是他的一些代表性作品。

风调雨顺
19cm × 36cm
1990年

1．《风调雨顺》

《风调雨顺》塑的是俗称“四大金刚”的佛教四大护法天神，他们分别是东方持国天王、南方增长天王、西方广目天王、北方多闻天王。

四大天王在须弥山腰的犍陀罗山上各自占领一个山头，按东南西北四个方向分别以黄金、琉璃、白银、水晶为地。东方持国天王是主乐神，手持琵琶，身为白色，“持国”意为保佑众生、护持国土；南方增长天王手持宝剑，保护佛法不受侵犯，身为青色，“增长”意为让众生增长善根，护持佛法；西方广目天王为群龙领袖，所以身缠一条螭龙，教育人们笃信佛法，身为红色。“广目”意为净天眼以随时观察世界，护持人民；北方多闻天王右手持宝伞、左手握神鼠，身为绿色，“多闻”意为以福德名震四方，护持人民财富。四大天王手持的物件，按佛教《圆觉经》中“四轮”之说，为土、金、风、水，因佛教在中国流传深远，所以后来被附会为“风调雨顺”，是利用四大护法天王本身的寓意，清代崔颢所著《通俗篇》引王业燕《阁知新录》说：“凡寺门内四大天王，各持一物，暗喻‘风调雨顺、五谷丰登’。”这是把佛教世俗化了的一种体现，契合人民大众的心理愿望。冯海瑞继承了汤金章一派的技艺风格，在面塑刮、削的基础上又吸收了元明以来民间彩塑的捏、塑手法，使人物在精致细腻之余又不乏大气洒脱，所塑人物风格较为写实，人物造型生动。冯海瑞将四大天王拟人化，塑造成人间武士的形象，威严之中透露出一种亲切感，神似山西平遥双林寺的四大天王彩塑。四个盔甲面人遒劲威严，怒目圆睁，额盔、甲胄、衣袍、武器均饰以金银粉，更显出硬朗的质感，接近舞台效果。四大天王的姿势各不相同，身上的服饰飘带、手中的宝伞飘舞在空中，好似被风吹动，整件作品充满动感。除了雕塑艺术的质感外，他还增加了绘画艺术的线条感。在色彩表现上，多用红、黄、青、绿诸色，使其对比强烈，艳丽又不失沉稳。这幅作品的塑造整体上吸收了北京法海寺壁画和山西永乐宫壁画中人物的艺术风格，也从刘继卣的《大闹天宫》等民间年画中汲取了部分养料，加之冯海瑞自己对于传统戏曲和历史故事的理解，定型为现在的四大天王。虽只有四个人物，但细节之处却尽显不同，比如盔甲的塑造，有大面、四块的盔甲模式，也有做成鱼鳞片状的，较多的变化也使整幅作品显得更为生动、饱满。这件作品是冯海瑞先生的代表作，20世纪90年代曾在中国美术馆展出，反响极好。

钟馗（黑判）
10cm × 5.5cm
1990年

2.《钟馗》系列

冯海瑞从20世纪90年代初就开始关注“钟馗”这个题材，他所做的钟馗大多表现的是其放荡不羁、喝酒赋闲的轻松状态，所以在钟馗形象的塑造上，弱化了他本身凶神恶煞的样子，突出了钟馗有情趣有人情味的一面，这一点和冯海瑞喜欢看戏、融合了舞台上钟馗又好看又逗趣的动作有关。其中一件《福在眼前》，又叫《五鬼闹判》，取材自戏曲故事《钟馗嫁妹》的情节，中间穿红衣者为钟馗，五个小鬼环绕在他周围，有挑着灯笼的灯笼鬼、有担着琴剑书箱的担鬼、有打着伞的伞鬼、有端着酒杯喝酒的酒鬼，剩下一个小鬼手举一只瓶子，瓶子里插着的兵器戟，虽然也是用面做成，但感觉犹如钢铁一样，闪着锋利的光芒。钟馗在民间是因为对皇帝和时政的不满而撞柱而死的判官，后人将其演绎为能够除邪、驱鬼的门神，常贴在后门的墙面上，因此他在民间很受崇拜。他死后，由好友杜平将其埋葬，所以钟馗许诺将其妹妹嫁与杜平。雕像上的伞是用一块红纸糊成，用剪刀剪得又乱又破，灯笼上的“进士”二字也是倒着的，表达了对当时社会时政的不满。这件作品中的钟馗身穿大红色判官官袍，连胡子也被作者塑造成红色，胡子向左右两边散开，怒发冲冠，右手高举宝剑，左手呈运功状放置胸前，为了突出钟馗浑然有力的感觉，作者在动势上采用了夸张变形的手法，将其左腿抬得很高。钟馗目视左前方的一只红蝠，寓意“福在眼前”，整件作品的色调浓淡相宜，钟馗的艳丽与小鬼们的淡雅色彩形成鲜明的对比，突出了钟馗作为整件作品主旨人物的主题。

另有一幅塑造钟馗形象的《事事如意》，两只小鬼抬着表情优哉的钟馗，另一小鬼背着宝剑、挂着酒葫芦给钟馗打伞遮阳，整幅作品呈三角形构图，主体人物钟馗被安排在中间位置，虽头戴官帽、足蹬官靴，但身着便装，袒胸露乳，袍服的下摆也高高撸起，直到膝盖以上，眼睛看向绑在伞头的两只柿子，作者用“柿”表现谐音“事”，两只柿子就是“事事”的意思，加上钟馗左手怀抱一只如意，整件作品寓意“事事如意”。这件作品是冯海瑞广泛吸收民间年画及中国画中的吉祥寓意以及人物造型所作。色彩上经过时间的锤炼，显得庄重沉稳。钟馗虽是判官，但并不吓人，各个小鬼也刻画得十分逗趣，这些都是冯海瑞的代表性作品，是他受外界的启发加入自己理解后的新创之作。《钟馗》系列的作品还有《醉判》、《黑判》等，冯海瑞还希望能在以后的创作中将这一题材更加充实，现在构思中的还有下棋的钟馗以及把钟馗表现成耕读渔樵四种人物的作品等等。

3.《辕门斩子》

冯海瑞酷爱看戏，自己原来业余时间跟着戏班子弹月琴，后来又改成弹三弦，他爱戏也懂戏，是个老票友。从20世纪70年代末开始，冯海瑞便把自己所喜欢的京剧融入到面塑创作当中，并形成他最为主要的一个题材种类。《辕门斩子》一出取自著名的京剧《杨家将》，讲的是北宋年间，辽国萧太后南下入侵，大摆天门阵。为破阵，八贤王、佘太君随大军驻守边关抵抗。元帅杨延昭派其子杨宗保出营巡哨，宗保在穆柯寨与穆桂英交战，被绑赴穆柯寨。宗保、桂英一见钟情，遂结为夫妻。宗保返营后，杨延昭大怒，要将宗保在辕门斩首示众。佘太君、八贤王两次求情未果，穆桂英得知消息后，救夫心切，向六郎献上破阵急需的“降龙木”，并允宗保戴罪立功。六郎得知穆桂英智勇双全、才貌出众，加之佘太君、八贤王作保，遂免宗保死罪。宗保、桂英披挂上阵，夫妻二人大破天门阵。戏曲场面的刻画一般都有固定的程式，冯海瑞也是严格按照舞台程式来设计人物的位置与动态。戏曲讲究气势，一坐一站有架势，花脸有花脸的架子，老生有老生的架子，服饰、盔头、扎靠的穿戴都有一定的讲究。《辕门斩子》中孟良、焦赞的服饰和脸谱就是严格按照戏曲的舞台表演而来，孟良红胡子红脸穿红衣，焦赞一身黑衣，黑胡子黑脸打扮，他们均拉弓开架，是戏曲里面典型的武将造型。从身段来看，焦赞单臂举过盔头，五指擎天，另一只手捋开胡子，手指指向前方，怒目而立，挺胸、弓箭步上前，气势凛凛，让人感觉打斗场面千钧一发，即画诀中所讲的“两臂向开奓，必是拉弓架”；孟良在杨宗保身后站立不动，脚站开呈丁字形，似要在画面上保留住威武气概，正好印证“脚为武将根，立要丁字样”的民间画诀。民间绘画和塑像多有自己的口诀，即民间画诀和民间塑诀，冯海瑞的面塑艺术也是严格按照民间画诀和塑诀中所规定的人物造型和架势来塑

钟馗（醉判）
12.5cm × 9.5cm
2007年

辕门斩子
14cm × 22cm
1980年

造的。冯海瑞平时经常上戏院看戏的基础给了他很多发挥空间，使他对每出戏的武打堂子，刀枪棍子的使用都了然于胸，因此做出来的面塑才更能引起大众的共鸣。除此之外，作品中人物的衣褶、边纹的刻画也细致入微，如绘画中的钉头鼠尾描笔法，显得挺拔有力，使面塑既有块面的立体感，也不乏线条的流畅感。服饰袍子的花纹采用了民间面塑搓、镶、贴的手法，先把多种颜色的面团揉到一起，用手一搓就成了一个小麻花，把这个麻花展开就可以做官服上海水袍子的花纹。另一种是镶嵌工艺，把面从中间剖开，再把彩色的面嵌到里面。还有一种是贴，把做好的服饰花纹贴在大块面的衣服上即可。这些技法都被他完美地融入作品创作中。

4．老北京民俗系列

冯海瑞开始做民俗系列是从《北新桥的传说》开始的。当年中国民协办展览，他试着做了一组《北新桥的传说》故事，这件作品在1990年2月庆祝中华人民共和国成立40周年民间艺术展上荣获二等奖，因此极大地鼓舞了冯海瑞在这一题材上的继续探索。也是从这年开始，他开始转向做老北京的民俗传说，到现在也做了二十年了。1998年参加东岳庙民俗馆开幕展，他的作品引起了很大轰动，这让他对老北京民俗题材更感兴趣了。2005年，冯海瑞和老舍茶馆合作，做了一组六件的茶馆系列作品，常年在老舍茶馆展出，这套作品使冯海瑞的老北京民俗系列创作更为精进。民俗题材的面塑和戏曲面塑不一样，戏曲人物的要求与民俗人物的表现程度也不一样，戏曲人物要的是架势，而民俗人物所追求的则是有情趣，注重人物间的互动呼应，要有生活的场景和感觉。冯海瑞自小对老北京民间的艺术有极大的兴趣，这为他创作老北京民俗系列的作品提供了众多的原始素材。他把风筝、花灯等民间艺术品种融入到自己的面塑创作中，丰富了其民俗意味。除此之外，老北京街头的各种小吃，盆糕、糖葫芦、烤白薯的百姓也都成为他创作的素材，也正是这些艺外之功，令他的作品内容丰富多样。为还原老北京的生活场景和人物形象，冯海瑞翻阅了大量的老北京图书和照片，他结合自己小时候所见的老北京街头场景，创作出了更接近清末民初的人物形象和场景，作品的老北京意蕴更加浓厚。多年来，冯海瑞一直在丰富自己的老北京题材，除了之前的《放风筝》、《卖花灯》、小吃系列《糖葫芦》《盆糕》、杂耍《斗蛐蛐》等，现如今他还创作了表现老北京三十六行的作品，如理发、做毛笔、卖大碗茶的场景和绸布店、茶叶店、杂货店、茶馆、小酒馆，等等。

四、艺术特色及主要价值

1. 艺术特色

冯海瑞师从“面人汤”第二代汤金章，汤派的面塑要求的不是普通的面人那样的“玩意儿”作品，而是神形兼备的面塑。面塑最高不过十五厘米左右，有些面塑人物的脑袋仅为黄豆粒那么大，虽然小，但要求做出的人物一定要有神韵。面塑的做法以捏为主，属于加法塑造，与其他玉雕、石雕工艺以减法为主有所不同。玉、石雕塑都是在一块整料上画好轮廓，然后往下减，而面塑则是一点一点往上加。鼻子、眉毛、四肢、服饰等零部件做好后，一样一样贴上去。对于零件的塑造也讲究一手准，一下子就要捏的差不多到位，和泥塑等注重雕塑的不太一样。面塑的工艺从面的制作到颜色的调配再到人物形象、服装服饰的搭配，细说起来可分为上百个步骤，每个步骤都非常繁琐。其制造手法概括起来主要是压、捏、剪、挑、镶、搓等。色彩上，面塑作品要求把颜色揉到材料面中，而不是后涂上去，这种调和的方法能使色彩更为柔美，这和陕西、山西等地的面塑在色彩风格上是截然不同的。调和指的是在形色的构成中对形色质离间的配列组合，形成适合的、不矛盾的、不分离的、不相互排斥的安定状态，它使得构成美的图形之间，无论在质的方面或量的方面，都拥有和谐的秩序，在视觉上给人以强烈的张力和刺激性。它们之间的协调关系当中，面积的大小是调节的关键。在面塑艺术的色彩中经常看到补色

冰糖葫芦
12cm×16.5cm
2009年

老北京小吃——烤白薯
12cm×14.5cm
2009年

盆糕
13cm×17cm
2009年

福禄寿三星
11.5cm × 19.5cm
2000年

的运用，这是民间艺人对运用色彩对比，创造生动作品的规律的掌握。对比是运用各种颜色要素在配列组合时寻求色彩之间的差异性，创造充满活力、运动感强烈的视觉效果。利用各种要素的对比，诸如色彩的明暗、冷暖、透明与不透明使整个作品产生活泼、生动、刺激、鲜明的视觉效果。还有一种使颜色调和、安定的办法，就是利用颜色间的叠加和覆盖，比如在白色的底子上涂上蓝颜色，再在蓝颜色上面涂一块小面积的黄色，这样看上去这块蓝色就不那么蓝了，与黄色重叠的部分便显示了绿色。面塑的颜色是将颜料揉进面里并从里面向外透出来的，所以人物脸部的颜色可以达到半透明的程度，看着就像真的皮肉一样透明、拟真。

2．主要价值

面塑产生于中国农业社会，长期以来，从事农业生产劳动的人们过着日出而作、日落而息的简朴生活。自然环境对于他们就好比是衣食父母，因此他们对于周围环境的审视，充满了发自内心的热爱。面塑中既有民俗生活中大量使用的礼馍和面花，也有供人们欣赏的摆设，从艺术性上讲，后者更具有审美品格和“有形式的意味”，冯海瑞所从事的面塑艺术就是属于后者——艺术面塑，这是更高层次的作品，它已经摆脱了民俗生活中的应用和实用功能，具有独立造型艺术的观赏性，更接近一种纯粹的艺术。

民间造型艺术讲究“有图必有意，有意必吉祥”。面塑的造型中有很多都是

忠义千秋
11.5cm×20cm
2000年

具有吉祥意味的动物形象，以此表达期望生活幸福美满的心情。如龙、凤、鸳鸯，因其有雌雄偶居不离的特点，常作为夫妻恩爱、永不分离的美好象征；凤是传说中的瑞鸟，常被作为吉祥喜庆的象征；鹤是鸟类中吉祥长寿的代表；莲花则因出污泥而不染，常被誉为君子，给人以圣洁的形象等等。在面塑艺术的造型中还有许多植物的造型，例如花草、果瓜等。葫芦在人们的传统意识观念中所具有的是“护禄”、“福禄”的寓意，认为它可以驱灾辟邪、祈祷幸福，使子孙绵延、人丁兴旺，于是葫芦便成了人们对美好生活的祝愿和向往的象征。民间把瓜视为吉祥物，瓜与葫芦一样蔓卧地而生，其藤绵长不断，果实丰硕，有“绵绵瓜瓞，民之初生，自土沮漆”之说，寓意绵绵不绝，子孙繁衍兴盛，也象征天长地久，世代绵长。梅花图案中的梅花有五个花瓣，被古人喻为五福，即幸福、快乐、长寿、顺利与和平。面塑造型的内涵中讲究寓意，运用假托、借喻、谐音的手法传情表意以满足世俗的愿望，这不仅是面塑艺术，同时也是整个民间美术的魅力之所在。

民间艺术中，人物的表现永远是第一主题，故事性和情节性的强调，更加深了作品的社会属性和人文价值，所以，面塑艺术中的人物和情节的塑造，尤其具有高度艺术水准和表现力的戏曲和民俗题材作品，无论其艺术价值还是收藏价值之高都是不言而喻的。冯海瑞正是在北京“面人汤”艺术面临断档时，接续下了这项艺术传承的责任和使命，体现了一位有责任心的艺术家德艺双馨的品格。

福在眼前
7cm×21cm
1990年

五、冯海瑞艺术年表

1935年，出生于河北景县。

1973年，拜北京“面人汤”汤金章先生为师，至今研习面塑三十余年。

1990年，参加庆祝新中国成立40周年民间艺术展，作品《北京的传说》之一《北新桥的传说》荣获二等奖。

1995年，为庆祝法共、葡共党报节随代表团赴巴黎、葡萄牙展出、演示面塑技艺。

1996年，赴日本参加中国商品工艺品展览会，做中国民间艺术面塑现场表演，深受欢迎，增进了对中国民间艺术的了解，并获殊荣。

1999年，庆祝新中国成立50周年民间艺术精品展作品老北京民俗《旧京年景系列》荣获优秀奖。

2003年，被北京玩具协会授予“北京民间玩具工艺大师”。

2004年，北京传统工艺美术评审委员会认定授予“二级民间工艺美术大师”。

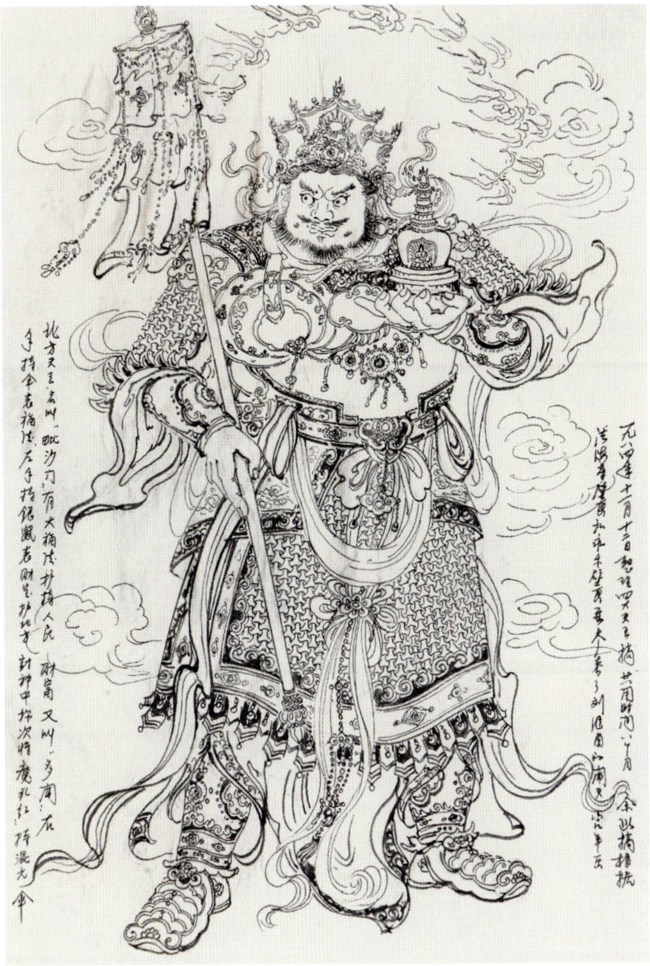

四大天王画稿一组

2005年，被中国艺术研究院聘任为中国艺术研究院首批“民间艺术创作研究员”；同年，作品《老北京年景系列》、《京剧小戏台》，代表作《风调雨顺》被中国美术馆和首都博物院收藏并参加开馆展出。

2006年，应邀参加国家博物馆举办的“中国非物质文化遗产保护展”，四件作品入选展出。

2007年随中国美术馆赴日本参加日中友好会馆举办的“中国新春展”，作品《老北京年景》系列参展，并作面塑艺术现场表演。

2008年1月，为北京电视台录制艺术大讲堂，介绍面塑艺术发展和制作；同年，为海峡卫视录制面塑艺术中表现戏曲题材的作品和制作。

2009年至今，潜心创作面塑艺术，并研究泥塑艺术。

（本篇撰稿　郈高娣）

风筝

哈亦琦

——北京『风筝哈』制作技艺传承人

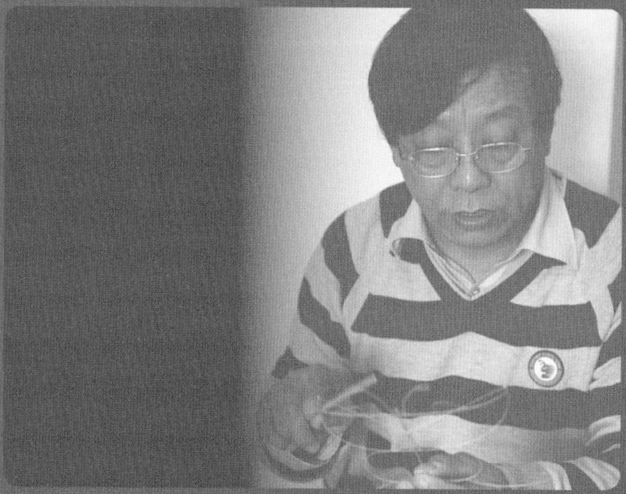

他是北京哈氏风筝的第四代传人，从小师从父亲学习风筝制作，全面继承了哈氏风筝的技艺，并在传承中进行了创新。他设计、制作的观赏型风筝，让风筝从厌胜之物成为室内装饰艺术，他整理哈氏风筝图谱、每一幅都亲手精心绘制，并说要将它捐赠给国家，给后人留下一份珍贵资料，他根据风筝等中国传统艺术元素进行设计的创意产品已有六千多件，他行走在世界各地，传播着这门传统的中国民间艺术。2005年，他被中国艺术研究院聘任为首批“民间艺术创作研究员”。2012年底，他被评为第四批国家级非物质文化遗产项目（北京“风筝哈”制作技艺）代表性传承人。

一、北京风筝及风筝哈概介

北京风筝已有三百多年历史，早在清代就已从少数达官贵人手中的玩赏之物落入寻常百姓之家。到了清末民初，北京风筝已形成了不同的流派风格，据说在北京城内有放风筝的高手，也有扎糊风筝的能工巧匠，其代表人物有两家：风筝金与哈氏风筝。出生于风筝世家的金福忠兄妹是风筝金的创始人，20世纪50年代中法合拍的彩色影片《风筝》中的精美风筝，就出自他们手中。哈氏风筝可以追溯的历史已有一百六十余年，以其高超的工艺水准和艺术水平享誉国内外。1983年在美国旧金山“国际风筝表演比赛大会”上获特别奖的瘦沙燕和串风筝，就是当时“风筝哈”的传人哈亦琦的作品。直到现今北京还有“北城黑锅底，南城瘦沙燕”的说法。

近几十年来，北京风筝又有了新的发展，出现了不少名家新手，在风筝的制作上各有千秋，有的擅长扎制巨型风筝，如长达90米、120节的巨龙；有的擅长扎制小巧玲珑的风筝，如仅几厘米的小掌燕等等。北京风筝近年发展较快，新秀辈出。如今新颖、精美的北京风筝已经风靡世界，远销欧洲各国以及日本和东南亚地区。

清明时节出游放飞风筝是北京地区的传统民间习俗，《见闻杂志》载：“二三月高粱桥踏青，万柳堂明莺，弄箜篌。”清人潘荣陛所著《帝京岁时纪胜》也把放风筝写得活灵活现：“清明扫墓，倾城男女，纷出四郊，提酌挈盆，轮毂相望。各携纸鸢线轴，祭扫毕，即于坟前施放较胜”，“京师纸鸢，极尽工巧，有价值数金者。”记载了当时倾城男女“各携纸鸢”，清明扫墓后施放较胜的盛况。

北京风筝题材内容可分为：

第一，动物类：如沙燕、蝴蝶、鹰、金鱼、蜻蜓、蝙蝠、蜈蚣、蟾蜍等，以及想象中的动物，如双鱼、凤凰等风筝。

第二，人物类：多为神话传说、文学作品及传统戏剧中的人物，如孙悟空、和合二仙、仙子美人、钟馗、童子等风筝。

第三，器物类：如扇子、花篮、钟、宫灯等风筝。

第四，植物类：如寿桃、花卉等风筝。

工艺流程

把削好的竹子一劈两份

用反烤的办法烤出须子造型（俞高峰摄）

裹糊尾巴

点缀装饰点

第五，其他形状类：如文字、瓦片、三角、四边、八卦等风筝。抽象造型类题材则由各种形体、各类风筝的骨架连接出整体来。

北京风筝总体说来，具有骨架精巧、彩绘严谨、雍容华贵、观赏价值较高的艺术特点和风格。北京风筝艺人讲究骨架各部位的尺寸比例适中，基本骨架和装饰部位骨架造型协调美观大方，整个骨架均考虑到力学原理的要求，轻巧而力强。例如硬翅沙燕的造型是仿照真燕子而作夸张变形装饰设计的，是中国最有代表性的一类风筝。其构图传统方法为：头上有眼、眉、鼻和嘴，胸下方是两爪，翅膀和尾部都画有羽毛，构图兼有写实和艺术变形的特点，极富美感，增强了风筝的直观效果。

哈氏风筝是北京风筝的重要流派之一，起源于清朝末年，至今共经历四代传人。1939年孙殿起著《琉璃厂小志》载："哈记风筝，在琉璃厂中间路北仁威观。按：近数十年，以哈记制售之风筝为最著。"一百多年来，哈氏风筝历经四代人的传承发展，已经由最初的节令性极强的维持生计的"玩意儿"演变为今天精美绝伦的民间艺术品，从而在北京的风筝流派中独树一帜，极具代表性。

哈氏风筝的开创者哈国梁（1828—1903），因喜爱放风筝开始趸售别人扎制的风筝，在此期间自学风筝的扎制技艺，因大风筝售价较高，其所制作均为大型风筝，从而奠定了哈氏风筝的发展基础。

第二代哈长英（1867—1946），自幼随家中长辈学习风筝制作，制作风筝的技艺十分高超。哈氏风筝到了这一代形成了自己的风格。1903年，美国教授罗福购买

"九世同堂"瘦燕硬翅风筝画谱
31.5cm×28.5cm
2001年

了哈长英制作的四件硬拍子风筝：双鱼、钟馗、香炉和莲花葫芦，现收藏于美国旧金山自然博物馆，成为现存历史最久的哈氏风筝实物。1915年在巴拿马举行的万国博览会上，哈长英制作的蜻蜓、蝴蝶、仙鹤、花凤四件风筝获得了博览会银奖。当时北京城还流行这么几句民谣："进北京，逛厂甸，玻璃，琉璃，大沙燕。"这"大沙燕"指的就是哈家的瘦沙燕风筝。

哈长英为使哈氏风筝艺术向着多样化、规格化方向发展，制定了风筝各种骨架的规格比例标准，为哈氏风筝后期各类型多样化的发展起到了非常重要的作用。其创制的"打伞"风筝是最早的可折叠风筝，串旗风筝也是他的一个创新。哈长英还研究创制了哈氏风筝的许多独特工艺，如哈氏风筝抗强风特性的决定性因素——"膀尖前翘、后心贴地"的反背弓骨架设计；"合竹"的骨架扎制技法；加"背条"的骨架强度增强方法；软翅风筝翅膀上翘、"斜戗"跨度加大以改良软翅风筝的风行效果等。哈长英对哈氏风筝工艺上的改良，使其在放飞性能上大为突破，从而极大地提高了风筝的实用功能，超出了其他风筝流派。哈长英创作并积累了百余种风筝画稿，为后人留下了宝贵的财富。

哈氏风筝的第三代传承者为哈长英的6个子女（哈魁斌、哈魁寿、哈魁亮、哈

白头雕
75cm × 225cm
1983年

魁光、哈魁明、哈晶漪），他们自幼受家庭熏陶，在风筝扎放技艺上均各有所长，其中尤以哈魁明制放结合，技术最为全面，并成为最终继承祖业者。

哈魁明（1916—1993），幼时即随父学习风筝扎制技艺，二十岁左右已经相当全面地掌握了哈氏风筝制作中的“扎”“糊”“绘”“放”四门技艺，并在此基础上提出了“风”和“线”两者的重要性，完善了哈氏风筝的技艺体系，发展成为“六技”。哈魁明一生醉心于风筝艺术，不但全面继承了前代的技艺，还通过自己的研究与实践，丰富和完善了哈氏风筝的艺术文化内涵和理论总结。其开创性地提出了依据风筝的骨架结构和所适应的风力级别范围，将风筝分为八大类的分类方法（即硬翅类、软翅类、硬拍子类、软拍子类、软片类、伞翼类、串类和立体类）；经过长期的经验积累，他完善了哈氏沙燕风筝画面局部打破和整体打破的绘画风格；依据自身制作风筝的心得体验写作了名为《筝践》的笔记，其中记载了大量风筝扎制技艺要诀及相关民俗，并配有数十幅示例图，实为珍贵，对哈氏风筝的传承起到极大的作用；他还绘制哈氏风筝图谱百余幅，并根据多年技艺经验汇总，与其子哈亦琦合著《中国哈氏风筝》一书，分别由香港商务印书馆和美国旧金山书局出版发行。

第四代哈亦琦（1954—　），生于风筝世家，自幼接触并喜爱风筝。1977年正式随父学艺，哈亦琦风筝技艺精湛，继承并发展了哈氏风筝，现为哈氏风筝的唯一传人。

二、哈亦琦从艺经历及艺术成就

哈亦琦，回族，1954年生于北京市，北京哈氏风筝第四代传人。哈亦琦有很多头衔：中国艺术研究院首批“民间艺术创作研究员”；中国民间文艺家协会理事；北京民间艺术家协会副主席；北京风筝协会副秘书长；北京一级民间工艺大

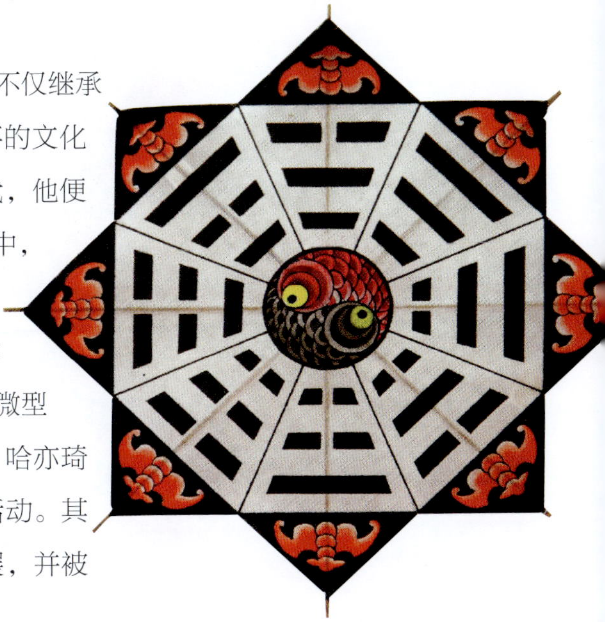

八卦软拍子
12cm × 12cm
2005年

师。哈亦琦从艺至今已有三十余年，他不仅继承了家族的传统特色，深入挖掘哈氏风筝的文化底蕴，还勇于创新，早在20世纪80年代，他便开始把国外的先进理念融入自己的实践中，制作了一批立体类的异形风筝。近年来他又设计制作了一批传统造型新式图案以及传统图案新式造型的风筝，同时对微型风筝也进行了深入研究。以风筝为媒，哈亦琦曾多次代表国家，对外进行文化交流活动。其作品曾在多个国家做过哈氏风筝专题展，并被国内外多家博物馆收藏。

哈氏风筝制作技艺传至哈亦琦手中已到了第四代，历经了一百六十余年。小时候的哈亦琦经常看父亲哈魁明制作风筝，有时候还要帮打下手。少年时候的哈亦琦十分喜欢绘画，系统地学习过油画、中国画，这为他后来的风筝绘制打下了牢固的基础。

1977年，一次偶然的机会，哈亦琦开始自己动手制作沙燕风筝，幼年的经历，使得很多制作风筝的方式方法深深地印刻在他的心中，第一次制作风筝便成功了。从这一年起，23岁的哈亦琦开始正式跟随父亲学习制作风筝这门手艺。当哈亦琦提出想要学习制作风筝的时候，父亲非常高兴，在给哈亦琦讲解了一些风筝的制作要领后，便让他照着现有的风筝样子制作。哈亦琦连着制作了五只风筝，个个成功，放飞效果很好。这两次制作成功的经验极大地鼓舞了哈亦琦，引发了他对制作风筝的兴趣与热情。

1980年9月哈亦琦进入北京风筝艺术品公司工作。那时他从来没有想过，做风筝也能成为一项工作、一项事业，也就是从这儿开始，他与风筝的缘分越来越深。哈亦琦在北京风筝艺术品公司的实验工厂里做技术人员，一边带学徒，一边设计产品。由于他曾有过绘制图纸的经历，所以厂里所有的图纸都是由他来画的。工作后的哈亦琦把更多的精力和心血投入到风筝制作与创意当中，成功设计了很多的风筝，如1982年设计的蓝凤蝶，在当时便是公司销售的亮点，很受顾客欢迎。直到现在，这只风筝销售得还非常好。1982年，北京风筝艺术品公司改名为北京市民间艺术品公司。年轻的哈亦琦凭着过硬的本领和杰出的领导、管理能力，被公司选为副厂长，一年后又被提为正厂长。到了1984年开始担任公司的副经理兼实验工厂的厂长。身兼数职的哈亦琦，不论多辛苦，都会身先士卒，连夜加班是家常便饭。那时哈亦琦所在的公司的业务主要是承接订单，这些订单有些是上级单位介绍的，有些

恨福来迟硬翅人物风筝画谱
25cm×27cm
2007年

是通过文化交流活动得到的。文化部、科委、侨办等部门经常组织公司去参加文化交流活动或者展览，比如到天坛、天安门、长城放风筝等。那时，公司在他的带领下，发展良好，业务上一直处于上升的状态。

到了20世纪90年代初，改革开放开始了，很多生产民间手工艺品的私有企业相继出现。在这种市场竞争机制下，哈亦琦所在的公司也面临着竞争。没过几年，哈亦琦所在的公司开始转型，经营理念也在改变。公司的转型带给哈亦琦很大触动，也引起了他很多思考。为了更好地制作风筝，哈亦琦毅然辞掉工作，开始自己制作风筝。

在国有公司的这段经历让哈亦琦收获颇多，不仅仅收获了管理经验，而且在风筝制作的技艺方面更加纯熟。这段时期，是哈亦琦从事风筝制作以来最重要的十年，对他学习、继承、发展风筝这门技艺至关重要。哈亦琦利用一切时间、一切机会有意识地学习。通过实验、研究，制作了约一百五十多种风筝，包括很多异形风筝和新型风筝。用他自己的话来说就是：“如果没有我在风筝公司的这段经历，就没有我的今天。”

1993年，对于哈亦琦来说是最为重要和艰难的一年。辞去工作的哈亦琦，为了能更好地制作风筝决定自己成立公司。1993年6月，拿到公司钥匙的当天，他的父亲病故了。哈亦琦忍住内心的巨大悲伤，开始为自己的事业而奋斗。通过努力拼搏，公司的经营慢慢走入正轨，通过展览、宣传，越来越多的人知道了哈亦琦和他所制作的风筝。

一切事物的发展并非一帆风顺，哈亦琦所经营的公司也一样。2003年“非典”时期，北京几乎所有的产品都无法销售了，哈亦琦的风筝也是一样。就在企业面临着倒闭的时候，日本大阪民俗博物馆打来电话，跟哈亦琦定做风筝。这批风筝订单一共54件，要求他三个月做完，时间异常紧张，为了生存，哈亦琦别无选择，必须在规定的时间内完成订单。那段时间里，他每天都要工作到夜里12点后才能休息，包括风筝的托裱、画图案、填色等等，都要自己做。交货的头天晚上他还工作到凌晨4点，把54件风筝全部做好，第二天准时把货交上去。

顶住了压力，苦尽甘来，除了经营好自己的风筝，哈亦琦又把目光转向更多的中国传统工艺上。多次的出国经历与文化交流，让他有着比常人更宽的眼界。怀着对民间艺术的热爱，爱思考、爱琢磨的哈亦琦有着对民间艺术更多的理解与想法。如何发展民间传统工艺和美术，如何将这些老祖宗传下来的东西传承下来，同时又能吸引更多人去了解、关注，这些问题一直是哈亦琦想要为之努力的。终于2005年，他与朋友一起成立了一家设计公司，公司的理念就是用现代的造型、现代的色彩与中国传统元素结合，设计适合现代人使用的产品。从公司成立时哈亦琦就开始着手设计既现代、时尚，又带有中国文化元素的产品。至今已经设计了18类5000多种产品的图纸，而且很多产品已经进入生产制作的试验阶段了。对于哈亦琦来说，这些设计也许还不是很成熟，也许它们最终也无法实现他想要达到的结果，但通过他的努力与尝试能够给周围的人一种启示和借鉴，让更多的人去了解中国的传统工艺，也是哈亦琦为之奋斗的目的。

从艺三十多年来，哈亦琦对于风筝有着自己的执著。精湛的技艺，精美的风筝作品，再加上诚实又不失魄力的个性，使得哈亦琦获得了众多的社会荣誉。2008年，哈氏风筝被批准为国家级非物质文化遗产保护项目，这成为哈氏风筝发展的一

“万福流云”瘦燕风筝
22cm × 19cm
1988年

个新契机，也让哈亦琦有了一份沉甸甸的责任感。回顾哈氏几代艺人的经历，让哈亦琦感触颇多，从旧时代的手艺人到新时代的艺术家，身份与地位的变化并没有改变哈亦琦对于制作风筝的那份热情，反而使哈亦琦更加沉静下来，重新定位哈氏风筝传承的工作重心。

多年的阅历宽阔的视野让他在更为广阔的文化背景中，重新审视家族艺术的独特文化内涵，认真思考哈氏风筝的传承和发展。哈亦琦认为一项民间艺术的传承，它的发展与传播并非是条上升的直线，有时候在某代人那里能够有所提升，有时候可能是平稳继承，只要续而不断就可以了。因此在带徒弟这方面，虽然哈亦琦的期望和要求都很高，但他的心态还是平和的。哈氏风筝的继承者可能受到自身条件或是外在条件的局限，即使不能在现有的基础上继续创新发展，但只要保持住哈氏风筝现有水平，不断代就行。除了带徒弟传授技艺外，哈亦琦还坚持绘制哈氏风筝的画谱。哈亦琦认为画谱不仅仅是单纯的绘画，更是尽自己的能力为后人研究这门民间艺术留下的图案资料。哈亦琦说：“我需要画二百多张画谱，画完还是要捐给国家的。现在就是抓紧时间，在我的视力还好的时候赶紧画，因为风筝的保存条件有限，而画谱则可以永久保存。”

现在的哈亦琦每天都非常忙碌，公司的经营与社会职务几乎占满了他的白天时间。即使这样，再累他也会抽出时间制作风筝。这位平日看起来雷厉风行的人，戴上眼镜，坐在工作台上做风筝时，又是那么的专注而安静。用他的话说：“再累、再烦，只要一开始做风筝，一切烦恼就都没了。”

九龙瘦燕风筝
197cm × 175cm
1986年

三、代表作品赏析

1. 多福燕

多福燕又叫“万福流云”。它用淡墨云作为背景，衬托出几十只姿态各异的具象蝙蝠。“燕子”的两膀和两腿探出的蝙蝠，自然美观，体现出风筝制作工艺的

"万福流云"
瘦燕硬翅风筝
（画谱）
31.5cm × 28.5cm
2007年

九福瘦燕硬翅风筝
（画谱）
31.5cm × 28.5cm
2000年

硬翅双“喜”字风筝
28cm × 23cm
2007年

精巧，增加了活泼的造型效果。蝙蝠是典型的哈氏画法，单纯、概括、神似。先画脑门、再画眼睛，寥寥几笔勾勒耳朵，根据不同方向画出背部和翅膀，一气呵成。这种纯民间的表现技法，也是最早出现在风筝上的蝙蝠画法。画谱中的蝙蝠共有四种颜色，互相穿插呼应，热闹非凡。“多福燕”风筝的画面处处有蝠，寓意为“吉祥如意”撒满人间。

2. “喜”字风筝

“喜”字形风筝属于多翅类风筝，是由传统的“硬翅”类风筝派生出来的。它从上到下共有三层硬翅，扩大了迎风面积，增加了上升的“举力”，易于飞行。它的造型就是汉字“喜”，体现了风筝独立造型的特点。

装饰画面花团锦簇，既有“梅、兰、竹、菊”四季名花，也有牡丹、月季花、水仙、莲花、迎春花等，象征着百家同喜，富贵吉祥。

画面从上至下画有几个较大花朵，各种小花以较大的花朵为中心，向两边散

蓝蝶风筝
60cm × 90cm
1994年

开。花叶衬托各种花朵，使画面丰满，具有典型的民间艺术构图风格。色彩上，鲜红的底色衬出各色花朵，明艳夺目，使画面表现出喜气洋洋、吉祥如意的感觉。“喜”字风筝在技法上将工笔重彩与民间绘画方法结合起来，既有民间绘画的活泼，又有宫廷绘画的典雅。

3. 钟拍子风筝

钟拍子风筝以写实的手法，采取了传统的铜钟作为外型。钟顶上的独身双头幼龙，又叫“蒲牢”，形体较小，生性好鸣叫，所以中国古代鸣钟常常用它来装饰。主画面采用了壁画和浮雕的形式，比较概括，装饰意味浓厚。蟠龙在画面正中，侧视翻腾，四周祥云缭绕，身下海浪翻涌。最下方以连续的花纹图案做装饰。钟拍子以青色为底色，色调冷暗，沉稳威严，画面整体层次简练，细节的过渡微妙自然，有一种自然质地的坚实感。

4. 蓝凤蝶风筝

蓝凤蝶风筝是把凤凰与蝴蝶图案的特征结合在一起绘制成的，在写实凤蝶基础上进行了夸张变形。风筝整体以蓝色为主，红色相对少一些，两种颜色冷暖对比强烈。两大色块之间用回转的曲线勾画，使得它们的衔接生动自然。蓝凤蝶风筝的身体和头部以写实为主，翅膀上描绘了丰富的图案。翅膀图案层次非常丰富，形状大小各异，像是由内向外放射的光环，每一层都由蝴蝶或凤凰的单线变形图案纹锦组成，斑斓夺目。蝴蝶翅膀上的眼、点都画成火焰形状，颜色夸张跳跃，整个画面华丽却

钟硬拍子风筝画谱

27cm × 23cm

2004年

“青铜彩”肥燕——新型风筝
20cm × 22cm
2006年

“百福骈臻”肥燕硬翅风筝（倒图）画谱
22cm × 26.6cm
2006年

“洪福齐天”——变形肥燕
92cm × 112cm
2006年

“黑锅底”肥燕硬翅风筝画谱
22cm × 26.6cm
2002年

不失生动。尾部与蝶须结合了凤凰翎毛的形状，使整个风筝显得华贵雍容。

5. “黑锅底”倒图肥沙燕风筝

从前艺人用锅底的黑烟沫抹上胶来绘制风筝的画面，因此黑色描绘的沙燕叫做“黑锅底”。它的五官、四肢的变形图案用黑色直接涂画，黑、白对比强烈，线条粗犷古朴，是远视效果最佳的风筝之一。哈氏风筝“黑锅底”倒图肥沙燕的特点如下：一是整个燕子变形装饰图案程式化，白色羽毛尖向下，两边翅膀上有抽象蝙

福寿蝙蝠硬拍子风筝
71cm × 128cm
1982年
哈魁明制作

蝠。二是沙燕肚和 “小膀”上都画有向内飞翔的具象蝙蝠，尤其突出的是四只小膀的蝙蝠玲珑透体，互相呼应，为严谨的画面增加了活力。

6. 福寿蝙蝠硬拍子风筝

福寿蝙蝠硬拍子风筝是用一只口衔蟠桃的蝙蝠来表现的。“蝠”与“福”同音，桃子则是长寿的象征。画面把桃子和蝙蝠组合在一起，表达了幸福长寿的美好愿望。蝙蝠全身红色，取“洪福齐天”的意思。头部非常写实，身体以蓝色花纹连接而成，翅膀夸张概括。蝙蝠所衔的桃枝上长满绿叶，蟠桃由绿叶衬托，鲜艳饱满。整幅画面利用补色对比产生了非常鲜明的远视效果。

7. 鲤鱼满堂肥沙燕风筝

鲤鱼的“鲤”字与“利”谐音，所以鲤鱼在民间也被当做“财神”，哈氏风筝也常以鲤鱼作为风筝的主题。鲤鱼满堂风筝的画面是红色鲤鱼和黑色正图沙燕重叠而成，剩余的空白处则用绿色的荷叶和蝙蝠作为装饰。鲤鱼画法生动具体，鱼眼、鱼鳞、鱼鳍都比较写实，鱼尾翻卷，更显得活泼自然。荷叶和蝙蝠的画法也很具体，颜色由中心到边缘逐渐变浅，在黑底上非常突出。整幅画面构图饱满，色彩对比强烈。

鲶鱼（局部）
65cm × 1000cm
1990年
哈魁明制作

四、艺术特色与主要价值

1. 艺术特色

“扎、糊、绘”是风筝的制作技艺，从扎制骨架、粘糊面料到绘制画面，程序看起来很简单，但实际上想要达到一个比较熟练的程度，必须得经过很长时间的训练才行。哈氏风筝有很多关于风筝制作的专有词汇，这是几代人在日常的劳作中创造的，这些词汇简明又形象，其本身就是哈氏风筝的一个特色。从风筝制作来说，“扎”放在第一位，说明了它在风筝制作中的重要性。“扎”是个统称，里面包含了很多工序，比如前期挑选材料，加工材料，像烤竹子、劈竹子、削竹子这些步骤，最后才开始扎风筝。扎好风筝以后，就开始第二个重要过程“糊风筝”，以前艺人粘糊风筝没有胶，只有糨糊，就先把骨架都裹上纸，再糊风筝。哈氏风筝的糊制方法分为平糊、裹糊、连糊和补糊。风筝粘糊好了就可以画画面了。哈氏风筝绘制分为四种，第一种先在纸或绢上画好图案，再粘在架子上。我们可以采用拼接和补色的方法来完善风筝的绘制；第二种是画完线稿后粘好，再上色；第三种是先根据风筝的骨架套好形状、大小，之后再套画稿，画好画稿后再与风筝粘接上，最后再补色；第四种是粘好风筝以后再构图、上色，这种方法要求技术高一些。不论用哪种方法绘制风筝，都需要抓住风筝图案色彩对比强烈、颜色纯的特点，画风筝铺颜色，能一遍到位就画一遍，要突出主题。

从造型上来讲，风筝造型是建立在骨架结构的基础上的。第三代哈魁明将哈氏风筝从造型上进行了分类，他根据各种风筝骨架结构和放飞条件将哈氏风筝分为八大类：硬翅类、软翅类、硬拍子类、软拍子类、软片类、伞翼类、串儿类和立体类。到了哈亦琦这一代，对于哈氏风筝的造型分类又有了新的体会。哈亦琦根据多年制作和放飞小风筝的经验，发现软片类风筝在制作原理上和软拍子类风筝基本相同，因此，他将软片类风筝归纳到软拍子类风筝中，形成七种主要类型：硬翅类、软翅类、硬拍子类、软拍子类、伞翼类、串儿类和立体类。

风筝的色彩与其他民间艺术的色彩特点基本相似，但也有不同之处。哈氏风筝根据自身的造型特点和民俗特点，运用各种颜色来处理画面。哈氏风筝的用色基本上采用对称的形式，各种色彩比重差不多，在变化中又有统一。它的色彩的发展受到民间艺术的影响，具有纯朴、豪放、明快、强烈、单纯的色彩特点。同时也受到宫廷艺术的影响，用色比较考究。经过百余年的发展哈氏风筝逐渐形成了自己用色的特点，即色彩对比强、艳、纯。比如哈氏的“龙凤呈祥”风筝，是以红色的龙和绿色的凤搭配，再用蓝色在四周衬托；“万福流云”风筝是淡灰色的云衬托着黄、红、绿、蓝、紫各色的蝙蝠，表达了多彩多福的意义；“瓜瓞绵绵”风筝用大红大绿表达夫妻恩爱、子孙满堂的吉祥寓意。

哈氏风筝一直比较重视风筝的远视效果，风筝的远视效果，主要是造型和色彩上突出渲染它的整体效果。风筝在空中飞行时，是处于运动的状态，会因为气流变化产生颤动，同时它还要受到日光、天气变化的影响，好的远视效果也是制作风筝所追求的。

哈氏风筝的构图也有自己的特点。整体看来，就是丰满适度。具体来说，有这些特点：

第一，哈氏风筝的构图可以分为独立构图和整体构图。独立构图就是一个单独的形象，比如蜻蜓、蝴蝶、鱼、蝙蝠、蝉等，它的骨架、色彩和构图都是一体的。

第二，在绘制风筝时，运用不同的色彩来达到不同的视觉效果。哈氏风筝的色彩运用分为整体色彩和局部色彩。

第三，风筝绘制的局部打破和整体打破。以沙燕风筝为例，局部打破的手法就是在保留燕子的五官、尾巴、翅膀图案的基础上，按照客人的要求画上吉祥图案，比如龙凤、蝙蝠等等。整体打破就是仅仅保留燕子的头部和尾巴尖的图案，其他地方都画别的图案，如“九龙燕”、“万福流云”风筝就是属于全部打破的构图。

第四，沙燕头部的正图和倒图。正图是沙燕的普通模式，也称正涂，即正着涂抹。倒图，就是与沙燕颜色相反，所有白色的地方涂黑，画黑地方以白色勾描，也称倒涂。哈氏沙燕风筝底色搭配模式是按照肥、瘦两种沙燕的正图和倒图来分

寿灯
80cm × 110cm × 54cm
1981年

的。倒图分三种颜色：黑倒图、蓝倒图和红倒图，蓝倒图又有群青和普蓝两种。

风筝的绘画艺术形式有别于其他的绘画艺术形式。在绘制风筝时处理画面中的点、线、面，有很多具体的方法。有的是用线勾勒面的边缘，有的是用点和线组成面。不同的绘画方法，可以表现出不同的视觉效果，从而改变整体风筝的视觉艺术效果。哈氏风筝的绘画方法经过几代人的总结和归纳，已经形成哈氏所特有的绘画技巧和用笔特点了。

2. 主要价值

北京风筝具有深远的民俗价值。扎制风筝是为了放飞。放风筝最初始、最基本的含义是取其“登高”之意，积极向上、拼搏进取，另还有“避邪”含义。过去在北京每年农历立春之前、谷雨之后，各家到野外放飞，然后切断引线，任其自由飞翔，意欲驱邪保平安。这种习俗直到现在还仍有流传。此外，放风筝还是一种强身健体的体育运动。古时就有小孩放风筝“张口仰视，可以泄内热”、“放之空中，最能清目”之说。儿童放风筝时，眼睛随着风筝在蓝天晴空下时远时近、或左或右地移动，是一种眼睛得到休息的好方法。可见，放风筝既能娱乐，又能健体。

风筝的制作包含了物理、绘画、书法、民俗、工艺等诸多知识和技巧，因此它带有一种集多样艺术于一身的特点。北京风筝以其精巧的做工、华美的色彩和其独具特色的宫廷味道，独秀于林。哈氏风筝的品种极为丰富，鸟兽虫鱼、人物花卉，应有尽有。风筝无论从造型、绘画、工艺制作等方面，都具有静态美的特征。

“丹凤朝阳”伞翼风筝
133cm × 74cm
1988年
哈魁明、哈亦琦合作

它不仅可以放飞，而且还可以陈列、展览，供人观赏。哈亦琦多年来潜心于哈氏风筝的继承和发展，随着自身视野的拓宽和艺术修养的提高，在承袭传统的基础上对哈氏风筝进行突破，设计制作了一系列可以用于收藏的观赏风筝。这些风筝在制作方面更多突出图案的精美，可供人近距离感受风筝的静态之美。

制作一件风筝成功与否，需要通过“扎、糊、绘、放”来体现。除了造型、绘画之外，放飞最能检验风筝的质量。当风筝凭借风力能在高空起飞，这种翩翩起舞、栩栩如生的飞翔之美便是风筝审美价值的本质所在。哈氏风筝一直以其骨架制作精良考究，放飞效果好而闻名于世。其精良的做工保证了放飞的效果，尤其当放飞仿真风筝时，那些在空中起舞的风筝很难使人辨别其真伪。这种飞翔之美，给人一种富有生机、充满活力的艺术形象感，正因为如此，它才引人欣赏，令人心旷神怡。也正是这种美，吸引了古今中外数以万计的游人、观者，为其独特的艺术价值而沉醉、着迷。

五、哈亦琦艺术年表

1954年3月，出生于北京“风筝哈”世家。

1982年，在家传造型上结合装饰绘画手法制作的《凤蝶》获北京市工艺美术二等奖。

1983年5—6月，应美国旧金山文化中心基金会和美国风筝协会的邀请，主持美国旧金山的“中国风筝展览”和在西雅图的“中国周”等活动。

1984年3—10月，参加了在美国西雅图太平洋科学中心举行的“中国传统技术展览”交流活动。《凤蝶》由西雅图市长克莱瑞先生收藏。

1986年5月，《中国哈氏风筝》一书由香港商务印书馆出版发行，并在香港地区举办“中国哈氏风筝展览”及讲学交流活动；同年12月在新加坡举办“哈氏风筝专题展览”，并举办讲学交流活动。

1988年4月，在北京举办的国际风筝大会上，《鹦鹉》获展览奖。

1989年6月，被评为“北京民间玩具工艺大师”。

1990年8—11月，在韩国举办的“中国古代传统荟萃展览” 中主办了“哈氏风筝展览”部分；同年，哈亦琦设计的哈氏风筝被评为“工艺美术精品”。

1994年6—7月，应荷兰、比利时两国政府的邀请，在荷兰的阿姆斯特丹市、鹿特丹市及比利时安特卫普大学举办“哈氏风筝巡回展览”及讲学交流活动。

彩蝶

95cm × 112cm
1915年巴拿马国际博览会银奖作品，
哈亦琦复制

1995年7—8月，应克罗地亚政府的邀请，在萨格勒布市科技馆主持举办了“哈氏风筝展览”及讲学活动。

1998年5月，在荷兰海牙市举办的国际风筝大会上《百米龙头蜈蚣》获第一名。并由北京市政府赠与海牙市政府，悬挂于海牙市政厅。

1999年3月，参加了在泰国曼谷举办的“国际风筝节”，《紫凤蝶》由泰国公主收藏。

2001年6月，参加了由北京市政府在俄罗斯莫斯科市举行的“中国文化节”的风筝展览及表演交流活动。

2000、2002、2003、2004年分别应邀参加了英国桑德兰市和博得佛特市举办的“国际风筝会”及交流活动。

2002年9月，参加了北京市文学艺术界联合会举办的“北京市迎接中国共产党十六大召开美术、摄影、书法、民间艺术新作品展览”，作品《喜庆》获优秀作品奖。

牡丹蝶软翅风筝画谱
23cm × 27cm
2006年

2003年3月，应希腊雅典市政府的邀请，参加了在希腊雅典市举行的中国风筝展览及表演交流活动。4月应邀在北京国际学校主持举办了“哈氏风筝展览”及讲课交流活动。

2004年8月，参加了北京市文学艺术界联合会举办的“还看今朝——北京庆祝中华人民共和国成立55周年书法、摄影、民间艺术优秀作品展览”，作品《牡丹蝶》、《蓝凤蝶》获优秀奖；10月参加了在德国法兰克福市、海德堡市举办的“中国文化周”展览及交流活动；12月获得北京市第二届“中青年文艺工作者德艺双馨奖”。

2007年10月，在西班牙文化艺术交流中，送给前国际奥委会主席萨马兰奇先生哈氏风筝《苍龙训子》；同年，作品《蓝牡丹蝶》获得全国旅游产品设计金奖；11月获得全国第二届“中青年德艺双馨文艺工作者”荣誉称号。

2008年2月，应邀随北京文联民间艺术代表团去美国芝加哥大学进行艺术交流活动；3月应邀在中国美术馆举办“风筝史话”讲座；8月参加在北京举办的第29届奥林匹克运动会中在奥运村“民族手工艺展演”活动；5月随文化部参加在哥斯达黎加举办的“民间艺术展”等交流活动。

2009年2月，组织参加了在首都博物馆举办的“北京民间艺术展”；4月随北京工业信息化促进中心去台湾参加 “北京工艺美术大师展览”及文化艺术交流活动；10月随文化部参加在德国法兰克福国际书展中“中国手工艺”展示及交流活动。

2010年4月，随北京工艺美术协会参加在法国、英国举办的艺术交流活动；11月参加在北京举办的“文化创意展览”并获创意优秀奖。

2011年4月，在北京新光天地艺苑主持举办了“北京风筝展”；同年6月应邀在中央美术学院举办“中国风筝讲座”及“北京民间艺术展”和教学活动；9月应邀在美国密西根大学孔子学院举办“中国风筝讲座”展览及教学活动；10月随北京文联民间艺术代表团在法国、德国主讲“中国风筝艺术”讲演及展览交流活动；同年，参加在北京举办的“文化创意展览”，展出文化创意产品五大类近百件，并获得“创意优秀奖”。

（本篇撰稿　任晓姝）

红鹦鹉
213cm × 220cm
1985年

冷世祥

——北京风筝艺术家

他喜爱风筝，风筝之于他，不是挣钱的营生，也不为出人头地，这是一种内心的召唤。他自学、拜师，都是为了把风筝做好，为此，他可以放弃一切。1962年他开始拜师学习风筝制作至今，半个世纪过去了，他苦苦地思索如何在传统基础上创新，他设计的风筝静止在那里，但似乎已经起飞。1999年，人民体育出版社出版了他著的《风筝制作指导》一书，至今仍是风筝艺术爱好者的必读书。在这样默默度过的日子里，在这动与静的平衡中，他也找到了自己作为一名风筝艺术家的价值。2005年，他被中国艺术研究院聘任为首批“民间艺术创作研究员”。

一、北京风筝概介

北京是全国四大风筝产地之一，至今已有三百多年历史。清代时，北京风筝已形成了独特的京派风格，放风筝成为市民健身、娱乐的一项传统民俗活动。清《帝京岁时纪胜》记载：“清明扫墓，倾城男女纷出四郊，提酌挈盒，轮声相望，各携纸鸢线轴，祭扫毕，即于坟前施放较胜。京制纸鸢极为工巧，有价值千金者，琉璃厂为市宜之。”这段文字不但记载了当时北京倾城男女“各携纸鸢”的放风筝习俗和清明扫墓后施放较胜的盛况，也指出了当时以琉璃厂为市场进行买卖和交易风筝的情景。《北京竹枝词》也有这样的描述：“风鸢放出万人看，千丈麻绳系竹竿。天下太平新样巧，一行飞上碧云端。”

北京风筝素有“北城黑锅底，南城瘦沙燕”之说，其实这是用两种代表性风筝形式区分两种不同的北京风筝的风格。“南城瘦沙燕”指的是如今已有四代传承的“风筝哈”，“北城黑锅底”则指“风筝金”，金家是满族人，做风筝为祖传，代表性人物是金福忠（卒于1979年）。金福忠的祖辈为宫里供奉风筝，他们三代皆以制作“黑锅底”风筝享有盛名，擅长做8尺以上的大风筝，金家的风筝还为大宅门里所欢迎，当时住在北半城的王府大宅门富有之家都到他这里来订制，成为长年的老顾主。金福忠少年时就随父亲在东四四条西口外摆摊，17岁单独创业，在地安门外大街路西的火神庙定点摆摊直至20世纪60年代。金福忠制作的风筝以造型雄伟、画工粗犷、飞行能力强等为人称道。他有三项绝技，一是“纸捻儿扎”，用纸捻儿扎结；二是“独膀条”，不论多大的风筝皆用一根竹条完成；三是“先糊后画”，在糊好的风筝上画画面儿。其所绘制的“黑锅底”谱式美观，黑白二色所占比例适当，对比强烈，图案线条分明，尤以鼻疱改用下飞蝙蝠图案，设计巧妙。他除做门字架沙燕拿手外，对米字架的金鱼、蝴蝶、飞虎等花活及各类软翅类风筝都能制作且技艺精绝，据说慈禧放的大金鱼风筝就出自金家。金福忠后将技艺传给了北京风筝艺人孔祥泽，孔祥泽毕业于北平国立艺术专科学院，他幼年就随金福忠先生去放风筝，11岁成为金先生的入室弟子，学习风筝的制作。孔祥泽所做的“沙燕”系列风筝，采用了硬膀、硬拍子和人字膀三种结构组合的扎糊方法。北方以燕子归来比喻春回大地，又是吉祥喜庆的象征，沙燕风筝根据燕子春返秋徙的候鸟生

福聚（沙燕）
103cm × 98cm
2003年

存规律，以燕子为原型，与人相应年龄阶段的发展变化为参照，创作出燕子在各种不同生长阶段的造型。孔祥泽的弟子冷世祥，在继承金氏“北城黑锅底”风格的基础上，在色彩上大胆改革，采用新材料制作出具有个人风格的北京风筝，并创作了形式不对称但仍具放飞功能的风筝，他的创新风筝在某种程度上推动了北京风筝的发展。

明清时期，放风筝和踏青一样，已经成为北京人最重要的民俗活动之一，这是因为清明时节，春风拂绿，从天气条件来说最适合放风筝。据《清嘉录》记载：“春之风自下而上，纸鸢因之而起，故有‘清明放断鹞’之谚。”除此之外，北京人以为放风筝可以放走自己的秽气。《红楼梦》中有这样一段描写：林黛玉不想将制作精巧的风筝放掉。李纨劝她：“放风筝图的就是这一乐，所以叫放晦气，你该多放些，把病根儿带去就好了。”而当紫鹃要去拾断了线的无主风筝时，探春又劝阻：“拾人走了的，也不嫌个忌讳?”可见古时放风筝是人们消灾祛病的手段，不能去拾别人的风筝，以免沾上别人的晦气。因此，在清明这天将灾病写在风筝纸鸢上，待风筝高高放飞时，剪断风筝线，让灾难和疾病随风而逝正是放风筝的一种文化功能的体现。如果断了线的风筝落到谁家院子里，主人一定会赶紧撕掉，或从家里扔出去，这是因为怕把别人家的灾病和晦气留在自己家里。人们不仅白天放，夜间也放。夜里在风筝下或拉线上挂上一串串彩色的小灯笼，像闪烁的明星，被称为“神灯”。所以，北京清明放风筝不是单纯的娱乐活动，而且是一种带有巫术性质的娱乐行为。

风筝的分类，有些是以事物或结构来划分的，有的是以风格、途径或者大小来划分的，众多的划分方法是对风筝的不同理解的结果。宋代的《宣和风筝谱》是最早对风筝按照所绘事物进行了分类。保存在上海博物馆的民国初年《北平风筝谱》，是现今可见的北京地区对于风筝的分类画谱，是以风筝在形式上的称谓和结构扎法结合来作为分类，其分类目录简述如下：

沙燕类：可分为肥沙燕类、瘦沙燕类、沙燕（动物、植物、书法等）、沙燕

（人物）。其中，肥沙燕又分为黑锅底、素沙燕、蓝沙燕、沙燕几类；

软翅类：如双鱼、壁虎、蝌蚪、花蜻蜓等；

拍子类：如膏药、八卦、七星、水桶、门灯等。

北京的风筝融民间文化、宫廷艺术于一体，其扎、糊、绘、放的制作流程颇具独到之处，旧时的风筝注重放飞功能，后来又对风筝的装饰给予高度重视，于是逐步形成了北京风筝画面色彩鲜艳夺目、笔法细腻多变、刻画形象夸张而逼真的特点。北京风筝还讲究静中有动的平衡之美，稳定好放，适应北方多变的大风天气。创新后的北京风筝以拟人的方法，将沙燕风筝赋予人的形象与性格，使得人与物合二为一，在内涵与意境上有着更加独特的体现。

二、冷世祥从艺经历及艺术成就

冷世祥，1950年出生于北京一个普通家庭。冷世祥从小就十分喜爱风筝，因兴趣所致，他自己开始学着做风筝，那会儿没有人教他，完全是凭着兴趣自己摸索，没有纸，他就用报纸垫在家中的饭桌上扎制了第一件绘画风筝，有七尺大，小孩子做这么大的风筝还能放飞，实属不易。虽然用现在的眼光来看，那些风筝制作和绘画都毫无章法，但正是当初单纯的模仿与对风筝的喜爱，让他与风筝结下一生的缘分。冷世祥对于风筝的喜爱是有原因的，小时候，冷世祥有一位要好的玩伴，名叫赵坤。赵坤的父亲与北京风筝艺术家孔祥泽先生是好友，每次孔祥泽先生拜访赵家时，冷世祥都会跑去看先生制作风筝，像削竹条、扎骨架就是那时候学会的。久而久之，孔祥泽先生注意到这个默默站在他身边，专心看他制作风筝的少年，他将冷世祥对风筝的专注与痴迷都看在眼里，并慢慢地向他传授风筝制作方面的知识。就这样冷世祥与恩师结缘，1962年正式开始跟着孔祥泽学习风筝的制作技艺。

1969年，冷世祥到云南勐腊插队，由于那边气候潮湿，竹子太潮，不能做风筝，所以这10年时间他与风筝几乎绝缘，直至1978年他返回京城。回城后，冷世祥在一家医疗器械公司从事管理工作，但这并没有埋没他的艺术天分以及对风筝的热

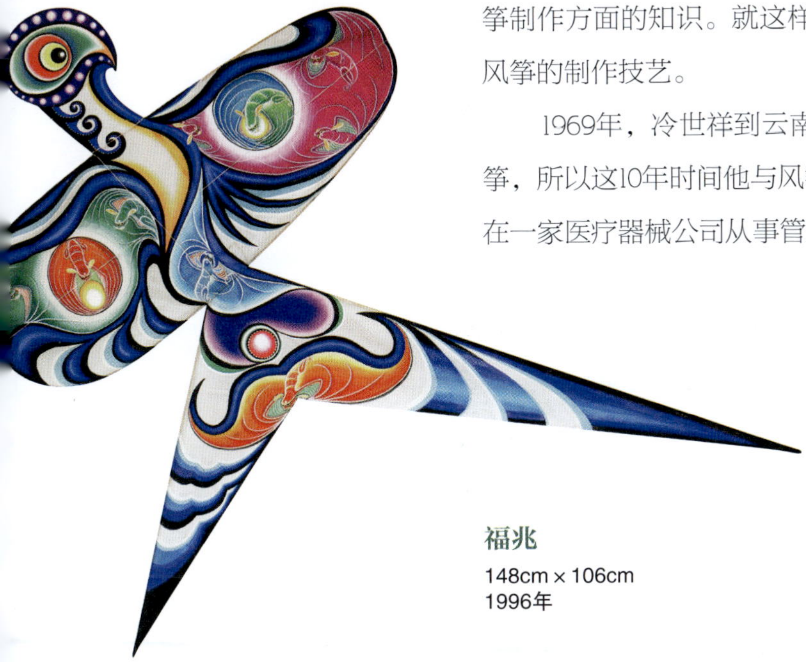

福兆
148cm × 106cm
1996年

化蝶
108cm × 146cm
20世纪90年代中期

爱，他利用空闲时间继续跟随孔祥泽先生学做风筝。1979年颐和园举办第一届风筝展，在孔祥泽的引荐下，冷世祥也拿出作品参展，正是在1979年的风筝展览以后，风筝开始又回归到北京人的生活中来，重新被人们所重视，也正是这个机会，鼓励冷世祥又重新拾起做风筝的手艺。在孔老师的指导下，他开始研究传为曹雪芹所作的《南鹞北鸢考工志》中的风筝图谱和扎绘风筝的歌诀，尤其是对“扎燕”系列作了深入系统的研究学习，并对其中所介绍的风筝样式进行了复制。20世纪80年代中期，是冷世祥风筝技艺进步最快的时期。随着学习的深入，他不再满足于已经掌握的各种绘制风筝的方法，开始更高的艺术追求。1988年，冷世祥到北京师范学院进修美术、工艺学科方面的知识，提高自己的艺术学养，其间他创作了一批以传统风格为主题，反映作者审美情趣的风筝作品。

由于冷世祥的风筝结构独特，设色别致，从1987年开始他便频频受邀参加展览。1987年他参加了中国美术馆举办的“北京民间艺术展”和“北京民间艺术出国巡回展”，伴随冷世祥对风筝不断钻研的努力，各项荣誉也随之而来，自1991年

生灵
132cm × 90cm
1990年

始，他在山东潍坊、上海、广东、四川、北京等全国和国际风筝比赛中都取得过第一名，作品先后在中国美术馆、中央美术学院和瑞典等地展出，并被中国美术馆、首都博物馆和外籍人士收藏。他制作的《彩蝶迎春》还作为北京市的礼品赠送莫斯科市政府。从1992年始，中央电视台、北京卫视分别拍摄了《中国一绝》、《曹雪芹与北京风筝》、《风筝制作》、《冷世祥和他的风筝》、《微型风筝——冷世祥》等，介绍了冷世祥的风筝艺术。此外，《中国报道》、《中华遗产》、《艺术》等艺术期刊和报纸亦有对他的报道。1999年，他著的《风筝制作指导》一书，由人民体育出版社出版发行。

1995年他被评为“中国民间工艺美术家”。2005年被中国艺术研究院聘为首批“民间艺术创作研究员”。2005年参加中国美术馆“乙酉新春民间美术大展”；2006年参加“香港2006中国民间艺术节”。

在风筝制作上，冷世祥始终是一个敢于创新、不断前进的人。他所做的风筝规格和形式多样，有一米左右的大风筝，有玉米粒大小的微型风筝，有中规中矩的传统风筝，也有造型与设色极为特别的风筝，每一件都投射出他对风筝艺术的别样思考。1989年为了寻找创作灵感，冷世祥远赴甘肃敦煌考察。在敦煌，面对空寂的月夜沙海，一个人的孤独与无助油然而生，回来以后，他就设计并制作诸如《精灵》这一类以反映人内心活动为主的作品，这时的作品已经完全个人化了，骨架虽然还是传统的做法，但在色彩与形式的表达上已经与以往的风筝截然不同。此后的十几年当中，冷世祥虽然也做一些传统的风筝，但主要还是以探索创新为主。到了2000年前后，他又开始回归传统，创作了一批风格上现代与传统相结合的风筝，中国美术馆收藏的《伎乐飞天》就是这一时期的代表作品。这幅作品冷世祥在制作时借用了传统沙燕的造型，而在图案内容上采用的却是在敦煌采风所看到的飞天造型，这件把中国的传统民俗图案与佛教艺术相结合的作品吸引了很多人的目光，但这种成功并非偶然，而是他多年探索积淀的成果。

除了色彩与内容上的创新，在多年师承传统之后，冷世祥最大的创举就是创制了不对称结构的风筝。他突破了传统风筝对称均衡的造型结构，大胆地将沙燕的两条腿做成一长一短不对称的造型，冷世祥经过刻苦研究风筝飞上天以后受风的原理，发现这种看似不对称的风筝却仍能取得平稳飞翔的效果。此外，他还将左右上下大小不同的多种结构组合为一个整体造型，增加了风筝形式变化的多样性，也更加丰富了表现的方法与创作的随意性。他的作品《九蝠迎祥》、《舞》、《生命之火》等作品，以新颖的不对称造型和构图，淋漓尽致地表现出他所发现的动态美。

冷世祥通过多年研习和创作，积累了丰富的风筝制作经验，他对于如何继承和发展风筝这门传统技艺有着自己的感悟和体会。他认为任何艺术都是在继承的基础上才可以谈到创新的，创新的目的就是为了使其保持旺盛的生命力。冷世祥曾在他所著的《风筝制作指导》一书中有这样的一段话:“传统是一个强大的基础，是取之不尽用之不竭的源泉，不要继承的创新是不存在的。”冷世祥热爱风筝，更加热爱艺术的创新，他将结构设计视为体现风筝作品内在表达的手段，把材料的选择与把握视为风筝创作的重要因素。对于风筝的创新，冷世祥主张在风筝之外寻求灵感与启发。他所制作的风筝，制作工艺仍是扎、糊、绘、放这传统的“四艺”，虽然作品形式和内容所承载的思想理念变了，但传统的根基没变。在他那些看起来新颖、特别的风筝作品中，与传统的联系依然清晰可见，这些联系都可以从他的代表作《九龙燕》、《伎乐飞天》、《不对称》、《精灵》中体现出来。

精灵

150cm × 110cm
1991年

三、代表性作品赏析

1. 《精灵》

这件风筝作品是1989年冷世祥从敦煌考察回来后制作的，其灵感源于在敦煌鸣沙山观月。茫茫大漠中，月色寂静，天地之间人是如此渺小，那一瞬在空旷的天地中仿佛真的有精灵在月光下翩翩起舞……这种奇妙的体验和感受深深地打动着冷世祥，隔年他便设计制作了《精灵》。这件风筝作品的设计完全颠覆了传统风筝的造型、色彩及图案布局，更多地表现出个人的内心感受和对艺术的敏感把握。

《精灵》在骨架设计上和图案设计上都是不对称的，整体造型追求一种剪影的效果。风筝图案十分独特，弯曲的线条在整个画面中穿插跳跃，抽象的图案仿佛具有生命一般，变化是这个图案的主旋律。《精灵》以紫、蓝、黑三色为主要基调，运用渐变色、同类色和对比色渲染整个画面，将观者带入一个空灵而又生生不息的神秘世界。从某种意义上来说，《精灵》仅仅是凭借风筝这样一个载体，来表现冷世祥对于艺术的思考，它的色彩、图案完全脱离了以往需要风筝来承载的吉祥意义。从另一方面看，这件作品对于传统的风筝来说，又是一个全新的突破，它源于传统，又有所创新，给人以别样的美感。

2. 《反弹琵琶》

《反弹琵琶》的画稿创作于20世纪90年代，作品制作于2010年，是一件不对称风筝。不对称的造型源于冷世祥对于中国传统文化阴阳的理解，他认为阴阳是一种动态，代表相生，所以在制作这件风筝时，他通过不对称的造型和设计把动感更突现出来。冷世祥所创作的不对称风筝，不仅展现了一种动态之美，也将风筝这门艺术的极大包容性呈现给世人。

这件作品的造型是在燕子造型的基础上进行的变形，结构上创新比画面的创新要复杂得多。在制作不对称风筝时除了考虑整体的美观性外，还要考虑到放飞时的端正、平稳，因此，对于制作技艺要求极高。《反弹琵琶》的画面以冷色调为主，不同明度蓝色的运用，使整个画面极为淡雅。画面正中绘有一位弹琵琶的飞天，作者以流畅、传神的线条勾画出舞动的飞天，飘动的长绫、缭绕的祥云，更加凸显了飞天的飘逸。整件风筝极具动感，又不乏神秘、脱俗之美。

3. 《思》

《思》创作于2005年，这件风筝的造型选取了佛像面部极具特征的部分，闭上的双目、笔直的鼻梁，以及前额的红痣，都是其表现对象。为了满足风筝的造像

反弹琵琶
132cm × 94cm
2010年

效果和放飞性能的需要，这件风筝采用了四种不同的扎糊方法并把它们融于一体，把佛的双目与鼻、口及红痣纳入了水平线与垂直线相结合的结构中，将佛的端庄、祥和与静思之态更好地表现出来，这种造型增加了风筝外轮廓线与形式上的变化，加强了整体视觉影响的表现力，大效果更加明确醒目。

4.《比翼燕》

白居易在《长恨歌》中有这样的佳句"在天愿作比翼鸟，在地愿为连理枝"，以此来比喻夫妻二人之间的深情厚爱与坚贞不渝。这件比翼燕就是以此来创作的。比翼燕在表现形式上还是以燕子为造型主体，但它不同于其他沙燕的形式。比翼燕是两只燕子肩并肩，各有一边翅膀重叠在对方身后的形式。近看是两只燕子，而将其放飞后两者又合二为一，近似一只燕子。这种随着距离的变化，观赏效果也随之变化，正是

思
87cm × 113cm
2005年

比翼燕的迷人之处，体现出构思设计的巧妙。

比翼燕有成双之意，在绘画时燕身为正面，一个往前挤，一个向后靠，头部要侧脸相对，有一种两两相望之感，表达夫妻二人相敬如宾的真挚情感。比翼燕的底色为青色在后，代表男性；紫色在前，代表女性。这两种颜色分别取冷色中最暖的群青和暖色中最冷的玫瑰紫，两色相互对比、衬托，十分耀眼。两只燕子的翅膀上分别绘有盛开的牡丹花，红绿牡丹交相辉映。其中蝴蝶翻飞，使得整个画面活泼而生动。比翼燕的双爪共同采集连理枝，仿佛正要构筑一个属于自己的温暖之家。在连理枝上长出两朵含苞未放的牡丹花蕾，在双燕胸前合成一颗红色的心，以表现心心相印的美好情感。腰部各有一道金环，渐变色的渲染更加凸显了立体效果。此外腰部还绘有的“三元寿”、蝙蝠图案的腰栓，寓意吉祥。这件《比翼燕》为冷世祥20世纪80年代作品，设色明快，工笔细腻，工艺精湛，是一件不可多得的传统风筝佳作。

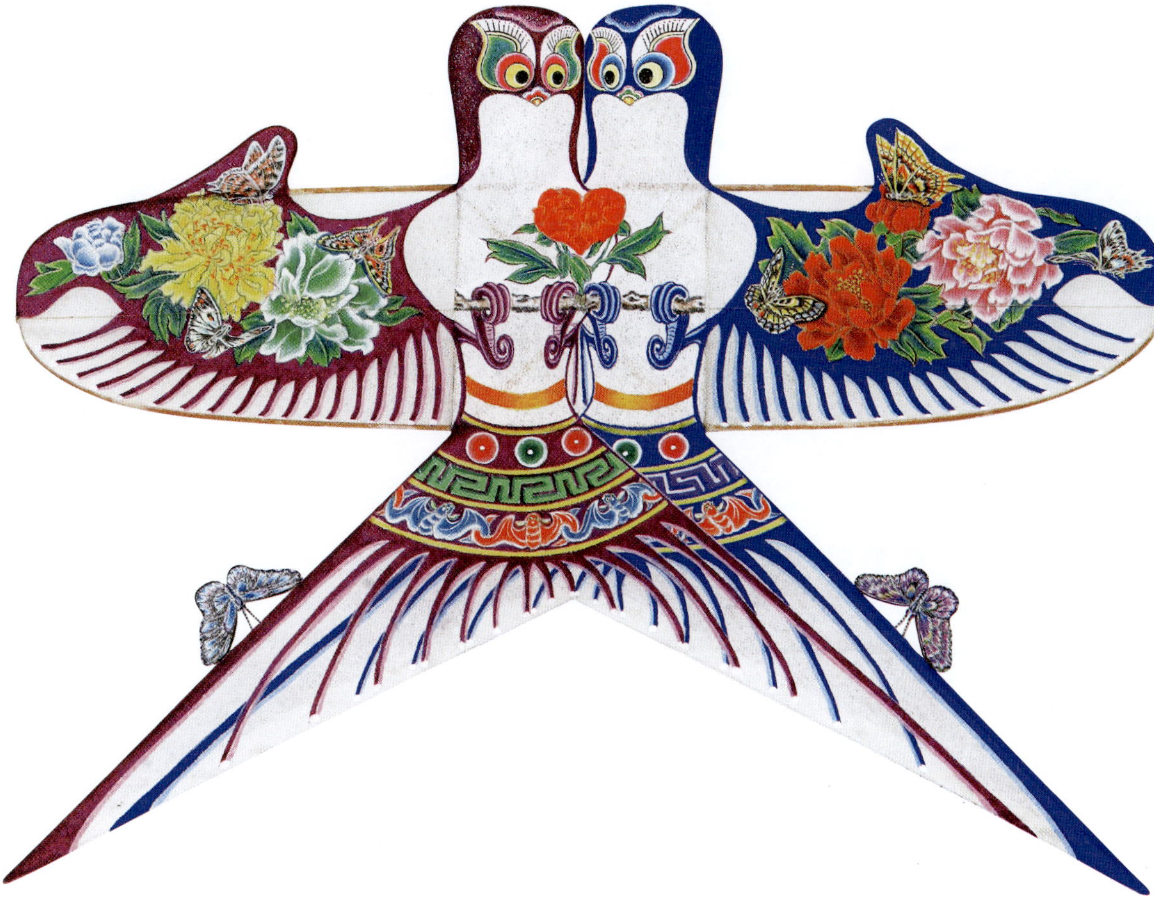

比翼燕
17cm × 23cm
1987年

5. 《蛱蝶寻芳》

大地回春之际，首先返回北方的是羽翼丰满的成年燕子，其中肥燕造型代表雄燕，也被比喻为盛年男子。《蛱蝶寻芳》为作者20世纪80年代的作品，这件肥燕制作精巧，头部造型略显正方，表现出雄燕的特征。燕子的面部被绘制得大方而舒展，十分拟人化。眉梢上扬，双目有神，呈俯视状。一个红色倒蝠，镶嵌在上翘的燕嘴上，以喻笑口常开、“福到眼前”之意。燕子的翅膀上绘有绿叶缠绕花朵的图案，红花绿叶颜色鲜艳而明亮。其中红色花朵是“五福捧寿”图案组成的，而绿叶又是由形态不一的绿色飞舞的蝙蝠组成。《书·洪范》中对五福的解释是：“五福一曰寿，二曰富，三曰康宁，四曰攸好德，五曰考终命。”五福，是风筝中较为常见的吉祥图案。画面中五福向花芯聚拢，近看是吉祥图案，远看五组“五福捧寿”图案又组成一朵大的盛开的桃花，周围的绿蝠（谐音“禄福”），连绵花寓意春季的来临，又兼有“福禄寿”的寓意。这种图中有画、画中有意的精巧安排，体现出作者的巧妙构思。燕子的腰部绘有寿桃、蝙蝠、“卍”字纹和盘常纹等吉祥图案，

蛱蝶寻芳（肥燕）
20cm × 18cm
1985年

在燕翅和燕腿上有四只黄色蝴蝶点缀其上，仿佛蝴蝶在花丛之中飞舞，更加增添了整体画面的气氛。这件风筝制作精细，画面布局疏密有致，整件作品用图案化的形式体现燕子喜报春归的气氛，以拟人的手法来表现雄燕的气宇轩昂，体现了作者特有的审美情趣和精湛的制作技艺。

四、艺术特色及主要价值

1. 艺术特色

风筝是一门以制作技艺为主的民间艺术种类，从材料的预备到“扎、糊、绘”三大工序，是一个十分复杂的过程。

（1）工具及材料

工具可分为制作工具和绘制工具。

制作工具包括横削刀：是削竹的必要工具；竖刀：用于刮削较小的竹条；刮胡刀片：风筝粘糊好了用于净边；劈竹刀：亦称篾刀，专门破竹划篾之用；手锯：用于锯断竹材和骨架锯榫；手摇钻：为风筝骨架折叠处打眼铆钉；酒精灯：为竹条烤形最经济方便的工具，也可使用电烙铁；黏合剂：用于裱糊风筝，常用的有糨

蝉
126cm×58cm
2002年

糊、乳胶、502胶等黏合剂；其他工具：较为常用的还有尺子、各种钳子、锤子、麻、线等工具。

绘制工具由彩绘工具和颜料两部分组成。彩绘工具以毛笔、水粉笔、鬃刷等画笔为主，用于风筝画面的勾画渲染。画笔的种类很多，其选择和应用是以画面的需要和个人习惯而定的，根据所绘制风筝的大小选择不同的彩绘工具。风筝所使用的颜料范围很宽泛，广告色、水彩色、国画色、品色等均可使用。民间在绘制风筝上常使用品色，特点是颜色比较鲜亮，有透明感，价格便宜但容易褪色。

风筝的材料由风筝骨架和风筝蒙面所组成，风筝的骨架以竹材为主，除此之外，还可以采用箭竹、芦苇、白松杆等材料。风筝的蒙面材料主要以纸和绢为主，近年来出现的无纺布、尼龙绸也在各地风筝中广泛使用。

（2）骨架的扎糊

① 竹条加工

制作一件风筝要从竹条加工开始，对于一些大的竹材先要对半破开，然后按需下料。对一些较小的竹材进行加工时，用力要均匀，削去多余的竹瓤部分。遇到竹节时可利用刀的冲力将其破开，在使用竖刀削竹子时，要找好刀的角度，然后用力向前均匀地推进，凸起的竹节部分可用锉刀锉平或用刀削平。

骨架竹条均需加工过火，需要出形的竹条可按照图纸烤出形状。烤竹条时，不要离火苗太近，用火的热量慢慢地浸透竹条之中，所烤的竹条部位会逐渐变软，随着捏着竹条的手微微着力，竹条会自然地弯出所需要的形状。为了防止竹条变形，烤竹条要烤透，但不能烤焦。要注意的是，烤竹条时不可用急火，否者竹条会烤不透又容易发生断裂。

竹条削烤完后，要打刮竹条四周锋利的棱角。如果竹条有棱角会刮伤手指，也容易在绑扎和粘糊蒙面时将绑线勒断，划破蒙面等。在打磨棱角时，可以用刀、瓦片、砂纸等工具进行打磨。

② 绑扎

绑扎是风筝制作的一道重要工序，用料为麻、棉绳等。在绑扎前可先在削好的竹条上画好绑扎印记逐条绑扎。绑扎点如果作

处理竹子

制作细节

丁字或者十字直条交叉，可以左右各缠绑绳三至五道。骨架整体绑扎好后，要在绑好的绑绳上涂抹乳胶固定。

③ 粘糊

骨架绑好后，就要把画好的画面烫平在骨架上进行粘糊。一般平面的粘糊，是把画面朝下平放在桌面上，在骨架正面所需要粘糊的部位均匀涂上胶，然后与画面对正粘合。面料和骨架的粘糊，不需要把周边的侧背面竹条完全抿边包住。如果所粘糊骨架弯曲较多，则要随着骨架曲线的大小确定抿边的数量，然后涂胶抿边按实。等待胶水晾干后，将多余的边料剪去。不论粘糊什么样的风筝，风筝整体的外形都要保持干净，画面需平整，这样既美观也有利于给风筝上色。

（3）风筝的绘制

① 构图

可分为对称构图、中心构图、多视点构图、不对称构图、几何构图、群组构图、非平面构图等多种。

对称构图是指在风筝上绘制左右两边完全一样的图案，多给人一种稳定、庄重之感。

中心构图都用于在米字架风筝上绘制人物。在绘制时，人物基本居于画面整体垂直中心线的正中。周围配有云、水等，围绕人物展开。

多视点构图是指在画面中不采用焦点透视，整个画面中不是以一个固定不变的视点做构图，而是由多种不同视角的图案组合的构图方式。

不对称构图分为两种，一种是在对称的结构中设计整体的不对称或者局部的不对称；另一种是指主体结构的不对称，其构图和风筝骨架都为不对称。

几何构图是在构图中采用直线或者曲线作画面分割，以大小不同的三角形、圆形、多边形等做组合，给人以简洁明快的感觉。

鹤鹿同春（瘦燕）
22cm × 17cm
1987年

群组构图是由多件作品组成的，由多人参与放飞，在空中作为整体构成的一种构图形式。

非平面构图多用在立体风筝画面上。

② 色彩

色彩在风筝中的应用，首先要考虑到作品的整体效果。绘制风筝图案，要注意色块之间大小的比例、色相的变化和明度的变化。如果缺少色彩的整体把握，便会对画面的效果产生负面影响。在大色块和色调决定的前提下，还要兼顾近视效果和放飞后的远视效果。

2. 主要价值

风筝作为一门独立的综合型艺术，至今已有两千四百多年的历史了，上可追溯到有文字记载的“墨子为木鸢，三年而成，飞一日而败”的春秋战国时代，这是风筝发展史上的第一页。随着人类社会的进步，风筝吸收了其他各个门类艺术之长，逐渐地从功能、内容到形式愈加丰富，给我们留下了宝贵的文化遗产，至今仍有着经久不衰的艺术魅力。

冷世祥的风筝作品，是在传统的基础上不断在内容和结构上进行创新。他创

飞天舞
128cm × 94cm
2010年

飞天
134cm × 78cm
2010年

师于万物
20cm × 17cm
1990年

作了不对称主体骨架结构风筝，这种结构风筝会产生一种极强的运动感，非常具有视觉冲击力。一长一短的两条腿，在感觉的追求上，冷世祥想做到长的更长、宽的更宽，放飞的风筝要以天为背景来看，天空是灰蓝色的，所以放飞的风筝多颜色鲜艳，这是因为要和灰蓝色的背景拉开色彩上的层次。另外，风筝在放飞的过程中，由远及近、由近及远，它在空中的距离在不断变化中，所以在制作时还要揣摩因距离的变化图案也相应产生变化的因素，要想整体效果好，就得注重图案性。他的作品《百福骈臻》，近看是一百个蝙蝠，随着距离的不断变化，一百个蝙蝠可能会变成桃花，距离再变，图案又会不同。而挂到屋里观赏用的风筝则不同，必须要有近看的效果，而冷世祥很好地兼顾了这两者。除了色彩和图案的不同，不对称的风筝最大的特色就是飞起来也是平稳的，绝妙的是，在风筝保持平稳的同时，其提线还是正的，而非歪的，这是冷世祥反复试验的结果，里面带有计算的精妙，也有经验的作用。有时仅仅是微妙的变化，结果就会不同，比如他的风筝绑嘴，绑得深一点浅一点都不一样，两条腿的绑条一个是扁条，一个是方条，受风不一样，所以也有变化。从力学角度看，风筝本身有一种包容量，过了这个极限风筝可能就飞不起来了，所以要考虑风筝受风之后的平衡性。这种结构的创制，源于冷世祥内心对于风筝这门艺术的理解，他认为风筝本身是具有生命力的，只有不断地创新，才能发展。

从题材上看，他的作品中能够看到多样性文化元素的使用，从古代原始社会的岩画、彩陶、殷商代青铜器的装饰造型，到民间艺术中的泥人、竹编、剪

漫步

151cm × 74cm
2000年

螃蟹
80cm × 150cm
1994年

纸、皮影、木雕、竹刻艺术，都能带给他新的灵感。他常常将各门类的艺术元素结合进行艺术上的再创作，这使他的作品具有了一种虚幻的美。此外，冷世祥在用色上也较为特别，大量冷色的运用十分大胆，让他的作品更富于别样的变化。

有人这样评价冷世祥的作品："在风筝艺术的世界中，有许多形形色色在自然界不可能存在而人为地使其主观存在的事物汇聚一堂。这种移情使精神在现实与虚幻之间取得了一种平衡，而使风筝题材的选择与表现超越了时空的界限，可以使多元风筝形式的物象和平共处于这个广阔的空间，组成了一幅超现实的场景画面。"这段富于理性的评述，道出了冷世祥风筝的艺术特色。

风筝在对于冷世祥而言，不是挣钱的副业，也不是糊口的营生，而是出于喜爱而做的艺术，是听命于自己内心感受的艺术创作，他以民众通晓的吉祥喜庆的题材为蓝本，调动各种艺术手段，设计出了技艺与形式、实用性与艺术性和思想性高度统一的风筝作品，他在创作上的不拘一格为以后风筝的多向发展开辟了道路，而其所创作的风筝形式，也会因深厚的内涵与审美而流传广泛、长久不衰。

五、冷世祥艺术年表

1950年，出生于北京。

1962年，师从北京著名风筝艺人孔祥泽先生学习风筝制作。

80年代曾复制过部分北京传统风筝。

1987年，参加在中国美术馆举办的“北京民间艺术展”和“北京民间艺术出国巡回展”。

1988年，在北京师范学院美术系进修一年，后游历了敦煌，创作了《精灵》等不对称风筝。

1990年6月，参加亚运艺术节“民间艺术展”。

1991年，始在潍坊、广东、上海、四川、北京等全国和国际风筝赛中多次获得第一名。

1992年，参加深圳“中旅杯”大奖赛获三等奖，并赴瑞典参加“中国民间艺术展”。

1999年，冷世祥所著的专门介绍风筝制作技艺的《风筝制作指导》一书，由人民体育出版社出版发行；同年参加在俄罗斯举办的“99莫斯科中国风筝节”。

2003年，参加在中央美术学院美术馆举办的“北京民间精品风筝展”，该展览由北京民间文艺家协会主办。

2005年，参加在中国美术馆举办的“乙酉新春民间美术大展”；同年5月，被中国艺术研究院聘为首批“民间艺术创作研究员”。

2006年2月，在香港参加“中国民间艺术节”。

2008年1月，参加在中国美术馆举办的“天地同辉——中国美术馆藏年画、风筝精品陈列展”，冷世祥制作的只有1厘米大的微型风筝《张飞脸谱》令人叫绝；9月参加在福建泉州举办的“第六届全国农运会”宣传活动，展示作品《耄耋富贵》等。

2009年至今，专心从事风筝的研制和创作，创作出了一批新的创意风筝。

（本篇撰稿　任晓姝）

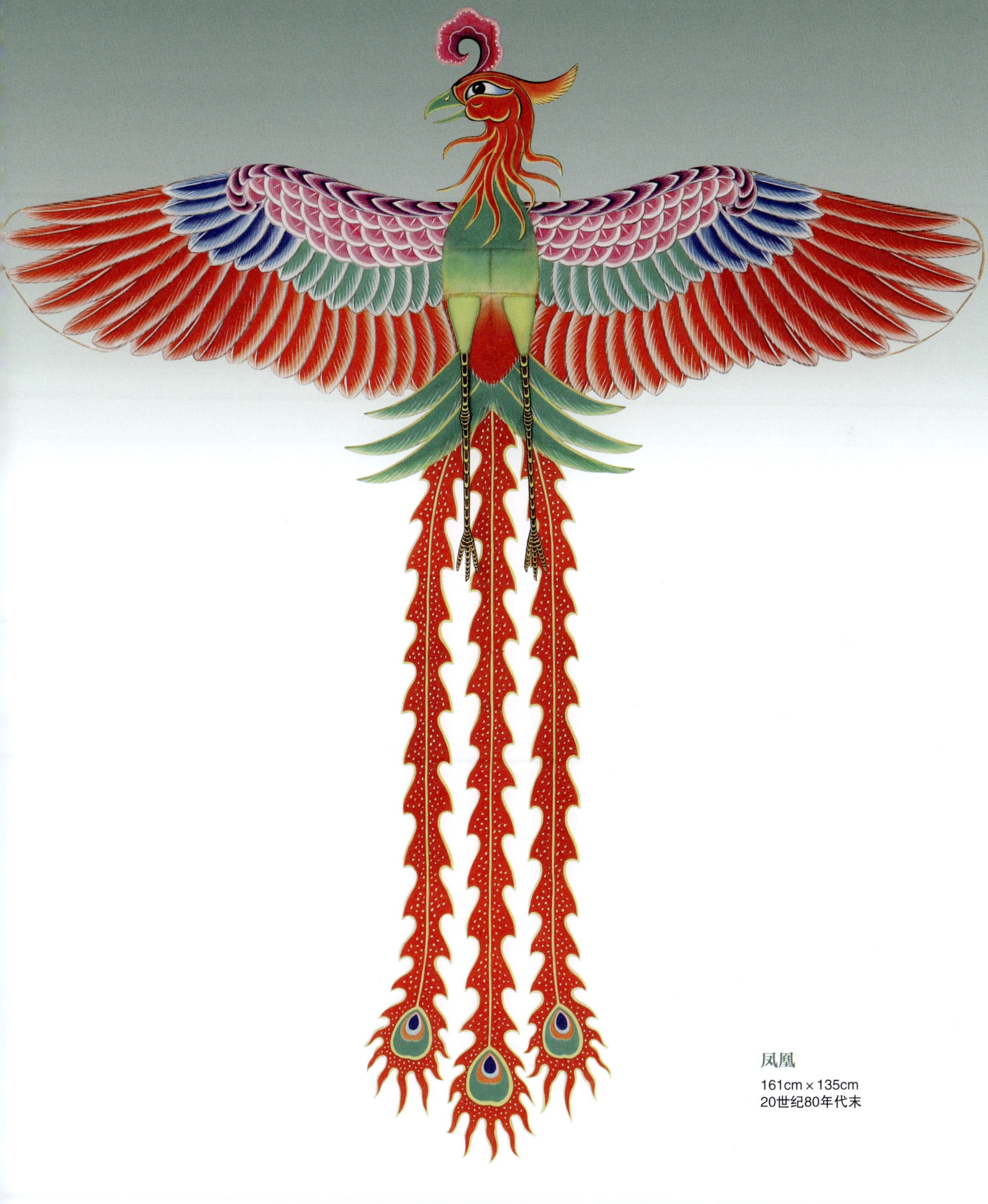

凤凰
161cm × 135cm
20世纪80年代末

魏国秋

——天津『风筝魏』制作技艺传承人

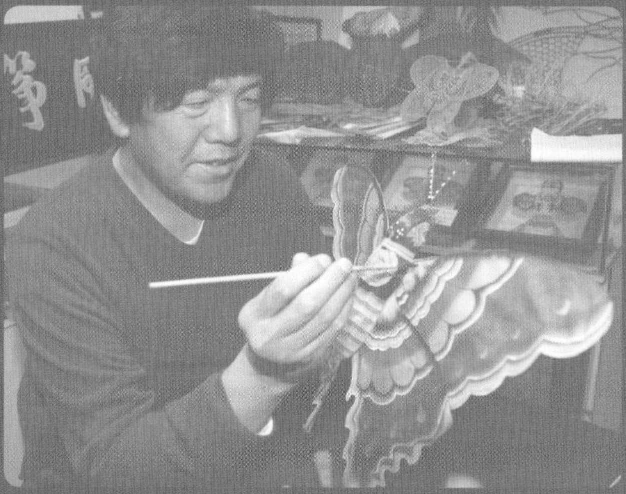

天津市曾是中国风筝的四大主要产地之一，风筝生产的历史悠久，工艺精湛，这从清代的天津杨柳青年画《十美画放风筝》描绘的情形中可以见出。当年魏元泰创办的风筝老店“风筝魏”还开设着，魏国秋作为第四代传人，每天就守在这个开在古玩城二楼的魏氏风筝店里，做着风筝。一场大病也没有阻碍他继续做风筝，他不想让自己这代栽了祖先“魏记风筝”的面子，绝了魏家的风筝手艺。2005年，他被中国艺术研究院聘任为首批“民间艺术创作研究员”；但该书即将出版之际，又传来他于2012年被评为第四批国家级非物质文化遗产项目（天津风筝魏制作技艺）代表性传承人的好消息。

金蝉
15cm × 48cm
1995年

一、“风筝魏”概介

明清时期，天津已经是漕渡发达、手工业和工商业兴旺发展的城市，由于靠近北京，天津的民间艺术难免受到京城文化的影响，如天津杨柳青的年画就画得十分细腻，色彩柔和雅致；天津的风筝、刻砖、剪纸和刺绣等也同样，经历了从粗糙到精细的发展阶段，风筝尤其如此。清末民初，天津的风筝作坊已经数不胜数，但是市面上出售的风筝依然以绑扎的硬翅为主，不能折叠和拆装，绘画装饰方面也是比较粗糙。在对风筝进行精致化改良的过程中，天津著名的风筝艺人魏元泰作出了重大贡献。“魏记”风筝至今已有一百多年的历史，历经四代。魏元泰是“魏记”风筝的创始人，他从艺七十多年，制作了数万个做工精美的风筝，誉满中外。1914年，魏元泰制作的风筝参加巴拿马国际博览会，夺得了金奖，从此名声鹊起，被人称为“风筝魏”，成为天津风筝的代表。

第二代“风筝魏”的代表性人物是魏慎行，他生于清光绪二十九年(1903)，从12岁起在自家作坊里跟叔父魏元泰学习风筝制作技艺，在风筝的动静平衡等方面有独特的建树。第三代传人是魏慎行的儿子魏永昌、女儿魏永珍。“风筝魏”第四代传人是魏永昌之子魏国秋。魏国秋从18岁起跟祖父和父亲学艺，练就了精湛的手艺，现在，他是“风筝魏”第四代掌门人，也是“风筝魏”的唯一传承人。

“风筝魏”在四代人的努力下，经过一百多年的继承和发展，成为代表天津风筝的重要流派。近年来，“风筝魏”的风筝多次出访美国、德国、加拿大、澳大利亚等国，成为天津与世界各国民间文化交流的信使和纽带。

“风筝魏”的风筝造型，按照其表现的题材内容可大致分为下述几类：

鸟形风筝：如鹞、鸽、凤凰、仙鹤、大雁、鹦鹉等等。

虫形风筝：如蜻蜓、蝉、蝴蝶、飞蛾、瓢虫等。

水族风筝：如青蛙、金鱼、鲶鱼、双鲤鱼、螃蟹、蝌蚪、龙虾、海贝等。

人形风筝：包括各种神话人物、历史人物、戏剧人物，如孙悟空、老寿星、关公、张飞、钟馗、和合二仙、刘海、许仙、白娘子等，其中还包括各种戏剧脸谱风筝。

文字风筝：如双喜字、福字、寿字等。

来回送饭蝶（整体及局部）
27cm × 39cm × 42cm
1991年

器型风筝：如花篮、扇子、鼎、炉、钟、宫灯、宝剑、花瓶等。

几何图形风筝：如瓦片、菱形、八卦、五角星、六角形、圆形等等。

如按骨架结构可以分为软翅、硬翅、弓子、拍子、串式、担式、立体、软体、特技九类。按用途可分为宫廷、壁饰、礼品、普通、火花、引进六款式。按仿形分为龙、花、鸟、鱼、虫、兽、人物、器物、文字九种。

“风筝魏”的作品多数是软翅风筝，可以拆装和折叠，其造型多为肖形风筝，外形逼真，色彩典雅，做工精细。筝面大多用丝绸，轻而结实，骨架选用质地细密、节长、弹性大的毛竹，用料十分考究。

第四代魏国秋制作的风筝在继承传统制作技术的基础上，不断创新和发展，造型更加美观，彩绘更加精细，放飞时，晴空中的风筝令人赏心悦目，在室内摆放时，是可以细赏的观赏品，又是具有代表性的地方珍贵工艺礼品。

蝴蝶
20cm×20cm
2005年

二、魏国秋从艺经历及艺术成就

魏国秋，1961年1月出生于“风筝魏”世家，幼年受家庭环境熏陶，从小便随祖父魏慎行、父亲魏永昌学艺，从劈竹子到绑骨架，从穿眼扣到绘画，一丝不苟，系统地继承了“风筝魏”的制作技术。但他并不以此为满足，进入天津工艺美术学院深造，进一步提高了制作技艺，提高了创新和设计能力，他设计制作的风筝既传统又现代，他做的老鹰最大可达数米，形象生动，展翼之状如凌空翱翔，而微型风筝则可把玩于掌上，栩栩如生。

少年的魏国秋，对风筝非常痴迷，他现在还清晰地记得十几岁的时候，在梦中制作了一个美丽的蝴蝶风筝。魏国秋学起复杂的风筝制作技艺，并不觉枯燥。通过日复一日的学习，他扎制风筝的技艺日渐娴熟。一次，他制作了一件小蜻蜓风筝去公园里放飞，一个少年用抄蜻蜓的网抄一下子就把他的小蜻蜓风筝网扣在地。他赶忙跑过去喊道：“别弄坏了，那是风筝！” 这样的童年趣事还有很多。聪明勤奋的魏国秋在1979年制作了一只传统风筝锣鼓燕，并一举夺得“天津市国际风筝赛”硬翅组的金奖，那一年他年仅18岁。

1982年，魏国秋进入天津工艺美术厂当了一名工人，那时，他的父亲和爷爷

蜻蜓

48cm × 60cm
20世纪80年代

绿蜻蜓

98cm × 111cm
2010年

都在这个厂工作，他们从事的是风筝的研究。一开始单位不了解魏国秋的技艺，并没有安排他进风筝车间工作。有一天，魏国秋一下子做出10个相同的风筝骨架，规整划一，扎制精良，让大家赞不绝口，单位这才把他调到了风筝车间。自此，魏国秋干活得心应手，经常提前完成任务，风筝漂亮，放飞得又高又稳。1982年他的作品在全国风筝大赛中夺魁；1983年他又获天津市国际风筝会第一名。在第十一届亚运会上，他的“长清斋”风筝一天就售出800多个，成为亚运会运动场外的一个热点。一些亚洲国家的运动员、新闻记者及商人纷纷涌向魏记风筝。他们对他的风筝交口称赞，争相购买。一位德国商人当即向他订购了1500个贺卡风筝，作为新年赠送商家客人和朋友的礼品，并请他在订单上签上了他的名字。接踵而至的获奖并没让魏国秋沾沾自喜，反而让他对于这门家传手艺更加的热爱和投入，他对风筝艺术的追求更加强烈了。

1987年，天津工艺美术厂倒闭了，面对人生的转折，魏国秋并没有放弃他的风筝艺术，一直坚持风筝的制作和研究。1991年，魏国秋将自己的作品送到深圳参加艺术交流活动，引起轰动；两年后，在中华民间绝活博览会上，他的风筝再次艺惊四座，令许多同行赞叹不已，并获一等奖。自此以后，魏国秋奠定了在业内的地位，魏记风筝也以特有的精湛技艺闻名于世。之后的时间里，他的作品多次在全国获奖，1988年在山东潍坊全国邀请赛获金牌奖，同年在北京国际风筝节获四项优秀奖，《蝶恋花》、《百眼蝴蝶》、《雄鹰》、《小蝴蝶》；《松鹤延年》等四件入

锯拉锅
104cm × 126cm
2010年

选1994年文化部主办的“中国民间艺术一绝大展”；2004年获第六届中国民间文艺“山花奖”民间工艺奖银奖，并多次应邀出国举办展览和交流活动。

现在的魏国秋，依旧每天忙碌在位于天津鼓楼北街东侧的“长清斋魏记风筝”作坊里。这个十平方米左右的小房间，便是他的店铺兼工作室。一走进店铺，就会被满墙悬挂的各式风筝而吸引。很难想象，很多精美的风筝就是在这么狭小的空间制作出来的。这个作坊虽小，但名气很大，这是魏国秋多年来苦心经营的结果，用他自己的话说：“风筝魏的名气虽大，但做风筝挣不了大钱，风筝魏在我这一代，还是以制作风筝为生的，不做风筝、不卖风筝我就没法生活。我每天都要不断创新创作，来满足消费者的需求。”

2009年，对于魏国秋是经历生死的一年，这一年的9月，因突犯心脏病，他在鬼门关转了一圈。现在回忆起那个惊心动魄的时刻，魏国秋显得很坦然，他觉得大难不死是有原因的，在以后的日子里他要更好地将这门手艺传承下去。提起传承，魏国秋认为以后学做传统风筝的人会越来越少，很多到他这来学习的人，第一句话就问学这个一年能赚多少钱，这种现状让他既感无奈又能理解。好在儿子从小便喜欢风筝，已经基本掌握了制作风筝的基本要领。现在魏国秋主要以培养儿子为主。用他的话来说：“毕竟我家的风筝传承有百年之久了，我也不希望在我孩子这一代失传。”

魏国秋性格开朗，给人热情又不失沉稳的感觉，这个身材高大魁梧的汉子谈

喜相逢
110cm × 98cm
2003年

起风筝，就有说不完的话。面对今后的人生，魏国秋依然延续着他的“风筝梦”，他说他想建立一个“风筝魏”博物馆，把传统和现代的魏记风筝都展示出来，让后人能够更多地了解天津风筝的特色。来到博物馆的人，既可以亲身体验制作风筝的乐趣，同时又能把民族的传统工艺继续传承下去。

三、代表性作品赏析

1. 《喜相逢》

这件作品是魏氏风筝较有特色的造型之一。两只蝴蝶由一根竹轴连接起来，轴上还装饰有花朵，仿佛两只蝴蝶同时被花朵吸引，而飞到了一起，寓意吉祥，形象而生动。这件作品题材虽传统，但在用色上大胆明快，对比色的运用使得整件作品十分抢眼。蓝色蝴蝶的花纹抽象而富有装饰意味，黄色蝴蝶所绘花纹相较而言偏于写实，两者在色彩和图案上，既有呼应又有对比，体现出作者的艺术修养。此外

盘鹰
55cm × 136cm
2006年

作者还给蝴蝶加上了须子，可爱又美观，极富观赏性。

2. 《盘鹰》

这件风筝作品属软翅类鹰风筝，具有盘旋飞行的放飞效果。无论是在造型上还是在用笔上，都十分写实，极具气势，与魏记其他传统风筝有所区别。此件作品宽过一米有余，尺寸较大，但做工精致。最具特色之处体现在对鹰的翎羽的刻画上，全身翎羽作者只选用了两个颜色，运用浓淡及形状的变化，绘制出层层叠叠、虚虚实实的逼真效果，很有质感。绘制动物的羽毛是魏记风筝的绝活之一，透过这件风筝，可见一斑。

3. 《肥燕》

这件风筝是20世纪80年代早期作品，画面图案和用色遵循传统。燕翅上绘有五福捧寿图案，蝙蝠寓意“福”，寿桃有长寿之意。燕嘴口衔由蝙蝠、寿桃及铜钱组成的挂件，寓意“福寿双全”，“全”音同“钱”。在燕子的腰部，绘有卍字纹和寿桃纹，同样寓意福寿双全。整件风筝在装饰图案上突出吉祥寓意，在绘画手法上较为粗犷，写意多于写实。色彩运用对比色彩，既有大面积的平涂，也有细节处的刻画，使得整只风筝粗中有细，将肥燕的形象刻画得既质朴又可爱。

肥燕
65cm × 64cm
1984年

4. 《天女散花》

这是一件米字架结构的人物风筝，这件作品主题突出，风筝上仅绘一位手持花篮的仙女，除此之外没有多余的装饰。作者着重刻画了仙女的神态和头饰，只见仙女面带微笑，面容秀丽，发丝细致，根根分明；头发上的头饰十分精致。作者对于画中人物的动势拿捏得当，仙女向前一步，将手中的花篮向下倾斜，形态既优美又不乏动感。整件作品用笔潇洒有力，颜色单纯，放飞效果极佳，以蓝天白云为背景，风筝飞在半空中，仿佛真有仙女来人间散花一般。

5. 《螃蟹》

制作年代为20世纪70年代，是作者代表作品之一。这件风筝制作精致，用料讲究。螃蟹风筝属于肖形写实类。这类风筝是根据题材的真实外形来设计的，作品巧妙地将螃蟹的形象与多层软翅类骨架结合起来，风筝在绘画上多采用晕染方式，

螃蟹
54cm × 104cm
1970年

天女散花

60cm × 42cm

1980年

制作工艺流程

蟹螯处的绒毛刻画细致。眼部采用活眼，金色贴片极富装饰感，外观上逼真写实。螃蟹风筝在放飞时，由于八只蟹腿窄而长，在视觉上会有爬行的动态效果。

四、艺术特色及主要价值

1. 艺术特色

魏氏风筝的风筝骨架制作以各种竹材为主，辅以苇子、高粱秆等。竹材的特点是质轻，纤维直密，有一定的强度，韧性和弹性都好，加工方便。可以用火加热弯曲、定型，并在定型后不易变形。魏国秋做风筝所选材料多是两年以上的毛竹，选择竹子也是有讲究的：一根竹子，要选择中间的部分，因为这部分的竹子竹节长，粗细变化不明显；将竹子横向切断，从里到外分别为竹皮和竹瓤。竹瓤又分为纤维组织密集的竹青和纤维组织疏的竹黄，制作风筝一般只使用竹青和竹皮部分。竹黄部分削去多少要看具体情况而定。刚刚采下的新竹水分多，易弯曲变形，要放置阴凉处自然干燥一段时间后才能用。放置了数年，水分很少的竹子脆而坚硬，不易弯曲，一般情况下也很少使用。

魏国秋说，想要制作一件风筝首先从劈竹子开始，根据竹子的自然纹理，选

牧童骑牛
46cm × 60cm
1980年

择刀劈的方法制作出所需要的不同宽窄的竹条。劈竹子可以分为切口、劈入、分开这三个过程，手与刀的配合至关重要，这也需要多年反复的练习才能得心应手地劈出做风筝所需要的宽窄的不同竹条。

劈好竹条后，魏国秋都习惯性地进行加热处理，他说用火烤一下既可以去掉多余水分，还能避免竹子生虫。接下来是精加工竹条，削竹。削竹是用刀刃削刮竹材，制作出各种风筝零件所需要的各种不同宽度、厚度和斜度的竹条。现在很多艺人更喜欢在工作台上进行这项工作，因此使用木工刨子刨削竹板，成了大家常用的方法。魏国秋也有自制的小刨子，用这种削竹法容易掌握，加工精度也比较高。

制作好合适的竹条后，就要烤竹子塑型了。根据所要制作的风筝，利用火烤，来制作各种不同的造型。在烤制骨架时，需要把竹条先预热一下，最后将需要弯曲的竹条部分靠近热源，不停移动，并弯曲到合适的位置。这期间，第一不能心急图快，以免烧焦竹条；第二不能用力不均或过大，以免将竹条弯折。

做好造型后，接下来就到了扎骨架这一步了，说起魏记风筝的制作，就不能不提到打眼扣榫，榫卯结构了。这是一种在纵向骨架上的打孔，而横向骨架穿孔连接的方法。这种方法使得风筝骨架很多地方不用线绑，通过用焊制小锡箍来衔接骨架，达到全身骨架不见一针一线，可折可叠，而且非常便于携带。这种榫卯结构的骨架

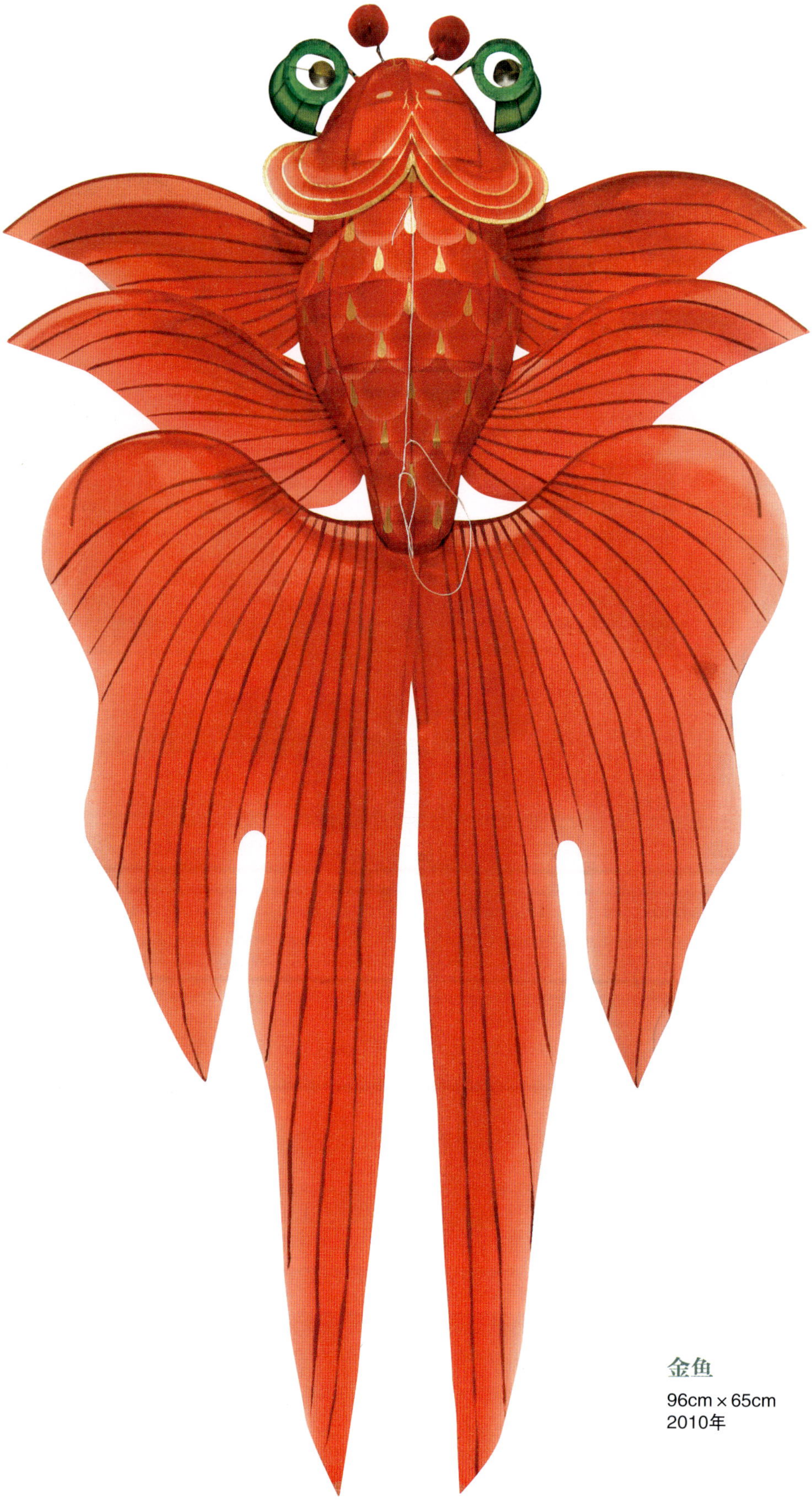

金鱼
96cm × 65cm
2010年

制作是“风筝魏”的特色之一，在全国的风筝制作工艺方面也是一流的。

此外，魏记风筝还有其工艺的独特性，除了“打眼扣榫”外，还有“拆折”和“盔头”。“拆折”后放进很小的盒子里，携带十分方便；“盔头”就是用棉纸在模子里粘成薄壳，作成各种风筝的头部，这么做的好处是可以不受扎架糊纸的局限，重量又轻。

骨架做完后进入糊风筝阶段。风筝的制作虽分为“扎、糊、绘”三个步骤，但“糊”与“绘”往往没有那么明确的先后顺序，有的艺人喜欢先绘再糊，有的也喜欢先糊后绘。魏国秋做风筝习惯先糊后画图。他说要是先画好图再裱糊，怕风筝裱糊得不平。

裱糊风筝的选材方面，魏记风筝多用丝绸和绢为面料，因为这面料既轻便又结实。现在魏国秋制作风筝多选用绢。绢在使用前需要经过矾处理，即用胶矾混合液浸湿，晾干熨平后才能使用。首先，用矾绢做的风筝在放飞时，能减少透气性，能起到兜风的作用；其次，在绘画时更容易着色，不会洇湿画面。此外，用矾绢做风筝，要比没矾过的硬挺些，制作出的风筝也更加美观。根据骨架的大小与形状，事先剪裁出相应尺寸的矾绢，矾绢的尺寸要大于骨架的尺寸。

如何把绢糊在风筝骨架上，是制作的关键。首先要在骨架上用毛笔均匀地涂上乳胶，涂胶时要注意一些骨架的角落里不要积留很多胶水，这会使风筝面不平整。涂好胶后，要将矾绢准确地放在骨架上，尽量少移动。裱糊风筝时，要尽量保持平整，要避免有的地方紧，有的地方松，否则会引起风筝的扭曲变形，严重影响飞行。矾绢在骨架上定位后，要用手轻压四周，使矾绢与骨架贴牢。在粘糊的过程中要不断地检查风筝骨架的正确位置，发现有扭曲、不对称等情况要随时校正。在把矾绢粘在骨架上后，对多余出来边缘处理是糊风筝这道工序中的一个重要步骤。

糊好风筝后，就进入制作风筝的最后一个步骤——绘制风筝了。一个风筝精致与否，除了以上两个步骤外，绘制也十分重要。俗话说“内行看门道，外行看热闹”，风筝服务的对象多是普通百姓，对于平常人来说，一件风筝美不美，除了外形，主要看的是画得好不好看，颜色是否和谐艳丽。因此，绘画风筝画面也是十分重要的，它非常直观地体现出风筝的魅力。

画风筝先从外形开始。风筝的外轮廓的形状，在风筝的艺术效果里是十分重要的一环。画完外形轮廓后，就要开始绘制里面的图案、花纹。魏氏风筝的绘画有几个特点：

第一，在绘制鹰、燕、蝴蝶、蜻蜓以及其他各种鸟类、飞虫类的风筝时，采用对称构图。上面的图案和花纹多采用写实的，取自然美。其中也有装饰性的图

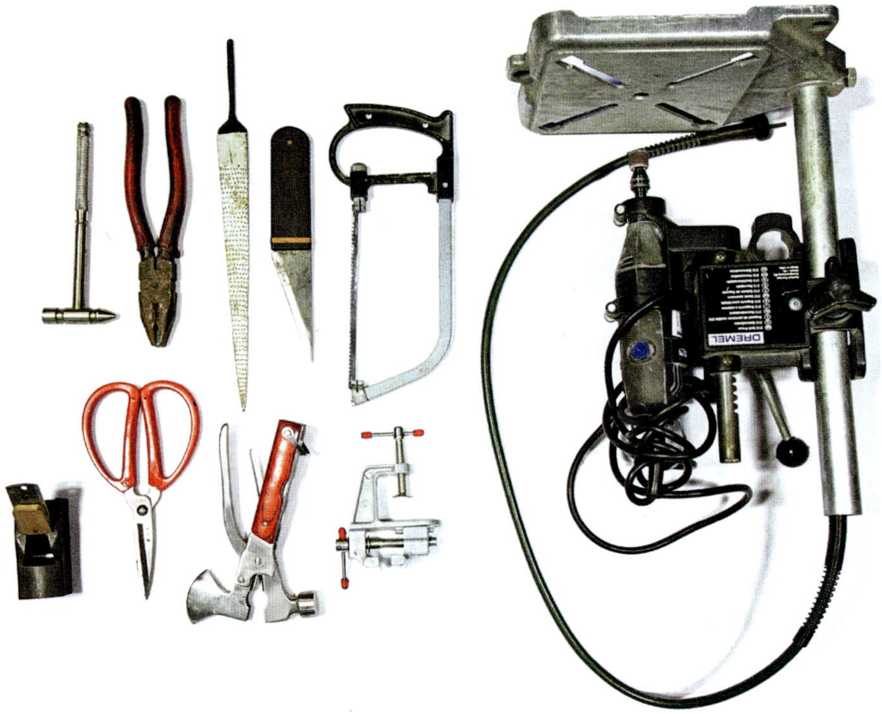

制作工具

案，运用变形、夸张的手法绘制，达到点缀画面的作用。

第二，在制作人物风筝时，画面主要以人物为主，为了突出主题，也会加一些云纹之类的图案，起到烘托气氛、丰富画面的作用。

第三，此外，魏氏风筝的图案中还有很多带有吉祥寓意的纹饰，比如蝙蝠，即象征幸福；桃子，即象征长寿等等。吉祥图案在不同题材的风筝上的运用，有突出风筝的主题或起到丰富画面的作用。

魏氏风筝的用色鲜艳明亮，大量对比色的运用，使风筝画面十分醒目，设色方法多为平涂。其中绘制动物的羽毛，魏氏风筝有自己的传统绝活。利用秃笔绘制飞禽的翎毛，效果逼真，而且很有质感。魏国秋介绍，他绘制羽毛一般至少要画五六遍，需要一层一层加深，画出层次和立体感来，这是魏氏风筝画翎毛的窍门之一。这种画法和工笔画的方法不一样，却是魏家祖辈多年总结下来的经验，方法虽然显得土气，但效果还是十分写实的。

此外，魏氏风筝还会在风筝上进一步加工，进行装饰，如添加彩色纸穗儿；在风筝的翅膀、眼睛上贴上金纸等等，使风筝更加华丽精美。

魏氏风筝历来以创意闻名天下，一些脍炙人口的风筝至今在民间传为佳话，则来源于创意新奇合时。魏氏风筝在设计中大量运用了几何学的轴对称、中心对称，黄金分割等原理，作品充分体现手工技艺与科技、艺术的完美结合，造型多变。在造型方面以软翅为主，运用软翅结构，不仅可以形象地表现飞鸟或昆虫的翅膀动作，还能表现神仙身边飘浮的云，金鱼游动的鳍，等等。

制作工具

一只风筝艺术价值的高低主要取决于彩绘技艺的精湛与否。魏记风筝绘制风筝方法多样，运用重彩、退晕等手法绘制出的风筝明快艳丽，颜色浑厚。魏氏风筝彩绘注重远观效果和近观效果的统一。在彩绘工艺上采用冷暖对比色调，通过降低色度的对比色配伍使画面柔和，艳丽富贵。

魏氏风筝的几代人一直有利用风力、手拉牵引力等为动力的传统，如辅之以一些简单的机械传动装置（如齿轮、棘伦、偏心及曲柄连杆机构等）来达到更好的放飞效果，同时使风筝能够发声、发光、变字、变位、撒传单、放条幅等。创造了诸如活翅鹰风筝、鱼龙变化风筝等体现魏氏风筝技巧的作品。

此外，魏氏风筝还有不少绝活。魏记风筝各部位比例与实物相似，重心位置合理。其中“送饭”、“背负锣鼓”、“变字变色”、“变换方位”和“撒传单”等，深受人们喜爱。“送饭”由大小两个风筝组成，俗称“母子风筝”。放飞时，大风筝先飞上天，小风筝则直奔大风筝飞去，好像去给大风筝送饭、加油。小风筝也可从空中自行回到地面。“背负锣鼓”，则是在风筝上安锣鼓，起飞后，借着风力，风筝能自动敲打出锣鼓声。“变色变字”，“变色”是使特制的风筝在天上被风吹动后，显示出不同的色彩；“变字”，是在风筝上装有标语，放飞后，用力抻线，风筝上控制标语的机关打开，标语便垂下。“撒传单”，是在风筝上夹带一些传单，当风筝在空中飘飞时，人工控制用力抻线，传单便随风飘落。

魏氏风筝将竹木工的打眼扣榫工艺、焊接的铜箍连接以及扇骨的叠交等技艺，移植到风筝骨架的制作工艺上，将以往的硬翅风筝通过改革，变成可以拆卸组

聚宝盆
94cm × 116cm
2008年

装的软翅风筝。一只长与宽二至四米的风筝，通过这种分解，可装入一个小盒中，从而方便旅游者的携带。这也是魏氏风筝创造出的一种新的携带和运输方式。

魏国秋的风筝作品保持了造型多、彩绘真、特技精、飞行稳、常创新的特色。他制作的风筝选用上等优质材料，骨架全是穿眼儿、扣榫结构，整体固定，可折可叠，便于携带。他的代表性作品包括“锣鼓雁”（可在空中敲打出优美的音乐）、“飞鹰”、“龙睛鱼”、“螃蟹”和“松鹤延年”等。

世代相传的“风筝魏”风筝，充分体现了风筝的扎、糊、绘、放的“四艺”，并把这些技艺发挥到了一个极致，成为天津地标性的手艺，深受人们喜爱，这也是“风筝魏”风筝传承百年而不衰的原因。

年年有余
20cm × 20cm
2005年

五福临门（肥燕）
20cm × 20cm
2005年

五、魏国秋艺术年表

1961年，生于天津市。

1979年，18岁的魏国秋正式跟随父亲魏永昌学习制作风筝。

1982年，获得全国风筝大赛第一名。

1983年，获得天津市国际风筝会第一名。

1984年，在北京慕田峪放飞大鹰时引来了数只野生的大鹰一起嬉戏。

1988年，150米“巨龙”风筝东渡扶桑，放飞效果轰动日本。在第十一届亚运会上一日就售出长清斋魏记风筝800件，受到国际友人喜爱。1988年获全国风筝邀请赛金牌。

1990年，被天津市文联评为首届“文艺新星”之一，同时也载入中国民间名人录，为.中国文艺家协会会员、天津文艺家协会理事。

鹰
64cm × 171cm
20世纪70年代

1991年，在深圳国际展览中心展览时，受到中外参观者赞誉；同年获天津市文学艺术联合会颁发的“90文艺新星”荣誉证书。

1993年12月，获“天津’93中华民间工艺绝活博览会”表演一等奖；同年入选《中国民间名人录》。

1994年，《松鹤延年》等四件作品入选1994年文化部主办的“中国民间艺术一绝大展”。

1996年，参加天津市跨向新世纪展览活动。

1997年，香港回归时创作的《百米巨龙》，被德国收藏家收藏。香港回归之前与父亲合作的双蝶，中间绘有香港特别行政区区徽，带有音响和旋转功能，取“喜迎归”的意思。

1998年，在第四届民间艺术节获好评。

2000年，《五洲龙》风筝入选天津电视台2000年电视春节联欢晚会。

蝴蝶
58cm × 100cm
2009年

2001年，一条千米巨龙获“中华天津民间精品展”银奖。

2004年，《喜相逢》荣获第六届中国民间文艺“山花奖”民间工艺奖银奖。

2005年，被中国艺术研究院聘为首批“民间艺术创作研究员”。

2006年，在第三届民博会上，作品《福在眼前》获得金奖。

2008年，“风筝魏”被国家命名为国家级非物质文化遗产；同年获得天津旅游大赛优秀奖。

2009年2月，参加文化部举办的“中国非物质文化遗产传统技艺大展”活动。

（本篇撰稿　任晓姝）

织绣

吴通英

——苗绣传承人

她是一个普通的苗族妇女，只读过四年书，但她靠着自己的聪明才智和家传的女红手艺，成为一位出色的苗族艺术大家。她会唱古歌，会做最美的苗绣，会剪纸，会蜡染，会织锦，会染布。苗族文化的传承者所需要的一切必备的才艺都汇集到了她的身上。2005年，她被中国艺术研究院聘任为首批“民间艺术创作研究员”；但该书即将付梓之际，得知吴通英译入选2012年“中国工艺美术大师”，同年又被评为第四批国家级非物质文化遗产项目（苗绣）代表性传承人。苗族，这个没有文字的民族，这个把历史穿在身上的民族，正是靠着像吴通英这样的优秀儿女，把它的文化一代一代传承下来。

一、贵州苗绣概介

苗绣是指苗族民间传承的刺绣技艺，贵州省黔东南是苗族聚集区，苗绣艺术最为精彩，苗绣的种类也最为丰富，尤其是清水江一带的苗族，更以精彩绝伦的刺绣艺术而闻名。苗族没有文字，本民族的传说和历史，主要靠苗族古歌的传唱来记录。据苗族古歌记载，苗族先民在五千多年前离开黄河、长江开始大迁徙的过程中，为了记住自己曾经的家园和迁徙跋涉的路途经历，便想出了用彩线记事的办法，把它们画或绣在服装上以期永远追念。后来，苗家姑娘出嫁都要穿上一身亲手绣制的嫁衣，为的是缅怀离去的故土，纪念英勇聪慧的前辈。春秋战国时期的楚墓出土的刺绣中使用的锁绣法（辫子股纹）和辫绣法（辫带盘绣）和台江县苗绣的绣法基本一致，由此可见，苗绣已经经历了千百年的发展，至今还依然被苗族人穿在身上。苗族刺绣由于大量采用了古歌的内容，记录了苗族的历史、发展和生活，故此，这种靠苗族女性“母女相传、邻亲传授”所保留下来的苗族刺绣服装又被称为“穿在身上的史书”。

《塞欧寿相》（又名《塞欧釉相》，苗语音译）是台江苗族古歌之一，主要流传于台江九大苗族支系所生活的地区。“塞”即用液体染料在物体上进行染色的意思；“欧”指的是衣服；“寿”即深绿色、青色，或者染色、造色的意思；“相”代表红色，或者红色的布和丝绸，以及布料和绸缎。“塞欧寿相”连起来指的就是将没有颜色的白布或者没有颜色的丝绸染成彩色的意思。这首古歌共有一百二十节，属于五言体押韵古歌，在修辞上运用了反复、夸张、对比、拟人、隐喻、暗喻、借喻、顶真、衬托等多种手法，对人物、事件等场面进行刻画，充满了理想主义与浪漫主义色彩，并具有强烈的感染力及震慑力。《塞欧寿相》中以大量的篇幅展现了苗族迁徙历史和劳动生产场面，以及苗族挑花、刺绣、织锦、染织、银饰、服饰制作和民俗活动等方面的内容，也是记录苗绣发展的最为重要的依据。

苗绣以丰富多样的彩线织成，基本图形多为方形、棱形、螺形、十字形、之字形等几何图形和龙、凤、虫、鱼、花卉、桃子、石榴等吉祥事物。几乎完全承袭

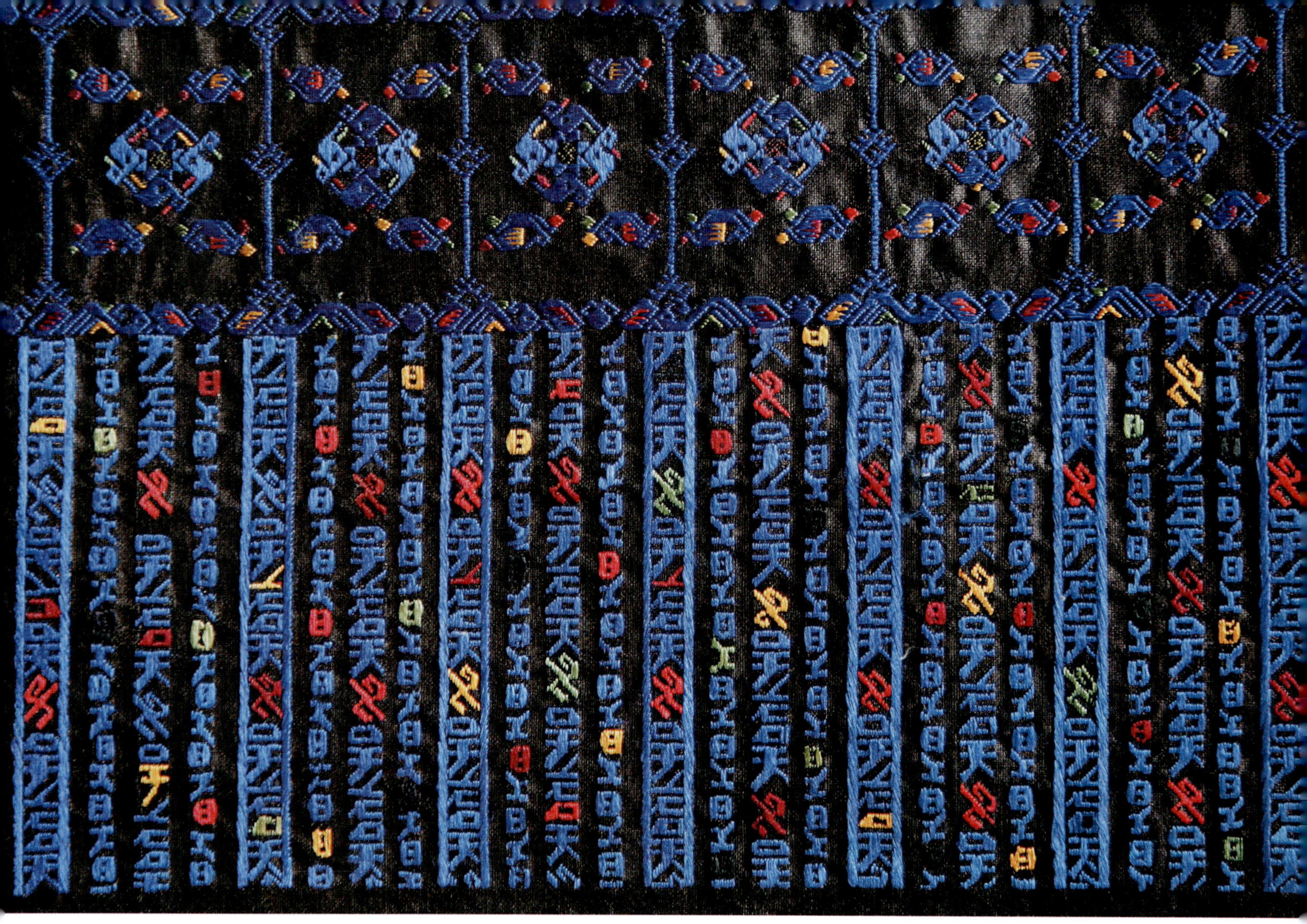

衣袖（数纱绣）
（反绣正看）
17cm × 24cm
1963年

了苗族先民原始艺术的题材和风格，再现了苗族人生活的历程，也反映了人类童年时期诸多“野性思维”的观念。他们的艺术闪烁着原始艺术的光泽，不是简单地再现生活，而是按照生活中应该有的样子去描绘生活，他们的艺术是浪漫的，是观念性的，而他们的刺绣等工艺又是极为精湛的，苗绣因为精湛而被誉为民间刺绣中的“天下第一”。

苗绣工艺技法多种多样，至今常能见到的有三四十种。如打子（打蛋）绣、十字挑花、破（剖）纱绣、绉绣、辫绣、叠绣、缠针绣、双针锁绣、平绣、绞绣、螺丝绣等等。苗绣的图案在形制和造型方面，大量运用各种变形和夸张手法，表现苗族创世神话和传说、民俗民风，甚至是苗民起义的历史故事。苗绣所用的绣花线过去常常是妇女们自己染色，由于苗族比较分散，从服饰类型上看，至少有一百七十多个支系，所以，苗族的刺绣也因地域的不同而丰富多样。有的鲜艳华丽，有的沉稳雅致，但妇女们的用色都在遵从苗族习俗的情况下，大胆自由，随心所欲。苗绣按其地区和基本风格，又可分为：台江苗绣、雷山苗绣、花溪苗绣、剑河苗绣等等。

吴通英的家乡贵州省台江县施洞古镇是台江施洞式苗绣的发源地，《中国贵州民族民间美术全集·刺绣卷》对施洞式苗绣有这样的描述：“施洞式苗绣在贵州民族民间刺绣中原创性和艺术成就最高，文化内涵也最为丰富，最有代表性，故称施洞式苗绣。”施洞镇是苗族聚居区，苗族风情浓郁、文化底蕴深厚，每年农历三月十五的“姊妹节”、农历五月二十四至二十七的“龙舟节”最为热闹。除此之外，每年的正月舞龙赏花、敬桥节、吃新节、苗年节等民俗节日活动至今仍蓬勃开展。其中“姊妹节”最为隆重，这一天，苗族姑娘不仅要用糯米做“姊妹饭”，更要着

青蛙王
17cm × 30cm
20世纪90年代

盛装到清水江畔来“踏鼓”跳舞庆祝。这个节日也成为苗族女性的“情人节”，是展示她们刺绣和蜡绘、织锦等手艺的盛大平台。

苗绣在绣花之前，苗族姑娘们往往用剪纸事先把刺绣图案剪出来（这同时创造出了另一种苗族的民间艺术形式——苗族剪纸），贴在绣花部位，作为绣花底样，有时连同剪纸绣进花样中，使刺绣看上去有突出的浮雕感，非常生动。有种被称为“破纱绣”的绣法，常见的是将一根纱线劈成更细的六至十二根，这种方法绣出的刺绣，不仅细腻平整，更具有丝光感和立体感。在色彩搭配上，苗族妇女则是天生的艺术家，在泛着玄色光芒的蛋胶布、牛皮布和黑色、土蓝色（靛蓝染色）等各种织布上，或素雅幽暗、或鲜亮明快的色彩经过妇女们的布局谋篇，呈现出了非常丰富的组合，它们十分完美、合理，常让专业艺术家惊叹她们色彩运用的大胆和创造性。苗绣的一切都是从审美出发的，美的理念、美的造型、美的色彩，从而构成了美的意象。这些绣片如同一块块“补子”，贴补或镶嵌到新的服装上，这衣服便立即贴上了苗族的标签，变成了可以吟唱的古歌，可以讲述的故事，变成了苗家的标志。

蝙蝠龙

26cm × 37cm
20世纪90年代

二、吴通英从艺经历及艺术成就

吴通英，1951年3月出生于贵州省黔东南苗族聚居区的台江县施洞镇塘龙村。这里以盛产苗绣和银饰制作而闻名，全村有众多的银饰工匠，几乎家家的苗家女都做的一手刺绣的好活儿。年幼的吴通英耳濡目染，5岁的时候就跟随奶奶和外婆学习刺绣和剪纸。“文革”开始后，只上到小学四年级的吴通英便辍学在家，跟众多苗家姑娘一样，一心一意随奶奶、母亲学习剪纸、刺绣、织锦、做蜡染和蛋胶布，等等。

“破四旧”开始后，刺绣技艺也被称为封建的“余孽”而受到强烈的冲击。苗族妇女的穿衣也遭到强行改变，不准穿苗族衣服，不准梳苗族头式。但历史上经过大迁徙的苗家儿女练就了坚忍的个性，他们顽强地保留了这种不仅穿在身上的，也流淌在自己血液中的独有的苗绣技艺。年少的吴通英正是经历了这样一个曲折苦

蚕飞龙（长大后变蝴蝶妈妈）
24cm × 32cm
20世纪90年代

难的过程，她才下定决心继承祖传的苗绣技艺并将其发扬光大。她认真学习祖辈交给她的一个苗族女子所有的“女红”技艺，包括制作苗族服饰所需要的各项技艺，还拜寨子里的老人为师，学唱没有文字记载的苗族古歌。对于苗族人来说，古歌是他们记录自己民族文化的不可或缺的一种方式，它详细地描述了苗族文化的方方面面，其中也涉及苗绣的制作。通过对苗族古歌的学习和研究，吴通英的苗族文化知识和各种制作技艺、艺术创作能力，都有了飞速的提高。

1986年，吴通英随丈夫离开家乡来到省会贵阳。走出大山的她却依然没有放下手中的绣活儿，这也为她后来专职从事苗绣制作带来了契机。1987年，在一次偶然的机会中，制作苗绣三十余年的吴通英被贵阳省美术研究所的领导发现了，她的刺绣技能让他们折服，于是聘请她到该所的绣花厂工作，从那时起，吴通英开始了专职从事苗绣的历程。1988年，贵州省在中国历史博物馆举办“贵州苗族风情展”，吴通英被邀请在现场展演苗绣和织锦技艺，她精巧熟练的织绣技术引起观者的极大关注，她的技艺受到各方赞扬。展览结束后，吴通英和中央美院等

有关教授专家交流创作心得，在他们的提点下，吴通英受益匪浅。之后吴通英在1990年自办了“吴通英苗绣坊”，一方面制作和推广苗绣，一方面潜心钻研苗绣。经过几年的时间，吴通英凭借她深厚的苗绣和剪纸等艺术功底，以及对苗语古歌的领悟，结合苗族服饰的各种图案，创作出大量源自苗族图腾和生命崇拜的作品，如《金银妈妈》、《运金运银》、《蝴蝶妈妈》、《姜央》等，创作出的剪纸作品有《仰阿沙》、《鱼龙》、《妹榜妹留》、《榜香尤》、《螺蛳龙女》等。有了众多作品的积淀，她在理论和技艺方面有了很大的提升，在各种展演中获得人们的广泛好评。吴通英也开始走上外出办展、讲学的道路。

1993年，在中国工艺美术学会民族民间专业委员会众多专家和民间美术从业者的指导和帮助下，吴通英在中国美术馆建馆30周年之时成功举办了“吴通英苗族民间刺绣剪纸艺术作品展”，展览一经展出，便吸引了

苗绣——衣服
20世纪90年代

苗绣——衣服（局部）
20世纪90年代

姜央
75cm × 50cm
20世纪80年代

大量的观众前往参观。那些来自贵州苗寨的民间图形神秘又色彩斑斓，令观众们久久驻足观看。1995年，吴通英被中国农民画研究会推荐，在中国历史博物馆为第四届世界妇女代表大会举办个人专题绣品展，受到了中央领导耿飚和王光美等的接见。1996年到1997年间，吴通英随国家科委举办的“中国传统技艺精品荟萃展”先后到意大利、美国等国家著名的博物馆进行刺绣、剪纸、蜡染等传统手工工艺展出。整个20世纪90年代，吴通英成为贵州苗绣、剪纸的代表性人物。由于她的宣传和推动，苗绣这一贵州民间艺术为更多人所知晓，为贵州苗绣的传承和发展起到了重要的作用。

吴通英从艺至今五十余载，她制作的绣品、蜡画、剪纸等内容丰富的作品，融苗族古歌和自身体验于一体，极富民族性和艺术性，被国内外多家艺术研究机构和个人收藏。2005年5月，吴通英被中国艺术研究院聘为首批“民间艺术创作研究员”，受到鼓励的她深感苗绣技艺传承的重要性，当年8月她自筹资金在台江县施洞镇塘坝村成立了“吴通英苗绣工作室”，潜心培养苗绣传人，进行产品的开发。

双龙戏珠
22cm × 39cm
20世纪90年代

至2010年，她先后为当地培训和培养了能独立制作苗族刺绣的妇女一百余人。除此之外，吴通英还在保护苗绣传统绣艺的基础上，结合当今市场，研究绣制苗绣精品和时尚女式服装，投放市场，她所设计制作的服装曾参加省内外举办的展销会，得到人们的普遍认可。

三、代表性作品赏析

1. 《九宝服》

这件苗装以青色平绒为底，自纺自织的蓝色棉布为衬里，用蚕丝彩线绣织而成。纹样图案以苗族古歌中的“姜央”、“榜香尤”、“蝴蝶妈妈”、“鹡宇鸟”、“龙”等纹样为主。前衣绣的六个圆形绣纹寓意六六大顺，背面的九个圆形绣纹寓意为天地久长，也代表万事圆满、顺遂。故称“九宝服”。这件衣服大量采用了破线绣、锁绣、织绣、堆绣、叠绣等多种苗绣手法，堪称吴通英的精品之作。

九宝服衣袖

传世

九宝服正面

传世

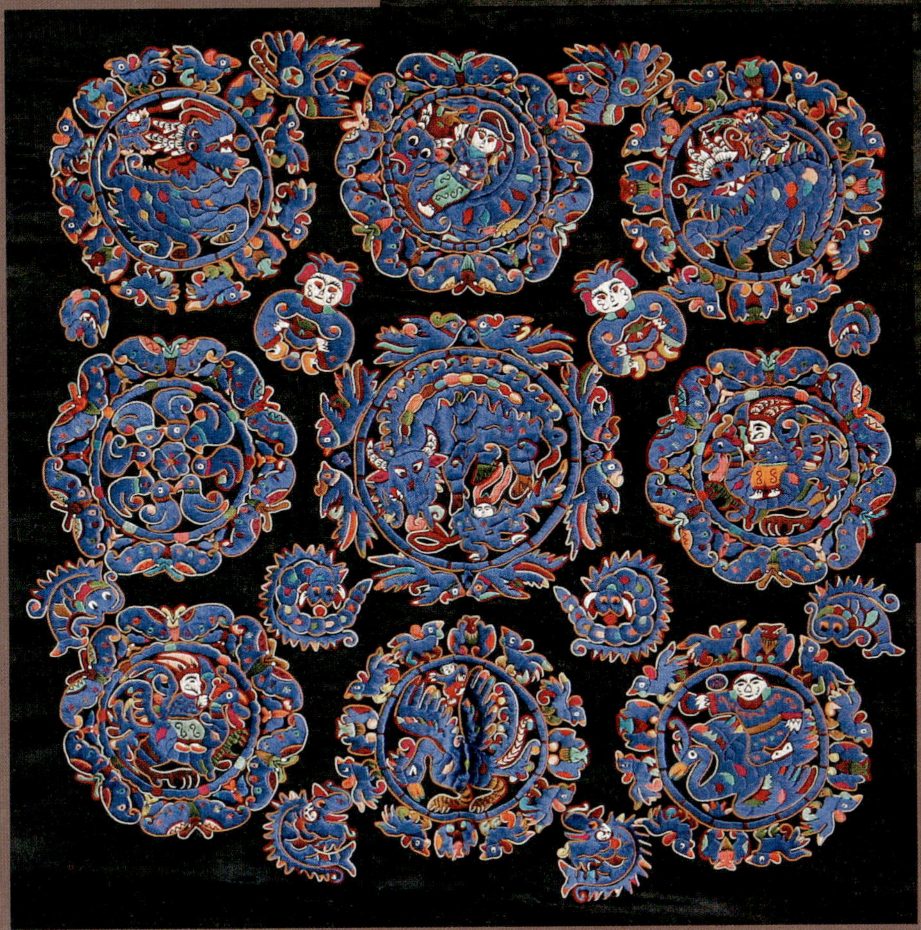

九宝服背面

传世

蝴蝶妈妈
39cm × 215cm
1989年

衣袖 · 牛龙
22cm × 23cm
1993年

2.《蝴蝶妈妈》（剪纸）

蝴蝶妈妈曾被黔东南地区的苗族视为图腾进行崇拜。苗语中蝴蝶妈妈被称做“妹榜妹留”，“妹”是苗语妈妈的意思，“榜留”是苗语蝴蝶的意思，合起来就是蝴蝶妈妈。根据苗族古歌所吟唱的内容，可知蝴蝶是由枫树的树心孕育而来，它与“水泡”“游方”交配后，生下十二个蛋，这些蛋孵出了龙、虎、水牛、蛇、蜈蚣、雷和姜央等人，姜央被苗族人尊为祖先，蝴蝶便被认为是苗族的始祖。苗族先民把这个“蝴蝶”称之为“妈妈”，表示她与先民们有亲属关系。供奉她，就可以保佑村寨安宁，子孙繁衍，五谷丰登。黔东南苗族的牯（鼓）藏节，就是用来祭祀蝴蝶妈妈，苗族先民认为枫木制成的木鼓不但是蝴蝶妈妈的出生地，更是她的归宿之所，只有敲击木鼓，才能唤起祖宗的灵魂，因而祭祀祖宗就用祭鼓的方式来体现。所以，蝴蝶妈妈作为苗族图腾被广泛用于苗绣、剪纸等苗族民间艺术上。

吴通英的这幅《蝴蝶妈妈》剪纸作为苗绣的花样，并无蝴蝶状的纹样，而主要以牯藏节上杀牛祭祖中的牛为主角来表现。向上仰起的牛头表现出一种悲壮的神色，在苗族人看来，经历了战争、迁徙和艰难生活的祖先，积累了许多生存智慧和经验，只有敬奉祖先，才能保佑子孙康泰、生活富足，体现了苗族人虔诚的图腾崇拜。

3. 《牛龙》

苗族视龙为保寨安民、赐福赐子于人的善神，它既是水神，又是山神、土地神、家神、寨神、祖先神、生殖神。在苗绣中，有多种龙的变体，这是因为苗族人信奉龙一直保持着纯朴的自然神格和神性。牯藏节中也有“招龙”“引龙”的仪式。牛龙是苗族人将农业生产中的水牛结合龙的特征演化出来的。苗龙系列中，牛龙与人最密切、最贴近。苗族女性头戴的银饰银角，服装绣的牛龙纹出现最多。在贵州黔东南清水江畔的苗族节日“龙船节”的独木龙舟上，龙头两只角的形状就是水牛角的纹样。这件苗绣中的龙头上配有一对特大的牛角，牛龙通体布满鱼鳞，一人骑于牛龙之上，龙尾和龙头均上翘，形成首尾呼应，也使整个画面充满旋转的动感。此件苗绣采用贵州苗绣具有代表性的“破线绣”、“锁边绣”等针法，用蚕丝线绣制而成。吴通英以光泽亮丽的蓝色为主色调，各种深浅不同的红色间杂其中，整件作品色彩艳丽，构图饱满，为其代表作。

4. 《龙银项圈》

这是吴通英为2010年上海世博会特制的一件作品。她选用长70厘米、宽55厘米的棕红色缎料作绣面，象征深沉庄重，用同样长宽的蓝色棉布浆粘衬底，整个

龙银项圈
55cm × 70cm
2010年

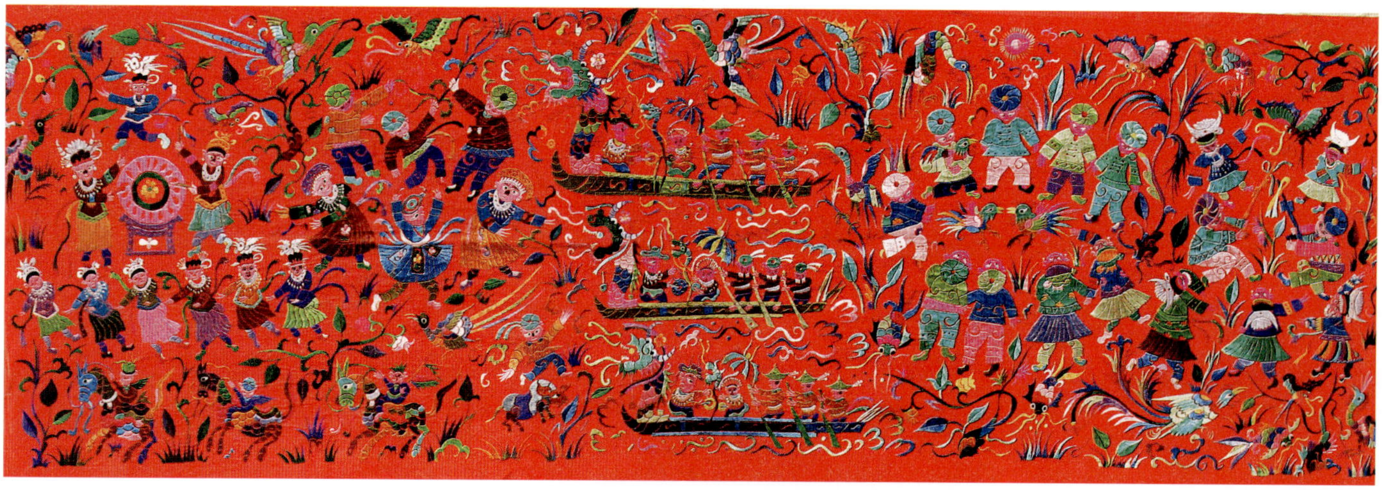

苗族圣典节
82cm × 240cm
2007年

绣面图案都是用剪纸作绣花底样，工序精密复杂。技艺上采用苗族传统的“破线绣”、“锁绣”等针法。绣成画面长55厘米，代表吴通英年满55周岁时开始创作这幅作品；宽44厘米，取希望苗绣技艺能够世世代代传承之意。画面主体为一条巨龙圆形造型，状似苗族银项圆圈，寓意团团圆圆，世界和谐；巨龙昂首向上，象征中华民族屹立于世界东方，蒸蒸日上，也象征着苗族人民崇拜龙的图腾文化；项圈吊链56颗分别绣着56个动物纹样，是寓意中国56个民族；龙圆圈中是一对“七星鱼纹”分别绣有“海宝”、“金丝猴”，“海宝”是上海世博会吉祥物，“金丝猴”则是代表贵州的珍稀动物。四个角面分别绣有上海世博园中国馆、贵州馆、上海世博会会徽和贵州馆的馆徽。吴通英将苗族世代相传的苗绣和银饰技艺融为一体，以苗族“银项圈”作为绣品创作整体元素，创作了一幅传统与现代相结合又色彩斑斓的作品。

5. 《苗族圣典节》

这幅长240厘米、宽82厘米的苗绣作品，是吴通英根据苗族的“牯藏节”、“龙船节”、“姊妹节”三个台江地区最盛大的节日中悠久的历史文化内涵绣制而成。

“牯藏节”是苗家对祖先蝴蝶妈妈崇拜的一种祭祖仪礼。据《苗族古歌》描述，苗族信仰认为，用大牯牛的皮制成的大鼓，是祖先魂灵居住的地方，是一个血缘氏族的纽带和象征。在牯藏节当天，会开展一系列宗教礼祭活动，斗牛、宰牛、祭祖、用牛皮制鼓、祭鼓，由本族的巫师向排列整齐的祭牛头施以超度仪礼、唱起古老的祭歌、向祖先敬献饭食供品等等。祭祀仪式结束，不分男女老幼，都投身到“踩牛堂”的欢歌狂舞之中。

“龙船节”是台江清水江畔的苗族人在农历五月二十四至二十七举行的连续四天的盛大节日，一年一度的“龙船节”吸引了不少人来参与。苗族的龙船独特，船体长约30至40米，分母船和两侧子船三部分，是用整条杉木掏空而成，被称为独木龙舟，装上雕刻精致的五彩龙头，显得格外神气。农历五月二十四举行隆重的开划仪式，百里清水江两岸人山人海。参加龙舟竞渡的选手们，都是立着划桨，每船多达三四十人，他们头戴插有凤尾银片的马尾斗笠，身穿紫黑油亮的苗族男子盛装，非常威风。除了龙舟竞渡外，江岸上还有踩鼓、吹芦笙、赛马、斗鸡等活动，人们共同欢歌，互祝风调雨顺、国泰民安、年年丰收的好年景。

每年农历三月十五的“姊妹节”是清水江两岸的台江县、施秉县、剑河县部分地区的苗族人民最为浪漫的节日。其间，青年女子会邀约情人相聚，跳踩鼓舞、互赠信物、订立婚约，真实地展现了人类社会由母系氏族社会向父系氏族社会变迁过程中男女谈情说爱的生活景象。在这个节日里妇女有特殊的地位，她们受到家人的宠待。尤其是未嫁的姑娘，家里人要为她准备好酒肉和姊妹饭，供她款待情人和朋友。临别时，小伙子向姑娘讨姊妹饭，姑娘便用篮子或新帕子盛满姊妹饭送给小伙子，饭中往往藏入了姑娘心中的暗示标志的“迷子”，如果藏的是松针叶，即是示意后生要用绣花针和丝线酬谢姑娘；如藏有钩钩刺，表示愿长相厮守不分离；如果藏的是一对筷子或红花瓣，那就是叫小伙子快点张罗把自己娶过门了；如果饭里的是辣椒或大蒜，就是告诉小伙子彼此不合缘，请不必徒费心机了。姊妹饭有如无字的情书，撮合了无数美好的姻缘。

这幅苗绣的左边是“姊妹节”的场景，只见两位苗族姑娘身穿盛装，手持鼓槌，敲起牛皮鼓，前排的六位苗家女整齐地站成一排，在鼓点的带动下，动作一致地跳起踩鼓舞；左下方为“牯藏节”时人们杀牛祭祖的场景；中间是“龙船节”时人们划龙舟的情景，作者用概括性的五彩曲线纹样代表清水江的江水，两侧岸上的人们则围成圆圈跳舞、斗鸡。穿插于三个节日空隙的，是飞翔着的蝴蝶妈妈、鹡宇鸟以及牛龙等苗族人的图腾图案。整幅苗绣将苗族人的图腾崇拜和传统节日相结合，表现了苗族人在传统节日时喜庆、热闹的场景。

四、艺术特色及主要价值

1. 艺术特色

在绣制一件苗绣作品之前，对于布的处理是一个非常繁复的过程，得经过熬制染料、染、浆、漂、蒸、晒、捶等多道工序，才能制成板挺、发亮的苗装布料。

制作苗绣的布是苗家姑娘自己织的土布，染布要选好季节，一般比较理想的时间，最好是在农历六月到八月期间，因为这个季节的气温是最合适的，蓝靛容易扩散，土布就能够充分吸取染料，使布染得均匀。如果天太冷的话，蓝靛不容易浸入白色的土布，达不到黑里略透微红的效果。苗族古歌里唱到“多马啦啊得，多马娘啊得，多马啦就浆，多马娘数射”（苗语音译），意思是如果染出的布不光洁平整，就用手顺着布纹去理平，并且用植物和动物皮子熬制后提取的浆液去浸染，使布变得光洁平整。

苗族传统织物染料为天然动植物和矿物染料，其中又以植物染料的使用最为普遍。现今常用的植物种类有蓝草、五倍子、野山柳、杜鹃、板栗壳、杨梅树、茜草、红刺根、椿树皮、槐花等。蓝靛是用蓝草等生叶萃取的蓝色染料，当地常见的蓝草种类有马蓝、木蓝、蓼蓝和松蓝四种。传统的制蓝流程，大致上分为“沧蓝”、“打靛”和“沉淀”三个工序。这种制法，主要是利用蓝草中的靛素溶于水的特性，先将生叶浸泡水中，待泡出青绿色液后，捞出渣子，再放石灰快速搅拌促使其在氧化作用后转化成蓝靛泥，这个制蓝过程，当地叫做“打靛”。蓝靛泥混合石灰后，沉淀于底层，成蓝色泥状，苗话叫“嘎登泥”，也就是外界通称的泥蓝。

鹡宇鸟与蚕
76cm × 68cm

当地以蓝染为主，将素帛染成浓淡不同的蓝色调。古歌中唱“董多董阿得”，就是如何去染布的意思，“董”就是把刚织好的白土布放在染布的木桶中，在蓝靛水里面浸泡，然后，反复地提起土布，又把土布放进木桶中，浸泡在蓝靛水中，直到白色的土布变成青蓝色，又从青蓝色变成深蓝色，最后变成蓝中带黑的，接近黑色的布料。有的再以牛膠和米汤汁、豆汁浆布，表层再涂抹鸡蛋清，使布料光泽明亮，颜色黑中泛红。

布料染好，经过清洗，去浮色，然后将它缠绕在长长的竹竿上，放到院子里去晒干。布干后，将其放在石板上用木槌反复捶打，时间越长越好，这样布会发亮，笔挺，也便于刺绣。

台江地区妇女刺绣所用的丝线也为自己所制。她们以沸水煮蚕，以工具搅拌抽成细丝，经过并丝加捻，得到透明柔滑的生丝，再加以各种植物染料，色彩鲜艳的丝线便染制而成。

吴通英苗绣制作，多采用锁边平绣和破线绣的技法，在绣针翻转之间，完成

刺绣纹样
23cm × 28cm
1967年

一幅精美的作品。吴通英的锁边平绣通常用黑布为底面，纹样以红色为主，加以黄色、白色的锁边轮廓，色彩火热跳跃，十分鲜明。吴通英的剪纸功底深厚，在刺绣前的剪纸底图上已经对锁边和不锁边的轮廓线有所布局，一般外轮廓全部锁边，内轮廓只重点勾画几处，不能锁得太多，这样才能主次分明。开始刺绣时，依照先做平绣，再锁边的顺序。吴通英把平绣的线铺得很紧密，层层叠叠的边缘几乎重盖在上面，这样做是为了不显出裂缝。为使色彩看上去活泼多样，吴通英在大量的主色红色之中，略略点缀少许绿、蓝、黄、白、紫等色，这样画面更为和谐耐看。破线绣的基本方法则是将一根标准的丝线破为8至16股细线后，再分绺进行刺绣，在刺绣之前，还得把图案做成剪纸，先剪后绣，这样绣出的图案好锁边，也显得针脚平整。吴通英在上海世博会展出的代表作《龙银项圈》就是用破线绣技法绣成，颜色多而不杂，绣品边缘几乎看不出针脚，绣出的图案十分平整细腻。

吴通英的苗绣服饰和饰品具有浓郁的苗族地方特色，她的图案内容多来自于苗族古歌中的故事和传说，这和她熟稔苗族古歌有关。在纹样上，吴通英的作品可归为三大类：一类是具象性纹样，即接近于写实的纹样。这类作品多体现在吴通英

狮子
19cm × 20cm
1990年

新创作的作品中，如《苗族圣典节》等，里面人物、动物的绣制都非常具象，完全是从现实生活中提炼而来。第二类是半抽象半具象的纹样，这一类即由几何形线条组成的实物具象。在吴通英表现各种龙的作品中经常可见，如《螺蛳龙》、《喜蛛蛛龙》中，头是具象的，一眼就可认出，而身体则被表现为抽象的，难以辨认。第三类是纯几何形纹样。如她的数纱绣等衣袖纹样。

吴通英的苗绣作品，多采用红、蓝二色，讲究一色一块面的平涂，并不做过渡色的渲染，色彩使用大胆，强调对比强烈。

2. 主要价值

苗族是由中原迁徙到云贵高原的古老民族，由于长时间与外界隔绝，相对完整地保留了本民族的传统文化。苗族没有文字，文化的保留仰仗的是一代代的口头传承和口传心授的古歌与工艺造物。刺绣的苗装自然也就成为苗族文化的载体。服饰上的刺绣图案和蜡染、织锦上就保留了大量的苗族创世纪神话、人祖神话、民族迁徙、历史故事、民间传说、宗教信仰、鬼神崇拜、民俗风情等内容。神秘的图案

蝴蝶群

48cm × 136cm
20世纪90年代

和造型，大胆的无所顾忌的色彩搭配，变幻多样的刺绣针法，使苗绣服饰在工艺价值和文化价值上，充当了史书的作用。

苗绣服饰以民俗节日为载体，是一种代代相传的具有原生态性质的群体性艺术，至今仍活在人们的生活中，活在妇女们的手中。苗绣服饰的创作主体是妇女，她们从七八岁开始学艺，十二三岁就开始为自己准备嫁妆了。到了恋爱季节，为情人绣信物；结婚后，为孩子绣儿衣、做童帽、童鞋、背带，为参加苗族的“姊妹节”、“四月八”和“牯藏节”、庆祝丰收准备歌舞衣裳。这里，仅以苗族刺绣中最典型的枫树和蝴蝶纹饰来说明苗装刺绣是如何以现存的活态形式保留了苗族的古歌和原始文化特征的。

黔东南清水江一带的刺绣，图案中大量的造型古朴、形象奇特的人兽合体、人与植物合体、动物合体的形象，给人以原始神秘的感觉，其中蕴涵着苗族远古文化的底蕴，也是人类远古文化特征的表征，这种原始的原生态的文化基因一直活在苗族的服饰刺绣中，并继续延续着神话时代的文化内涵。这其中，苗族枫树崇拜及其衍生的幻想性动植物造型纹样最有代表性。

《苗族古歌·枫树歌》唱道：

远古那时候，山坡光秃秃，
只有一棵树，生在天角角，
洪水淹不到，野火烧不着。
……
枫树在天家，枝桠满天涯，

犾纽开天辟地
90cm × 65cm
2004年

结出千种样，开出百种花。

……

枫树生出了鱼子、蜜蜂、蝴蝶妈妈、飞蛾、猫头鹰、燕子，等等。蝴蝶妈妈是苗族崇拜的人祖，她由啄木鸟和蛀虫王帮助，从枫树中生出来的。枫树生下的蝴蝶妈妈又称为妹榜妹留，妹榜妹留又与泡沫婚配，生下十二个蛋，是鹡宇鸟帮助把十二个蛋孵化出来，而鹡宇鸟也是由枫树梢变成的。十二个蛋孵出了龙、虎、蛇等和人祖姜央。古歌中还唱道：

子时生尕哈，
丑时生姜央，
寅时生老虎，
卯时生雷公，
辰时生水龙，
巳时生长虫。

由此可见，这样一个层层递进的关系都源自枫树，枫树是一切生命之根，人类的始祖也是枫树所生。黔东南一带的刺绣常将枫树、啄木鸟、蛀虫王、蝴蝶、鹡宇鸟的关系以三个层次形象地表现出来。苗族服装的肩头部位常见狮、猴、狗、兔、鼠、鸟、蝴蝶等图案；袖花和围腰花则常见人蝶合一的“蝴蝶妈妈”。其他还有姜央兄妹合磨成亲、桑扎射日、各种龙兽图案等。给人印象深刻的是，苗族刺绣纹样，除了以枫树为主体、以树木花草为主要衬景外，无论人物、动物、鱼虫鸟兽，都有一种树枝花叶状的飞升绵卷之感，有强烈的植物化的倾向，这与枫树崇拜有着密切关系。枫树的信仰中，蝴蝶妈妈作为树神的化身，实际上是生殖女神。蝴蝶这种产卵多的动物在原始艺术中一直是女性的符号，与她同时从枫树中出生的飞蛾、鱼也都是世界上很多民族的远古艺术中象征生命、男女和性的指代。实际上，古代先民常常把生命力强、产卵多的动物、植物作为生殖生命力的象征，加以崇拜，并随之有些食杀、语言方面的禁忌和巫术活动。

在苗族的舞蹈习俗中，有相当多的成分与巫术有关，其目的在于祭祀祖先和祈子。黔东南的“吃牯藏”活动，就是一个大型的祭祖仪式，仪式中有身背“央公央婆”的象征物——男女半身裸像的舞蹈，表演中有象征性的交媾动作。活动中众人参与舞蹈，并绕寨一周，以示祖先希望看到后代繁衍，人们用脚拨蛋，以示将象征祖先灵魂的蛋迎回家，这与人祖姜央从蛋中孵出的神话有关。据说，苗族祭祖最初是祭祀蝴蝶妈妈，后来才是姜央，再发展，祭祀的祖先更多。在民居习俗中，枫树必用来做中心木，因为在人们心中，枫树是神木，它不仅是传说中部落首领蚩尤的“梏枷”，还是风水树，至今受到人们的崇拜，并有许多关于枫树及其衍生的神话故事。

在苗族的服饰刺绣图案中，枫树及其化生出来的各种动物、人祖是苗族先民的生命意识的体现，它们浓缩在姑娘们的飞针走线中，变成了美丽动人、古朴天真的形象，在展示美丽的同时，又将苗族的远古神话在服饰中传达了出来。在这个神话世界里，展现于人们面前的不仅仅是幻想性的造型艺术，它还是一个民族生息繁衍的历史画卷。枫树及其化生的生命体系，极其典型地保留了原始文化的特征，对生命的追求，对子孙兴旺的渴望构成了苗族刺绣的主题和主体，这些作品又以形象和造型为媒介，在千百年的流传过程中，保留了远古的树神崇拜等原始宗教内容。服饰的刺绣图案在其中充当了表述的媒介，将苗族的悠久历史和文化一代代传承下来，并与其他艺术手段如舞蹈、民间口头文学、音乐、民俗活动一起，构筑了苗族民间文化的全貌。

五、吴通英艺术年表

1951年，出生于贵州省台江县施洞镇塘龙村。

1987年，她的刺绣技能被贵州省工艺美术研究所的领导发现，随即聘她到该所的绣花厂工作。

1988年，“贵州苗族风情展”在北京历史博物馆举行，吴通英在现场进行苗绣织锦操作演展，精巧熟练的织锦技术深受有关领导和专家的赞扬。

喜蛛蛛龙

25cm × 33cm
20世纪90年代

1990年，自办“吴通英苗绣坊”。

1993年7月，在北京中国美术馆举办“吴通英苗族民间刺绣剪纸艺术作品展”。

1994年，经贵州省科协批准成立贵州民族服饰研究所，任法人。

1995年9月，受邀在北京中国历史博物馆为世界妇代会举办苗绣作品及演展。

1996年9月—1997年7月，由国家科委对外技术合作处聘请先后到意大利、法国、美国等国家举办“中国传统技艺荟萃精品展”作苗绣、织锦、蜡画等演展。

2005年5月，被中国艺术研究院聘为首批“民间艺术创作研究员”；8月她为了传承苗绣，自筹资金在台江县施洞镇塘坝村成立“吴通英苗绣工作室”，开发苗绣产业至今，先后为当地培训和培养了苗族妇女刺绣一百余人。在保护苗绣传统绣艺的基础上，结合当今市场，研究绣制苗绣精品和时尚女式服装，投放市场，曾参加省内外举办的展销会得到人们的认可；10月在北京参加中国非物质文化遗产保护中心和北京市朝阳区人民政府举办“首届华夏民俗文化节”作苗族服饰、苗绣品

织锦围腰
60cm × 55cm
2007年

展；11月参加上海民族民间艺术博览会的苗族服饰、苗绣品展。

2006年3月，参加无锡市举办的中国民间工艺艺术品交流展；5月第九届国际风筝会在贵州民族博物馆举办苗族服饰演展。

2007年，被贵州省文化厅命名为“省级非物质文化遗产苗绣传承人”；同年，吴通英“苗绣”系列作品获中国人文奥运旅游纪念品大赛西南赛区“最佳民族特色金奖”；同年，她的作品获贵州2007年“金元杯”旅游商品能工巧匠选拔大赛一等奖；5月在四川省成都市参加“中国人文奥运旅游纪念品大赛”作苗绣品苗族服饰系列展；8月在山东青岛参加中国非物质文化遗产保护中心和第29届奥林匹克运动会组织委员会，联合举办“扬帆奥运·中国民族民间艺术精品巡展”；10月在杭州参加第二届“中心民间艺术节”作苗绣、苗族服饰展；11月在昆明参加“首届中国·福保乡村文化艺术节”的苗族服饰、苗绣品演展。

2008年4月，被国家知识产权局聘为“中国知识产权文化大使”；5月任贵州省工艺美术协会副会长，在深圳参加第四届中国（深圳）国际文化产业博览会的苗绣、苗绣服饰、银饰品展；7月参加由国家文物局主办，中华民族艺术珍品文化节组委会、奥林匹克之旅组委会承办的“奥林匹克之旅艺术珍品文化节”，她的“苗服盛装”被评为首批“中华民族艺术珍品”；11月，作品蜡画《金凤凰组图》获杭州“第九届中国工艺美术大师作品暨国际艺术精品博览会大赛”铜奖；同年被评为“中国民间工艺美术大师”。

2009年3月，在扬州参加第44届全国工艺品展；4月，任中国工艺美术学会刺绣艺术专业委员会常务理事；7月，任中国工艺美术协会理事；9月在贵州“国密董酒杯”旅游商品能工巧匠选拔大赛中，由吴通英设计指导的作品均获奖；11月，受邀参加由文化部、中国艺术研究院、中国非物质文化遗产保护中心和台湾地区沈春池文教基金会在台湾地区举行“第一届两岸非物质文化遗产月活动大展”，吴通英的现场苗绣演示，苗绣品、苗族服装深受台湾观众、专家和学者的赞扬和高度的评价。

2010年4月，在上海世博会开幕期间在贵州馆苗绣展演；6月，在北京参加“中国非物质文化遗产百名工艺美术大师技艺大展”；8月在上海世博会贵州活动周作苗绣展演；9月在贵州师范大学作苗绣、苗族服饰展演；同月，在贵阳参加“国酒茅台杯”多彩贵州旅游商品两赛一会作苗绣展演；10月在山东济南参加“首届中国非物质文化遗产博览会”展演；11月在昆明参加“第二届中国（福保）乡村文化艺术节”，展出作品苗绣、苗族服饰、蜡画、银饰等。

（本篇撰稿　邰高娣）

叶水云

——土家族织锦技艺传承人

她来自湘西大山深处的土家村寨，她是幸运的，在她小小年纪开始学习“西兰卡普”手艺时，就得到了姑婆——中国工艺美术大师叶玉翠手把手的指导。她得了土家织锦的真传，又把这门技艺带出了大山。为了实现她的织锦梦，她上学、进修，思考如何把最好的技艺和色彩织进她的作品里。2005年，她被中国艺术研究院聘任为首批“民间艺术创作研究员”；2006年获得第五届“中国工艺美术大师”称号；2007年她入选第一批国家级非物质文化遗产项目（土家族织锦技艺）代表性传承人。获得了这些荣誉后，她仍在她美丽的凤凰古街上的“水云坊”里织着她的梦。

一、土家织锦概介

土家织锦是土家族织锦的总称，包括 “西兰卡普”和“土家花带”两大类。传统的土家织锦多以麻、棉、丝为原料手工织编而成，不仅艺术精湛，而且工艺独特。“西兰卡普”是土家语“花铺盖”的意思，是一种在酉水河流域土家地区普及面很广并且非常实用的传统手工艺纺织品，深受土家人民的喜爱。西兰卡普的主要用途一个是做被面，女孩出嫁时都要用土家织锦被面做自己的嫁妆；另一个用途是做小孩用的窝被、脚被、盖裙。“土家花带”土家语称“厄拉卡普”，主要用于腰带、裤带、小孩背带、围裙带等等。土家织锦历史悠久，它起源于商周，萌芽于秦汉，成熟于唐宋，在明清时期达到顶峰，历史绵延有序，至今有史实记载的历史已有一千五百多年。土家织锦集中体现了中国少数民族织锦体系的基本特征。2006年“土家族织锦技艺”被列入首批国家级非物质文化遗产代表作名录。

土家织锦是传统的土家民间工艺品，它以红、蓝、黑色棉线作经线，自由选择各色棉线或者丝线作为纬线，采用“通经暗纬，纬线压花，彩线反面挑织”而成。它的全部编织工序都是靠着织锦姑娘一双灵巧的手，用一支牛骨挑针，在古老的腰机上完成的。土家织锦历史悠久，经历了从土著先民的原始编织物，到賨布、蓝干细布、斑布、溪峒布直到现在的土家织锦这一历史演变过程。明、清时期，土家织锦鼎盛一时，花色纹样达到一二百种。

据清《龙山县志》记载，龙山“女勤于织，户多机声”，“土妇善织锦、裙、被，或全丝为之，间或纬为棉，纹路颇为古致，挑刺花纹，斑斓五色，其丝出自土家，植桑饲蚕皆有术。织机低小，布绢幅阔不盈尺”。这一时期湘西的龙山、永顺是土家织锦的主要产地，还有同处酉水系的鄂西来凤。如今，只有龙山的苗儿滩、洗车河沿岸及坡脚、靛房等地尚保存完整的织锦传统，尤以苗儿滩到洗车河一带的叶家寨、捞车河为织女最集中之地。

土家织锦主要是用来做土家女儿出嫁的陪嫁品，土家族结婚，家庭条件好的做七八床甚至十床左右，最差的也得两床以上。结婚那天就把做的被面、缎子绣

大刺花

110cm × 50cm

2008年

龙人纹
110cm × 50cm
2007年

花，还有其他亲戚朋友送的东西摆出来，以显示隆重和富足。土家织锦中还有一种就是结婚以后生了小孩要做的窝窝被，一个是包小孩的，一个是盖在小孩身上的。盖小孩的织锦图案一定要做“台台花”，这种图案据信是能辟邪的，可以保佑小孩健康成长。摆手舞是土家人庆丰收迎吉祥、祭拜祖先时在摆手堂前跳的一种舞蹈，同时要唱摆手歌，土家人俗称舍巴歌。摆手堂内供着祖先“八部大神”的塑像。祭祖开始时，先由梯玛（土家族祭司）在“八部大神”面前边唱边跳，然后，锣鼓敲响，土家族男女燃起篝火，围成大圈，身披五彩斑斓的土家织锦尽情地起舞，直到天黑，延续时间少则三天三夜，多则半个月。土家织锦和土家族祭祀、丧葬也有关系，祭祀祖先的时候要把四十八勾图案的土家织锦摆在神坛上面，四十八勾图案就好像一个牌位，供土家族民众敬拜。还有一种是老人过世以后，出殡的那天要把他生前用过的土家织锦盖在棺材上面，送他走过最后一段人生。

土家织锦的图案题材广泛，内容几乎涉及土家人生活的方方面面，基本定型的传统图案已达一百余种。包括：

以植物花卉为题材的，有九朵梅、牡丹花、韭菜花、藤藤花等；

以动物形态为题材的，有阳雀花、燕子花、虎皮花、小马花、猫脚迹等；

以生活物品为题材的，有桌子花、椅子花等；

以几何图案为题材的，有单八勾、双八勾、十二勾、二十四勾、四十八勾等；

以文字类为题材的，有万字花、王字花、喜字花等；

以吉祥图案为题材的，有凤穿牡丹、鹭鸶采莲、双凤朝阳、二龙抢宝、喜鹊闹梅等；

此外，土家织锦图案还有汉字题材的“福禄寿喜、长命富贵、一品当朝、鲤鱼跳龙门、狮子滚绣球”等。

土家织锦的图案多用象征和抽象表现的手法，直线造型，连续对称，呈单一

工具（蜡刀、画笔）

型的演进变化。其一百多种传统图案，大致可分为三类：一是自然物象的图案；二是各式几何图案花纹；三是文字图案。这些图案设计独特、造型奇异、抽象而生动装饰意味极强，真实地反映出土家族的生活、历史、风俗习惯等，表现了土家人对自然和生活的热爱。土家织锦在色彩上是“传图不传色”，即图案是要按照传统样式不能改变的，但是色彩可以根据个人喜好，随心所欲搭配。但在妇女们织造的过程中，她们十分注重色彩的对比与反衬，强调一种鲜艳明快的艺术效果。

土家织锦的装饰纹样，是在原始的几何纹、汉代的云气纹、六朝的莲花、唐代的牡丹、元代的松竹梅、明代的串枝莲等各历史时期的典型图案基础上，经艺术变形、技术处理挑织而成。构图中多采用浪漫主义的概括、变形、夸张等手法，巧妙地将各种动和静的形体、自然纹样和几何纹样有机地结合，由于织锦特有的工艺，图案几何化是其图案的主体。这使整个织锦看上去显得几分神秘和抽象，但其图案的装饰性和丰富性充满魅力，呈现出鲜明的民族特色。

土家织锦在色彩运用上，既有唐代五彩缤纷的强烈对比，又有清代素雅大方的色调调和，土家人尚红、黑色，因红色系暖色，代表光明，黑色为冷色，象征庄重，故西兰卡普以红色为主，以黑色为辅，间之以黄蓝白色参差点缀。设色古艳厚重，斑斓多彩，对比中显调和，素雅中见多彩，华而不俗，素而不单，给人以明快、活泼之感。黑色和红色往往是底色的主体，由于有这个底色压阵，土家织锦给人以大方、沉稳的整体感觉，体现出了土家族豪放、大度的民族性格。

绘制

二、叶水云从艺经历及艺术成就

叶水云，1967年10月出生于湘西苗族自治州龙山县苗滩镇叶家寨。叶水云的祖父叶德贵、父亲叶立恒是乡村教书先生，母亲是张家寨人。叶水云从小端庄文静，12岁时就跟随姑婆——中国工艺美术大师叶玉翠学习挑花、织锦和民间绘画，她是著名的土家织锦大师叶玉翠第一批嫡传的、人称叶家寨土家织锦“六朵金花”的六名艺徒之一。在姑婆叶玉翠的指点和引导下，她从最基本的技术开始学起，哪些织得对，哪些错了，哪些得拆了重新织过，叶水云就是这样一边看，一边织，一边学，慢慢地开始入行。

1981年，15岁的叶水云初中毕业了，和同寨的其他五个人一起拜叶玉翠为师，开始了正式的学艺生涯。一开始，叶玉翠就手把手地教叶水云如何配色，如何扯斜（传统的斜纹织锦工艺方法），如何织下斜、中斜、上斜等等。这样，在姑婆的指引下，叶水云走上了土家织锦之路，奠定了她一生从艺的基础。

从1981年至1984年的上半年，叶水云一直在叶家寨的自己家里做织锦。她做好后经常拿去请姑婆指教。那时候县文化馆也来些专家看织锦，她就拿自己的织锦向他们请教，更多的时候，是她们叶家寨的几个姐妹互相学习、互相观摩。

1984年下半年，不到17岁的叶水云跟随姑婆叶玉翠进入龙山县土家织锦工艺厂，开始了自己专业织锦道路。这一时期，叶水云一方面跟随姑婆学艺，另一方面也给姑婆当帮手，参与整理了一批传统土家织锦图案，还参加了一批现代大型图案的制作。1987年国庆节前后，叶水云受聘于吉首织锦厂，她离开龙山县，在吉首用

商海英
83cm × 104cm
2009年

三个月的时间建起了吉首织锦厂，并担任技术副厂长，主管设计和生产。

在吉首期间，年轻的叶水云感到自己的水平和能力还需要提高，想在美术方面有一个系统的学习。为了开阔视野，以求更大的发展，1988年叶水云考入凤凰职业中专美术专业，开始了正规而系统的美术专业的学习。通过三年中专的学习，叶水云在构图、色彩知识方面有了很大的提高，有了由感性到理性的上升。她把这些知识逐步运用到了自己设计、制作的织锦中去，特别是在色彩搭配方面，逐渐形成了自己的色彩运用特色，也形成了自己作品的个性。1991年叶水云中专毕业后留校当了美术老师，教学生织锦、蜡染、图案设计，一直到现在她还在该校兼职，业余时间既做织锦，又给学生上课。她在学校设立了一个织锦作坊，一是方便学生参观实习，一是加工织锦到市场上出售。

除了土家织锦，叶水云也做蜡画，她把这种蜡画叫做彩绘蜡染。1987年她和丈夫付元庆认识后，受他做蜡染书法的影响，叶水云开始做蜡染。开始她也做扎染，但那时候主要是用扎染来做衣服、裙子，以服饰制品为主。1991年叶水云从学校毕业以后开始做蜡染画的创作，题材上以荷花为主，制作工序为先用蜡作画，做完以后再染色，画面上色彩的浓淡就是在上蜡的时候要掌握的薄厚，做蜡染画和烧瓷器一样，瓷器注重火候，蜡画也讲究在水中浸染时间的长短，多染几分钟，少染

天趣
48cm × 48cm
2001年

几分钟，呈现的效果都不一样，制作全凭个人经验。相比其他以图案性为主的蜡染，叶水云做的蜡染绘画性更强一些，彩绘蜡染也是叶水云将民间蜡染技艺和水墨国画结合的新尝试。

1999年，叶水云进入湘西教育学院美术专业学习，两年的专业学习，对叶水云来说又是一个提高，知识比原来更加丰富，专业水平也有所提高，这一时期，她的织锦颜色比原来更成熟、更丰富、更耐看。主要体现在色彩的和谐、变化的丰富、主次分明上。她的作品经过她的挑织和配色，已经超越了原生态土家织锦那种粗糙和艳俗，而成为一种和谐雅致、充满华丽和生机感的创作型的作品，给人一种艺术享受。同时，她还根据所居住的凤凰古镇游客多的特点，设计出了一些广受游客喜爱的现代图案。

至此，叶水云在接受了中专、大专的美术教育后，把她早年的织锦构图、配色理念中精华的东西，和姑婆叶玉翠教她的一些传统的东西都融合在一起，并且有了一个理性的跃升，这些跃升，主要反映在她整理、挖掘传统土家织锦的作品中。毕业之后，叶水云主要从事土家织锦的研究、教学和制作工作。2001年叶水云在凤凰古城东正街52号开了一间水云织锦坊，主要制作和销售土家织锦和蜡染，由于需求量大，叶水云开始正式收徒，刚开始带了四个徒弟，最多的时候带了十二个徒弟，

鸡盒子花
110cm×50cm
2008年

她们大部分都是苗家姑娘，迄今为止，叶水云带了有五六十个徒弟，为土家织锦的传承和推广作出了很大的贡献。

2000年叶水云制作的土家织锦传统图案《岩墙花》及反映现代题材的《人类、和平、进步》两幅大壁挂作品，在湖南省首届民间工艺美术大奖赛中均获金奖。2001年湘西苗族自治州委、州人民政府授予她"文学艺术创作突出贡献奖"。湖南卫视及河北省电视台拍摄了以介绍叶水云为主的专题片《湘西土家织锦》。2005年3月，她被中国艺术研究院聘为首批"民间艺术创作研究员"，同年12月，在"湖南省民间工艺美术产业发展高峰论坛暨湖南省民族民间工艺美术委员会成立20周年庆典"大会上，叶水云荣获"湖南省十大艺术门类杰出传承人" 荣誉称号及"湖南省民族民间工艺美术杰出成就奖"。2006年叶水云制作的土家织锦《宴乐狩猎水陆攻战图》被中国国家博物馆收藏。2006年12月，叶水云获中国工艺美术学会织锦专业委员会授予的"中国织锦工艺大师"荣誉称号。2007年1月，又获得由国家发展和改革委员会主持评定的第五届"中国工艺美术大师"荣誉称号，并受到全国人大常委会副委员长李铁映、国务院副总理曾培炎及国家发改委副主任欧新黔等国家领导人的亲切接见。2007年6月获文化部第一批国家级非物质文化遗产项目"土家族织锦技艺"代表性传承人荣誉称号。

叶水云是叶玉翠传人中的佼佼者，是土家织锦的杰出代表。她的社会职务还包括：中国工艺美术学会会员，湖南省民间工艺美术委员会委员，吉首大学客座教授。叶水云，这个从叶家寨走出的土家织女，靠着自己的双手，成为了湘西土家织锦的一张名片。

三、代表作品赏析

1. 《宴乐狩猎水陆攻占图》

高1.5米、宽1.45米，纯棉、蚕丝，制作于1997年，现藏中国国家博物馆。

《宴乐狩猎水陆攻占图》是叶水云博采众长、为我所用的一件代表作。这幅作品原为战国时期一件大型青铜器上的图案，1997年叶水云根据此图设计成大型织锦壁挂。此图案中，有采桑的少女、有射箭的武士、有敲击编钟的乐师、有正在布置盛宴的妇女、有正在狩猎的猎人。另一场景中，有正在奋力划舟的战士，又正在攻占城池的勇士，这些场景艺术地再现了战国时期人们的真实生活场景，给我们留下了一笔宝贵的艺术财富。这幅作品设色古朴典雅、古香古色，采用了湘西苗锦的

宴乐狩猎水陆攻战图
150cm × 145cm
1997年

衣袖用色元素，有很高的欣赏和收藏价值。图案基本都是采用传统的对斜手法织成，对斜花一般是用两次梭子线，即“中斜”和“空斜”。

2. 《椅子花》

土家语称“块毕卡普”。椅子是人们生活中最常见的用品，以椅子为原型而创作的“椅子花”却是西兰卡普中最经典的图纹之一。在工艺技巧上，“椅子

椅子花
110cm×50cm
2008年

花”不仅造型复杂而且织造的难度较大。由于图纹造型的特殊需要，必须用十五种以上的色线在斜纹和平纹织物结构上互相多次纵横转化，这种技术堪称土家织锦中的一绝，所以，酉水流域的土家民间有“四十八勾名堂大，热闹不过岩墙椅子花”之说。“椅子花”的图案是家庭生活的再现，状似古老的太师椅。从上往下看，四个一组，中间有一个变形的“万”字格，“万”字在土家人看来是火的意思，表达的是土家人对太阳和火的崇拜，所以横向两排椅子的中间，有一个硕大明亮的黄色“万”字格，就是“火床（塘）”的象征。原始的土家人没有厨房，火塘是土家人合家团聚的重要场所，一家人围着火塘而坐，其乐融融。椅子花是一个被高度几何化和意象化的“抽象”图案，它是生活中小椅子“块毕”的升华和艺术化。在二维平面中，一个象征椅子坐板的长方形，左右各伸出两条“椅脚”，斜式的靠背演化成美丽的花样组合。深重厚实的大块底色上两边纵向排列着无数把“椅子”。椅子花展示的不仅是单一的椅子器物，更是一个拟人手法的家庭场景的再现，蕴含着吉祥如意的祝福，再加上斜纹主体图纹“档头”的“寿字纹”装饰，更是体现了土家人的美好憧憬和精神寄托。

3.《四十八勾》

“四十八勾”是以八勾为中心而发展起来的一种纹样。这种单一形态的中心扩

四十八勾
110cm × 52cm
2007年

散，又称为扩大对称，它动中有静，在扩散中不断地重复推移，变异强化同一图纹符号，具有很强的节奏感。八勾分四个组，每组两个勾，互相照应。一组代表新夫妇和他们的家人，一组是天上的天象，一组是地上的地物，还有一组是祖先神灵。最后用土家惯用的菱形框框把这四组连起来，就形成了由天、地、人、神围绕着的一个中心，这四个意象层层散开，处处照应，粗细、长短、弯度均相同，且互相照应，符合土家婚嫁的要求，也预示着新婚夫妇事事顺心，一辈子幸福。这是土家姑娘把对一生的愿望织进花里，代代相传。后来在八勾上增加了四勾，变成了十二勾，也就是天、地、人、神、物、社会之间，都能顺应姑娘一生幸福的需要。后来人们在十二勾的基础上增加两倍和四倍，就形成了“四十八勾”。因为它是表示事事顺心、大发大旺的花纹，所以成为土家姑娘最喜欢、勾数最多、最热闹也最难织的花，她们将对未来幸福生活的向往、强烈的感情与大胆的想象随同民族传统文化的符号织进了织锦里，表达了她们希冀成为贤妻良母，祈求多子继嗣及渴望和平、亲睦、顺利和健康的最朴素的诉求。另外，“四十八勾”也被用在土家族“摆手舞”的祭祀仪式中，从某种意义上它代替了神圣“摆手堂”的功能，起到了扮演土家先祖“神位”或民族“图腾”的角色的作用。有种说法认为“四十八勾”图纹是蛙的形

台台花（局部）
22cm × 22cm
2006年

象的变体，所以具有兴旺种族、祈子求昌、驱秽辟邪以及禳灾纳吉的寓意。

4.《台台花》

“台台花”的纹样专用于小孩的摇窝盖裙上。三向围边装饰纹，通常为两条11.5厘米宽、35厘米长的织锦相连，“台”在这里为“条”的意思。图案的中心纹样明显如动物头形纹样，呈二方连续展开。称其为“虎”，是因为织花的土家妇女代代相传，也有径直称为“台台虎”的。“台台花”的主纹是酷似虎头形的动物纹，虎纹在湘西土家族具有邪神崇拜的含义，所以“台台花”纹样可能与土家族信仰崇拜白虎神相关。此幅图案在民俗应用上有保护小孩以防范野兽伤害的辟邪寓意。

四、艺术特色及主要价值

1. 艺术特色

土家织锦的生产工艺比较复杂，工序繁多，而且全部都是手工操作，多以土红、靛蓝棉线为站（经）线和暗喂（纬）线（梭罗线），以五彩丝、棉为起花纬线，反面挑织而成。土家织锦的主要工艺流程有以下十四个：

（1）纺捻线。利用纺车将脱脂棉纺成棉纱，再把二股或三股棉纱合并在一起，做

实毕花

110cm × 50cm
2007年

二十四勾
110cm × 50cm
2009年

成一把一把的纱线，现在市场上棉线比较便宜，已基本无人再纺线了。

（2）染色。将纺捻好的线进行漂洗，然后染色，一般经线染成黑、红、蓝三种颜色。把染好的线清洗、晾干。这一道工序现在用不上了，市场上有各种的彩色线可供选择。

（3）倒线。将线用纺车倒在直径2厘米 × 18厘米（长）的竹筒上，一般倒18—30个就够用了。

（4）数筘。一般小织机竹筘长70厘米 × 11厘米（宽），密度为3厘米 × 20眼（眼筘中需要装2根线，如果需要牵筘宽50厘米的话，那么就需344个左右的筘眼）。

（5）牵线。用三根或三根以上光滑的木杆插入地下，一头插三根木棍另一头插一根木棍，如果线牵得很长，可形成多个“之”字形，右边用苞谷杆铺在地上，约2米长左右，将小竹棍插入苞谷杆中，苞谷杆之间距离12厘米左右，将倒好的竹筒放在插好的小竹棍上，然后依次把线拉成一手（支）后，先捆在一端的木杆上，按顺序排列，并由“花岔岔”（8字套）分组，如果以20根一手（支）为单位算站（径）线，那么我牵380根站（经）线就需牵19手。

（6）装筘。将线牵好后，按顺序用挑子把线装入筘眼中。

（7）滚线。将已牵好的站（经）经套在滚板上，然后进行梳理，让每根线的松紧一致，梳理一点滚一点，滚线时要细心，每滚2米左右要垫稻草或竹片，以免垮边。

老鼠嫁女

110cm × 50cm
2007年

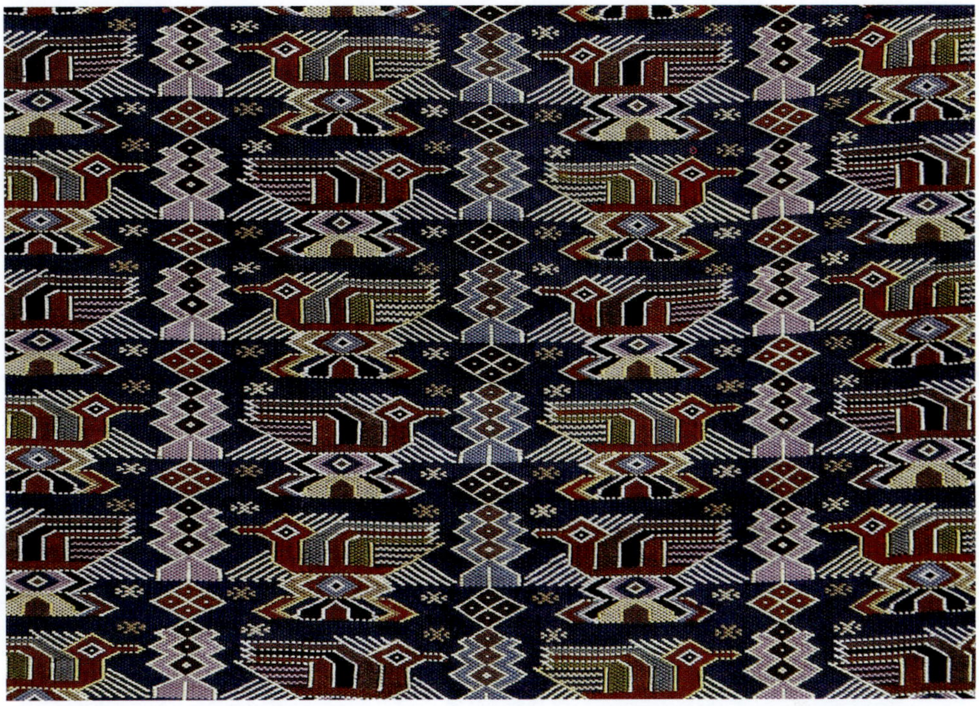

阳雀花（局部）
2008年

（8）上机。将滚好的线放在织机上，然后人上机，把长短不一的线剪齐，捆在滚棒上，捆时把上下两层分好，从左到右的松紧要一致。

（9）捡综。将竹竿一端用7厘米左右的小竹棍撑开，小竹棍不宜过长，也不宜过短。过长或过短都撑不开篙，所以民间都以手的中指为标准。另外综杆上面的小竹条也要光滑，将一棉线用8字形套结循环缠在综杆上和经线上，捡综一般是从左到右依顺序进行，不得出现错误。

（10）翻篙。把花岔口的位置移到综线的上面（即将综杆和花岔互换位置）。

（11）捡花。将经线分成二层，把准备起花的那层清理出来。

（12）穿竹竿、捆线。将分好的三层分别用竹竿穿起来，插入木机的眼中，然后用棉线把"鱼儿"和综杆以及踏杆心位置调好，鱼头捆在综杆上面，鱼屋套在一根空竹竿和踩脚杆上。

（13）织布边。试织一段布边，主要是接布和织花的先前工作，织布边只踏中斜。

（14）挑织。挑织是织锦的关键步骤，土家织布是采用挑三压一进行反面挑织。记下要织的图案纹样，或参照纹样，用挑子挑起经线，数纱夹色喂纬线，梭罗穿暗纬线，脚踏分经杆。

传统的土家织锦绝大部分是斜纹、平纹，也有斜纹、平纹交织在一起的，就是常说的"抠斜"，这种是织锦中最难的一种，例如"椅子花"、"岩墙花"等，都是这种织法。平纹相对简单一些，踩斜的时候都是同一个动作。现代织锦图案基本都是采用对斜，对斜花一般是用两次梭子线，即"中斜"和"空斜"。而斜放的

织锦制作

织法有扯斜和不扯斜之分，扯斜的图案精致、细腻，只用一次梭子线；而不扯斜的斜纹，用了两次梭子线，所以整个花显得松散、粗糙一点。一般织女给自己织的嫁妆或给亲朋好友都织扯斜的，到市场上卖的有一部分是没有扯斜的织锦。所以精品的土家织锦在选箝、配色，还有材料上都是非常讲究的。叶水云在工艺技法上敢于创新发展，如1994年在设计制作佛教图案和1997年在制作现代装饰人物画中，她根据民间的“抠斜”原理，首次采用了土家织锦古老技法中“半格” 的挑织工艺手法，即一格单元中同时填充两组不同的色纬，使人物五官、手部更细腻生动，大大地丰富了土家织锦的表现手法。另一个是首创了复色拈合法，即将两种以上纬线的色彩，根据效果需要，加以绞合，通过织造后达到一种新的艺术效果，丰富了织锦的画面色彩。

土家织锦大部分以暖色调为主，因为它大多是用来做嫁妆和外婆望月（看外孙）不可缺少的礼物，所以多用代表吉祥、喜庆、热烈、欢快的红色。除了红色外，还配以黄色、黑色、蓝色、绿色、玫瑰色等等。民国早期及明清两代，土家织锦的色彩基本是采用天然染料，多取于大山里的自然植物、矿物。如红色多用朱砂、茜草等；还有用椿树皮熬水，染成绛红色；玫瑰红以苋菜为主要原料；紫色以乌苞为主要原料；黄色则取黄栀子和姜黄熬制；黑色以五倍子、马桑树、板栗球壳为主要原料熬制；蓝色以蓝靛为主要原料，也有用蓼蓝叶泡水和石灰发酵沉淀后制

桌子花
110cm × 48cm
2008年

大玉章盖

110cm × 50cm

2008年

成蓝色的染料；灰色多取糯谷稻草同布煮后加碱而成。虽然土家织锦有“黑配黄，跳得出；红配绿，丑得哭；红配绿，显不出”的口诀，但是如今的土家织锦姑娘常常根据织锦产品的需要灵活配色，不拘泥于原有的口诀。比如婚嫁用品常常绚丽多彩，以红色或暖色为主。同时也受制于民俗民风的影响，土家织锦传承的重要特点是“传图案不传色彩”，同一种图案，可以有千变万化的色彩搭配。比如同一种“四十八勾”图案，有偏红色和玫瑰色、偏绿色和紫色、咖啡和灰色等等多种颜色搭配。现在流行的一百多种土家织锦传统图案中，经线大多采用红线、黑线和蓝线而不用白线，因为土家族有“忌白尚黑”的习俗，白色在酉水河一带被认为是一种不吉祥的色彩。在日常生活中，一般不戴白头巾和穿白衣服。传统的土家织锦被面是用三块窄幅拼制而成，并在两边的档头镶黑边。色彩上，土家织锦能恰到好处的以秩序排列，在明度、冷暖、纯度中选取某一方面进行渐变推移，从而产生统一、秩序的美感，这就是民间艺人们通常讲的“退晕”手法。这方面在“椅子花”、“大刺花”等图纹上都表现得比较突出。在色彩运用上，讲究织女个体对色彩的领悟与个性张扬，强调“色由心生”、“色无定色”和“显色”，底色调与图案色调形成对比色或补色，相比较龙山老人们几十年不变的织锦方式，叶水云的织锦色彩搭配好、耐看、欣赏价值高，且经常变化配色。

在造型上，土家织锦的传统图纹一般多是直线发展，这是因为土家织锦讲究坐标的纵横向度。但在直线中却又富于变化，如“大白梅”、“小白梅”等图案，将它们的四角向内稍稍凹进一短划，便产生出一种团口、圆润的奇特效果；如“矣欠借卡普”（猴手花），根据猴手掌长、指尖的特点，以不同色块表现，便成极为神似、富于节奏的几何图案；“燕子花”则两燕共一头，两边是极具特色的剪刀尾翼，似闻燕语呢喃。在图形连续形式上，土家织锦将单一连续与非单一性连续巧妙结合，形成各种不同形式的连续方式，大概有直式的，如“岩墙花”、“勾花”；横式的，如“马毕”、“椅子花”；菱形的，如“燕子花”、“麻叶花”等等。因而同一图案在不同的织女手下，甚至同一织女在不同场合与心境中，织出的图案亦各不相同，多姿多彩，变幻莫测，各领风骚。

2. 主要价值

土家织锦图纹的产生与土家人的生活息息相关，且互相交融。图纹所表现的是土家先民对大自然的再认识，它传递着丰富的民族文化信息。

土家族没有自己的文字，历史的记载和民族文化的记述只能凭借其他形式，如语言、口头文学、民俗活动和工艺美术等手段，而工艺美术又是最直观最贴近人

人类·和平·进步

170cm × 90cm
1997年

的一种形象“语汇”，土家族妇女将民族的历史和自己的心声化为图纹符号，代代相传。土家织锦以它丰富的图纹形式讲述着古老文明的历史进程，并且以独特的民俗活动和祭祀、生活中广泛运用等多种方式，展示着土家族人们的原始宗教信仰和求吉纳祥心理。

土家织锦纹样体现了土家族的文化传统和文化渊源，充分反映了土家民族的审美情操和民族意识，敬重先祖英雄，崇拜天地自然，以独特的方式显露出土家人的物质文化属性，具有强化民族意识和相互之间的认同感的作用。

土家族妇女是土家织锦的主要创造者，土家织锦是这些妇女自发的一种手工劳作，是土家族女红文化的重要组成部分。生活于严酷大山环境的土家男人，经历渔猎、采集到农耕文明，需要雄健的体魄、强悍的性格和勇武、合作的精神。他们的精神诉求，宣泄于开山号子、酉水号子、梯玛神歌和四山回应的土家山歌中，宣泄于被称为“人类戏剧活化石”的“披茅草”、“走矮步”的毛古斯舞蹈中。而大山中的土家女性，除了同男人们一样艰苦劳作外，还承担着生儿育女、照顾老幼、体贴男人和繁琐家务的重担，她们勤劳而坚韧、奔放而又温柔的母性气质和聪慧，融入土家织锦图案的传承与创造、工艺的继承与创新中，体现着美的发现、诗的感悟、心的创造。无论是“龙凤呈祥”图案中的龙与凤的热烈与安详，还是“实毕”（小野兽）、“马毕”（小马）的憨厚、顽皮，都体现出女性、母性特有的视角。“养女不织锦，顺手（不如）莫养她”。谁家女子织得漂亮，被盖多，就是谁家的骄傲，可以说土家织锦是母亲的文化、女性的文化。土家织锦作为土家族女红文化最典型的代表，是土家族妇女体现其人生价值的物质载体，也是土家族妇女作为自然人和社会人双重生命力的象征。

土家织锦以其丰富多彩的图纹、浓艳富丽的色彩，蕴含着本民族独特的文化心理，被称之为凝固在织物上的土家历史。纵观土家织锦的传统纹样，不难发现，它较少有直接的人物形象，基本上都是“自然物象图案”。在土家人的眼中“万物有灵”，花草树木、日月星辰及万事万物都因神秘而受到崇拜。所以，土家织锦中的几百种自然物象图案都直接和间接地体现了自然崇拜、神灵崇拜和祖先崇拜的种族观念。

大山成就了土家织锦。从賨布到溪布、溪峒布，直至土锦，两千余年来不断发展、成型、兴盛、繁荣。新中国成立后，土家织锦漂洋过海，享誉四方。在湘西土家，它是婚俗、生育俗、节庆俗（特别是在正、二、三月摆手堂）中不可或缺的一部分，它使这些习俗更加热烈，更加绚丽多彩，成为人们审美的愉悦，精神的寄

焦山梅（局部）
2008年

托。对于土家妇女特别是少女们，更是其精神的寄托、个人价值的体现。

五、叶水云艺术年表

1967年10月，出生于湖南省龙山县苗儿滩镇叶家寨。

1980年，跟随姑婆中国工艺美术大师叶玉翠学习土家织锦技艺。

1983年，正式拜叶玉翠为师，系统学习土家织锦。

1984年，叶水云在姑婆叶玉翠的介绍下进入龙山县土家织锦工艺厂，开始专业织锦之路。

1987年，她受聘于吉首织锦厂，并担任技术副厂长，主管设计和生产。

1988年，叶水云考入凤凰职业中专美术专业系统学习，毕业后留校任教，并创办了土家织锦研究所。

1993年，为台湾佛教界设计、制作了系列佛教图案壁挂，如“南无观世音菩萨”、“六祖慧能大师”、“地藏王”等。

1995年，在中国工艺美术学会民间艺术委员会第十二届年会上，举行了百幅土家织锦作品展，受到专家学者的一致好评。

1998年，与一位教师共同设计制作了长 5 米、宽1.15米的大型长卷壁挂“古城凤凰——沈从文先生故里”。

焦山梅
110cm × 50cm
2008年

1999年，考入湖南湘西苗族自治州教师进修学院美术专业，之后主要从事土家织锦的研究、教学和制作工作，并根据民间的“抠斜”原理，发明了“半格工艺”技法。

2000年，叶水云制作的土家织锦传统图案《岩墙花》及反映现代题材的《人类·和平·进步》两幅大壁挂作品，在湖南省首届民间工艺美术大奖赛中均获金奖。

2001年，湘西苗族自治州委、州人民政府授予她“文学艺术创作突出贡献奖”。湖南卫视及河北省电视台拍摄了以介绍叶水云为主的专题片《湘西土家织锦》。

2005年5月，被中国艺术研究院聘为首批“民间艺术创作研究员”；12月，在“湖南省民间工艺美术产业发展高峰论坛暨湖南省民族民间工艺美术委员会成立20周年庆典”大会上，叶水云荣获“湖南省十大艺术门类杰出传承人”荣誉称号及“湖南省民族民间工艺美术杰出成就奖”。

2006年12月，叶水云获中国工艺美术学会织锦专业委员会授予的“中国织锦工艺大师”荣誉称号；同年，叶水云制作的土家织锦《宴乐狩猎水陆攻战图》被中国国家博物馆收藏。

2007年1月，获得第五届“中国工艺美术大师”荣誉称号，同年6月获文化部第一批国家级非物质文化遗产项目“土家族织锦技艺”代表性传承人荣誉称号。

2008年，被中华民族艺术珍品文化节组委会授予“中华民族艺术珍品评审鉴定专家委员专家”；10月，参加了在北京举办的“2008年北京奥运会（残奥会）‘中国故事’专题展”活动，受到广大中外观众的高度赞誉。

2009年2月，叶水云参加了在北京农展馆举办的“中国非物质文化遗产传统技艺大展”，收到了良好的社会效果和经济效益，并荣获文化部授予的“特殊贡献奖”。

（本篇撰稿　邰高娣）

凤凰牡丹

110cm × 50cm

2008年

唐卡

西合道

——热贡艺术传承人

他是黄南卅吾屯下庄的一位藏族唐卡画师，7岁起就跟舅舅学习唐卡，因为那时太小，耐不住寂寞，懵懂之中还弄不懂画那些佛像的意义，逃跑几次又被追了回来继续学习，直到12岁已经能够画出完整的佛像，他自此就和热贡艺术的代表性品类唐卡结下了一生的缘分。2005年，他被中国艺术研究院聘任为首批“民间艺术创作研究员”；2006年，他被评为第五届“中国工艺美术大师”称号；2009年，他被评为第三批国家级非物质文化遗产项目（热贡艺术）代表性传承人。现在的他仍然六点起床，净身、念经，两个小时后，开始作画。他已经将自己融入了唐卡之中。

一、热贡唐卡艺术概介

热贡艺术是我国藏传佛教艺术的重要流派，13世纪发祥于青海省黄南藏族自治州同仁县境内隆务河流域，因同仁地区在藏语中称为“热贡”，因此这一艺术流派就被统称为“热贡艺术”。热贡艺术主要包括唐卡、堆绣、泥塑、建筑彩画、壁画、木雕、酥油花等多种艺术形式，以藏传佛教中的佛本生故事、藏族历史人物和神话、传说、史诗等为题材内容，是主要服务于藏传寺庙和藏族生活的一种宗教艺术。

热贡在藏语中意为“上川”，一直以来被誉为山川秀美、人杰地灵的金色谷地。据史书记载，公元13世纪中后期，萨迦法王八思巴从西藏派遣拉杰扎那哇一行来到热贡弘法，拉杰扎那哇是一位佛法造诣极高、兼通医术的大师，随行的三百余人中有许多画师、工匠、木匠等，他们把西藏风格的藏传佛教造像艺术和寺院形制带到了热贡，还把重要的藏族绘画理念带到热贡。拉杰扎那哇及其子孙在热贡建造了以其西藏家乡命名的隆务寺，建立了较完善的政教合一制度，隆务寺周边的村庄相继建成大小寺院，隆务河流域逐渐形成了“头人一庙堂、一家一佛殿”的壮观景象。伴随着藏传佛教的深入传播，唐卡、壁画、泥塑等宗教艺术也得到极大发展。其中又以唐卡的创作数量最多、流传最广。

唐卡，在藏语中指卷轴画，是一种绘于布面或纸上，然后用绸缎缝制装裱后悬挂供奉于寺庙佛堂的宗教绘画。隆务河流域林立的寺院都拥有佛堂，这为热贡唐卡画师们提供了展示绘画才艺的平台，闻名藏区的“热贡拉索”（拉索在藏语中即“画匠”）就是在这一过程中逐渐形成的。也是在这一时期，西藏三大画派随藏传佛教的传播逐渐传入热贡地区，其中，尤以曼唐画派的影响最为深远。曼唐画派的显著特点是善绘“慈像”、“圆满像”，线描精细、形象生动传神，至17世纪末18世纪初，曼唐画派已经在热贡广泛传播；而自公元15世纪明朝在西陲边地实行的“卫所制”，给隆务河流域带来了来自江南一带的军户屯民，这些汉地来客同时又带来了成熟的汉地绘画技艺。这两者的有机结合给热贡艺术创作注入新的活力，使热贡唐卡既继承了曼唐画派精细柔美的画风，同时又大胆借鉴汉地绘画，在造像、

黄财神宫殿
80cm × 60cm
2004年

构图、线条、色彩和装饰等方面，形成了细腻圆润的风格，走上一条既有别于西藏又异于汉地的独特的佛像绘画之路。

热贡艺术自产生之后，代代相传，主要在藏传佛教寺院内部进行创作和传承。新中国成立后，1959年进行宗教改革，随着大量佛徒还俗，热贡艺术开始流向民间，并在民间传播。现在的热贡艺术主要创作群体分布在同仁县“四寨子”，即吾屯上下庄、年都乎、尕撒日、郭么日四个自然村，又自成体系，其中唐卡绘画艺术以吾屯村水平为最，形成了以僧俗艺人、画师为主力，以师徒、父子传承为基本形式的创作传承模式，涌现出众多优秀的唐卡画师。

热贡唐卡的题材极其广泛，虽然以宗教为核心，但却涉及藏族历史、政治、文化和社会生活等诸多方面，其中多以佛像为主，堪称藏民族的百科全书。唐卡艺术在藏族传统绘画典籍中主要分为“至唐”和“国唐”，至唐即常见的用各种彩色颜料绘制的唐卡，主要有彩唐、金唐、红唐、黑唐等，即分别以彩色、金色、黑色和红色为背景颜色的唐卡。国唐是指用丝绸、绢帛等材料裁制、用丝线刺绣、或用剪贴、粘缝、版印等技艺制作而成，主要有绣像唐卡、丝面唐卡、丝贴唐卡、手织唐卡、版印唐卡五种。其中，尤以手绘唐卡最为珍贵，艺术价值最高。热贡唐卡最初以彩唐为主，即用多种颜色绘制的唐卡，后来逐渐出现金唐、黑唐和朱红唐。金唐是以金色作底，用朱砂色细细地勾勒出佛像轮廓，再用玉或者玛瑙等在金箔上打

大威德金刚 黑唐卡
90cm × 70cm
2005年

磨，使之呈现明暗肌理等效果；黑唐和红唐则是分别在黑底色和红底色上用金线勾勒线条制成的唐卡。

二、西合道从艺经历及艺术成就

西合道，藏族，1946年12月生于青海省黄南藏族自治州同仁县吾屯下庄一户普通藏族人家，同本村所有的藏族男孩一样，西合道一出生就按当地习俗在寺院请名登记，5岁时就入寺当了阿卡（指出家的僧人）。1953年，西合道7岁时，被送到离热贡不远的甘肃省拉卜楞寺，投奔自己的舅舅——著名热贡艺僧厚日加·尕藏，跟随舅舅学习绘制唐卡。在尕藏的教导下西合道一边学习经文，一边练习绘画。经过五个寒暑的勤学苦练，终于练就了精湛的唐卡画技，并能熟练背诵各种必读经文。12岁学成出道的西合道跟随舅舅回到故乡吾屯，为家乡的寺庙绘制唐卡。1959年宗教改革，西合道和许多僧人一样从寺院还俗回家。因年龄尚小，西合道上了吾屯小学。上学期间，他也经常在家里的煤油灯下偷偷画唐卡，至今，还有小学同学珍藏着他当时画在纸上的一幅白度母唐卡底稿。在这些艰苦的岁月里，西合道一直坚持偷偷习画，画技不断提高。

至1963年，国家允许开放一些寺院，这意味着造像活动在一定范围内被允许。西合道悄悄跑到甘肃省甘南藏族自治州“博拉寺”画画，主要画的是壁画和唐卡，同时也给很多藏族人家绘制供奉的唐卡，靠此获得一些微薄的报酬。“文革”开始后，寺院又被关闭，西合道回到家乡。那段时间，他一边参加村里的各种劳动，一边协助生产队长，做过村里的会议记录员、劳动记分员等，还经常帮助队里搞一些漂亮的黑板报。有时，也偷偷躲在家里画唐卡，送给那些被迫还俗的僧人在家膜拜、供奉、观想。

1969年冬天，西合道被兰州军区选中成为部队战士，在战友们的帮助下，西合道开始学习汉语、汉字，因为各方面表现优秀，西合道很快升为班长。他还参加了第三届全军运动会，并获得第九名的好成绩。1976年，西合道从部队转业，先后在西宁铁路分局湟源公务段和刚察县哈尔盖农场工作。1979年，刚察县沙陀寺僧人请西合道为寺庙绘塑佛像，西合道回到家乡，从吾屯招募了擅长绘塑技艺的40位艺人赴沙陀寺，此后他开始了团队作画的历程。

20世纪80年代，西合道从工作岗位病退回到家乡吾屯，开始职业绘制唐卡的生涯。这一时期他为隆务寺等热贡地方重要的寺院绘制了一大批唐卡和壁画，组织人员修建了吾屯下寺的宗喀巴大殿，并设计了塔尔寺宗喀巴大殿中的《文成公主入藏图》以及西宁北山的佛塔等重要文化景观。在繁忙而充实的唐卡绘画实践过程中，抱着对唐卡艺术的传承责任，西合道先后带徒四十余人，教授唐卡绘制技艺，

释迦牟尼
120cm × 100cm
2008年

还带领他们多次深入到西藏、甘肃、内蒙古、山西、云南、四川等地开展艺术创作，在实践的过程中汲取营养，磨炼技艺。他们所绘制的唐卡和壁画，被保留在各地众多的藏传佛教寺院里。这些徒弟大多是热贡当地人，在长期的艺术实践中，他们成长为热贡新一代唐卡艺人，这是西合道对热贡唐卡艺术事业的传承和保护作出的重要贡献。同时，西合道唯一的儿子普华也开始跟父亲学习绘制唐卡，在父亲的严格指导下，现在的普华已经青出于蓝，成为一名优秀的唐卡画师。

如今，已过花甲之年的西合道虽然身体已不如前，但却从未停止对唐卡艺术传承与发展的思考。几年前，他投入毕生积蓄，在自家隔壁买下三亩土地，他要在这片土地上盖一处“唐卡艺术传习所”。根据他的设想，传习所要有展厅，用于展览热贡唐卡艺术的历史传承；要有画室，用于他自己教授学徒；还要有画廊，用于

四臂观音(局部)
2010年

展示传统的精品唐卡，以及他和徒弟所绘制的唐卡作品。通过传习所，西合道希望能够实现诸多愿望，既能带徒授艺，又能让真正喜欢唐卡的人通过这里了解唐卡、欣赏唐卡、学习唐卡。正如他本人所言，他要做的不仅仅是一位优秀的艺人，还要做一个“正儿八经的人”，为自己的家乡，为自己的家族，也为他深信不疑的信仰贡献出自己的力量。

西合道的创作不仅在民间得到广泛赞誉，同时也得到当代文化艺术界的肯定。他多次参加国内外展览，将绘制唐卡这门古老而又精湛的技艺介绍到世界各地。2005年，西合道被中国艺术研究院聘任为首批“民间艺术创作研究员”；2008年荣获“中国工艺美术大师”称号；同时他还担任中央美术学院唐卡专业名誉教授、热贡艺术协会常务理事等职。

三、代表作品赏析

1.《文殊五尊大德》（彩唐）

文殊菩萨的藏语名为“尖贝央”，是释迦牟尼的胁侍菩萨之一，也是佛教的四大菩萨之一。文殊菩萨的名字有妙德、妙乐、妙吉祥的意思，是集众佛智慧于一身的菩萨。热贡艺人中有此说法，学画唐卡之人若是在画完释迦牟尼后，紧接着画文殊菩萨，就会增长智慧顺利掌握绘画技法。可见，文殊菩萨在人们心中是智慧的化身。这幅作品绘的是文殊五尊，即文殊菩萨的五种常见身形。画面中央为主尊黄文殊结跏趺坐于莲花宝座上，菩萨身色橘黄，身略左倾；右手持智慧宝剑横断上空，表示斩断一切执著和缠缚；左手于胸前拈一枝吉祥青莲花，上置般若经，表示智慧来自佛经；身穿天衣、具足庄严，面容微笑，外透睿智；头戴五佛冠，发色绀青，佩戴耳环、瓔珞、手镯、臂镯、脚饰等各种珠宝，佛像背光由各种祥瑞花朵环绕四周。上界左为四臂红黄文殊，右为黑文殊（深蓝色）；下界左为白文殊，右为骑狮文殊，中间手持琵琶者为妙音佛母。

整幅画面以蓝绿色为主调，红粉等色染背光祥瑞花朵，局部运用铺金、描金、刻金等用金技法，勾勒线条十分精细，刻画细腻生动，是典型的热贡唐卡风格。

2.《四臂观音》（金唐）

四臂观音是观世音菩萨的化身之一，是藏族人民的守护神。四臂观音头戴五佛冠，黑色发髻，珍宝耳环垂肩，瓔珞绕身，天衣飘逸，面貌寂静含笑，以慈悲之眼凝视众生。双跏趺坐于莲花宝座上。四臂表示四无量心，中央二手合掌于胸前捧摩尼宝珠，左右双手一手持莲花，一手持水晶念珠，表示消除魔障、增长功德。这

文殊五尊大德
（彩唐）
110cm × 90cm
2006年

四臂观音（金唐）
90cm×70cm
2007年

是一幅纯金唐卡，朱红色勾线，运用多种技法在金箔面上表现出明暗、光影变化，刻金线条纤细而圆润、繁复而规整，整幅作品更是金光毕现，富丽堂皇。

3.《金刚手》（彩唐）

金刚手又名“秘密主”，因手执金刚杵，故称之为金刚手菩萨，具有除恶降魔的广大神力，与观音菩萨、文殊菩萨合称“三族姓尊”，分别代表伏恶、慈悲、

金刚手（彩唐）
110cm × 90cm
2009年

智慧三种特质。画面中的金刚手菩萨，身蓝黑色，头戴五佛冠，金色须发逆竖上扬，须眉如火，三目圆睁，獠牙露齿卷舌，十分畏怖；身披天衣，以虎皮为裙，颈上有蛇饰；右手高举忿怒印，持金刚杵，左手当胸忿怒印，持金刚索。双足右屈左伸，威立于莲花日轮座上，于般若烈焰中安住。画面中主体突出，大片的赤红色般若烈焰与蓝黑色佛身对比十分强烈，佛像造型威严凶恶，给人以强烈的力量感和震慑感，符合其特质；线条勾画细微，尤其是火焰和须发的刻画，层次分明，繁而不乱，晕染均匀，尤其是过渡色的渲染，使同一色彩中又有不同层次，细腻柔和。

4.《四臂观音》（黑唐）

这是一幅以黑色为基底，用纯金色勾勒的黑唐卡，画面绘的是三族姓尊，中

《四臂观音》（黑唐）
79cm × 57cm
2010年

央主尊为四臂观音，左下为文殊菩萨，右下为金刚手菩萨，上界又有诸多神佛形象。作品构图饱满且异常繁缛精细，装饰众多，细节精湛，十分考验绘制者的画工和技艺。

黑唐卡艺术把对金色的运用发挥到极致，运用铺金、描金、磨金、刻金、染金等多种手法，点缀少量色彩或象征性地渲染出人物和景物的主要结构及明暗，意趣神秘而深沉。黑唐卡在遵从《造像度量经》的原则下，创造出以线为主，点染华彩部分的绘制技法，意到而笔止，这种手法更强化突出了藏传佛教中神灵造型的威猛、强悍、庄严和神秘。

5. 《白度母》（彩唐）

白度母藏语叫卓玛嘎尔姆，又称为增寿救度佛母，是观音慈悲的化现，为救度佛母的二十一尊化身之一，在藏传佛教中，白度母和绿度母是二十一尊度母之中

白度母（彩唐）
90cm × 70cm
2006年

流传最广的。白度母除面上双目，额头有一目，双手、双脚各生一目，共有七目，所以也称七眼佛母。相传额上一目观十方无量佛土，其余六目观六道众生，所观望之处皆得解脱。白度母又是赐众生长寿的一尊菩萨，与无量寿佛和尊胜佛母合称为“长寿三尊”。

画面中央主尊为白度母，身色洁白，身着天衣，乌发挽髻，头戴花蔓冠，颈挂珠宝璎珞，耳环、手镯、臂圈、脚镯具足。全身花蔓庄严，双足金刚跏趺坐于莲花月轮上；右手膝前施接引印，左手当胸以三宝印捻乌巴拉花，花茎曲蔓至耳际；面目端庄祥和，形象典雅优美。画面左下为无量寿佛，是西方极乐世界的主尊，其造型头饰花冠，戴各种珠宝璎珞，宽额丰颐、弯眉长目、相容沉静，双手结定印捧盛满甘露的长寿宝瓶，双跏趺坐于莲花月轮上。

画面右下为尊胜佛母，密号除魔金刚，是大日如来的化身，其造型三面八臂，面上各具三眼，中间为白色，形象妩媚寂静；右面为金黄色呈笑容愉悦状，表诸法增益；左面的相为蓝色，露出利牙呈忿怒相，表降伏之法。右第一手持四色十字金刚羯魔杵在胸前，表降魔免灾事业成就；二手托莲座上有阿弥陀佛，表怀爱；三手持箭，表钩召众生的悲心；四手施愿印置于右腿前，表示满足众生的心愿。左第一手忿怒拳印持羂索，表降伏一切难调伏的众生；二手上扬做施无畏印，代表使众生远离右屈怖畏；三手持弓，表诸胜三界；四手定印托甘露宝瓶，表示使众生得以长寿无病。佛母身色洁白，身有百花蔓、天衣、宝冠、璎珞等，结跏趺坐于莲台宝座上。画面左上为释迦牟尼，右上为阿弥陀佛。

整幅画面以群青色为背景，背光祥瑞花草色彩丰富艳丽，尤其是描金技法的运用，线条细如发丝却丝丝分明，十分精细，堪称佳作。

6. 《释迦牟尼十二行状图》（彩唐）

藏语名叫“扎巴久尼”，这幅唐卡构图特别精致，主佛释迦牟尼结跏趺坐于莲花宝座之上，乌发肉髻，双耳垂肩，左手在膝前施禅定印，右手持钵于脐前，端庄慈悲，令人向往。佛祖背光处金光灿烂，上界左右两侧祥云缭绕，佛祖端坐云朵之上。背光外圈上以金色装饰为分隔，描绘了释迦牟尼平生经历的十二件大事，右侧六件、左侧六件依次分置，中部为金色大鹏鸟。法座下左侧手持法轮和海螺的黄、白色身的人是“勿哇加行”，即天上的神，他们的身后是释迦牟尼的众弟子。整个画面华美典雅，色泽光亮。

阿底峡大师（彩唐）
80cm × 60cm
2006年

7. 《生死轮回图》（彩唐）

生死轮回图藏语叫“斯比廓落”，一般悬挂于大经堂门旁，起到警醒世人的作用。画面上，死神阎魔鬼王怒睁着三只眼，怀抱生死轮，口中獠牙紧咬生死轮的顶部，双手如一双利爪紧抱生死轮，双脚背托着生死轮。生死轮上画的是人的今身前世，由三层环形的画面组成，最外环是凡常人生，有12个自成一体的图画，表示无明、行、识、名色、六入、触、受、取、爱、有、生、老死人生的十二缘起，人一生的命运归根结底在于此；第二层是众生轮回的地方，即天道、阿修罗道、牲畜道、地狱道、饿鬼道、人间六道，分上下两界，上界是莲花盛开的天堂净土，下界是八寒八热的悲惨地狱，每个场景都形象地描绘了表现对象的真实情形；生死轮最中心画着一只鸽子、一条蛇和一头猪，分别指代人类的贪、嗔、痴三大弱点，六道轮回的生死命运就是由人类这些弱点所造成。这幅作品色彩强烈，主题突出，生死轮上的三层画面包含大量细节，每个细节都需主次分明，繁而不乱，因此绘制起来颇具难度，除了精湛的手绘技艺外，更需要画者对佛经的熟记于心和平时的大量积累。

8. 《阿底峡大师》（彩唐）

阿底峡是古印度的高僧大德，藏传佛教的噶当派祖师。阿底峡出生于王族，自幼异于常人，爱乐正法，悲悯众生，常得度母加持守护，处处显示出俱生之功德。29岁正式出家，法名圣燃灯智。阿底峡是人们对其尊称，有卓越、优胜等义。晚年入藏重振佛教，大弘佛法，破斥邪论，为此后藏传佛教的流布奠立了良好而深厚的基础，于83岁圆寂西藏。画面上阿底峡大师结跏趺坐于莲座之上，头戴红色僧帽，僧衣端庄，双手在胸前结说法印，面目慈善，表情专注。大师像的左边安放着其师傅的灵塔，传说阿底峡大师能听到师傅讲经的声音；背光以外奇花异草、祥云缭绕；右侧为释迦牟尼，左侧为绿度母。下界右侧是曾请阿底峡大师到拉萨弘法的弟子仲顿巴，左侧是“吉洛黑黑日”。画面色调凝重，以蓝色衬托出大师的红色系形象，显得庄严、神圣。

四、艺术特色及主要价值

1. 艺术特色

制作一幅唐卡需要多道复杂的工序，可分为绘前准备、绘画过程与后期装裱

释迦牟尼

110cm × 78cm
2004年

三个大的步骤。

（1）绘前准备：这个过程包括绷画布、上胶、上白石粉、打磨等绘画前的准备工作。绘制唐卡的画布一般是质地细密的纯白棉布，如果是尺幅大的唐卡，则需要将多块棉布用细密的针脚缝合在一起。将画布四周用线绷在木制画框上，既要绷紧，又要保证布面平整、受力均匀。绷好画布后，要在上面涂一层薄薄的胶水作为底色，涂胶的目的是防止画布吸附、渗入颜料，防止颜料在画布上晕染“变花”。热贡艺人用的胶多为骨胶，也有少量用皮胶，传统的唐卡艺人都要自己熬胶，使胶软硬适当利于后续的绘画。待胶自然晾干后，还要在上面涂一层石灰粉。将当地一种白石头用火烧熟后磨成石灰粉，加水进行搅拌，将其均匀地涂抹在上过胶的画布上，厚薄适当，以填平布纹为准。上过石灰粉的画布晾干后还需要进行打磨抛光，目的是使画布平整、光滑，看不见布纹。打磨时，先用湿布将布面湿润，然后以5寸为单位从上往下依次进行，用磨石从左向右打磨两次即可，画布正反面都需打

释迦牟尼（局部）

磨。过去讲究用贝壳、玛瑙作为打磨工具，后来多用石头，现在则将碗倒扣过来，用碗边打磨。

（2）绘画过程：分为定位起稿、线描、上色、染色、勾线、用金、开相等几个步骤。

① 定位起稿：

首先画定位草图，用线绳等工具标出中心垂直线、边线、对角线及其他轮廓线，确定主佛位置，接着大致标出背光及背光外侧的天界部分，天界部分可画小佛像或者远山、云彩、花草等。定位比例是否准确，是一幅唐卡成败的关键。

接着画素描稿。这个步骤是对草图的修改和完善，要用炭笔按照从上到下、从左到右的顺序将画稿描画一遍，仍需严格按照比例标准来画，在这个过程中，进一步确定头发的造型、头饰上的纹样、耳朵上的耳环等细部。佛像周围的花草、山水等可以根据画师个人的想象和喜好自由发挥，但也要符合传统绘画标准。

颜料及上色技艺

然后画线描稿。这一步要求用线描的方式准确地把唐卡底稿描画出来，即定稿。线描稿要绘制得非常精细，佛像的表情、神态、身姿、手印、法器，佛像四周的山水花草、亭台楼阁都要细致地表现出来。过去艺人用毛笔蘸墨勾画线描稿，现在则多改用铅笔描画。

② 上色、染色和勾线：

色彩是绘画艺术的主要语言，热贡的唐卡艺术被誉为“火一样的安多唐卡”，说的就是热贡唐卡鲜艳、明丽的用色特点。唐卡有五种主要颜色，即白、蓝、绿、黄和红，这些颜料大多是从各种名贵矿石、宝石中提炼而来，如蓝宝石、绿松石、巴拉石、朱砂等，要经过研磨、淘澄、过滤、提取、勾兑等过程，加工调制成唐卡颜料。这种矿物颜料不仅色彩鲜艳，而且具有柔和度和光泽感，能够历久弥新。

上色就是在底稿上填涂底色，基本采用平涂的方式，遵循从外到内、从左到右、从背景到主佛像、从袈裟到肌肉的程序进行描彩。首先画出天和地，然后按照从左到右的顺序画云彩、花草、楼台、人物、水波、供品、袈裟、佛身、背光等具体物象的颜色。最后上佛像面部的颜色，防止面部染上别的颜色。

上色完成后，进入染色阶段，即在上色的基础上，进一步染出事物的具体颜色。染色也讲究从左到右的顺序。按佛经的规定，佛像的染色讲究先后顺序，先染袈裟、衣服的颜色，最后染身体外露出来的部位的颜色。热贡唐卡的染色方法有三种：一是点染，用毛笔尖在底色上点出物象更具体的色彩来，如染花朵、云彩等；二是梳染，指从下往上梳着染，如染动物的皮毛等；三是晕染，用笔轻轻地横画或打圈圆画，可以突出画面的明暗关系，如染佛像的脸颊等。染色的过程中，还要注意晕染过渡色，如山、水、花朵、云彩中不同层次的色彩，使画面颜色过渡更加自然、细腻。

接下来进行勾线。勾线指的是在两种色彩的交接处勾勒线条，唐卡画的艺术价值更多地体现在此。根据线条的形态特征，热贡艺人们把勾线分为黑线条、金线条和红线条三种。黑线条的特征是中间粗、两头细，主要勾云彩、花叶、衣服、大象的鞍子等；金线条则粗细一致，很均匀，主要勾背光、装饰品等；红线条细而自然，主要勾花朵的边缘。热贡传统的勾线顺序是先勾黑线条，后勾红线条，最后再勾金线条。勾线如果国画中的白描用线，一根线条需一气呵成，一笔描完，通过细致的线条，最能体现唐卡美轮美奂的艺术特征。

③ 唐卡用金：

热贡唐卡讲究用金，大量的金色使原来色彩艳丽的唐卡更加富丽堂皇，同时金色在画面中又起到统一色彩、和谐整幅画面的作用。用金是唐卡绘画中的一道重要工序，甚至是一幅唐卡价值的重要体现。金色颜料多为金箔磨成粉末加胶调制而成，热贡唐卡用金技艺主要包括铺金、描金、刻金、磨金、贴金等几种方式。

铺金，是指在佛像身体、服饰等大面积部位用金。铺金的方法不同于细笔勾描，而是用大毛笔蘸上金汁描绘画面，一般来说需描三遍，均匀为宜。

描金，是用画笔蘸上金汁勾勒出金色的线条。描金技法在唐卡中运用很多，佛像、菩萨、护法的身上，佛像背光、所着袈裟、手中所持的各种法器、佩戴的璎珞，以及周围的宫殿、楼台、花草等，都可以运用描金进行勾画。

刻金，是用坚硬的笔状器物在铺好的金面上画出各种花纹和图案。以前多用猫眼石、珊瑚或玛瑙贴在笔尖上描画，现在艺人则多用缝衣针的顶端部位代替。刻金时要注意用力适度，既要刻出清晰美观的图案线条，又不能破坏金面。

磨金，是用玛瑙、猫眼石等宝石硬物在金面上打磨，表现出不同层次的明暗变化等效果，多用于金唐卡中的袈裟褶皱、莲瓣等局部。

贴金是主要用于木雕和泥塑上的一种技法，唐卡中也有应用。这一步骤需先在器皿或画面上涂一层米白色底色，再刷一层胶，胶面上再刷一层清漆，最后贴上金、银箔即可。

④ 开相：

开相即描画五官，是唐卡绘画的最后一道工序，也是体现唐卡品质的关键一步。先用炭笔在染过色的面部重新描画一下五官，再用毛笔蘸朱红色勾勒出五官轮廓，之后依次用颜色对眼睛、鼻子、嘴巴、眉毛等进行细致的描画勾染，最后在脸颊、鼻翼及嘴角位置渲染淡淡的颜色，表现出面部的明暗关系。

（3）后期装裱：

唐卡的装裱是指用彩色绸缎在绘制完的画布四周缝制边饰进行美化。作为一种悬挂于寺庙佛堂的卷轴画，唐卡的后期装裱是一个必不可少的重要环节。唐卡装

释迦牟尼（金唐）
80cm × 60cm
2009年

阿弥陀佛
100cm × 68cm
2010年

裱的各部分在藏语中分别叫做贡先、里衬、果兼、觉班、筒的各、夏开等，制作时同样需遵循经书上固定的尺寸比例和先后程序。

贡先是指唐卡画心最外侧的部分，即整幅唐卡的幅面。贡先所用的绸缎需分成大小不等的四部分，分别放置在画心的下方、上方和两侧。以制作一幅高度为三尺的唐卡为例，贡先所用丝绸的长度也为三尺，其中二分之一用于装裱画心的下部，四分之一装裱唐卡的上部，八分之一装裱唐卡的左右两侧。

里衬多选用大红棉布，用在唐卡的背面。

觉班是指介于画心和贡先中间，用红色、黄色的绸缎进行装饰的两条窄边，象征精灵之气环绕画面，用红黄两色是为好看吉祥。

果兼是指缝制在贡先下幅中央的一块色彩鲜艳的锦缎，果兼颜色要与贡先的色彩相搭配，多数选用黄色、红色等。

筒的各，是指放置于贡先最下端的画轴，为木制，两侧外露部分用金属装饰。贡先最上端也要放置一根扁平的与贡先两端齐平的木条，可以起到支撑唐卡的作用，与画轴的功能相同。

最后，供奉唐卡时，一般还要将一块与唐卡尺寸相同的薄质丝绸缝在顶端，即夏开。夏开的作用除遮挡灰尘以外，还为唐卡画面增加了一份神秘感。

从热贡艺术的发展进程上看，公元9世纪至13世纪是传入期，以借鉴和创造为特点；公元13世纪至17世纪为形成期，以模式与审美为特点；公元17世纪末至20世纪中期为成熟期，以创新与超越为特点；1949年以来进入多元发展期，以回归与创美为特点。在这种有序的符合艺术规律的发展过程中，热贡唐卡艺术自然成为包括壁画、泥塑、堆绣、木雕、木刻、石刻、建筑彩绘等在内的热贡艺术的代表性品类。

早期的热贡唐卡多出自一心侍佛的信徒之手，他们怀着高度的虔诚和崇敬之心进行创作，并将之体现在作品之中。从构图上看，主佛像比较突出，上下界的布局比较简练，线描精细，造型逼真、细致。从色彩上看，均为质量上好的矿物质颜料填绘，色彩纯真、干净、明亮，整体色调非常和谐、安静。从人物造型上看，主佛像及周围的佛像神态安详自若、目光平静柔和、体态端庄凝重，给人亲切、安宁的感觉。从画面构成的总体效果来看，主色调为浅绿色，画面色调反差不大，画面风格非常和谐美观，呈现一种神圣的感召力。

20世纪80年代以来，热贡唐卡艺人呈现出双重身份的特性，他们既是虔诚的佛教徒，又是真诚的艺术创作者，他们大多意识到唐卡创作不仅仅是为了表达对佛的敬意，同时还要表现创作者的绘画技能，表达创作者绘画时的感情。这种认识上的改变，也使得唐卡的设计和构图在遵循画经规范的基础上又在某种程度上有所变化，即在突出主佛像的同时，也开始关注对画面上下界空间的设计。现代的热贡唐卡艺人，在构图上对佛像的背光、莲座、佩饰以及周边的小佛像、云朵、花草、山水、飞禽、珍兽等，都进行很好的表现；色彩上也更加倾向于运用对比强烈的颜色，使画面造成鲜明的色彩对比效果；人物造型则更加追求神态的刻画，力求体现真实感人的效果。

2. 主要价值

自古以来，热贡地区就是一个以藏族为主体，多个民族共同居住的地方。特定的人文地理和社会历史，使热贡地区成为多种文化交汇的枢纽。在热贡文化的生态格局中，民间宗教信仰特别是藏传佛教具有强大的社会影响力。对藏传佛教信徒而言，绘塑佛像是个人功德的体现和一种重要的修持方式，正是这种虔诚的宗教信仰促生了热贡艺术，并成为其经久不衰的根本原因。

唐卡作为热贡艺术的重要组成品类，是藏传佛教信仰的重要载体和相关信仰习俗的有机组成。作为藏传佛教神圣的供养法器和对僧侣信徒以及全民进行观修、

千手观音（局部）
六臂马哈噶啦

教化、顶礼膜拜的形象化造型艺术形式和装点寺院殿堂的庄严之具，唐卡的初始功能并非是用于世俗生活中观赏的绘画艺术作品，因而其表现构成从形式上具有深邃、神圣的宗教内涵和象征寓意。作为藏民族特有的一种艺术形式，它集中体现了藏民族的审美意志和审美情趣，也培养了藏民族神性与人性融合统一的审美观念。形象性、通俗化、大众化是藏传佛教唐卡艺术发挥艺术功能的必要手段和一大特色，对于广大佛教信徒而言，将深奥的佛教文化哲理、道德标准、人生价值、宗教观念等通过形象化、通俗化的绘画方式表现出来，更能打动他们的心灵，易于被他们所接受和理解。在他们看来，那些经过佛学大师代代描述承传，又经过画师精心创作，用神来之笔和五色丹青描绘出的生动画面，正是人们理想中的乐土天堂或真理的规范。

从绘画本身而言，唐卡作为一种传统的宗教绘画艺术形式，它既是民间美术，又和一般的民间美术有着质的不同。它并非一种随心所欲的艺术创作，它的创作模式、规范要求以及内容、构图、色彩等绘画语言是经过历代高僧艺术家总结、提炼为画经，具有高度的约定俗成性和神圣的不可更改性，因此绘制唐卡必须严格遵守佛教绘画经典《度量经》的艺术规范，对各类佛、菩萨、神的身姿、表情、衣饰、法器、手印等进行绘制。对唐卡画师而言，这是神秘的神佛旨意的最高体现，只有严格遵守程序、严密履行过程，才能达到以画侍佛的神圣目的。因此，热贡唐卡，自公元17世纪融合藏地曼唐派画风和汉地画风所形成的鼎盛时期的艺术状态，能够基本保持至今而无减退。

此外，唐卡具有独到的艺术审美功能。其美学意蕴表现在构图、色彩、线条、人物造型等诸多方面，蕴含了藏民族世代累积形成的特有审美观念，具有神圣的崇高感。然而也正是唐卡这种至善至美至纯至真的艺术表现形式，才吸引了藏族以外更多世人的目光，逐渐作为一种珍贵的绘画艺术品被欣赏和收藏。

五、西合道艺术年表

1946年，出生于青海省黄南藏族自治州同仁县吾屯下庄。

1951年，进入吾屯下寺，成为僧人。

1953年，赴甘肃省拉卜楞寺投奔舅舅厚日加·尕藏，学习唐卡绘画技艺，并在阿克卧桑处学习藏字。

1958年，回到吾屯。舅舅尕藏被迫害致死，西合道回家上吾屯小学。

1963年，去甘肃甘南一带作画。

1969年，参军到兰州军区，在部队期间参加第三届全军运动会。

1976年，从部队转业分配到西宁铁路分局湟源公务段。

1979年，出任哈尔盖农场场长，开始承揽寺院维修装修工程。

1983年，病退回到吾屯，专心画唐卡。

2005年5月，中国艺术研究院聘西合道为首批“民间艺术创作研究员”；唐卡作品《文殊菩萨》被中国艺术研究院收藏；11月，参加上海民族民间艺术博览会，在上海展览馆举办唐卡作品展览，获特殊贡献奖。

2006年2月，受邀参加中国国家博物馆举办的“首届中国非物质文化遗产保护成果展”，现场表演唐卡绘制技艺。4月，中央电视台《东方之子》栏目介绍西合道的唐卡艺术生涯；5月，热贡艺术被国务院列入第一批国家级非物质文化遗产名录；6月，获首届中国文化遗产日上海系列活动暨2006上海“民间艺术博览会”特殊贡献奖；7月，被评为青海省一级工艺美术大师；8月，被聘为第二届热贡艺术作品大汇展评委；11月，赴北京参加国务院新闻办公室组织的“中国人权展”；12月，被评为“中国工艺美术大师”。

2007年3月，被聘为青海省非物质文化遗产保护工作专家委员会委员；4月，

十八罗汉
110cm × 78cm
2008年

参加在法国巴黎联合国教科文组织总部举行的由文化部主办、中国非物质文化遗产保护中心承办的“中国非物质文化遗产艺术节”；6月，参加“第五届青海民族民间工艺美术品展”，获特别荣誉奖。

2008年6月，西合道携六幅作品参展“第五届民族文化旅游节”。

2009年2月，参加文化部举办的“中国非物质文化遗产传统技艺大展”活动。

2011年7月，参加由南开大学文学院艺术设计系主办的“南开视觉艺术论坛”《精神与心灵的世界——对话著名国家级唐卡大师西合道》系列活动。

（本篇撰稿 刘莹 任晓姝）

传统技艺

刘靖

——传统纸加工艺术家

他是2005年中国艺术研究院聘任的30名首批“民间艺术创作研究员”中最年轻的一位，也是学历最高的一位。他的家在安徽巢湖，毕业于一所很好的大学，本可以在城里做一个受人尊敬的白领，但当他受父亲的影响，加入了传统纸加工研制的工作后，生活的轨迹发生了巨大的转折，这个转折令他走上了研究传统纸加工技艺的艰辛之路，一路走来，硕果累累。2008年，以粉蜡笺为代表的纸笺加工技艺被列入国家级非物质文化遗产代表作名录，刘靖也被评为省级非物质文化遗产项目（传统纸加工）代表性传承人；2009年，他被授予“文化部非物质文化遗产保护先进个人”称号。他还年轻，还有更多的研发工作需要他去做。

羊脑笺写经折页（真金手绘）
34cm × 138cm
2008年

一、传统纸加工概介

造纸术是我国古代四大发明之一。在我国造纸术发明初期，造纸技术还比较粗糙，技术也不够完善，造纸原料多为麻类纤维，纸面较为粗糙，纤维孔隙较大，用于书写，容易造成墨色洇、渗等现象。为了解决这些问题，我国最早的纸笺加工技艺——砑光技术诞生了。据史料记载，东汉末曹魏时期“妍妙辉光”的“左伯纸”，其砑光技术已相当成熟。砑光技术即以细石（光滑而圆润的石头）用物理原理将纸张砑平、砑实、砑光，增强纸张的平滑度、紧密度与美感。砑光技术的出现成为传统纸加工的萌芽。

为了进一步改善纸张的性能，我国古代劳动人民又创造性地发明了施胶技术和施粉涂布技术。目前所知施胶技术的最早期实物证据为新疆出土的后秦白雀元年（384）的墓内随葬品清单用纸，即为麻纸施胶。有年代可查的最早施粉涂布纸是1974年新疆哈拉和卓墓葬出土的不晚于348年的涂布纸。施胶技术即用“刷把”将淀粉胶（后世有用植物胶、动物胶）均匀刷在纸面上，待干后，再以细石砑实、砑光。纸张施胶后，改善了纸的平滑受墨性。施粉涂布技术即以白色矿物粉和胶涂刷于纸上，干后，再以细石砑光，从而增强了纸的白度、平滑度、紧密度，吸墨性更好，这便是“粉笺”的雏形。与此同时，另一项纸笺加工技艺——染纸技术也随之诞生。砑光、施胶、施粉涂布技术主要是对纸张的书写性能的改善，而染纸技术则出于美学与防蠹，延长纸张寿命的需要产生的。

隋唐时期，大运河沟通了南北交通，带来了物资和文化技术交流的方便，尤其是唐代中期，社会稳定，经济繁荣，国力强盛，老百姓安居乐业，这些都为造纸业和纸笺加工技艺的发展提供了良好的环境和物质保证。

唐代在皇宫内府的三省三馆中均设有熟纸匠制度，专门从事将生纸变为熟纸的工作（这一制度在宋、元、明、清各朝一直沿用）。这一时期，皇帝的诏书、敕令、朝臣的奏折、各州府的公文乃至民间的书信、契约，大多用加工后的熟纸。这大大促成了纸笺加工技艺的全面发展，许多新的纸笺加工技艺产生，各种方法有机

仿明仁殿云纹
68cm × 136cm
2000年

结合，创造出了许多纸笺新品种。众多的纸笺加工技艺都是始创于这个时期，为后来技艺改革与发展提供了基础。如蜡笺、粉蜡笺、冷金笺、泥金笺、拱花笺等加工技艺。唐代的“薛涛笺”及南唐“澄心堂纸”都对后世影响深远。

宋、元时期的纸笺，基本上是在继承隋唐五代纸笺加工技艺的基础上加以发展的。如“谢公十色笺”、“金粟山藏经笺”，分别是从唐代“薛涛笺”、“蜡笺”的加工技艺发展而来。元代的“明仁殿纸”、“端本堂纸”也源于唐代的粉蜡笺加工技艺。

明代的永乐、宣德“盛世”年间，是纸笺加工技艺发展的重要时期。宣德皇帝朱瞻基作为帝王兼画家，对纸张有更高的要求，下令全面提高内府用纸质量，增加品种，促成了这一时期造纸及其加工技艺的进步，开创了许多纸笺加工的新技艺，故而 “宣德纸”独领风骚一百多年。明代方以智《物理小识》卷八著录的“宣德纸”品种中就有“洒金笺、五色金粉［笺］、瓷青［笺］、蜡笺、……”

清代康熙、乾隆两代的君主也是文采出众，而且也正值“盛世”，他们对纸张质量的要求也不言而喻。在这个时期，皇宫内府的作坊不计成本地大量仿制了前代各个时期的名纸名笺，民间也纷纷仿效，纸笺加工技艺的发展达到了空前水平。清代中后期，安徽泾县宣纸逐渐取代了“宣德纸”的地位，成为全国宣纸的翘楚，以宣纸加工的纸笺产品也处于领军地位。

信笺纸（本子）
2009年

但是自鸦片战争以来，我国内忧外患，战争不已，经济萧条，民不聊生，纸笺生产凋敝没落，至新中国成立前，纸笺加工行业已经由盛至衰，加之这时机制纸大量涌入，传统纸笺行业受到严重冲击，纸笺加工失去原有的生存市场，许多纸笺技艺传人或因战争、疾病、灾难而死亡，或因无以维持生计，纷纷改行，许多纸笺加工技艺在这一时期也自行消亡。传统纸加工工艺从发端到鼎盛，经历数代，加工纸逐渐成为皇家书写楹联、匾额及用于书画的专用纸张，被皇帝用来书写圣旨，如宋徽宗御用云龙纹粉蜡笺。其中一部分加工纸由于用料讲究，成本高昂，其制作工艺为皇室所垄断，极少在民间流传，这些都成为传统纸加工普及和发展的阻力。

新中国成立后，纸笺加工技艺的传承又经一波三折，此时随着机制纸张的日益普及，纸笺作为人们日常书写记事及日用制品的功能逐渐减少，纸笺加工技艺主要为我国传统书法、绘画服务，建国初相继恢复了玉版、矾宣、云母、冷金及木板水印笺等数个品种的生产。然而随后的三年自然灾害和“十年浩劫”，使纸笺生产恢复的脚步又停了下来。改革开放后，由于有出口日本市场的需求，激活了纸笺加工技艺的恢复与发展，许多加工技艺如水纹纸、虎皮宣、槟榔笺等得以恢复。安徽泾县百岭轩、载元堂、合肥安徽十竹斋、合肥工艺美术厂、巢湖书画社等在这一时

松竹梅（岁寒三友）
68cm × 136cm
2000年

期都相继恢复了传统纸笺的生产。20世纪80年代末，泾县百岭轩一些技术工人来合肥与安徽十竹斋及合肥工艺美术厂的部分人员重新组合，成立合肥汉韵堂工艺厂。1992年，合肥掇英轩文房用品研究所又从汉韵堂分离出来。1994年，掇英轩生产基地迁到巢湖市，后更名为巢湖市掇英轩文房用品厂。从泾县百岭轩到合肥汉韵堂，再到合肥掇英轩，直至巢湖掇英轩这一纸笺加工技艺传承脉络，使得巢湖掇英轩融合了泾县、合肥、巢湖等地的纸笺加工技艺。

安徽巢湖掇英轩的创办人刘靖父子近年来致力于一些失传多年对现今尚有实用价值的传统加工纸名笺进行恢复性的研究生产。1999年他们父子俩成功地将失传多年的传统加工纸名品——手绘描金粉蜡笺恢复生产。荣宝斋的专家评价手绘描金粉蜡笺“做工精细，用料考究，其制作工艺在传统的基础上又有所创新，为目前同类产品中佳者”。2000年，巢湖掇英轩与中国科大科技史与科技考古系建立了合作关系，通过与该系有关课题组的合作，成功地复制了明代“金银印花笺”。近年来，又相继恢复与发展了传统加工纸名品，如泥金笺、朱砂笺、绢本宣、羊脑笺、透光笺等。掇英轩在继承传统纸笺加工技艺的基础上，致力于传统纸笺加工技艺的研究与开发，恢复与发展了如“手绘描金粉蜡笺”、“金银印花笺”、“泥金笺”、“绢本宣”、“刻画笺”、“流沙笺”、“羊脑笺”等纸笺加工技艺。

传统纸笺加工技艺制作是个有着仪式感的过程，它要求加工者要“沐手焚香”，为的是通过焚香和闻香，创造出让人心神净灵的环境。掇英轩至今还保留着这一习俗，如在制作笺纸时，要做的第一件事就是要把手洗干净，不能有半点油污，才能开始下一步工作。“沐手”是有科学依据的，由于粉蜡笺、泥金笺、羊脑

双线蝙蝠（局部）
2000年

笺等在制作过程中，如手上有油污，将会使纸笺产品受到污染，被污染的纸张不吸墨、色，书画墨、色都会模糊，严重影响书画质量和效果。

纸笺加工技艺发展到今天，面临着许多矛盾的问题：一方面随着经济的发展，人们对传统文化的回归，传统书画市场日益繁荣，纸笺的市场需求越来越大，客观上促进着纸笺加工技艺的传承与发展。但另一方面，纸笺加工技艺又面临着严峻的考验，传统纸笺加工生产仍为家庭作坊式生产，生产条件差，习艺周期长，经济效益低，许多老艺人也纷纷转入其他行业，仅存的传统纸笺加工技艺的传承面临着后继无人的局面。可以说当代纸笺加工技艺面临着发展、机遇、挑战与危险并存。巢湖掇英轩在研究、恢复、创新方面一直走在全国纸笺加工技艺的前列。2008年6月，“纸笺加工技艺”入选第二批国家级非物质文化遗产名录。

传统纸笺加工技艺从其技艺题材来看，包括了雕、刻、剪、揉、粘、贴、印、拓、捶、托、洒、溅、拖、刷、画、描、染、挂、挑等手工技艺。其制作工艺主要有：染色、施胶、施粉、砑花、托裱、配料、刻纸、描绘、洒金银、雕版、饾版水印、施蜡、砑光、拓印、拱花、染潢防蛀等。

纸笺产品主要有：手绘描金粉蜡笺、金银印花笺、泥金笺、木版水印笺、砑花笺、拱花笺、刻画笺、洒金笺、流沙笺、羊脑笺、绢本宣、色宣、云母笺、豆腐笺、册页、折页、印谱、摘抄等。

传统纸笺加工技艺从产品图案题材来看主要有：龙纹、凤纹、云纹、水纹、兽纹、花鸟鱼虫、亭台楼阁、人物、器皿等，题材广泛。其中传统吉祥图案是最丰富的。

折枝花卉（局部）
2000年

中国的传统加工纸因为具有更好的书写效果和视觉效果，成为文人画家和宫廷御用画家的最爱。但是，因加工所需原材料较多，技术操作要求高，耗费时间长，过去历代是由皇室或官府进行专门制作，民间加工者不多。因此这些加工纸所具有的各自特色和制作工艺，也鲜为人知。掇英轩是第一个民间作坊，通过自身的努力，恢复和延伸了宫廷御用品生产的单位。

二、刘靖从艺经历及艺术成就

刘靖，1972年出生于安徽省巢湖市黄麓镇的一个工艺世家，父亲刘锡宏早年毕业于合肥师范学院工艺美术专业，曾在安徽省外贸工艺品进出口公司负责文房四宝的出口工作，对文房四宝有着深入的了解，尤其对传统加工纸工艺有相当的研究。20世纪80年代，刘锡宏在出访日本时看到日本的加工纸无论是种类还是质量都比国内的高出不少，而那时中国出口日本的粉蜡笺，不仅不被消费者接受，市场反映冷淡，而且还有的日本学者认为，中国的粉蜡笺已经失传了。这些现象使他内心深受触动。20世纪90年代初，刘锡宏自筹资金创办了合肥“掇英轩文房用品研究所”，开始关于传统加工纸的生产加工与研制工作。在父亲的影响下，从少年时代开始，刘靖便接触到加工纸的制作，那时的刘靖从来没想到自己的未来会与传统纸加工密不可分。1994年，刘靖毕业于合肥联合大学工业产品造型专业，他曾先后在合肥、芜湖等地做过广告设计和制作工作。由于父母打算在家乡开办一个制作宣纸的加工厂，在外闯荡一年刘靖便回到家中帮忙，开始学起宣纸加工。这个家庭式

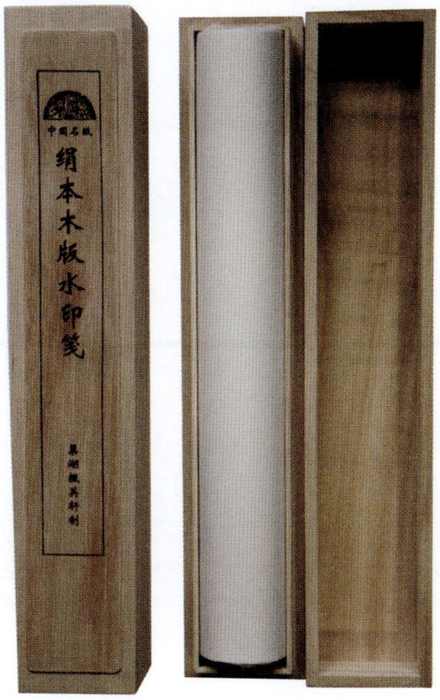

自制绢本木版水印笺外包装

自制泥金笺外包装

的作坊，最初加上刘靖才三个人，在当时，学做宣纸加工枯燥而乏味，在别人眼里又是件很不“体面”的工作。亲戚朋友很多人都不理解刘靖父子的做法，认为刘靖在省城合肥干得好好的，为什么跑回老家去搞那个没人做的纸笺工艺。面对亲朋的不理解与嘲笑，年轻的刘靖压力很大，甚至有过想要放弃的念头。但是刘靖天生就有不服输的倔强性格，随着对纸笺加工行业的深入了解，他开始逐渐喜爱上了这门古老的技艺，并为此痴迷。在加工纸中有一个品种，叫粉蜡笺，是一种极高档的加工纸。这种盛极一时的名纸随着清王朝的灭亡，而失传多年。为了恢复这项传统的工艺，刘靖与父亲查阅大量古籍，走访了很多地方，经过仔细的研究和反复试验，1999年刘靖与父亲终于成功复活了这项失传近百年的文房真品。刘靖所制作的金银粉蜡笺，工艺独特，用料名贵，绘工精湛，填补了市场空白。制作成功粉蜡笺的第二天，父子俩便来到北京，到荣宝斋寻求技术鉴定。“粉蜡笺”产品受到荣宝斋艺术顾问米景杨先生的高度赞扬与鼓励，并立刻把他们的粉蜡笺与明代流传下来的一张粉蜡笺进行比较。刘靖至今还清楚地记得，自己制作的粉蜡笺与那张明代的手工描金粉蜡笺相比的情景。明代的手工描金粉蜡笺上面所绘的图案，远远地超过刘靖绘制的。虽然他们这批粉蜡笺与明代的粉蜡笺差距很大，但荣宝斋还是留下了这批货。更让刘靖感到兴奋的是，第二天荣宝斋便把他们制作的粉蜡笺摆上了柜台，展示效果也非常好。当时在荣宝斋，四尺对开的一幅仿明手绘的粉蜡笺零售价大概四百元左右。

首战告捷给刘靖带来了很大信心，但他深知自己的粉蜡笺与古代粉蜡笺的差距。在征得荣宝斋的同意后，刘靖将明代粉蜡笺拍摄了下来。这张明代手工描金粉蜡笺让刘靖看到了粉蜡笺制作的鼎盛时期宫廷画师精致而细腻的绘画功夫，也为他后来在绘制图案上树立了一个明确的标本。

2000年，刘靖父子按照古代文献中所记载制作方法进行模拟试验，按古法成功复制出失传已久的明代“金银印花笺”，并对文献记载中出现的多处谬误进行纠正。也是在这一年，刘靖偶然邂逅了中国科技大学科技史与科技考古系博士生樊嘉禄。樊嘉禄是研究造纸技术的，当他看到了掇英轩的产品后赞不绝口，和刘靖更是一拍即合。从此刘靖和中国科技大学科技史与科技考古系合作的大门便开启了。首次的合作项目是明代用中草药熬制金银

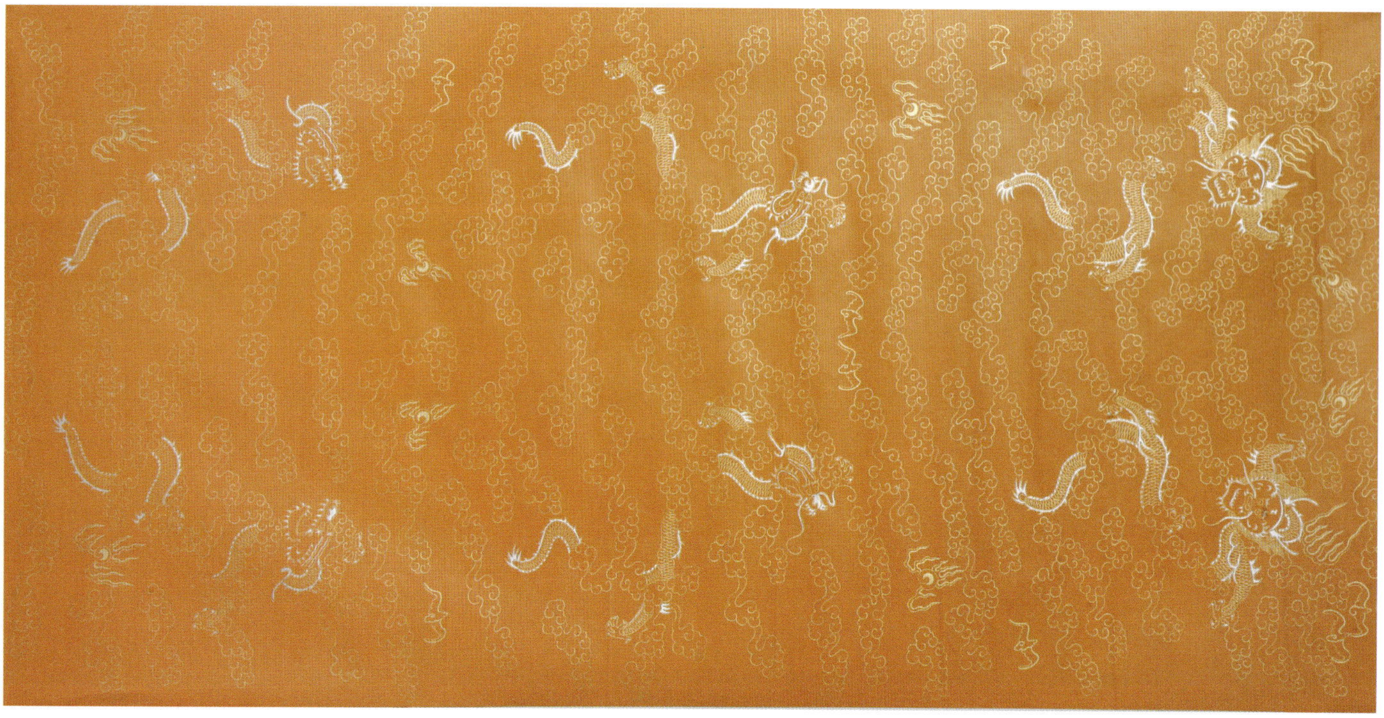

飞龙穿云
手绘描金粉蜡笺
68cm × 136cm
2000年

粉。明代的金银印花笺已经失传多年了，通过不懈的努力和反复的实验，刘靖与樊嘉禄终于将这种古老的加工纸重现于世。刘靖通过模拟试验造“金银印花笺”，不仅纠正了古代文献中的某些错误，还与樊嘉禄共同发表了论文《造金银印花笺》，刊登在2002年《中国印刷》第7期上。当初刘靖他们并没想到这种纸张真的能成为一种现实的产品，而今天，金银印花笺已经远销国外。

2002年，粉蜡笺被收录到“安徽之最”，先后有多家媒体、报刊对其作了详细的报道。刘靖首次带着自己制作的粉蜡笺及其他传统加工纸，参加了由中国文房四宝协会在北京举办的全国文房四宝博览会。很多游客看见了刘靖的加工纸后，都会流连驻足，还有几个日本游客对其大加赞扬。在三天之内刘靖就卖光了所携带的产品，他的产品受到了市场的认可！这次经历让刘靖大受鼓励。功夫不负有心人，经过几年的精心研究和技术创新，粉蜡笺已逐渐成为书画家们所青睐的对象。2003年，台湾大学的三位学者在北京的荣宝斋购买了刘靖他们生产的四种颜色不同的粉蜡笺。这些学者，在台湾自己制作了一些粉蜡笺，又将台湾故宫珍藏的乾隆年间的粉蜡笺、仿澄心堂纸，和刘靖生产的粉蜡笺三者一起进行化学分析，结果刘靖的粉蜡笺成功地经受住了科学的检验分析。台湾大学的结论是，刘靖所制作的四种粉蜡笺，其中有两种颜色的耐光性、抗老化性非常好，另外两种稍微弱些，但整体要比乾隆年间仿澄心堂纸的抗老化性和耐光性都要好。这之后，刘靖对传统生产工艺又

手绘描金粉蜡笺
43cm × 140cm
1999年

进行了改革，优化生产，制作出了更加适于现代需求的“金银印花笺”。近年来，刘靖又相继恢复与发展了传统加工纸名品，如泥金笺、朱砂笺、绢本宣、羊脑笺、透光笺等等。

酒香不怕巷子深，刘靖成功恢复多种失传已久的传统加工纸技艺的消息，越传越广。早在2001年，央视十套《走近科学》栏目对粉蜡笺作了详细的报道，并给予刘靖手绘描金粉蜡笺瓷青盘龙很高评价，赞扬它是代表了中国传统加工纸的最高技艺。2004年央视四套《华夏文明》对粉蜡笺做了专题采访和报道。此外，安徽卫视、《安徽日报》、《新安晚报》、《书法导报》、《人民日报》海外版等都对此进行了报道。在2005年4月出版的中科院“九五”重大科研项目图书《中国传统工艺全集》的子集《造纸与印刷》中，刘氏父子传统纸加工工艺被收录其中，并给予重点介绍。同年5月，中国艺术研究院在全国范围内聘请了30名首批“民间艺术创作研究员”，刘靖是其中之一，而且他是这30名研究员中最年轻的。2008年，以粉蜡笺为代表的纸笺加工技艺被列入“国家级非物质文化遗产项目”，而刘靖也被评为纸笺加工技艺的省级“非遗”传承人；2009年，刘靖被授予“文化部非物质文化遗产保护先进个人”称号。而经刘靖之手所加工生产的各类传统加工纸产品已远销日本、东南亚等地。

刘靖是个腼腆内敛的人，脸上的笑容质朴而憨厚。从艺十多年来，成功带给了他很多荣誉与掌声，刘靖并没因此而停滞不前。成功的经历反而使刘靖变得更加成熟沉稳，因为他知道在这条传统纸加工的道路上艺无止境。因此，在成功摸索出粉蜡笺、金银印花笺、造金银印花笺的制作技艺之后，他又陆续成功“复制”出业

已失传的泥金笺、泥银笺、绢本宣、流沙笺、透光笺等几十类、几百个品种的传统加工纸。随着国家与社会对传统工艺的关注日益增强，那些由他恢复制作的各色传统加工纸，已陆续被列为国家级非物质文化遗产，这让刘靖感到很欣慰。刘靖说自己最喜欢的还是搞研究，遇到问题总是想要攻克它，每克服了一个困难，解决了一个难题，都会让他万分高兴。

现在刘靖父子的工厂已由刚开始的三个人，扩大到了几十人。平时刘靖除了继续研制传统加工纸外，还要拿出精力管理经营工厂，日子充实而繁忙。2007年，刘靖参与中国科技大学关于对全国手工纸调查的课题，由于时间有限，刘靖只去了云南和贵州。刘靖说自己非常珍惜这次参加课题的机会，看到现在很多地方的传统纸加工工艺都已失传的现状，让他更加坚定了自己的信念——要将传统加工纸做下去。由于这一行做起来非常枯燥单调，自己工厂里曾培养起来的几个徒弟，最后都耐不住寂寞而改行了，这一点让刘靖备感无奈。

随着对传统纸加工行业的深入了解，刘靖越发觉得传承和发展的重要性。为了让更多的人了解我国的纸文化，刘靖在合肥的城隍庙投资开了一家专门经营文房四宝的店铺，为来往的人们介绍这些传统加工纸。此外，他已连续三年被中央美术学院聘请为客座教授，为大学生及研究生讲授造纸及传统纸加工的专业知识，他希望通过这种方式能够为传承献上微薄之力。

三、代表性作品赏析

1. 五言瓷青团龙粉蜡笺

粉蜡笺的制作是在生宣纸的基础上进行的。通过脱胶、染色、施粉、施蜡、砑光、托裱、描绘等多道工序，充分解决粉蜡与书写的关系。不滞笔，不聚墨，使书画作品更具神韵。在粉蜡笺上描金勾银，则是“描金粉蜡笺”，若饰以金箔、银箔，则制成“洒金粉蜡笺”。通常一张普通的粉蜡笺，仅描绘这道工序，就要花上几天的时

五言瓷青团龙粉蜡笺
136cm × 34cm
2000年

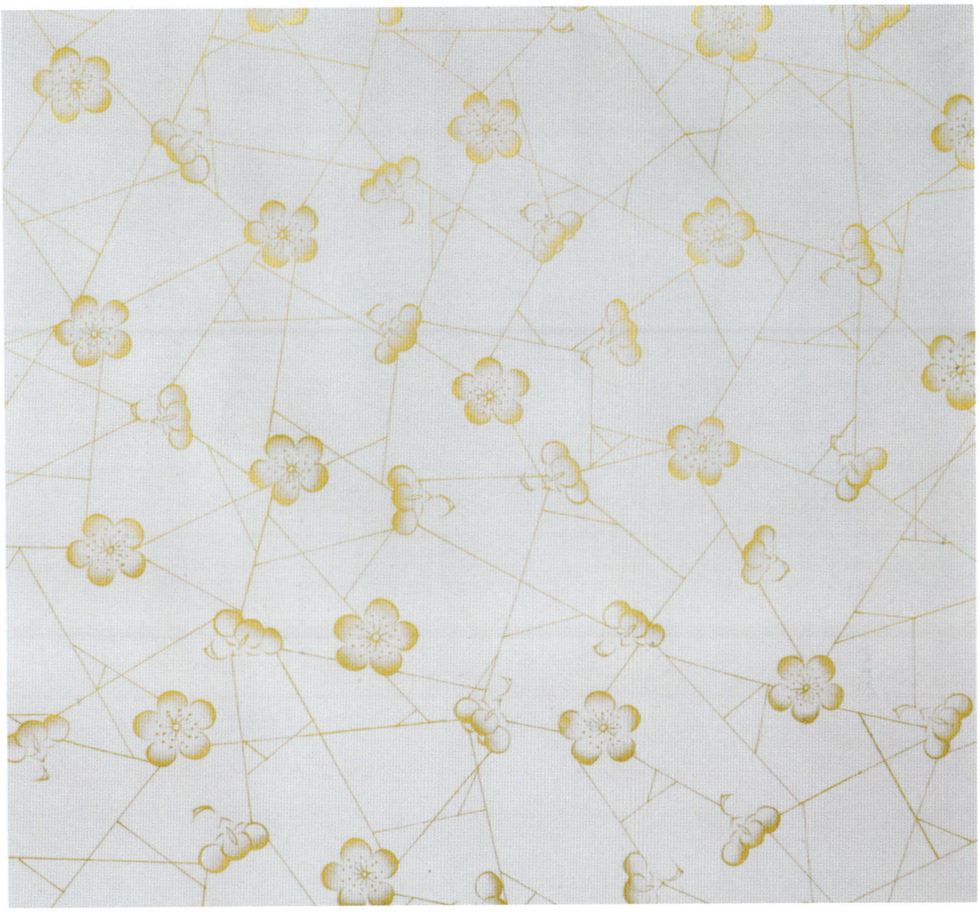

梅花玉版笺（斗方）
66cm × 66cm
1999年

间。粉蜡笺的图案主要以古代皇室贵族所喜爱的传统吉祥图案为主，增添了其典雅的气质，极富装饰性，具有较高的收藏价值。

刘靖所绘的这张粉蜡笺名为“五言瓷青团龙”，长四尺有余，宽幅约为一尺，绘有二方连续的龙纹图案，为人工一笔一画勾描而成的。龙是我国古代传说中的灵异神物，亦乃万兽之首。纸张上所绘龙纹作为中国传统吉祥图案，是帝王的象征，有神圣吉祥之意。这张手绘粉蜡笺为蓝底，图案以金、白、红三色组成，设色典雅端庄。画面工整，工笔细腻流畅且构图严谨对称，尽显华丽富贵，极富艺术价值。

2. 金银印花笺

金银印花笺源于明代，为古代印花壁纸制法之一。制作金银印花笺的药草共有五种，即灯草、云母粉、白芨、苍术、生姜。按照文献的记载，其中的四味药材灯草、云母粉、苍术和生姜，首先要放在罐中焖煮一天。一天后，将煮过的几种中药一起装在布袋子中扎紧，并放在水中反复揉搓，大约需要不停揉搓几十分钟，才能逐渐将布袋中草药的小颗粒揉碎，并过滤出来。为了能够得到更细的颗粒，需要经过细绢再过滤一遍。之后将数层的棉纸放在灰堆上，灰堆起到吸潮及过滤的作

泥金、银笺
35cm × 138cm
2000年

真金金粟粉蜡笺
35cm × 138cm
2000年

用。铺好棉纸后，再倒入揉好的中药浆液，浆液中的水便通过棉纸渗透到灰堆中了。水分吸干后，剩在纸上的就是颗粒了。这些颗粒将呈现出粉末状，质地非常细腻，这些颗粒需晒干后再使用。

使用前先在粉末中调入白底胶，就能制成具有金属光泽的银灰色浆料。如果再加入姜黄汁，便可以制成金黄色的浆料。把调好的浆料涂在刻好图案的模子上，再把纸放在上面轻轻拓一下，一张金银印花笺便制作完成了。这些纸具有坚滑如冰、细腻如茧、晶莹如玉、受墨柔和的特点，被书画家视为精品。

3. 泥金笺、泥银笺

在宣纸的后期加工工艺中，以金为原材料的种类有洒金、印金和泥金三种。泥金工艺是将金制作成粉末状后，用胶调和成泥状，在纸上进行加工。通常一张成纸的加工要用金泥刮涂数十遍，而且一定要等到上一遍金泥完全干透之后才能进行下一遍的加工。在此期间，还要保持纸张的绝对平整、光滑。在制作时，金泥不可涂抹过厚，否则将难以保证所制纸张的柔韧度。一般泥金笺的幅面都较小，售价却比大多数加工纸昂贵，这是由于其加工工序复杂、用料大、成本过高造成的。在用料上，除了使用金外还可以用银。一张上好的泥金笺、泥银笺，都是色泽均匀，纸

真金雨雪粉蜡笺
68cm × 136cm
2000年

质张弛有度，在光线下熠熠生辉，华贵十足。

4．金花笺

金花笺又称为洒金宣，是唐代名纸。金花笺的现代制作工艺已经简化了许多，主要由涂浆、洒金、晾干等几个步骤。首先在纯白的宣纸上涂上一层按照一定比例调配好的上浆溶液，之后开始用手工的方法均匀地将金箔筛洒到纸上。金箔的制作方法是先将金打成很薄的薄片，之后将其剪成碎片使用。除了用金作为原料外，也可以按照相同的办法来制作洒银宣。洒金后，另取一张白色宣纸覆盖在已洒金的宣纸上，用专门的松刷往同一方向梳理，使其能够平整地覆盖于洒金纸上。这样做既可以将金箔按压平整，增强牢固性，也能够吸去洒金纸上的多余水分。之后，将上面的宣纸折起，取出下面的洒金宣，将其挂在室内自然阴干即可。

金花笺可分为两种样式，第一种小片金箔如同雨点般密集地分布在宣纸上，通称为“屑金”或“金雨”，即普通“洒金”；还有一种是大片金箔如同雪花般分布在宣纸上的，又被称为“大片金”、“片金”。这种加工纸用料昂贵，加上纯手工制作而成，因此每张纸上面的金箔纹样张张有别，表现出既富于变化又具立体感的特点。

5．流沙笺

流沙笺是一种出现于唐代的加工纸，由于这种加工纸的纹理与大风吹过沙漠后沙子所形成的纹路极其相似，因而得名。制作流沙笺的工艺较为繁琐，先要根据

流沙笺（斗方）
66cm × 66cm
2000年

所加工纸张的大小选择合适的纸槽，在槽内注入清水后，添加一定比例的染料，配置浆液。接着将宣纸整齐地放在纸槽中开始过浆。这时必须使纸面平整地放入水槽中，并使浸湿的纸张缓慢、顺畅地划过浆液表面。最后将染好的宣纸挂在室内阴干。古代的流沙笺多采用天然染料制作，不易褪色，有些古纸直到今日色泽依然如初。刘靖成功复制的流沙笺，采用手工抄制，有单色和多色两种。刘靖所制的多色流沙笺，颜色之间互不渗透，纹路多变幻，不同色彩过渡柔和、艳丽，富有意境。

6. 木版水印笺

这种笺纸采用了传统的木版水印的技法制作，具体的做法是先设计出所需水印图案，将图案分色制图，然后选择雕版所需木料，将其刨平磨光，把分色图稿分别反印在待刻的木板上，用刀雕刻直至印版完成，然后再分色套印。纸笺的木版水印颜色一般都较淡，并且也不会占据较大的篇幅，为的是不影响二次书写。

四、艺术特色及文化价值

1. 艺术特色

纸加工技艺是融审美与技艺于一体的传统手工技艺，在宣纸上进行再加工，不但使宣纸更为美观，从实用上讲，也使书写、图画更为流畅。纸加工分为多种类

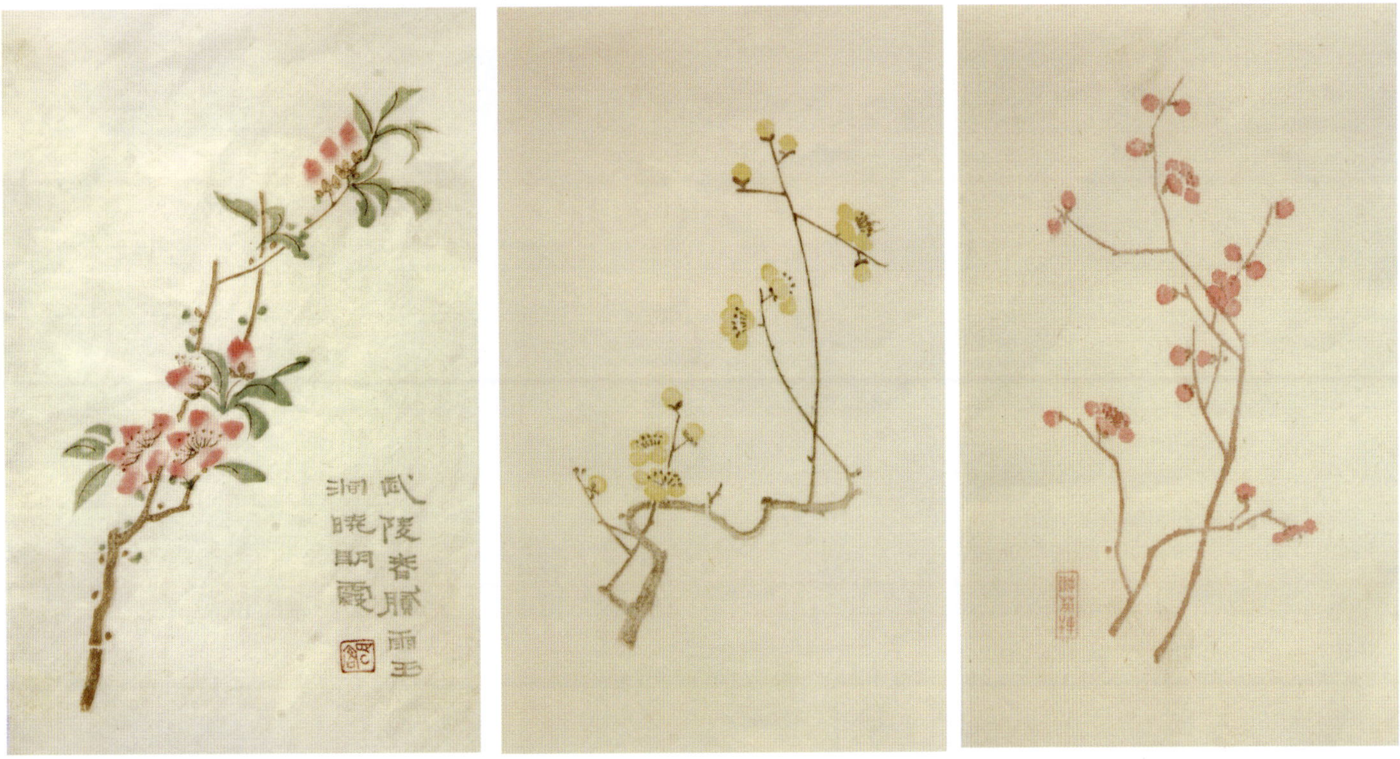

信笺纸（木版水印）
2009年

型，如粉蜡笺、泥金笺等等，不同的纸笺，在制作时有不同的工具和原料配比。主要器具和设施有挂纸架、画桌、水印工作台、装裱台、挣板、毛笔、排笔、底纹笔、杯、碟、盆、桶、喷壶、拖纸盆、竹起子、裁纸刀、剪刀、刻纸刀、雕刻刀、熨斗、毛巾、鬃刷、鬃老虎、梏木棍等。主要原材料有宣纸、皮纸、书画纸。主要配料包括各种矿物颜料、植物颜料；骨胶、明胶等黏合剂；明矾、白芨、苍术、黄檗、花椒等中草药；面粉等，这些配料更是有严格的配比，有的甚至在放入的先后顺序上也十分讲究，否则很难使成品达到满意的效果。

刘靖的纸笺加工基本分为五大类，第一个是粉蜡笺。在纸加工的诸多类型里，有图案的纸、华丽的纸多集中在粉蜡笺中，这也使得粉蜡笺成为纸加工中的明星产品。粉蜡笺源于唐代，是我国著名的高档古笺纸之一。粉蜡笺主要是以原料来命名的，把纸通过“粉”和“蜡”这两种原材料，进行加工后，形成的一种更高档的纸，因此定名为粉蜡笺。粉蜡笺为了力求效果的完美，其制作工艺非常复杂，因为“粉”和“蜡”是互相矛盾的，“粉”加多了纸比较容易老化比较脆，“蜡”加多了又不好上色，所以，粉蜡笺与普通纸张相比，更耐老化性，保存的时间更长，可历数百年而坚韧如新。由于粉蜡笺巧妙地融合了吸水的“粉”和防水的“蜡”两种材料，使得纸张有非常好的光泽度，而且细密平滑，易于书写，同时又有防潮防蛀的作用。粉蜡笺纸张制作工艺复杂，又是纯手工所制，因此造价很高。粉蜡笺以其纸质平滑坚韧，色泽均匀，气质高雅华贵，可以保存几百年不毁的特点，代表了

① 拓裱1

② 拓裱2

③ 染纸

④ 晾纸

⑤ 丝网版手工印刷1

⑥ 丝网版手工印刷2

⑦ 描金

中国手工制纸的最高技艺。其本身蕴涵的艺术价值和审美价值，让今天的人们在运笔弄墨之间，尽享古代皇家独有的奢华感受。粉蜡笺又分为不同类别，有洒金笺、灯光笺等，洒金笺根据使用的金箔的形状不同，纸笺效果也不一样；灯光笺就是透光的，像水印效果，一般是三层的，可以不着色，有的其实也是两层，只不过中间托裱一层有图案。粉蜡笺还可以采用压花工艺，即在粉蜡笺之上压出暗花，对日本出售的产品中这类比较多；第二种是金银印花笺系列；第三种是泥金笺；第四种为绢笺；第五种就是木版水印。这就是五大系列。其实细分的话，可以达到一百多种，而且每种都有近二十种制作工序，其制作难度更加凸显了技艺的高超。

2. 主要价值

造纸术是我国古代四大发明之一，传统加工纸工艺伴随着传统造纸技术的发展而产生，是造纸技术中最具特色的一大门类。我国的加工纸的产生历史悠久并遥遥早于世界各国，对纸张施粉涂布的技术我国出现于348年，早于英国人卡明斯1764年获得发明专利的涂布纸1400多年；从实物化验看，我国施胶工艺应不晚于

水印信笺工艺

模版一套

刻版

印刷

384年，而欧洲最早纸张施胶工艺的出现不会早于13世纪。

我国的传统加工纸工艺种类繁多，古代文献中即有流沙笺、金花笺、金银印花笺、粉蜡笺等多种名纸的记载。其中粉蜡笺的加工工艺集传统加工纸工艺之大成，代表了中国加工纸工艺的最高水平。1999年，刘靖父子恢复了这门失传一个世纪之久的工艺，使这种华丽富贵的纸张重现世人面前，为人民享用，其意义非同小可。刘靖在继承传统加工纸工艺的基础上，开发出了粉蜡笺系列产品、泥金笺系列产品、饾版印花系列产品、各种绢本系列产品、金银印花笺系列等数百个花色品种，为文化市场注入了一丝活力。刘靖主持生产的传统纸加工产品已经出口到日本及东南亚等地区，为弘扬中华文化作出了贡献。

传统加工纸是我国古代劳动者的伟大创造，是通过我国历代造纸工匠和其他工种的横向联合创造出来的高技艺产品，其本身就具有鲜明的历史传统、文化价值、科技价值和商业价值。在我国丰富多彩的民族文化遗产中，传统加工纸以其丰富多彩、古雅别致而引人注目。它所蕴含的古老而丰富的科技基因是一份极其宝贵的文化遗产。传统加工纸工艺不仅是一项手工技艺，它还涉及物理、化学、美术、气候、传统医药等多种学科知识，具有丰富的科技要素与传统文化内涵。

龙腾如意

68cm × 138cm
2000年

事事如意

68cm × 138cm
2000年

传统加工纸除了书写、印刷等功能外，至今还是中国书法绘画的重要载体，它既是实用品又是艺术品，具有浓厚的中国文化特色。由于这种传统加工纸工艺的应用使得众多的历史文献资料与名人字画得以流传至今，它为我国文化传播与发展作出巨大贡献，对中华文化的发展延伸及传播都起着不可替代的作用。在当今，传统加工纸对提升人民的物质文化水平、繁荣文化市场、促进书画艺术的发展及传承民族文化都具有现实意义。通过对纸张的加工、再加工，纸张的寿命得以延长，提高了纸张的使用性与艺术性。历史上众多的文献资料和名人名画依赖于它得以流传至今。

时至今日，大多数历史上曾有的名纸因种种原因大量消失，传承人逐渐消亡。又因加工纸工艺全靠手工，习艺周期长，经济效益低，今天很少有年轻人愿意从事这一行业，传统加工纸面临着后继乏人的现状。迫切需要建立保护机制，保护传承人，并有计划地扶持传统加工纸行业，培养新一代的传承人。

五、刘靖艺术年表

1972年，出生于安徽巢湖黄麓镇。

1994年，毕业于合肥联合大学工业产品造型专业。

1995年10月，开始跟随父母学习“传统纸笺加工技艺”。

1997年，和父亲刘锡宏一起在总结前人经验的基础上，经过数百次试验，恢复了手绘描金粉蜡笺制作技艺。

2000年，参加中国科学院“九五”重大科研项目《中国传统工艺全集・造纸与印刷》，和课题组一起完成了明代“金银印花笺”的技艺复原。

2002年，刘靖制作的“手绘描金粉蜡笺”被收入中央文献出版社出版的《安徽之最》。

2005年，刘靖传承的“手绘描金粉蜡笺”和“金银印花笺”制作技艺被中科院“九五”重大科研项目——《中国传统工艺全集・造纸与印刷》收录。手绘云龙、瓷青盘龙、五龙盘珠等图案的“手绘描金粉蜡笺”，先后被中国科学院传统工艺与文物科技研究中心、中国艺术研究院、中国科学技术大学博物馆等收藏；5月，被中国艺术研究院聘为首批“民间艺术创作研究员”；同年10月，参加上海民族民间艺术博览会，获特殊贡献奖。

2006年4月，刘靖制作的“粉蜡笺”被中国文房四宝协会评为“国之宝——中国十大名纸”；11月，作品“真金手绘云龙粉蜡笺”荣获“西子联合——西泠印社印文化产品创新奖”；12月，以刘靖为代表传承的“传统加工纸制作技艺”被评为省级非物质文化遗产。

2007年5月，在中国国际徽商大会上，作品“真金手绘瓷青盘龙粉蜡笺”荣获

鹤寿延年
34cm × 136cm
2000年

首届安徽省民间工艺精品展金奖；同时，作品手绘“真金手绘牡丹粉蜡笺”、“真金雨雪粉蜡笺”由文化部选送，入展在法国巴黎举办的“巴黎·中国非物质文化”遗产节；同年9月，“真金手绘瓷青盘龙粉蜡笺”入展在国家大剧院举办的“中国非物质文化遗产保护成果展”。

2008年5月，在中国国际徽商大会上，“手绘粉蜡笺”荣获第二届安徽省民间工艺精品展银奖；同年6月14日，以刘靖为代表传承的“纸笺加工技艺”入选第二批国家级非物质文化遗产名录；同年11月，被评为安徽省级非物质文化遗产代表性传承人。

2009年2月，入京参加由文化部、国家发改委、财政部等十四个部委共同举办的“中国非物质文化遗产技艺大展”，获中国非物质文化遗产技艺大展特殊贡献奖。在文化部主办的中国非物质文化遗产生产性保护论坛上作了题为《从纸笺加工技艺的当代发展看非物质文化遗产生产性方式保护》的演讲，并参加了中央电视台十套《中华手艺》特别节目的录制。同年4月30日，获“巢湖市劳动模范”荣誉称号；同年6月，获“文化部非物质文化遗产保护工作先进个人”荣誉称号；6月25—31日，在合肥亚明艺术馆举办了由安徽省书法家协会主办、巢湖掇英轩承办的纸笺艺术与书法艺术相结合的“掇英杯——全国著名中青年书法家邀请展”；同年

11月，参加第四届中国北京国际文化创意产业博览会，现场展演。

2010年6月，参展第六届中国国际徽商大会，现场展演；同年10月，参展中国（合肥）国际文化博览会暨第四届中国工艺美术精品展览会，现场展演；12月，被安徽省经信委评定为“高级工艺美术师”。

2011年1月27日—2月7日，由安徽省文化厅选送，在澳门参加由澳门民政总署主办的“安徽省、河北省春节习俗展”现场展演；同年10月，参展第七届中国国际徽商大会；11月，刘靖管理的“掇英轩”被安徽省文化厅评定为安徽省文化产业示范基地，并参展“中国（合肥）国际文化博览会暨第五届中国工艺美术精品展览会”。

（本篇撰稿　邰高娣　任晓姝）

杨文通

——北京『聚元号』弓箭传承人

在近代火药武器问世前的漫长历史中，弓箭一直是起着重要作用的武器。“聚元号”便是专门制作弓箭的世家铺子，杨家祖辈几代都是为清朝宫廷做弓箭的工匠，杨文通是“聚元号”的第九代传人。令人痛惜的是，杨文通带着儿子杨福喜在恢复中断近半个世纪的“聚元号”弓箭铺仅仅八年之后；2006年5月，在他被聘任为中国艺术研究院首批“民间艺术创作研究员”差十几天就满一年的时候，就因病去世了。呜呼哀哉！这里，谨以此文表达对杨文通先生的纪念。现在可以告慰的是，“聚元号弓箭制作技艺”已被列入第一批国家级非物质文化遗产代表作名录。他的儿孙已经把这一技艺承接下来，“聚元号”后继有人了。

匣箭（连弩）
2010年

一、弓箭概介

中国人对弓箭都不陌生，传统弓箭是冷兵器中最具杀伤力的射远武器之一，是古人们举行“射礼”的工具，也是古代武举考试最重要的一项内容。弓箭，这一马背上的民族最爱，也是中国清代满族统治者取得天下的利器。曾几何时，中国武侠文化着墨最多的武器，是那样重要，但随着晚清近代火药兵器的引入，弓箭逐渐失去了其主导地位，弓箭的制作工艺也日渐衰微。

据传，弓箭是黄帝之孙——“挥”所发明，他的官位是监管弓箭制造的“弓正”。“挥”发明的“弓箭”使黄帝的政权更加强大，黄帝打败了蚩尤，就有“弓箭”的功劳。“挥”也是张姓的始祖，因他发明“弓箭”而得到张的封姓，所以张也就是由一个“弓”和“长”组成。

弓箭出现的时间，也许可以上溯到遥远的神话时代。后羿射九日的传说，一个半人半神的英雄，居然将天上的十个太阳，射掉九个。

商代甲骨文中“弓”字的原型，明显地是一个“反弓”的形象。另一个例子来自《诗经》中的“骍骍角弓”。这首诗有可能是东周早期的作品。诗中不仅清楚地提到了角制的弓，而且还提到了反弓的特点。

东周时期的制弓业的发展难以考证。虽然弩的发展和应用脉络清晰，但是东周弓的性质和发展却难以确考。西周礼器上的图案显示许多步兵手持剑和短弓，立姿射箭。

汉代大量的画像石和画像砖上的图案仍然反映了骑射和使用弩的情景。但是，根据从科霍坦地区的景厥和楼兰附近区域出土的弓看，东汉后期和西晋初期引进了一种样式与以前大不相同的弓。这种弓设计独特，特别适合在马背上使用。

从唐代到明代，曾经有过成排使用弩手的记录。元、明两代，人们广泛使用的并不是蒙古弓而是突厥弓。明代军队偏好使用轻装甲的轻骑兵，这一兵种强调速度和在飞奔中迅速取箭和搭箭。

清朝建立后，明代使用的突厥弓被弃用，取而代之的是重型的弓和具备穿甲

镇物弓
2010年

能力的长箭。清朝使用的弓在前代弓的基础上发展而来，已有千年历史。这种弓的拉力很大，达到30公斤以上，弓身也长，达到1.8米。这样设计的目的是用特别长且重的箭来对付装甲，即使它不能射穿装甲，三十米内还是能够轻而易举地将对手射落马下。实际上，清代武举考试的必考科目之一，就是要看能否把放在桩上的重球射落地面。

二、“聚元号”弓箭历史沿革

“聚元号”弓箭铺早在清朝末年就是北京东四大街“弓箭大院”里十七家弓箭铺之一，北京的“弓箭大院”是属于皇家特设的兵工场，那里的弓箭铺均属皇家专有，主要供应皇朝贵族的狩猎玩乐之用。大院中的从业者大多以满族以主，其产品均上交兵部、礼部、户部等，不得外卖。当时，“聚元号”做的弓以供应皇宫为主，定期由宫中按弓箭大院的人数发放工钱。直到20世纪初年，弓箭大院沦为民间作坊。弓箭大院设有两个大门，均设有更房及护卫。院内除十几家弓箭铺外，其余的手艺作坊均与弓箭行业有关，如制牛角铺、鳔行等。“聚元号”位于南大门内第一家，占据了上佳位置。弓匠铺的地位不高但待遇倒很丰厚，渐渐出现了八旗子弟一样的纨绔子弟。“聚元号”的第七代就是因吸食毒品而不得不变卖祖产的败家子，使“聚元号”家道败落，王老板夫妇打算卖掉聚元号。同时也因为清末民初，弓箭逐渐被洋枪洋炮取代，传统手艺生存问题更加凸显。

镇物弓
2010年

正在此时，杨文通的父亲杨瑞林，听说有人要卖铺子，而他正苦于自己没有铺面，制作弓箭的技艺难得施展，便决定买下“聚元号”。杨瑞林（1884—1968）是满洲镶黄旗人，祖辈生活在弓箭大院，因家境贫寒，不得已在弓箭大院的“全顺斋”弓箭铺当了一名学徒。“全顺斋”的掌柜是他亲戚，对杨瑞林分外照顾，尤其是在技艺的学习方面，加上他天资聪颖，擅长书画，所以杨瑞林到了二十多岁时，已是弓箭行业中较有名气的师傅了。

但是当时“聚元号”出售的价格是40块大洋，这对于一个手艺人来说无疑是一个不小的数字，但杨瑞林在亲友帮助下，终于凑够了钱，成为了“聚元号”的第八代店主。

杨瑞林得到这个店铺后又增加了一些花色品种，使“聚元号”增色不少，如：弩弓、弹弓、弹弩、袖箭、匣箭、箭枪等等，他们把产品带到了民国初年在巴拿马举办的万国博览会上，还获得了奖项。

杨文通其人及其成就

杨文通，1930年出生于北京，6岁便随父学习制作传统弓箭，父亲那时是“聚元号”第八代弓箭铺的掌门人。1953年，国家明令一切庙产和私产均要充公，“聚元号”只好将自己手中的庙产上交国家。“聚元号”在1957年被改造成了体育用品厂，经营方向也发生了转变。20世纪60年代初三年自然灾害时期，弓箭经营再次衰败，到了“文革”时期，弓箭更是被当成“四旧”扫进了历史的垃圾堆 。民国初

镇物弓

清代箭组合

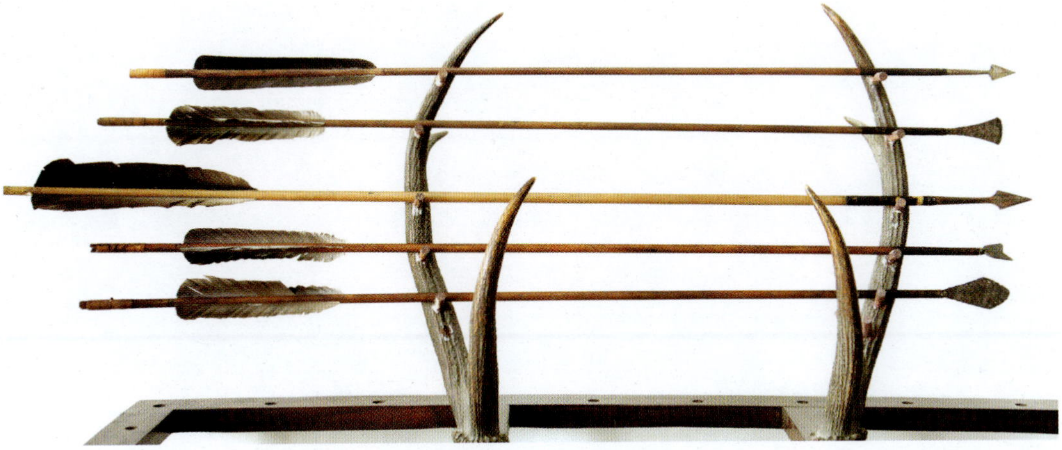

年，“聚元号”在巴拿马博览会上获奖的奖状，因其上面有国民党的徽章，也被烧毁了。同时被毁的还有乾隆皇帝为“聚元号”所提的金字大匾和杨家祖上珍藏的一些珍品弓箭等。

1962年，杨文通所在的体育用品厂也关了门，他被调到北京市水利局做木工，一干就是三十年。弓箭大院也于1967年被拆除，传统弓箭彻底与曾经的辉煌作别。杨文通曾凭着依稀的记忆制作了昔日家庙微缩模型，当做纪念。

1998年初，杨文通看到国家射箭队举行射兔子活动的报道，便带上家传的一张旧弓去看个究竟。没想到那里参赛者用的都是现代弓，他虽然没有参赛，但杨文通的这把传统弓立刻引起了在场的国家射箭队总教练徐开才的注意。经了解，他知道杨文通是旧时弓箭大院的做弓者，双方都十分激动，他劝杨文通一定要想办法别让手艺失传。当年6月，杨文通和儿子杨福喜把已经搁置了40年的“聚元号”的牌匾重新挂了出来，他给父亲磕了一个头，算是正式拜师，从此“聚元号”重新开了工，延续了三百多年的传统手艺也有了第十代传人。

可以想见，“聚元号”在历经了五十多年的变故后，重张之时，除两张旧弓外，原“聚元号”的上百种制作工具都荡然无存。为了恢复家传的手艺，他们先是把杨福喜的卧室腾出来，作为工作间，他的屋里摆满了父子俩自做或买来的制作弓箭的工具，后来，杨文通带着杨福喜在其家属院里租借到了一间小平房作为制弓箭场地。杨福喜彻底放弃了原来的出租车司机的工作，全心全意地投入到传统弓箭的学习和制作上来。他在杨文通的指导下，很快就掌握了全套的制作弓箭技艺，并积累了制作好弓的经验。经过三四年的学习和实践，他制作弓箭的手艺已很娴熟了。

起步时期的工作是艰难的，父子两人互相鼓励着，他们在10平方米的小屋里做着弓箭，终于有一天，有个贵客来到他家，他就是当时任中国香港知识产权署署长的谢肃方。这位深爱中国文化的英国人与他们一见如故，因为他了解中国古代的弓箭制作就只有杨家父子这一门单传了，他鼓励他们并花高价买下当时杨家父子刚

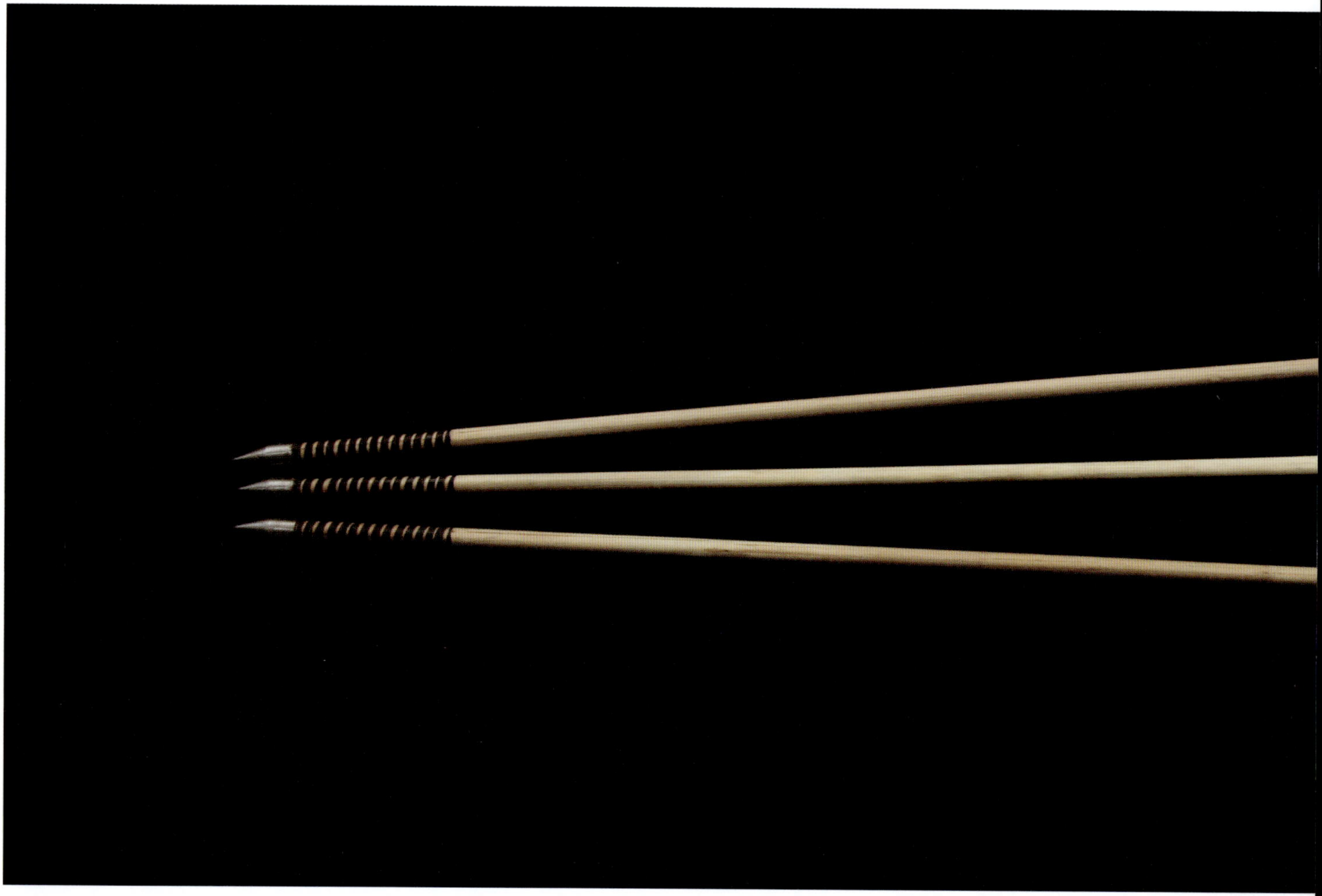

看家箭

2010年

刚做好的二十多张弓。这件事对父子俩的鼓励很大，后来，通过徐开才和谢先生的介绍，前来参观和采访“聚元号”的中外人士越来越多，这十平方米的小屋接待了三四十个国家的上百位国际友人。

2003年，中国科技大学科学史与科技考古系博士生仪德刚和自然科学史研究所研究员张柏春经过了三个月的详细调查，联名发表了《北京“聚元号”弓箭制作方法的调查》，这篇论文对“聚元号”弓箭的宣传发挥了巨大作用，它通过互联网，让更多的人了解了“聚元号”和弓箭的制作技艺。2003年，杨文通的作品在香港展出；2005年，作品被北京民俗博物馆收藏；同年5月，杨文通通过专家推荐，被中国艺术研究院聘为首批“民间艺术创作研究员”。同年9月，由华觉明、徐开才与其他九人组成的专家组成员出席了“聚元号弓箭制作技艺专家论证会”，他们对弓箭的制作技艺进行了认真探讨，最后得出了一致的结论，就是：作为目前已知的北京唯一保存完整的传统制作工艺弓箭铺，“聚元号”承袭了中国传统手工工艺的风俗习惯，是中国传统弓箭发展的轨迹和相关文化的缩影。由于“聚元号”

的生产工艺流程复杂，每道工序的细腻程度和要求极高，这些都是中国劳动人民长期的智慧结晶，有着任何现代技术仿制的弓箭或其他类似工具无法替代的特殊作用，具有重要的传统文化价值和历史意义（引自《角弓雕翎》，刘雅娜著，2012年1月版）。

期待和盼望已久的好消息终于来临了，专家们一致推荐“聚元号” 弓箭制作技艺项目列入首批国家级非物质文化遗产名录。“非遗”申报成功了，但是就在“遗产”名录公布的前几天，杨文通先生因病去世了。实际上，杨文通早在2002年就得知自己患了膀胱癌，但是为了尽快把自己手中的技艺完完全全地传给儿子，父子俩一起努力着，这四年当中，杨福喜的手艺有了突飞猛进的进步，已经能够独当一面，成为“聚元号”第十代传人了。而就在这时，杨文通似乎已经完成了对“聚元号”的托付，撒手离去了。下葬的时候，杨福喜亲手做了40厘米长的一张弓，放在了父亲的身边，让它陪在父亲身旁。

杨文通走得太早了，但是他走得并不遗憾，他的贡献，正如仪德刚博士所

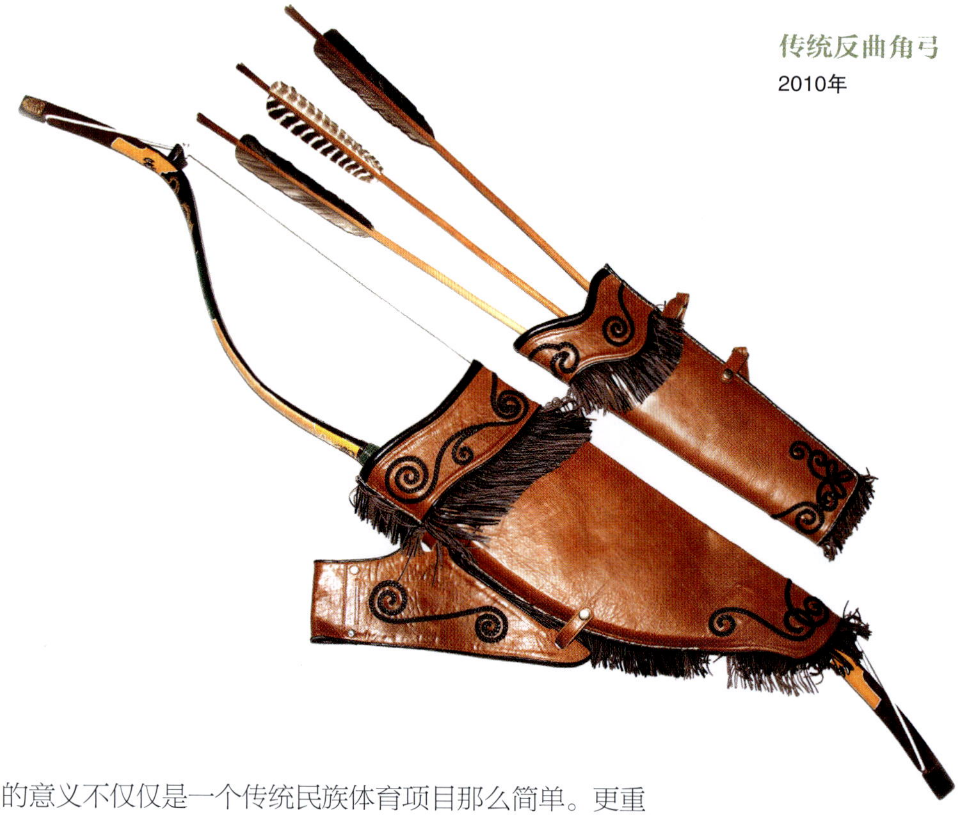

传统反曲角弓
2010年

说：“它（指聚元号弓箭）的意义不仅仅是一个传统民族体育项目那么简单。更重要的是，很多中国传统文化附加在了弓箭习射里，从中可以了解到我们传统的生活方式和思考方式，有些在今天依然产生着影响。”

三、“聚元号”传统弓箭的制作

“聚元号”弓箭是以猪皮熬制的胶把水牛角、竹子、牛筋等材料粘制成一体的传统反曲弓，其形制属于清代满族弓，具有弓梢较大的特征。其制作过程可分为“白活”和“画活”两个阶段。“白活”是指粘制牛角、牛筋和装配弓梢、弓把等；“画活”是指包桦树皮、粘图案及上油漆等装饰过程。（注：以下部分文字摘自仪德刚和张柏春的文章《北京“聚元号”弓箭制作方法的调查》）

1. 弓的制作

（1）弓的结构与选材

“聚元号”弓的主体结构为：内胎为竹、外贴牛角、内贴牛筋、两端安装木质弓梢。弓在释弦后会缓慢呈反曲弧形。弓体的中部是执弓把握的地方，被称为“望把”，是由内部的“望把木”（木质）、“梁子”（鹿角）及外部包住的牛筋和桦树皮组成。弓两端介于弓身与弓梢之间弯折的部分称为“脑”或“脑脖子”，其内侧称为“筋窝子”。木质弓梢的头部配有牛角“梢头”，在梢头与弓梢衔接处开有一凹形口，称为“扣子”，起挂弦之用。弓梢外侧粘有小块牛角，称为“垫子”，起垫弓弦之用。

汉弩

弓臂75.5cm，长138cm
2007—2008年

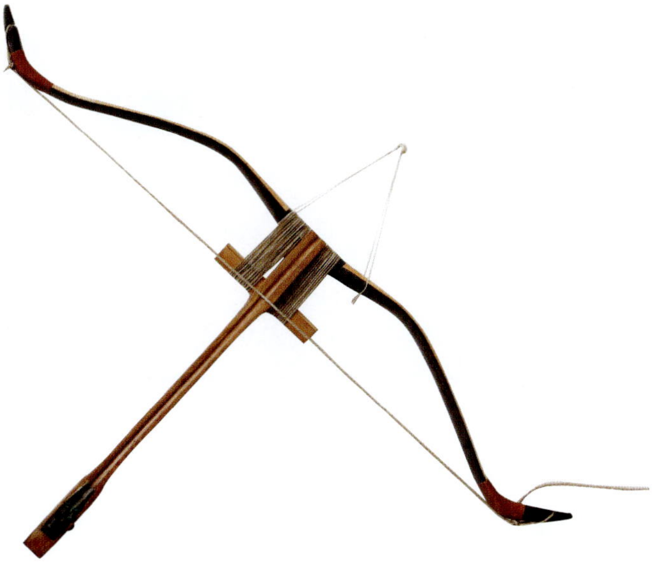

中国传统弓是由多种材料粘合而成的复合弓，其制作过程复杂、所用材料繁多，并且做工、选材都要依据适宜的季节和气候。

① 竹子：做弓用的竹子多产自江西省，那里产的竹子比较粗壮，结实耐用。

② 牛角：一张弓要用两只牛角，且要选用长度在60厘米以上的水牛角。

③ 牛筋：牛筋是制作弓体中非常重要的弹性材料，取自牛背上紧靠牛脊梁骨的那块筋。

④ 鳔：“鳔”是北京弓箭大院的师傅们对粘贴各种材料所用的动物胶的称呼，它是弓箭行业里非常关键的材料。一张弓所用鳔的分量很大。但现在多用猪皮鳔。按杨福喜的说法，鱼鳔不用快一百年了。

⑤ 桦皮：产自东北。

⑥ 镶边：使用的是油纸。

⑦ 箭杆：六道木。

⑧ 火源：煤气、煤火。

⑨ 磨牛角：刮刀、电动打磨机。

⑩ 制弦：线车子、弦架子。

⑪ 插梢子（插弓稍）用：撕梁子。

⑫ 制筋用：筋梳子。

（2） 使用工具

① 制弓胎工具

大板凳是制作竹胎及进行各种相关的操作时的主要工作凳，还有一种板凳一端有凳腿、另一端没有凳腿的千斤大板凳，使用它来上力量较大弓的弓弦。

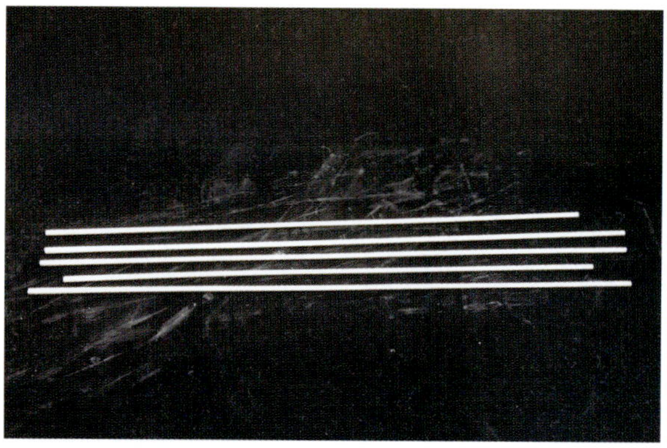

制作工艺流程

牛角

锯子是切割竹胎、梢子及牛角的工具，根据所锯材料的不同，选用齿口粗细不等的锯子。刀是砍制各种粗坯材料时的工具。锛子是制弓行业特制的工具。锛子把上的弧度较大，是砍制弓胎、“脑脖”时必备的工具。木锉可分为粗锉、细锉、弯锉和平锉。粗锉和细锉是磨制各种材料时使用的工具。平锉的表面没有锯齿，它是对弓进行“画活”时用其熨烫粘贴材料的工具。

② 制角工具

电动砂轮、抛光轮代替旧时用手工磨制牛角的工具。 压马是制作弓箭行业的特殊工具。用两个丫形的木材支起一个类似于建筑行业所用木马的工具，其横梁上的辅木是活动的，可与横梁一起挤压住弓胎等物。梁的高度约一米左右。压马是铺牛角面时最得力的工具。走绳是配合压马使用的绕绳的专用工具。

③ 铺筋工具

铁锅及木棒是熬胶工具。 筋梳子是铺筋时梳理筋使其均匀成丝状的工具。用铜板制成，一端成齿状，因此而得名。筋起儿是一个小的长条竹片，在梳筋后用其抬起整张筋时的辅助工具。筋板是一个长条状的普通木板，要以不怕水的木材为佳，是铺筋时在其上面铺上牛筋然后刷鳔的工具。

④ 打弦工具

弦架子是架弦线用的木架。 弦刀是在弦架上钩住棉线的铁片。 线车子是绕线的轮轴。

⑤ 其他工具

“弓枕”是把弓体拿上板凳时抬起弓身两臂的枕木，在“弓枕”的上缘中间有一个凹形槽，弓的“脑脖子”正好枕在此处。与此配合使用的还有两块扁平方木，起到进一步抬高“弓枕”的作用。

“弓挪子”是使其弯曲变形的特殊工具。使用时，把初步做成弓体捆绑在“弓挪子”上，根据所做弓的大小可选用尺寸不等的三种。“弓挪子”的弯曲孤度

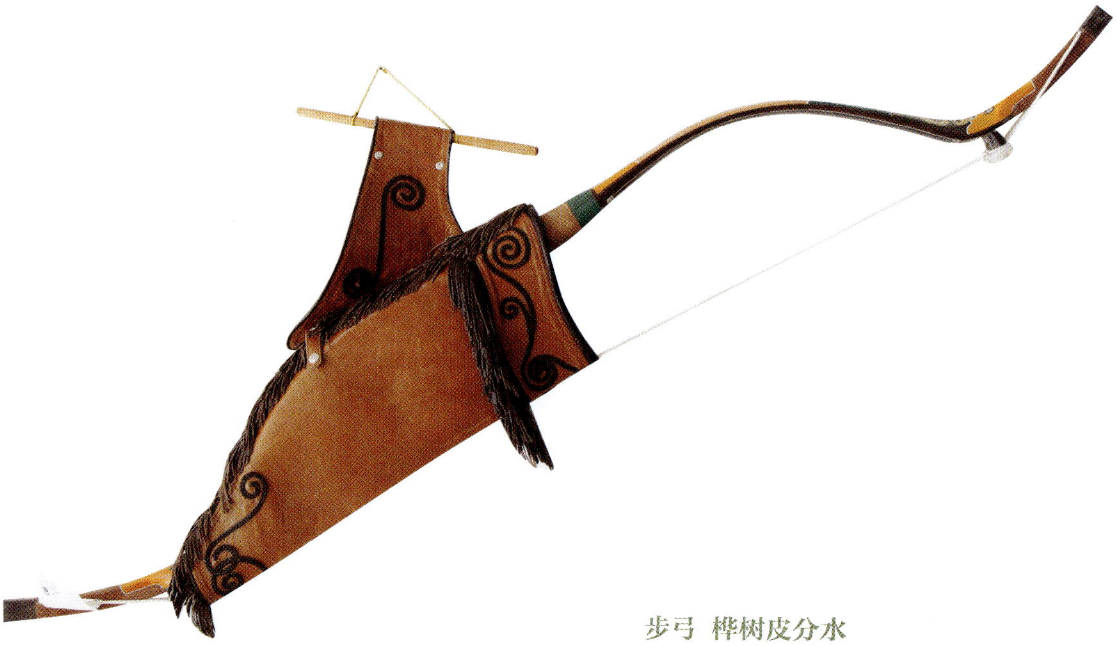

步弓 桦树皮分水
弓臂19cm，长171cm
2010年

都是依照前人的制作模式。

“刮刀”是师傅们自己制作的工具。它的功用是刮平牛角制品。

（3）制弓工艺

“聚元号”制作一张弓箭的时间，严格来说要经过一年多，从选材到准备各种半成品都要依据相应的季节并需经过一定的时间阴干。

制作工序主要分为制作弓的主体过程“白活”（活：是制弓行业的常用术语，常指一个工序，类似于俗语上的“活计”）、对做出的弓进行装饰工作“画活”和做弓弦等几个主要阶段。在旧时弓箭铺里的伙计们做弓都有一定的规矩，即做“白活”的不会“画活”，“画活”的不会“白活”。这其中的道理不必多论，与其他手工艺行业都有相似性，大都为保护自己本门的手艺不外传。

① 白活——制作弓胎子

A. 砍竹胎：把买来的竹子（此竹要经过一年以上的时间阴干）锯掉前后粗细不均匀的两端，选用中间比较平直的一段。锯出约长128厘米、宽3厘米的一段。

B. 弯竹胎：将砍好的竹子的关键部位烤热，用力弯曲竹胎，使其形成一个竹皮面在外的圆弧形。

C. 做梢子：弓有长梢弓、短梢弓，弓梢的长短是简单区别一般传统弓类型的标志。

D. 做“望把”：旧时做望把多用山木（师傅们不知其学名，意指从山崖上长出来的带有一定自然弯度的木材），现在都用榆木代替。望把是衬在竹胎内表面的中间以便把握的部位，所以它的砍制要以适宜把握的形状为准，亦可参考使用者手

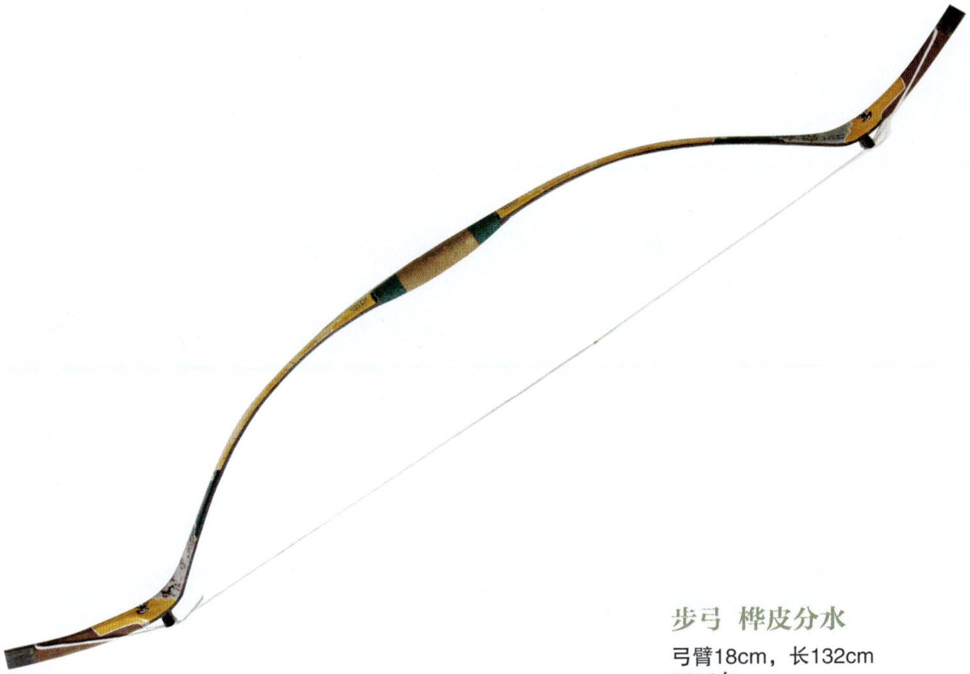

步弓 桦皮分水

弓臂18cm，长132cm
2010年

形的大小做相应的变化。

E. 勒“望把”：在竹胎子的内表面正中间部分约4厘米的地方砍制一块放望把的地方。

F. “插梢子”：把弓梢粘制在弓胎的两端。先在竹胎子的两端依梢子末端的锥形长度及形状画好要锯出的V型槽的大小，然后用锯锯出。

G. “刮胎子”：是对弓胎的处理工作。弓胎子的宽度不能按初始时状态，此时要用锛子和木锉把竹胎处理到合适的宽度，还要把竹胎的边缘锉得十分平滑。

H. “弯弓”：把弓胎子放在火上烤，可适当用水浇一下。然后用力弯弓胎子，使其弯成更平滑的圆弧形，至于弯成多大的弧度，没有标准的说法，全凭感觉。

② 勒“角面子”

A. 锯牛角：把水牛角按牛角的弧度从侧面锯下。一张弓正好要用一头牛的两只牛角。

B. 磨牛角：锯下来的两只牛角侧面要经过磨平才能粘在弓胎上。旧时，磨牛角是一个体力活，现在小杨师傅为了方便快捷，买了电动砂轮。

C. 撕面子（撕：是杨师傅常用的术语，意指把牛角等光滑的表面处理出纹路便于粘贴其他材料）：把平直的牛角面按牛角面内侧向上的方向放在大板凳上，用勒具把牛角面划出一道一道的条纹，其作用是利于涂上猪皮鳔后与竹胎子粘得牢。

D. 撕胎子：在弓胎子的外弧面的两端接近脑脖子处，用木锉分别锉出一道横槽，使牛角面的尾端刚好能嵌入此处。再用勒具把弓胎子的外弧面也划出一道一道的条纹。

镇物弓
2010年

E. 配面：必须要分清前后段。即牛角靠尖部要铺在弓胎的中间，牛角靠根部要铺在靠弓梢端。反铺是不行的，因为牛角靠尖部一侧硬度较大。

F. 勒“面子”：是一个重体力活，旧时多用体力好的伙计做。勒不结实会直接影响到弓的质量。首先把一些细绳子放在水里浸泡备用，同时把猪皮鳔用火温热，然后分别在牛角内侧面和竹胎子的外表面刷两遍鳔。所用的猪皮鳔的浓度较高，用量也较大。

G. 下“梁子”：“梁子”是指铺在弓面上的两条牛角中间预留出的待安装的部件，其材料最好是鹿犄角。这道工序看似简单，但也是关键的一步，做工一定要到位。

H. 磨“面子”：先用砂轮磨“梁子”。经过打磨的“梁子”外表规则光滑，它的厚度要比其余的牛角面厚。

I. 挖“胎子”：经过一到两天的时间，等到用于粘“望把”及梢子的猪皮鳔阴干后，再进行刮胎子。

③ 铺筋

A. 泡筋：把牛筋泡在水里，泡的时间越长越好。

B. “尝鳔”：不是尝它的味道而是尝它的温度，这是弓箭行最关键的一步。

弓箭一组

铺筋用的猪皮鳔与粘贴其他材料所用的浓度和温度不同，是直接关系到铺筋是否成功的主要条件。师傅们的经验是用舌头尝试鳔的热度，以不烫为准。

C. “梳筋”：先把筋板用温水洗一下，平放。

D. “铺筋”：根据筋的长短确定需要铺几道筋，铺第一道筋时要从中间开始，然后再向其中的一端铺，待本次铺完的筋经过一两天的时间阴干后再铺另一端。

E. 做梢头：本次调查制作的两个梢头都用牛角。旧时也曾一头用牛角，另一头用木头，那时都是当兵的使用，主要是为了防潮，没有什么装饰作用。

F. 缠“望把”：为了增加望把的耐用强度，再用筋横向缠住望把，把牙子和梁子都包进去。

G. 出梢子：插完梢头的望把是进一步处理梢子的基础。在大板凳上进行，用大锉锉梢子，使其渐渐变成长立柱形。

H. 做弦垫子：截取牛角头部较厚部位的一段弦垫子，旧时多用鹿犄角制作。在接近牛角面“脑脖子”面上，找出要粘弓垫的位置，用锉锉平。

I. 上板凳（上：为弓箭制作行业的术语，有把弓体捆绑于某处之意）。

J. 上“弓挪子”：上烘烤一下弓体，基本上达到烫手的程度，目的是让弓体柔和一点。

K. 上板凳：把带有弓挪子的弓体放在大板凳上，并先用绳子把弓体在望把处与大板凳系紧。

L. 上“弓枕”：把两个弓枕分别枕在大板凳上弓体的脑脖与板凳之间。这样弓体就会发生较大的反曲变形。弓箭行内的说法叫起一层堑。

M. “爬板凳”：刚解下弓挪子的弓体其两个弓臂上的弧度可能不完全一样，这就需要进一步的修理。

N. “起堑”：爬完板凳的弓再起一层堑。

O. 粘弦堑：在离牛角面约一寸长的地方用锉锉出一块平平的地方，叫制作堑盘。然后把弦堑用鳔粘上。弦堑的高度没有具体的尺寸，都凭经验而做。

P. “开扣子”：在牛角梢头与木弓梢嵌接的地方，用木锉锉出一个小斜开口，作为能挂住弦的地方，此处称为“扣子”。

Q. 上“绷弦”：首次上弦要在大板凳上进行。把弓的望把处与大板凳系在一起，枕上弓枕，再起一层堑。然后把绷弦（试弓弦）挂上，弦的长度要依挂在弓上是否合适而做相应的调整。弦的两头系出一个套环，套扣刚好落在弦堑上的凹面处。做一张弓的成败，这时就要见分晓了。

R. “韃撒”弓（取其音（DaSa）：用板锉锉弓体的牛角面，主要是锉弓脯的部位。通过尺量、眼观、拉试来查看锉得是否到位。试拉时，放弦后听到的应是一个声音，即放开的弦能同时击打两个弦堑而引起的声音。

④ 画活

“画活”主要是对弓体进行装饰，可繁可简，依个人喜好而定，一般可分为以下步骤：

A. 刮、磨、抛光牛角面：用刮刀刮磨整个牛角面，牛角梢头也要做同样的处理。旧时是用刮下牛角面的角丝混合香灰，用这种混合物在牛角面上缓速推磨，常常磨得手都会感到很烫。

B. 包“望把”：包“望把”之前先用锉锉一下粘在望把上的鳔硬块。用尺子测量出弓体的中心，并用手指支住弓体的中心看弓体是不是平衡，如不平找出其平衡点。

C. 包梢子：最讲究的材料是用鲨鱼皮。现在鲨鱼皮不易买到，多用蛇皮代替。经过处理的蛇皮都很薄，提前刷好鳔，待使用时把蛇皮烤热，并加湿，使其柔软一些，便于粘得比较平整。粘时也要用平锉把它烫热便于粘得更结实。

D. 贴桦皮：贴住弓背其余的部位。现在所用的桦树皮都出自大兴安岭一带，在每年的6月20日左右从成活的桦树上扒下最佳，当然这要得到当地林业部门的允许。

E. 贴花：用自己处理的一种纸（类似于现在的不干胶）贴出花样。在旧时，

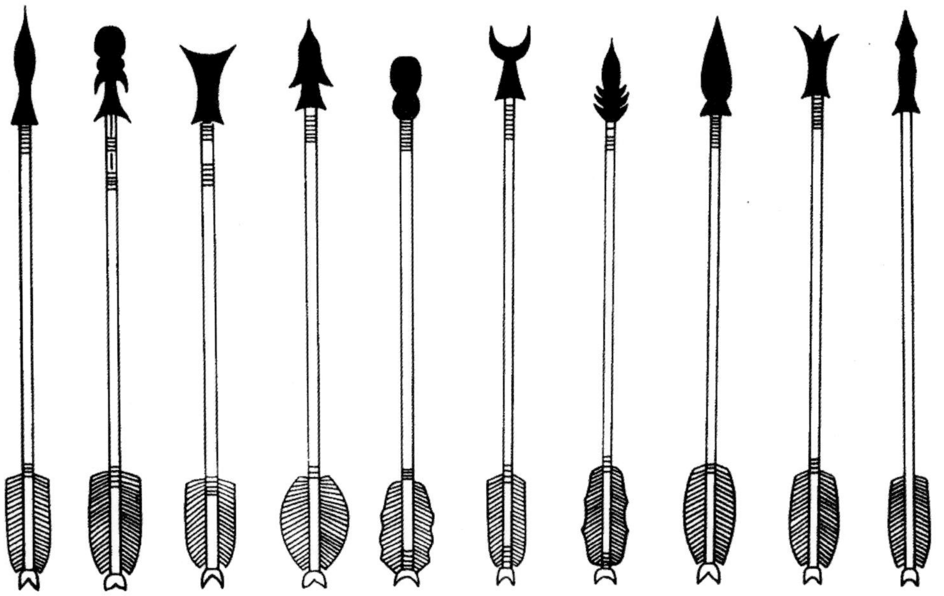

明代弓箭示意图，从左至右依次为：透甲锥箭、菠菜镞、凿子镞、两开肩箭、狼舌头箭、月牙箭、艾叶头箭、柳叶箭、三叉箭、菱叶箭。

人们多从市场上买来糊窗户的纸，俗称为“本田私”纸或“毛道纸”。在纸背面涂上胶，再刷上各种颜色的油漆。

F.“洗活”：最后用桐油把贴在弓体外表面多余的胶洗掉。

⑤ 制作弓弦

弓弦通常有两种，一种是牛皮弦，一种是棉线弦。牛皮弦的做法很简单，用牛皮编成麻花绳即可，类似于农村驾驭马车时用的牛皮鞭子。牛皮弦的特点是结实耐用，是作战用弓的必备弦。早年，“聚元号”所做的弓是供皇家贵族使用，更注重弓箭的美观，多配以棉线弦。

杨福喜提到与现代的国际弓的弓弦相比时说，我们的传统弓的弓弦有一些弱点：弓弦虽然比较结实耐用，有弹性，但弹性的存在是不利于射击的。

2. “聚元号”箭的种类和制作

（1）“聚元号”箭的种类

狼舌人箭：头为扁平状，两只相连，纯圆，杆以木制。专供射马用。

月牙箭：其式样与普通之箭相同，惟前头为月牙状，有朝前突出之两尖刃，整个箭头呈扁平状。

艾叶头箭：箭的一种。箭头为艾叶状，尖刃之下有前斜出之若于尖刺，整个箭头呈扁平状。

两开肩箭：头为扁平锐三角形，后有一只三角形倒钩，杆为木制，为明代戚继光所制。

柳叶箭：其式样与普通之箭相同，惟箭头形似柳叶，整个箭头呈扁平状。

菠菜叶箭（鹅毛）

长90.5cm

清代

透甲锥

长94cm

清代

铲子箭（鹅毛）
长90.5cm
清代

菠菜头箭：头如菠菜状，扁平钝圆形，后有两排倒钩，均很锋利，杆以木或竹制。明代弓射箭。

铲子箭：头前部扁平尖针状，中部如倒月牙铲形，后部为锐三角形，杆以木或竹制。专为射马，明代弓射箭。

除了这些传统的式样外，还有许多种类。

清末，北京弓箭大院里“聚元号”的弓和“天元号”的箭是齐名的。据杨文通回忆，“天元号”的做箭工艺细分起来约有二百多道，做箭师傅专门备有一个称量箭重量的“戥子”。无论做出多少箭，同型号的箭重量都相同。而且，最令人叫绝的是：每一批箭的重心点都在同一个位置，不管是做100支箭或做更多。箭杆的中心点与重心点的间距有一定的规矩，最长不能超过6厘米。那时箭头都是从铁匠铺订购的，买回后还需自己打磨细作。

（2）杨文通的妻子（冯氏，1934—），是“聚元号”后期做箭的师傅。制作方

竹箭（火鸡毛）
长86cm
2010年

法如下：

① 调杆：做箭杆的用料是六道木，通常以春季砍伐的为好，秋季的容易裂，此树多见于山的阴面。

② 打皮：用刮刀打皮。

③ 刮杆：刮杆是做箭关键的步骤，按杨福喜的姿势左手拉住一端，并时时转动箭杆；右手持线刨子（按刨齿的角度分为大、中、小三等）推拉。先“糙刮”一下，即进行粗加工。放置一天后再进行两次“刮细儿”，即用齿略低的线刨子细加工。

④ 箭头和尾羽：箭头是专门到加工铁器的工厂里定做的。呈圆锥形，类似于毛笔头，故常称为“大笔头”。箭头尾端能套在箭杆上，就是现在常说的“头包杆”，这种箭头的制作方法约在40年代末期开始使用。做箭羽最好的材料是雕翎，但目前不易买到，只好用鹅毛代替。

四、杨文通弓箭的艺术特色及文化价值

《考工记》详细地叙述了中国古代百工中的30个工种，其中在论述每个工种

官迷阵（雕翎）
长105cm
清代

的同时，也蕴含了一些中国古代的设计思想，下面以弓人为例把古人在设计中运用到的材料学、心理学、伦理学的知识介绍一下。

运用材料学的知识方面有这么几段话：弓人为弓。取六材必以其时，六材既聚，巧者和之。干也者，以为远也，角也者，以为疾也，筋也者，以为深也，胶也者，以为和也，丝也者，以为固也，漆也者，以为受霜露也。凡取干之道七：柘（zhè）为上，檍次之，檿（yǎn）桑次之，橘次之，木瓜次之，荆次之，竹为下。凡相干，欲赤黑而阳声，赤黑则乡心，阳声则远根。凡析干，射远者用埶（shì），射深者用直。凡相角，秋紾者厚，春紾者薄。稚牛之角直而泽，老牛之角胜紾（zhěn）而昔（cuò），疢（chèn）疾险中，瘠牛之角无泽。这里主要讲的是弓人在做弓的选材，想要做成一把弓必须集齐六种材料：干、角、筋、胶、丝、漆，缺一不可，每种材料都有其独特的用处，选材也极为考究。

弓箭的发明是人类技术的一大进步，说明了人们已经懂得利用机械存储起来的能量：当人们用力拉弦迫使弓体变形时，就把自身的能量储存进去了；松手释放，弓体迅速恢复原状，同时把存进的能量猛烈地释放出来，遂将搭在弦上的箭有力地弹射出去。弓箭最早不是用于战斗，而是为了获得猎物，制服那些凶猛的野

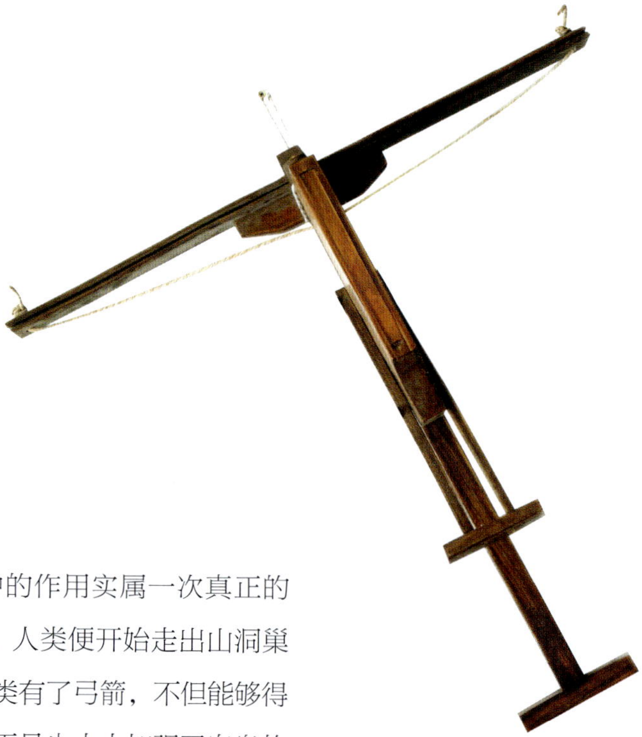

兽。后来，弓箭就成了古代打仗的重要兵器。

弓箭的使用，在人类技术史上以至整个社会发展中的作用实属一次真正的“革命”。自从有了弓箭，人类的活动天地就更为广阔，人类便开始走出山洞巢穴，离开大树、森林，来到平坦广阔的平原草地安家。人类有了弓箭，不但能够得到更多的猎物，为自身的生存繁衍创造良好的物质条件，而且也大大加强了自身的安全防御能力。

匣箭
弓臂68cm，长73cm
2010年

弓箭虽是战争杀伐之物，但在中国古代生活中也被扩衍使用：箭既能携带书信远距离射寄，也能够被用以游艺比赛、因事设判。在宫廷中沿袭了很久的雅戏“投壶”——将箭枝徒手掷向壶口，就是春秋“射”礼之变。即如《三国演义》中的吕布，虽说是性格反复、傲气十足，但他也曾以“辕门射戟”的方式救助了刘备。在中国“方块”文字中定格着一些古老而生僻的字眼儿，其中有些与箭具关系紧密：如“金”旁加“比”、“金”旁加“侯”、“金”旁加“辜”、“矢”旁加“兆”、“矢”旁加“舟”——都是古时具名而今字库难寻、常人不识的羽箭之属。“矢志不渝”、“矢口否认”、“百步穿杨”、“一箭之地”、“七札俱穿”、“盘马弯弓”、“锋镝余生”、“矢若猬集”——这些成语、典故、词汇尽是箭风溜飕、箭创血滴凝结成的历史印记。近代以后，射箭从军事上分离出来，成为习武强身的体育运动项目，被列为正式的比赛项目之一。

“聚元号”至今已有近三百年的历史，它承袭了中国双曲反弯复合弓的优良传统，历经了一系列社会变故后仍保留了传统制造工艺，是十分珍贵的。这一技艺对于研究我国社会发展、礼仪娱乐、兵器工艺、民族习俗、生产生活和工艺美术、竞技体育等方面有很高的社会价值和学术价值，对保护和传承中国传统手工工艺、历史文化和传承民族精神都具有非常重要的作用。

五、杨文通艺术年表

1930年，出生于北京。

床弩
2010年

1945年，随父亲杨瑞林学习家传的制弓技艺。

1957年，国家实行公司合营，杨文通带领“聚元号”并入“体育用品合作联社”。

1958年，杨文通终止祖传的弓箭制作手艺。

1962年，杨文通离开体育用品厂，到北京水利局当了一名木工。

1988年，在中断制作弓箭30年后，杨文通在工作之余，开始恢复制作传统弓箭，修复了在“文革”中截断的大弓。

1998年，杨文通在北京西山射击场结识了中国射箭队总教练徐开才，在他的鼓励和帮助下，重新开始制作传统弓箭。

2001年，杨文通经营的“聚元号”只卖出一张弓，经济陷入十分困难的境地。

2003年，杨文通赴香港参加在香港海防博物馆召开的亚洲传统射艺研究会，港媒广泛报道，引起轰动。

2005年，杨文通被中国艺术研究院聘为首批“民间艺术创作研究员”。

2006年，杨文通因病在北京去世。

（本篇撰稿　王海霞）

绢人

杨乃蕙

——北京绢人艺术家

她似乎就是为绢人而生的，从她美丽优雅的外貌，到对绢人艺术的极致追求，给人的感觉就是：她和她的绢人合为了一体。蕙质兰心的气质、对美的天生敏感和人世间险恶的失察，都汇集在她的身上，但她一直都把美丽毫无保留地给了她的绢人，她活在她的艺术之梦里。她设计了三百多种女性形象的绢人作品，还有其他古典文学作品中的人物形象，她获奖无数。2005年，她被中国艺术研究院聘任为首批“民间艺术创作研究员”。

水月观音
高33cm
1980年

一、北京绢人概介

绢人是用丝绸、绢纱、绫罗等材料，通过染织、雕塑、缝纫、绘画、花丝、糊裱等多项技艺制作成人偶的民间艺术，属于民间 “软雕塑”的一种，新中国成立以前，普遍流行于全国各地。新中国成立后，以北京绢人最为著名，规模也最盛。绢人究竟起源于何时，如今已不可考，但据新疆吐鲁番阿斯塔那地区张雄夫妇墓出土的“绢木女舞俑”可以看出，早在唐朝贞观年间，就已经有绢塑人形的出现。这个古墓中出土的“绢木女舞俑”分别梳着不同的发式，身着锦衫，衣袖为绢纱制成，下身穿着彩色坠地长裙，长裙外面罩一层轻纱，她们的造型和装束表现了唐代绢塑艺术的高超水平。宋代是绢人艺术大发展的时期，据宋人孟元老撰《东京梦华录》记述，北宋时民间艺人便能剪绫为人、裁锦为衣，并以绢绸彩结成人形了。这一时期民间开始把绢人运用在元宵节等节日的活动中，《东京梦华录》也有记载：“灯山上彩，金碧相射，锦绣交辉……彩山左右，以彩结文殊、普贤，跨狮子白象，各于手指出水五道，其手摇动。”宋人吴自牧撰《梦粱录》中也有“昨汴京大内前缚山棚，对宣德楼，悉以彩结，山沓上皆画群仙故事，左右以五色彩结文殊、普贤，跨狮子、白象，各手指内五道出水”等类似于对绫绢塑人形的描述。

明清时，北方时兴用绢纱等物剪扎成麻姑和寿星，取“麻姑献寿”之意，同寿桃寿面一起，作为祝贺寿诞的礼品；在南方，每逢端午时，制作平面绢人跟插艾草、饮雄黄酒一起，作为避邪消灾之物由长辈赠给晚辈。清初的《帝京岁时纪胜》记载：“元宵杂戏，结彩为人，手持伞扇旗幡，关刀月斧，击鼓摇铃。”由此可见，此时的绢人被应用于元宵节的杂戏中。这一时期，随着市民文化的发展，妇女们还注重用绢花插在发髻上来打扮自己。据《燕京岁时记》载：“崇文门外迤东，自正月起，凡初四、十四、二十四日有市。所谓花市者，乃妇女插戴之纸花，非时花也。花有通草、绫绢、绰枝、摔头之类，颇能混真。”由此可见，这时已有专门的花市出现。而这一时期的京师，纱灯及纱扇等绢纱制品颇为流行，也出现了灯市，绢花和纱灯成为元宵节最为走俏的商品，推动了京城经济的发展，并以市场的形式固定下来。据《崇文区地方志》上记载清康熙三十二年（1693）内务府御用工厂所设各种作坊中即有“花儿作”，宫廷佳丽们也时兴自做绢花佩戴。康乾时期，花市一带“各街、市花庄及住户营花者约占一千户以上”。至清中叶，当地住户多以造花为业。乾隆四十年（1775）以前即有“花儿市”之名，一直到民国初期绢花制作依然十分兴盛。《余氏辨林》云：“京师孟春之月，儿女多剪彩为花或草虫之类插首，曰闹嚷嚷，即古所谓闹装也，是即绫绢花之滥觞欤。”这一时期，由于绢人工艺的复杂，它并没有得到如绢花那样的普及程度。抗日战争开始后，由于连年的战乱，人们尚且食不果腹，这种以娱乐打扮为主的绢塑工艺更是日渐衰落，濒临灭绝。

新中国成立之初，随着社会的稳定，工艺美术行业开始复苏，几近灭绝的绢人技艺重新回到人们的视野中，并以北京绢人为最盛。20世纪50年代，是绢人技艺发展最为重要和繁盛的时期，涌现出了葛敬安、杜崇朴等绢人艺人。1954年，还是北京女青年会会员的葛敬安接到文化部和中国人民保卫儿童全国委员会的任务，让她做一件既具有我国传统民族形式，又能反映当时人们精神面貌的少数民族人偶参加在印度举办的国际儿童玩偶比赛，为此，葛敬安经过多方查证历代人形人偶的图片、文字及实物资料，在“泥人张”第三代、著名泥塑艺人张景祜亲自制作头模的帮助下，从1954年10月至12月，历时两个月，终于用绢做材料制成了藏、苗、黎、彝、维吾尔五个少数民族妇女人形，朱德的夫人康克清同志亲自参加了作品的审定工作，并将其送到印度参展。这套作品展出后，获得多方好评，前苏联的《火花》杂志在1955年的第24期上登载了照片并予以特别介绍。这次展览的成功，使“北京绢人”成为一张众所周知的文化名片，大大地提升了北京绢人的名气，也鼓励着葛敬安等人继续绢人的创作。

1955年初，葛敬安在自家的院内腾出了几间房屋，和李佩芬、杜崇朴、张宗敏、陶慧敏、宋翠珍、陈明礼、张琴等对绢人艺术有着浓厚兴趣的人一起，成立了“美术人形研究小组”，专门研究制作北京绢人，这一时期，她们以历史和小说人物为题材制作了《西施浣纱》、《李纨教子》、《吹笛仕女》等古装仕女绢人，深获好评。1957年“美术人形研究小组”改由北京市特艺公司和北京市工艺美术研究所两个单位领导，正式更名为“北京市美术人形研究小组”，成为自负盈亏、自产自销的工艺美术类企业。这期间，她们为庆祝新中国成立10周年而制作了《万里长空且为忠魂舞》、《民族大团结》、《文姬归汉》、《木兰从军》等作品。其中《吹笛仕女》于1957年被周总理当做礼品送给了前苏联的领导人伏洛希罗夫。三年自然灾害时期，邓颖超同志自掏腰包拿出300元用于鼓励葛敬安她们的绢人制作。1964年，中法建交，葛敬安等集体创作的《海棠诗社》和《荷花舞》参加了在法国巴黎举行的中国博览会，获得很大成功。这次展览的成功标志着北京绢人工艺走向世界。展览结束后，英国、加拿大、瑞典、日本、巴西等国纷纷订货，北京绢人成为北京市工艺美术行业出口的主要产品，开始蓬勃发展起来，并改名为“北京美术人形工厂”，其从业人员也大大增加，刚刚从北京市工艺美术技校雕塑专业毕业的杨乃蕙、王天凤等人也进入美术人形厂，成为制作绢花的年轻生力军。

“文革”开始后，昔日以赚外汇著名的绢人技艺变成了“封、资、修”的典型，濒临灭亡的边缘，幸而在邓颖超等国家领导人的支持下，勉强做一些零散的作品维持技艺。改革开放以后，绢人艺术重新开始繁荣，这一时期，北京其他的工艺美术厂如绢花、剧装、锦盒厂合并到绢人厂，扩大了绢人制作的规模，绢塑艺人达到了近百人，涌现出范正华、齐聪颖、崔欣、杜蓓等技艺精湛的代表性艺人。

北京绢人的内容以表现仕女为主，主要分为以下四种：

1. 历史人物：如《女娲》、《文成公主》、《王昭君》等。

2. 戏曲故事：如《盗仙草》、《杜丽娘》、《望江亭》等。

3. 民族舞蹈人物：如《荷花舞》等。

4. 小说人物：《红楼梦》系列中的《宝黛放风筝》、《宝琴》、《迎春读书》等。

每一件北京绢人作品，都是选用上好的绢纱丝绸，经过制作头模、雕塑身体、彩绘五官、刺绣服装、糊裱道具等十几道工序精作而成。北京绢人艺术制作精美，具有唯美主义色彩，所塑的仕女人物色彩绚丽，身材婀娜匀称，面容端庄清丽，风格高雅，举止间流露着中国传统女性的温柔娟秀的美感，符合中国老百姓的传统审美标准，具有很高的欣赏和收藏价值，因此一直为大众所喜爱。

文成公主
高33cm
1980年

王昭君
高33cm
1980年

二、杨乃蕙从艺经历及艺术成就

杨乃蕙，1943年12月生于北京，祖籍湖南常德。杨乃蕙从小就喜欢做布娃娃，后来在北京工艺美术学校雕塑专业学习，掌握了基本的雕塑和绘画技能，为后来从事绢人这种软雕塑技艺打下了坚实的基础。还在北京工艺美校当学生的杨乃蕙，在一次工艺品展览会上，看见了一件题为《母爱》的绢人作品，眼前的绢人塑制的是一位年轻的母亲，她身着湖蓝色上衣，配一条镶着花边的黑色长裙，怀抱着自己的孩子，双眼低垂，亲切地注视着怀中的孩子，由两条细长的黑线缝成的双眼里满是慈爱，杨乃蕙被这件出自绢人大师葛敬安之手的绢人作品中所表现出的美深深地吸引。当时的杨乃蕙虽然从事的专业是玉器制作，但她还是喜欢上了绢人，并暗下决心要学习这门唯美的手工技艺。

1962年，杨乃蕙从北京工艺美校毕业，成为新中国成立后培养出的第一代工艺雕塑科班的设计人员。而早在1959年，邓颖超在视察葛敬安创办的“美术人形研究小组”时，便交代葛敬安多带几个徒弟，把绢人艺术发扬光大。1963年，已更名为“北京市美术人形研究小组”的绢人工厂成为自负盈亏的企业，为了扩大其生产规模，葛敬安从北京工艺美校毕业的学生中选中了杨乃蕙，而早就对葛敬安的绢人艺术心存喜爱的杨乃蕙也不负葛敬安的期望，她认真刻苦，用勤奋和悟性以绢人艺术中最难的头部的塑造见长而成为葛敬安的高徒。她不仅继承了师傅高超的技法，

宝琴立雪
高33cm
1980年

还不断创新。在学习绢塑中，杨乃蕙针对绢人主要采用的丝、绢、绸、纱为原料，色彩洁净艳丽，和作品题材内容大多是古装仕女、戏曲、舞蹈及少数民族人物形象的特点，将自己掌握的雕塑技艺与民间彩塑传统手法相融合，塑造出了众多精美绝伦的绢人作品。1977年，当时的“北京美术人形工厂”和袜厂合并，杨乃蕙、王天凤、徐海英、贾绍普、曹仪策、刘荫茹、崔欣七人小组从事绢人制作，杨乃蕙任组长，经常指导组内人员。后来，“北京美术人形工厂”又与剧装厂等厂子合并，杨乃蕙任车间主任，主抓业务。这段时间，她先后设计、创作了“历代女英杰”系列的《梁红玉》、《花木兰》、《穆桂英》、《武则天》；“四大美女”系列的《西施》、《贵妃》、《昭君》、《貂蝉》和近、现、当代的众多中外女性形象约300

余种，其代表作曾多次在全国及北京的各种评比中获奖，她的作品也开始漂洋过海赴美国、日本、新加坡等地参展。

同事和朋友眼中的杨乃蕙是个非常勤奋刻苦的人，是因为她发自真心地喜欢绢人艺术，甘愿为这门技艺付出辛苦和汗水。为了搞好绢人创作，杨乃蕙曾深入到海南、四川等少数民族地区体验生活，对黎族、彝族、苗族等少数民族的头饰和服装以及人物性格有了深刻的认识和把握；为了更好地表现绢人的面部神态，她刻苦钻研过敦煌壁画中的飞天、菩萨等人物形象，将其雍容华贵的造像风格融入到自己的绢人创作中；1985年，重庆大足石刻在中国美术馆展出，对学习过专业雕塑的杨乃蕙来说，是个不容错过的学习机会，如饥似渴的她前后看了三次，并现场临摹这些石窟造像，不论是端庄秀美的菩萨，还是清丽俊秀的养鸡女，都成为她摹写的对象。除此之外，她还常常寻访名胜古迹，那些或大气或婉约的传统塑像造型的神态，不断地加深她的艺术感受。

舞蹈人物是北京绢人的一大题材，为了使制作出的舞蹈绢人身姿优美，杨乃蕙特意学会了跳舞，从中体会人物体态在舞动中的变化；为了表现戏曲人物的衣妆扮相，她四处搜集图文资料，反复跑剧场观摩演出，到后台请教演员着衣技巧。在杨乃蕙看来，既然选择了做自己喜欢的绢人，就要认真投入，所以凡是要开发设计一种新产品，她都要不辞辛劳地奔波拍照片、画速写、深入体验生活，以确保创作出来的绢人作品生动活泼、真实优美。在设计中国历代帝王像时，杨乃蕙把平时积累的知识和技艺发挥到了极致，不管是古代神话传说中的伏羲氏，还是封建社会极盛时期的皇帝康熙，杨乃蕙既抓住了他们作为帝王的共性，又根据每个帝王的政治作为、境遇命运和个性，成功地塑造了一个个典型的历史人物，不论是人物的神态还是服饰，杨乃蕙都做了细致的刻画，甚至连明朝皇帝朱元璋脸上的麻子都制作进去了。

杨乃蕙坚持不懈的努力终于有所回报，经她亲手设计制作的绢人新品种有上千种，其中包括历史人物类的《穆桂英挂帅》、《晴雯补裘》、《观世音》、《精卫填海》、《王昭君》等；外国童话人物的《鱼美人》、《白雪公主》等；戏曲人物的《贵妃醉酒》以及反映现代题材的《傣族医生》、《农家娃》和表现五十六个少数民族的作品等等，并逐步形成了她华美高贵的风格流派，她的作品深受人们喜爱，并在各种展览和比赛中频频获奖。1986年，她的绢人作品《茱莱拉公主》获北京市玩教具“春芽杯”二等奖；1990年，作品《王昭君》在北京市庆祝新中国成立40周年文艺征集活动中获二等奖；《乾隆帝》等20件作品刊于新加坡东美艺术公司印制的画册上。除了在绢人技艺上的不断精进，杨乃蕙还培养了崔欣等优秀的绢人艺人，对北京绢人艺术的发展起到了传承和推动作用。

杨乃蕙荣获了多项殊荣，先后成为北京市工艺美术工厂三级工艺美术大师、

西班牙舞
高39cm
1991年

中国工艺美术学会会员、雕塑研究会会员、中国民间文艺家协会会员，2005年还被中国艺术研究院聘为首批“民间艺术创作研究员”。杨乃蕙自己最珍爱的作品为《精卫填海》，这件作品取材于中国古代神话，炎帝的女儿不幸溺海而死，她的灵魂化作精卫鸟，发誓衔木石以填沧海，杨乃蕙用孔雀羽毛将精卫鸟装饰成一个美丽的少女，人鸟合一，使人一眼望去便知精卫鸟是少女的化身。对于杨乃蕙来说，她也像作品中塑造的精卫鸟一样，用自己的一生传承着绢人艺术。

三、代表性作品赏析

1.《宝黛读西厢》

“宝黛偷读西厢”是《红楼梦》中的经典片段，也是宝玉、黛玉二人互生爱意的时刻。这幅绢人作品塑制精细，黛玉身穿白底蓝花的裙衫，手臂上披一条粉色

宝黛读西厢
高33cm
1980年

盗仙草
高35cm
1980年

的披肩，斜坐在花团簇拥的假山石上，柔纱落地，将她姣好的身材和容貌从侧面表现出来。她左手执书卷搁置膝上，右手置于左肩前，欲要做捂脸状，眼神流转、嘴角浮起一丝羞涩。贾宝玉身穿红色长衣站立一旁，眼睛看向黛玉，头戴的珠冠、胸前的长命锁、衣服上的“寿”字团花图案和腰间的玉佩、香囊无不显示了他官宦家庭的出身。从二人的神情可以看出，此时他们已经读罢《西厢》，书中所描写的张生和莺莺对爱情的执著追求，无疑直接启示了宝、黛二人内心深层的朦胧的爱的意识，二人置身于大观园如诗如画的环境中，竟有些不好意思起来。作者摒弃了以往对林黛玉多哀怨的刻画，而更多地表现出了黛玉娇美的一面，展现了作者面对不同的场景有不同的塑造手法的深厚功底。另外，杨乃蕙巧妙地抓住了二人的形神特点和五官特质，采取一坐一立的姿势，不仅含蓄地表达了萌生于二人心中的最单纯的情感，也暗含着二人既向往爱情又受制于封建礼教的复杂心理，表达了他们既有对“如花美眷”的向往，也有对“似水流年”的悲叹，使人物形象极具感染力，从整件作品的构图来看，这种向边线拓展的对角线式的构图有助于延伸观者的思维，增加了画面的稳定性。整件作品做工细腻、高雅脱俗，使人赏心悦目。

2. 《盗仙草》

《盗仙草》是《白蛇传》中的经典故事。这件作品是绢人作品中少有的对背景做了精致刻画的作品。作者用工笔画法精心地描绘了祥云缭绕、重峦叠嶂的仙境

梁祝
高33cm
1980年

湘夫人
高33cm
1980年

作为背景，白素贞的秀发、长裙、腰带都呈现出一种随风舞动的状态，让观者无不感觉她在盗得仙草后即将腾云驾雾翩翩离去。作品中的白素贞身披红色披风，一手高擎仙草，恐似怕人夺走；另一只手执剑于身后，头也后转，仿佛在看鹿、鹤二仙是否追来。作品中的白素贞身体修长，婀娜多姿，细腰瘦腿，线条优美。向身后飘起的披风和微微前倾的身体使整件静止的作品充满动感，加之作者将她的白色裙摆设置成扇形张开，好似一团白云，给人的感觉同样像驾云离去。这件作品最为难能可贵的是塑造出了白素贞盗得仙草后回去救夫的急切心情，把人物全神贯注的神态和心理活动通过对身体的刻画准确地传达了出来。

3.《梁祝》

《梁祝》因其呈现了一段唯美的爱情故事而成为众多艺术门类争相表现的对象。出身富裕家庭的祝英台反抗封建社会对女子的束缚和不平等待遇，用女扮男装的方式争取到去私塾与男子共同受教育的权利，但却喜欢上平民出身的梁山伯，二人无力挑战封建的道德伦理，只能在含愤死去后化蝶双双飞去。该件作品描绘的就是梁、祝化蝶而走的片段。作品中的梁山伯一副谦谦君子的模样，完整地展现了他温文尔雅的书生气质，祝英台体态婀娜、气质娇柔，削肩柳腰，有种小家碧玉般的韵致。杨乃蕙把绢人艺术造型上强调姿态优美、风格上又崇尚淡雅飘逸的宗旨贯穿于二人的身体和姿势上。梁、祝二人的身后长出了蝴蝶的翅膀，瞬间即可展翅飞

迎春读经
33cm×28cm
1990年

走，作者把绢人艺术要求的似动、欲动、待动的效果传神地表达了出来。在对二人服饰及背景的赋色方面，层次清晰，面部的晕色也点染得恰到好处，作者将轻纱的松软透亮、皮肤的光泽润度都表现得惟妙惟肖。二人双手张开，似是对感情和婚姻自由的向往和拥抱。

四、艺术特色及主要价值

1. 艺术特色

北京绢人是一项集多种技能于一身的综合性工艺美术品类，这些技能贯穿在头模、糊头、开脸、梳头、头饰、体形、手、服装、彩画、道具、组装十一道工序之中。这十一道工序缺一不可，若一项做不精，都可能影响整个效果。其所涉及的工艺种类则包括丝绸、绢纱、绫罗等材料选择；染织、雕塑（主要是塑作）、缝纫（包括了裁剪和打板、缝纫）、绘画、花丝（包括花丝镶嵌等工艺）、糊裱等多种，如此繁复的过程也需要多种多样的材料和工具。

在材料和工具的选择上，根据绢人不同的身体部位使用不同的材料。以下做简单的分类介绍：

（1）材料

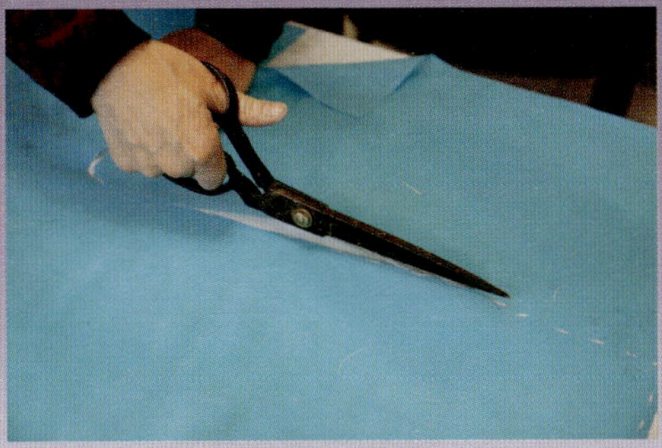

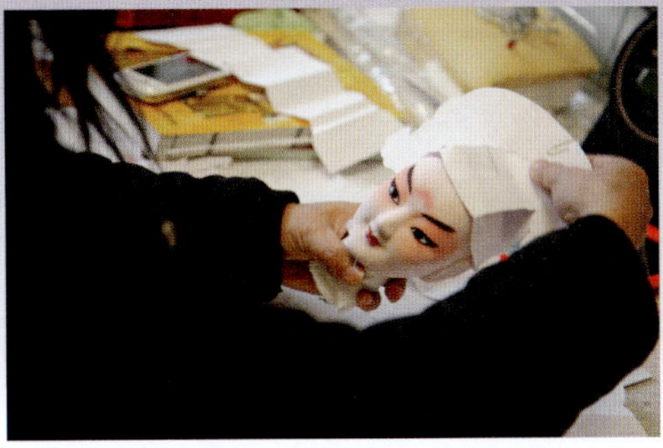

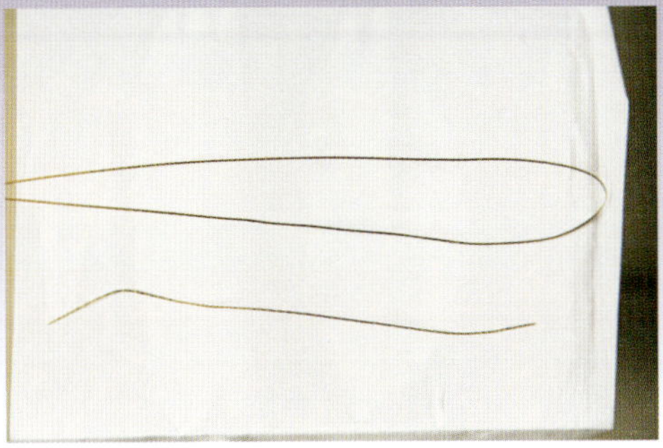

制作技艺

① 服装：上等的丝绸和锦缎。

② 服饰：花边、自由绳、各色大小的彩珠、明片、金银粉、广告色、清漆。

③ 头饰：各色电化铝铁丝、黑棉花、黑色人造丝、小绢花。

④ 体型：粗铁丝、细铁丝、卫生纸、脱脂棉花。

⑤ 皮肤：蝉翼纱、乔其纱、松紧纺织品、针织品。

（2）工具

① 雕塑：可塑泥土、橡皮泥、塑胶泥、雕刻刀、石膏粉。

② 缝制：缝纫机、熨斗、剪刀、尺、手工针。

③ 绘画：毛笔、黑墨、颜料。

④ 其他辅助工具：小镊子、钳子、锥子、锤子、木锉等。

头部：头部是绢人制作里面最难的部分，制作绢人头部前，需要先用油泥雕刻出人物的面部轮廓，然后翻成石膏，雕塑出一个头模，这种头模的雕塑需严格根据头部的比例和五官的位置来定，以确保其准确性。头模制好后，在上面糊制棉织物和丝织物，待干燥后，再糊上第二层丝织物如乔其纱等，这一步是为了使表面更为平整；最后一步是糊蚕丝织物，再次干燥。其中的关键是要把握好干燥的时间、丝织物的湿润程度。头部丝织物的含水量要适中，才能保证脸部的平整光滑和细腻。待最后一层蚕丝织物晾干后再剖开头部，往里面充填棉花，使整个头部看上去饱满圆润，再把头部缝好，接下来就可以美化脸部，包括画出眼睛和睫毛、嘴唇等

林黛玉
8cm × 3.5cm × 4.5cm

贾宝玉
7.5cm × 4cm × 4.5cm

五官，然后晕染开相（画脸部）等，这样做可使面部更加逼真，也显得光彩十足。接着就是“梳头”，即在头壳上用黑布粘出发际，贴上发丝，装上发卷。发卷是用金属丝捻上棉花，然后绕上真丝，做成需要的乌黑云髻，云髻上最后要装点手工制作的各种微型的装饰品，如金钗、翠花、步摇等。

手的制作：

要想把手做得逼真传神比较困难，因为手上有众多的骨骼关节，而用软体的丝织物很难准确地加以表现。首先，用五根细金属丝先捆出五根手指的骨骼形状，然后分别用脱脂棉缠绕金属丝捆出手指形状，再用蚕丝织物缝出微小的手套，然后将手套的每个手指翻转，由于每根手指的长度极短，所以这个制作步骤难度很高。翻转后的手指再穿在手上缝合，这样做一来比较好缝合，二来可以把多余的针脚和线头藏在里面，外面看起来仍然光滑。完成手套的缝制后，再将细金属丝通过弯转造型，做出所需的兰花指、佛手指等手型，有的绢人还需要为其染红指甲、戴戒指。所有的这一切都在不足2厘米的丝织布上完成，是绢人制作中难度相当高的一个步骤。

体形的塑造：

绢人的形体塑造相对简单些，但要注意掌握体形结构。跟手一样，首先要用金属丝做成人形体骨架和四肢，按比例定位人体结构。然后用棉花和纸毛等把金属丝搭的空架子填满，在填充的过程中还得注意根据所塑造的人物需要，使身体显得匀称、舒展，比如女性绢人人物以飘逸的形体美为主，绢人的腿部可做的适当长一

宝玉黛玉放风筝
36cm × 20cm
1990年

王熙凤
高30cm
1980年

贾元春
高28cm
1980年

些，这样更能突显出身材的纤长。

其他头饰、道具及服装彩绘花式：

因为绢人多表现古代仕女，所以头饰、头钗的制作常常显得十分重要。不同身份地位的人要配不同的头饰，一般采用金银丝编织而成，再镶以各种珠、钻串联而成。制作道具工艺要求比例准确，形象仿真，器物、景物等要符合主体人物身份和性格，起到烘托主题人物的作用。服装彩绘是绢人仕女的重要部分，一般采用考究的吉祥纹样，用清漆和金粉调制成的颜料来画，有沥粉的立体感，感觉像绣上去的一样，这种画法在绢人工艺里叫做“赛绣”，意思是画得要赛过绣的。服装工艺要根据典型人物特色来主要体现，虽然要结合历代仕女服饰、纹样、色调来处理，具有一定的程式化，但效果仿真，符合故事情节的要求，则能够更好地诠释人物性格。

普通的北京绢人一般从肩膀到脚是36厘米高，大于此则显得笨，小于此则绢人的表情难有生动之感。绢人的衣服设计基本是参照戏曲舞台上的戏装和装饰图案大小来按比例缩小的，所以看上去十分真实。

北京绢人注重对人物神态的把握，特别是要求绢人制作者要抓住人物瞬间的神态，要有似动、欲动、待动的效果，即要达到所谓似动非动、静中有动的传神境界。

史湘云
高28cm
1980年

2. **主要价值**

北京绢人延续了古代绢人制作的传统，新中国成立以后，绢人艺人们跳出传统的束缚，大胆进行工艺改进，把立体的手工缝制技艺和现代的材料相结合，从而给中国当代的绢人艺术注入了新的活力。如今的北京绢人已经不仅仅是在节日里供人观赏的摆设，而成为绘画和雕塑相结合的一种软体雕塑，发展成为颇具审美意象和观赏价值的民间工艺美术品。北京绢人是市民文化发展的产物，充分体现了北京的地域文化特点，在题材和内容的多样性和艺术特征的鲜明性上均有其值得研究和探讨的地方。它包括了文学、戏曲、美术、制作技艺等多种艺术形式，体现了中国传统艺术门类之间的相互联系，是研究中国工艺史的鲜活材料。

北京绢人的服装绚丽多彩，反映了中国传统的服饰文化，令人赏心悦目。中国的传统服饰形式多样，每个朝代都有所改变和创新，或宽袍大袖、或高领窄肩，不同职业、身份的人有不同的穿搭，且不同的衣服搭配不同的发型、发饰，四季的服装也各有特色，但不变的是色彩和花纹都十分的讲究，造型优雅、光彩照人的北京绢人展示了我国悠久的服饰文化之美。

北京绢人的内容多为反映历史或传说故事中的贞节烈女和孝子义士等正面人物为主，具有一定的善教功能。正因为它积极向上的内涵和精美的制作技艺，建国初期，成为我国领导人馈赠外国友人的最佳礼品。它既弘扬了中华民族的艺术传统，又紧跟社会发展的潮流，与时俱进地创作出了符合当代人审美情趣的作品，对我们今天发展文化创意产业有着很好的启示作用。

持扇仕女
高34cm
1990年

黛玉葬花
高35cm
1985年

五、杨乃蕙艺术年表

1941年生，祖籍湖南常德。

1962年，毕业于北京工艺美校雕塑专业。

1963年，进入美术人形研究小组，拜师著名绢人艺人葛敬安门下。

1964年，加入北京美术人形工厂。

先后在美术人形研究组、北京绢花厂、北京工艺美术厂从事绢人艺术的研究，先后设计、创作了历代女英杰梁红玉、花木兰、穆桂英、武则天；四大美女西施、杨贵妃、王昭君、貂蝉和近代、现代、当代众多中外女性的形象300余种，其代表作曾多次在全国及北京的各种评比中获奖。作品赴美国、日本、新加坡展览。多次参加全国、市级工艺美术展览。

1986年，作品《茱莱拉公主》获北京市玩教具“春芽杯”二等奖。

1990年，作品《王昭君》在北京市庆祝新中国成立40周年文艺征集活动中获二等奖；杨乃蕙本人入选《中国当代工艺美术名人辞典》。

1997年，参加在北京举办的“北京国际民间手工艺术周”活动。现场展演绢人艺术，多次被媒体报道。

蔺相如

高33cm

1990年

1998年，杨乃蕙的作品《宝黛读西厢》等参加“红楼梦文化艺术展”赴台展出。

2000年2月，应邀赴新加坡参加由新加坡宗乡会馆联合总会、新加坡报业控股、新加坡旅游局、新加坡中华总商会及人民协会举办的“春到河畔迎新年”活动，并现场制作绢人；同月，在北京东岳庙会上展示绢人技艺。

2001年，参加“中国工艺美术精品联展”。

2002年，应台湾大叶大学工业关系研究所邀请，赴台湾南投展示绢人技艺。

2005年，被中国艺术研究院聘为首批“民间艺术创作研究员”。

2005年至今，病休在家，从事绢人研究。

（本篇撰稿　邰高娣）

木偶

徐竹初

——漳州木偶头雕刻传承人

他生于尪仔（漳州话，指木偶）世家，来到这个人间，就背负了传承家族手艺的使命。为了这个使命，他这一生只做一件事，就是研究木偶、设计木偶、刻制木偶。他的心愿是要建一个木偶馆，为了这个心愿，他70岁时还骑着单车，给自己规定每月伍佰元的生活费。他早就名满天下，没有辜负弘一法师当年给他起的这个名字。他创作的木偶已达六百余个，仍每天雕刻不止。2005年，他被中国艺术研究院聘任为首批“民间艺术创作研究员”；2007年，他被评为第一批国家级非物质文化遗产项目（漳州木偶头雕刻）代表性传承人，他还是享受国务院特殊津贴专家。现在木偶大厦已经竣工，他以自己的艺术人生践行了自己的使命。

赤面花

11cm×5cm

1960年

一、漳州木偶头雕刻概介

木偶头雕刻是伴随木偶艺术发展而来的一门特殊雕刻技艺，因此它的传承发展必须从木偶戏说起。木偶戏古称“傀儡子”，是由人操纵傀儡进行戏剧性表演的一种艺术形式，在我国有着悠久的历史。木偶戏发轫于汉代，唐代进入成熟阶段，木偶的造型和制作工艺大为发展；宋代进入木偶戏的繁荣时期，形成杖头木偶、提线木偶、药发木偶等多种表演形式；明清时期，木偶戏已经与民风民俗、宗教信仰、地方戏曲等结合得更加紧密，并遍及全国各地；清中叶至民国初是木偶艺术发展的鼎盛时期，此时的木偶更加注重造型和雕刻，涌现出许多优秀的木偶雕刻艺人，并有很多精致的木偶头雕刻作品流传至今。

福建是木偶艺术发展最为兴盛的地区，其木偶戏品种繁多，流布范围广，且各具特色，其中尤以泉州的提线木偶和漳州的布袋木偶最为著名，艺术成就也最高。布袋木偶因偶身衣服宽大，形似布袋而得名，表演时，演员需将手伸进偶身内部，靠手指、手掌和手腕的活动操纵木偶做各种动作，故又称布袋木偶为“掌中木偶”、“掌中戏”。“一口道出千古事，十指弄出百万兵”，指的就是布袋木偶这种表演形式。福建传统布袋木偶在音乐唱腔和表演风格上分为南北两个流派，南派盛行于泉州、晋江地区，唱的是南调，即傀儡词，采用梨园戏的做派，擅长演神话故事；北派则以漳州为主，唱腔用北调，如昆腔、京调等，表演上采用京戏做派，以武打戏见长。

随着清代漳州布袋木偶戏的盛行，开始出现专门雕刻木偶的民间作坊，因为此时的人们不仅关注木偶戏表演本身，还开始注重木偶的造型，注重木偶所体现出来的角色性格和舞台效果，而其中偶头的塑造又是木偶造型艺术当中最为关键、艺术性最强的一个环节，木偶角色的表情、性格等，都要通过偶头才能得以体现，因此木偶头雕刻逐渐发展成为一种独立的民间手工技艺。

新中国成立前，经过数年战争和动乱的摧残，木偶戏表演几乎难以继承，逐渐趋向没落。新中国成立后，漳州布袋木偶戏开始进入新的发展时期，成立了木偶

东海龙王

13cm × 5cm

1950年

蛤蟆精

11cm × 5cm

2000年

剧团，民间艺术逐渐向专业艺术迈进，并广泛向全国甚至全世界传播。随着木偶戏的恢复兴起，木偶头雕刻艺术自然也重新焕发光彩。2006年，漳州布袋木偶戏和漳州木偶头雕刻技艺一并被批准列入第一批国家级非物质文化遗产名录。

木偶戏作为一种传统戏剧艺术，其偶头造型基本遵循戏剧舞台的角色分类和脸谱样式，在此基础上又根据木偶特定剧目有所延伸。漳州布袋木偶头的基本造型包括生、旦、净、丑几大类，其中还包括传统名剧中的固定角色造型，如关公、曹操、《水浒》中的梁山好汉等，除此之外，木偶戏戏目因多神怪故事题材，还创造出了很多神仙、鬼怪、动物等角色造型，可谓种类繁多。

生旦类：分为生角和旦角。根据所扮演人物年龄、身份、扮相的不同，又细分为多种形象，如生角又划分为老生、小生、童生、文生、武生、笑生（丑生）等；旦角又分为老旦、花旦、小旦、观音旦、齐眉旦、笑面旦、双髻旦等。

净角类：即花脸类。漳州布袋木偶戏擅长武打戏，故花脸类造型十分丰富，以脸谱色彩和有无胡须加以区分。红花脸象征忠义耿直，分为红大花（有胡须）、红花仔（无胡须）；黑花脸象征鲁莽暴戾，分黑大花、黑花仔；青花脸表现邪恶反派，分青大花、青花仔等。

丑角类：这类角色多是一些插科打诨、滑稽调笑的喜剧人物，木偶戏中有很多这样的角色，如缺嘴、大头、臭头、鼠丑等。

神怪类：指神仙鬼怪类角色。如三头吕岳、千里眼、顺风耳、大鹏、雷公、

窦尔敦
11cm × 5cm
1950年

狼将
12cm × 5cm
1990年

魁星、孙悟空、龙王以及虾兵蟹将等，这类角色在木偶戏中非常之多。

如此丰富的角色造型，除了源于历代手工艺人的集体创造外，也与当地繁多的民间信仰息息相关。木偶雕刻需要通过夸张、变形、提炼、概括等艺术手段来进行塑造，经过历代木偶雕刻艺人的传承与发展，漳州木偶的造型具有写实又不拘泥写实、雕刻与绘画完美结合的艺术特点，无论是人物角色还是神仙鬼怪，都以形写神、神情兼备，具有浓郁的地方色彩。

二、徐竹初从艺经历及艺术成就

徐竹初，1938年9月出生于福建省漳州市一个木偶世家，其祖上徐梓清（1768—1858），早在清代嘉庆十二年（1807）就在漳州东门开设“成成是”木偶作坊，传至徐竹初的父亲徐年松手中已是第五代。徐年松是漳州著名的木偶雕刻大师，与泉州江加走齐名，人称“南江北徐”，开设的“天然”木偶作坊在当时闽南赫赫有名。徐竹初出生时，其父徐年松请素与徐家结缘的弘一大师李叔同赐名，大师赐“竹初”二字，寓意孩子将会像新笋那样茁壮成长，祝福徐家的家族事业会像雨后春笋般兴旺发达。

1949年前，时代动荡，徐竹初家境贫困，十余岁的他便开始帮父亲打下手，接触木偶雕刻和绘画，并逐渐喜爱上了这门家传手艺。新中国成立后，受到家人与

千里眼
13cm × 6cm
1956年

顺风耳
13cm × 7cm
1956年

政府的鼓励，热爱木偶艺术的徐竹初更加勤奋学艺，他的木偶雕刻技艺得到很大提高，成为家传木偶雕刻手艺第六代传人。1955年，上中学的徐竹初参加“全国少年儿童科技和工艺作品展览会”，他制作的三件木偶头荣获“全国少年儿童科学技术和工艺作品展览”特等奖，徐竹初开始崭露头角。当时郭沫若盛赞其作品“木偶头神情逼真生动”，中央领导人徐向前和中央新闻电影制片厂的人也来漳州看望徐竹初，还为他拍摄电影《少年雕刻家徐竹初》，徐竹初做了两件木偶头托徐向前送给毛主席，还收到了毛主席办公室寄来的感谢信。少年成名的徐竹初于1957年初中毕业，但母亲的故去与窘迫的家境，让他放弃了保送中央美院学习的机会。为了分担家庭负担，徐竹初进入漳州工艺美术合作社工作，正式开始了木偶雕刻生涯。

参加工作后的徐竹初，几乎把所有的精力都投入在雕刻木偶上，技艺愈加精湛。1958年，由于漳州木偶剧团十分需要木偶雕刻的专业人士，徐竹初被借调到剧团，专门为剧团制作木偶，在那里，徐竹初一直干到退休。在此期间，他为剧团设计了《马兰花》、《椰林战歌》、《东山战斗》等大量现代剧和童话剧中的木偶角色。徐竹初随剧团赴罗马尼亚布加勒斯特，参加“第二届国际木偶联欢节”比赛，参赛剧目《大名府》和《雷万春打虎》荣获金奖，剧中角色为徐竹初所刻。1961年，徐竹初去上海参与上海美术制片厂拍摄的《掌中戏》，制作了《大名府》、《抢亲》、《浪子回头》等剧的角色，并根据电影拍摄对木偶进行改革。同年，经福建省文化厅考核审评，他被评为“木偶雕刻师”。

“文革”时期，传统木偶被当做“封资修”遭到打压，剧团只能排演现代戏。这期间，徐竹初设计了一系列样板戏人物形象，如《智取威虎山》、《红灯

罗汉一组
1980年

记》、《沙家浜》、《杜鹃山》、《红岩》等等。“文革”结束后，漳州木偶剧团恢复，徐竹初任副团长，并开始了他漫长的传统木偶恢复之路。1998年，徐竹初从剧团退休。

退休后的徐竹初，跟儿子徐强（徐氏木偶雕刻第七代传人）一起，成立了“竹初木偶艺术馆”，这是国内第一家专业木偶艺术馆。徐竹初在这里继续雕刻木偶，并带徒弟，传授这门民间手工技艺。现在的徐竹初，除了每天坚持钻研木偶雕刻艺术，与此同时，他也在一直思考着如何把这项民间艺术变成一项产业，其最大的举措是要创办一座大规模的“漳州竹初木偶艺术馆”。为了这一理想，他与儿子徐强默默坚持并努力10年，投入了全部心血和积蓄。令人欣喜的是，木偶艺术馆终于在经过十多年的奋斗后成功了。现在十层高的竹初木偶艺术馆已经矗立在漳州市的中心地段。徐竹初的计划是，将他花费多年时间恢复制作的传统木偶全面展示在艺术馆内，要更加全面地介绍漳州的木偶历史与文化，让更多人了解这门古老的艺术。此外，徐竹初还想把全国各地的民间美术品都聚集于此，利用漳州独特的地理位置，将中国的传统艺术传遍世界。2005年，他被中国艺术研究院聘为首批“民间艺术创作研究员”，成为全国木偶艺术行业唯一获此殊荣的民间艺人。2007年，徐竹初被评为第一批国家级非物质文化遗产项目（漳州木偶头雕刻）代表性传承人。

小旦
12cm × 5cm
1952年

小生
52cm × 19cm
1952年

白阔
12cm × 5cm
1949年

三、代表作品赏析

1．生旦偶头

徐竹初至今设计制作的木偶已达六百余种，其中最令人称赞的是小生、小旦这两类角色。生、旦角色脸部线条简单，没有过多表情装饰，要想刻得出色，就十分考验雕刻师傅的造型能力和雕刻功夫。徐竹初为刻画好这两种角色，查阅并参考大量传统仕女图案和越剧脸谱资料，从中受到启发，因此他雕刻的生、旦偶头较之传统形象，更加文雅精致，更加生动化、多样化。比如《红楼梦》里的“十二金钗”，每个角色都根据人物年龄、性格各有特点，以林黛玉为例，其生性忧愁，又

吕岳
13cm × 9cm
2002年

孱弱多病，因此将她的脸型塑造得比较消瘦，眉毛下垂，突出了她多愁善感的性格特征。

2. 白阔

须发皆白的龙钟老汉，常扮作善良、朴实的老管家、家奴、村叟等。徐竹初创作的“白阔”，线条粗放，人物神情乐观，刻意将嘴巴刻大，牙齿掉光，嘴唇干瘪凹陷，并在下颌设有活动机关，嘴巴张合起来就是没有牙齿的效果，很是诙谐可爱；颧骨、眉骨、下颌骨等部位雕刻得比较突出，并有两腮塌陷的感觉，一副老态龙钟、慈眉善目的老翁神态。徐竹初设计的这个“白阔”形象，因其善良、可爱的

恶婆
11cm × 5cm
1992年

个性特征，在表演时，非常受群众喜爱。

3. 吕岳

小说《封神演义》中的人物，助殷商对抗西岐，据说他作战时能长出三头六臂，曾摆下瘟癀阵，将姜子牙困在阵中，后杨任奉命下山破阵，用五火七禽扇将吕岳等人烧为灰烬。吕岳死后被封主掌瘟癀昊天大帝之职，为瘟神鼻祖。这件作品属神怪类题材，因此木偶造型更加夸张，三头是其最显著特征，中间头部为主，两侧耳部又各生出一头，人物脸谱以红色打底，勾画出各种云头纹、火焰纹等神怪特有的脸谱纹饰，表情十分狰狞，并且在内部装有复杂机关，触动机关，三个头的眼睛、嘴巴均可伸缩活动，眼睛突出，怒目圆睁，嘴巴大张，凶狠无比，更突显出吕岳凶悍骁勇、狰狞可怖的人物性格。整件作品雕刻十分复杂，彩绘极为精致，是徐竹初的代表之作。

4. 恶婆

指心肠恶毒，好与人争斗的妇女。这件作品人物眉头紧皱，眉毛高挑，双目圆睁，目光凶狠，嘴巴阔大，两嘴角向下拽撇成“弓”形，露出一排牙齿，头发梳成独角兽一样向上高高翘起的造型，整个形象就是一副恶狠狠、尖刻，要与人争斗的模样。设计这个人物形象，徐竹初抓住其凶恶好斗的性格特点，通过对眼睛、嘴巴和头饰这几处的夸张设计来进行塑造，使恶婆这件作品性格特征跃然而出，活脱如生。

5. 守门官

这个角色出自《大名府》，是一个贪财好色、喜酒贪玩，头脑比较简单的人物。为了表现这个角色的性格特征，徐竹初把守门官设计成圆脸颊、葫芦头、尖鼻子的形象，表现出角色的傻里傻气。守门官脸上画有两个圆白点，表示他爱贪财、占小便宜；笑眯眯的眼睛，加上两撇八字胡，让人联想到这个角色十分好色的特性。整个木偶形象的塑造，将戏中人物的性格特征表现得淋漓尽致，与戏曲中“守门官”的角色十分吻合。

李逵
13cm × 11cm
1977年

娄阿鼠
11cm × 5cm
1962年

6. 李逵

李逵是《水浒传》中的重要人物，也是梁山好汉中最鲁莽的人物，有心粗胆大、率直忠诚、仗义疏财的性格特征。这件木偶的脸部装有机关，眼睛、下巴都能够活动，嘴巴张开，眉毛一张一弛，显得很是威风。木偶面部用大花脸来粉画，但又跟一般的花脸有区别，徐竹初参考了电视剧中李逵的形象，在帽子、服饰上做了一些改进，比较贴近老百姓心目中的李逵。

7. 娄阿鼠

这个人物是一个不学无术的二流子形象，吃喝嫖赌，五毒俱全。娄阿鼠通常白天睡懒觉，晚上出来活动，三餐不定时，饥一餐饱一餐，因此徐竹初在刻画这个人物时，将其设计成尖头尖嘴的形象，脸型又瘦又小，闽南话俗称“猴头鼠脸”，意指此人形容猥琐，长得好像老鼠一样；眼睛不大，却瞪得贼溜滚圆，脸颊消瘦，面色蜡黄，意味其饥饱无度；下垂的眉毛表示其性格轻薄；胡须外翘，嘴巴张开露出两颗硕大的门牙，表示其像老鼠一样很会偷吃东西；在两侧太阳穴位置还有两个表示膏药的红点，说明他每天在思考如何去干赌钱、偷窃的勾当；眉毛上的两撇以及鼻子上的纹路，闽南话叫做“鸟屎面”，也是形容此人品性不佳。通过这些刻画，将娄阿鼠这个人物的性格特征和滑稽可笑的形象生动地表现出来。

雕刻技艺

四、艺术特色及主要价值

1. 艺术特色

漳州木偶的整体造型包括头、四肢、服装、冠盔等，其中偶头的造型对于演出效果至关重要，是制作整个木偶的最关键部分，因此木偶头雕刻成为一门独立的民间技艺。制作木偶头，有一套严格的工序，细分要经过选材、开坯、定形、细刻、修光、磨光、裱纸、上土、粉彩、打蜡、梳头等十几道繁琐的工序，具有很强的技术性。

（1）选材、开坯

漳州木偶雕刻一般以樟木为主要原料。首先漳州盛产樟木，取材方便；其次樟木有香味，防虫蛀，可以使木偶长久保留；另外，樟木吸水性好，因为演员在表演时，要将食指插到木偶的颈部，拇指和其他三个指头控制木偶的双手来进行表演，所以樟木良好的吸水性，可以保持木偶不会因汗水侵蚀而变形；再加上樟木有一定的硬度和韧性，更适合精雕细刻；而且质地相对较轻，便于演出携带。选材时，最好选择樟树主干旁边后长出来的新枝干，当地称之为“樟儿”，此段木料质地轻、不易裂，用于雕刻最为理想。

取料后让木材自然风干，劈开锯成木段，即可进行雕刻。将体积略大于木偶头的樟木段，用斧头削去多余部分，定出中线，以此为基准，削出偶头头形的大致形状和轮廓，将脖颈处掏空，称之“开坯”。

粉彩技艺

（2）定形、细刻

木偶头的雕刻讲究“五形三骨”，“五形”即两眼、嘴巴、鼻子（两鼻孔），“三骨”指眉骨、颧骨和下颌骨，这些部位都是塑造木偶头的关键点。找准五形三骨，刻出五官的大致轮廓，根据角色不同还必须适当调整“五形”的比例，形成粗坯。这个过程非常关键，偶头的样貌和表情在这个环节基本得以确定和形成。细刻则是在粗坯的基础上逐层加深细化的过程，需用较小的刻刀，对人物的五官、表情、肌肉等进行深入刻画，如果角色要装胡须或其他活动机关，在这个环节就要进行挖洞等处理。

（3）修光、磨光

修光是用平刀进行整体的修整、削光，使其浑融一体，干净利落。然后用玻璃、砂纸等进行打磨、抛光，使整个偶头，尤其是面部，没有刀痕，摸起来很光滑。

（4）裱纸、上土

经磨光处理后的头坯，如有裂痕或间隙，必须用胶将质地细密的棉纸裱在表面，防止其开裂；待棉纸阴干后，渐次上土打底。传统的粉土是用牛胶和金门的黄土调制而成，需黏稠适度。粉土打底要反复多遍，有时还要跟裱纸相间进行，整个过程十分繁琐。在此之后，还要用水砂纸浸水细细打磨修光，为下一步上色做准备。

（5）粉彩

漳州传统木偶所用颜料多为矿物质颜料，需经过研磨、过滤，去掉杂质后，加入牛皮胶和铅粉调和均匀才能使用。木偶头粉彩要根据传统的色调及脸谱样式进

关公
48cm × 30cm
1996年

刘备
42cm × 20cm
1978年

行描画。先刷底色，底色要刷得均匀、平整；接着开脸，即描绘人物的五官脸谱，这个过程要遵循从大色块到小细节、从整体到局部的原则，粗中有细，同一种颜色中要有深浅变化。通常一件精品木偶头要粉彩多达数十遍，才能达到理想的效果，有时要花费几天时间才能完成。

（6）打蜡

传统的木偶头在粉彩完成后，还要上层蜡，既可使其表面光泽美观，又可保持色彩经久不褪。然而木偶演出早已由烛火或煤油灯改为现代灯光照明，打蜡后的木偶反而会因反光太强而影响演出效果，因此现在都以喷漆法代替上蜡，既快又匀，色彩也更加柔和清新。

（7）梳头、戴帽

是指对木偶头最后的美化装饰，如栽胡须、梳头、戴帽等，是一个琐碎、细致的过程。以前为追求逼真，多用真人头发，而现在所用的材料一般为人造纤维、仿真头发等，同样能达到完美的效果。

刻木为偶，以偶为戏。一件传统的木偶头，从开坯到最后完成，至少需要三至五天，如果偶头的活动机关多，则所需时间更久。一件完整的木偶，除了木偶头，还包括刻手脚、制作木偶服饰、内套、盔帽、兵器等多道工序。一件好的木偶作品，既要体现出独特的人物特征，又要展现出精湛的技艺制作之美，两者缺一不可。

“公忠者雕以正貌，奸邪者与之丑貌”，木偶雕刻以戏曲舞台为模本，就必

周瑜
47cm×20cm
（带翎子宽40cm）
1978年

然形成高度的程式化特点，木偶的粉彩亦是如此，不仅指示出角色的身份地位，而且对其性格也有象征意义，如“红忠、黑刚、青桀、金银神仙”等，关公画红脸、曹操画白脸、包公画黑脸、神道画金银，这与戏曲舞台一样，是一种约定俗成的表达方式。如何在程式化的脸谱当中又能体现出不同的人物性格，这就需要雕刻艺人对角色的深入分析和潜心揣摩。徐竹初经过长达五十余年的不懈钻研，创造性地将自己对木偶人物角色的理解与传统的木偶风格相结合，强调木偶的表情与性格，使其充满戏剧性与生命力。他所创作的木偶作品，既有传统名剧的名角，又有仙佛释道、天神魔怪形象，个个面目不同，性格各异，生动传神，呼之欲出，不仅台上能演，且台下经看，典雅华美，细巧精致，被誉为“东方艺术珍品”。在传承和创造中，徐竹初以独特的审美眼光和精湛的工艺，在木偶中浓缩了戏曲物象和民众对美好生活的理想，体现了古老神秘的历史和深厚的文化积淀，并注重实用性与审美性并重，对现代艺术的表现极具启示意义。

2. 主要价值

木偶戏自古以来在闽南地区就十分流行。过去，凡家中有婚丧嫁娶、盖房建庙、乔迁新居、喜得贵子等事，都要请戏班来演木偶戏。在表演时，会将木偶扮成“福禄寿”或“送子观音”等神仙的形象，说一些发财或保佑平安的吉祥话。又因认为木偶可以辟邪，遇到有死于意外之灾的，也要搬演木偶戏，用以驱鬼辟邪。现

九头狮怪
13cm × 11cm
1994年

牛魔王
12cm × 10cm
1963年

在的漳州还有一二十个民间戏班，大都在农村演出。漳州城内有庙的地方就会演木偶戏，每逢敬神或菩萨生日等活动，老百姓都能免费在庙里看戏，因此木偶戏在当地既为敬神，又是百姓自娱的一个传统娱乐项目。此外，每逢端午节、中元节、中秋节等重要节日，当地也要演出木偶戏。因此看出，漳州木偶的兴盛是与当地民风民俗密切相关的。

随着时代的发展，如今的漳州布袋木偶戏多以剧团形式在现代舞台上进行表演，是一种由演员操作、木偶造型、唱腔音乐、服装道具、舞台布景等组合而成的综合性艺术表演形式，集雕刻、绘画、戏剧为一体，具有既传统又现代的艺术魅力。漳州布袋木偶戏的特点是用指掌直接操纵木偶进行戏剧性的表演，使之活灵活现，既能够体现人戏的唱、念、做、打，以及喜、怒、哀、乐等感情，又能表演一些人戏难以完成的夸张动作，这种灵活的偶戏表演形式深受人们喜爱。而木偶雕刻作为整台木偶戏最基础的一个环节，更是体现了独立的审美价值和艺术价值。当人们欣赏一件木偶作品时，它所蕴含的雕刻技艺、美学造型等，以及它所传达出的文化内涵，都使其成为一件具有独立审美情趣的艺术品，给人以观之不尽的视觉美感。

从艺半个多世纪，徐竹初通过不断努力，不仅形成了自己独特的艺术风格，还在人物造型、木偶形状和机关设计上进行了改革与创新。人物造型上，他将几十种传统戏曲人物造型发展到现在多达五六百种，生、旦、净、丑各行当齐全，并且在现代木偶的造型设计上加入更多现代时尚元素，深受旅游者和儿童的喜爱。此外，传统的木偶是由一块整木头雕成，不能活动，徐竹初对此进行了大胆创新，在木偶头中设置了活动机关，通过轻触机关，木偶的下颌和眉毛、眼睛就可以上下活

阴阳怪头
11cm × 5cm
1977年

黄怪
10.5cm × 4.5cm
1993年

动，使木偶在表演中更加传神、有趣。不仅如此，他还对木偶形状进行了改革，过去木偶戏多在乡下演出，戏台不大，观众也较少，因此木偶高度仅约30厘米，并且手脚较短，整体呈扁方形，比例不够协调，偶身没有肌肉感，徐竹初针对这个问题将传统布袋木偶进行了再设计，将其高度增加到45厘米，使整体比例更加协调，并用海绵垫入偶身，使木偶看起来很有肌肉感，增加了舞台表演效果的真实感。另外，徐竹初在创作木偶造型之前，首先会认真揣摩人物的身世、身份、性格与好恶，以现实生活中的人物为蓝本，运用夸张、变形、概括等艺术手段进行设计，用“以形写神”的方式进行刻画，因此他所创作的木偶作品，夸张而不失华美，精致而不失趣味，具有强烈的性格特征。

正是徐竹初这些年来不断的钻研和探索，使得无数的木偶在他的巧手下仿佛获得了生命，在舞台上，它们不再是一具具木偶，而是一个个具有个性和灵魂的鲜活人物，正如著名戏剧大师翁偶虹曾题诗所赞：“傀儡登场假胜真，镂雕妙技巧通神，凭君地母天公手，展现千姿百态人。”而在舞台下，徐竹初雕刻的木偶头，又可称之为一件件集雕刻与彩绘于一体的无比精美的艺术作品，具有高度的艺术审美价值和收藏价值，著名雕塑大师刘开渠曾赞扬其作品“精雕细刻、入木三分”，这正是对徐竹初木偶雕刻艺术的真实写照。

五、徐竹初艺术年表

1938年8月，出生于漳州，弘一法师为其取名竹初。

1953年，正式开始跟父亲学习木偶雕刻。

唐明皇
46cm × 27cm
1958年

杨贵妃
48cm × 16cm
2003年

1955年，木偶作品《老翁》、《小孩》、《花脸》获得“全国首届少年儿童科学技术和工艺作品展览会”特等奖；同年8月，中央电影制片厂为其拍摄《少年雕刻家徐竹初》。

1957年7月，进入漳州工艺美术厂（原工艺合作社）工作。

1958年5月，调入漳州南江木偶剧团，任专职木偶雕刻师。

1959年初，调到漳州市工艺美术厂；同年与郑淑香结婚。

1960年10月，赴罗马尼亚布加勒斯特参加“第二届国际木偶联欢节”比赛，回国后正式调入漳州木偶剧团。

1961年4月，参与上海美术制片厂拍摄的《掌中戏》，制作了《大名府》、《抢亲》、《浪子回头》等剧的角色；同年，被福建省文化厅评为“木偶雕刻师”。

1976年，漳州木偶剧团恢复，徐竹初留团继续担任木偶雕刻师。

1979年1月—2月12日，带团参加澳大利亚霍巴特国际木偶傀儡戏联欢节，顺访墨尔本、悉尼、堪培拉；同年，始任漳州市木偶剧团副团长。

1987年，受邀与泉州木偶剧团黄连金在香港三联书店举办木偶专项展及讲座。

1989年，荣获全国“首届民间工艺美术作品评选展览”一等奖。

1992年，受邀在中国美术馆举办个人木偶专项展；同年，《狗腿的传说》在北京举行的全国木偶皮影戏会汇演中获“优秀剧目奖”，徐竹初和弟弟徐聪亮获得

“造型奖”。

1993年，受邀赴韩国参加“中国艺术展”，展出木偶雕刻艺术作品。

1994年，受邀赴中国台湾举办个人艺术作品专项展览，随后到金门举办巡回展览，这是大陆首次个人到金门举办艺术展览。

1996年，受邀到新加坡国家博物馆举办个人木偶专项展；同年，到法国巴黎办展。

1997年，“竹初木偶艺术馆”在漳州市延安北路花园大厦开馆；同年，赴德国法兰克福美因茨举办木偶雕刻展览。

1998年，从漳州木偶剧团退休。

2000年，《少年岳飞》荣获全国第九届“文华奖”，徐竹初和弟弟徐聪亮获得“文华舞美（雕刻）奖”。

2002年2月8日，应邀赴中国台湾参加高雄春节民俗技艺木偶展览表演。

2003年，再次到新加坡国家博物馆举办个人专题展。

2005年，被中国艺术研究院聘为首批“民间艺术创作研究员”。

2006年2月，受邀参加中国国家博物馆举办的“中国首届非物质文化遗产保护成果展”，并参加上海“民间艺术博览会”，在上海展览馆举办个人木偶展览；同年5月，漳州木偶头雕刻技艺被国务院列入第一批国家级非物质文化遗产名录。

2007年5月，受邀参加第三届深圳“中国国际文化产业博览交易会”；6月，应邀参加在北京世纪坛举办的“非物质文化遗产专题展”；同年，与弟弟徐聪亮被授予第一批国家级非物质文化遗产项目（漳州木偶头雕刻）代表性传承人。

2009年2月，参加文化部举办的“中国非物质文化遗产传统技艺大展”活动。

2010年4月，徐竹初在上海世博会为中外嘉宾进行现场木偶雕刻表演并展出自己的九件作品。

2011年，世界博物馆日和世界遗产日期间，中央电视台科教频道《探索发现》栏目推出大型系列片《人类遗产——中国手艺》，徐竹初被邀请拍摄了《与底仔谈心——布袋木偶制作大师徐竹初的故事》。

（本篇撰稿　刘莹　任晓姝）

孙悟空
42cm × 40cm
1958年

社火脸谱

李继友

——社火脸谱绘画艺术家

他原本是一个中学的数学教师，因为喜爱社火和社火脸谱，他把自己的业余时间全部花在了社火脸谱的收集、整理和绘制上，他也从业余爱好者成为了一个专业从事社火脸谱收集研究和创作的艺人，由于他的用心和勤奋，他让社火脸谱在马勺上重生、发展起来，他也由此终成一代大师。2005年，他被中国艺术研究院聘任为首批“民间艺术创作研究员”；2006年，他被评为第五届“中国工艺美术大师”。

龙（葫芦）
30.5cm×22cm
1987年

一、社火马勺脸谱概介

社火马勺脸谱由中国民间社火脸谱演化而来，为陕西西秦民间所独有。社火的起源可追溯到遥远的祭祀活动，社火脸谱是古老社祭中神祇和鬼怪等扮相的蓝本，由民间艺人世代秘传，距今已经拥有1500年的历史。

社火马勺脸谱是一种移植的艺术，它把陕西社火脸谱绘在马勺上，形成了新的装饰艺术。1984年春开始，李继友在继承社火脸谱绘制技艺基础上，将社火脸谱移植到农村用具木马勺上，发展为一种新的艺术形式——马勺脸谱。经现代民间艺术工作者的继承和发展，马勺脸谱已成为中国民间艺术中的一个品类。现在社火脸谱也广泛地绘制在泥、纸模、木铲、木梭、梭瓢、四神斗等民间生活用具上。社火脸谱绘制技艺已列入宝鸡市第一批非物质文化遗产名录和陕西省第一批非物质文化遗产名录。

社火，是我国古代先民在祭祀或节日迎神集会上所表演的一种集体游艺活动，起源于隋唐年间，起初被称为“射虎”，取其以正压邪、人畜平安之意，曾经是古代祭祀活动中的一种表演。在陕西省宝鸡、凤翔等地，至今仍保留着在春节期间举行社火表演的占老习俗。社火脸谱是随着社火表演的产生而产生的，它满足了广大群众审美和娱乐的需要。从社火脸谱的早期形式来看，其目的是驱邪纳福，具有一种巫术性的功利意义。社火表演者在表演时，穿着古代服装骑马结队游行，脸上化妆，扮成各种角色，这种化妆的假面，俗称“社火脸谱”。

陕西社火脸谱的题材内容有几下几种：

1. 民间神话传说人物题材。以古代民间传说和神话人物为蓝本，塑造神农氏、燧人氏、伏羲氏、轩辕黄帝、仓颉等神话人物。

2. 著名历史人物题材。此类人物有名有姓，有历史故事，有具体事例，但经过艺术加工更趋于形象化、典型化，如唐僧师徒、三国刘关张等人物。

3. 动物题材。如夔龙、应龙、金蟾等动物。

4. 植物题材。如野苗等。

灵官
57cm × 40cm
2010年

包公（木雕脸谱）
27.5cm × 21.8cm
2004年

陕西社火脸谱的分类主要有圆形脸谱、方形脸谱、梭形脸谱、长把脸谱、特殊形脸谱和雕刻脸谱等。社火脸谱的谱式很多，如对脸、破脸、碎脸、悬脸、转脸、定脸等，最常见的是对称形和旋转形两种。

社火脸谱起初是直接绘制在表演者脸上的，在整个社火的表演程序中，化妆是神圣而关键的一步，而脸谱更是社火艺术形式的标志和内容的展示。社火脸谱通过化妆去陈述角色，去暗示角色的姓名、身份、本领、相貌、性格和所代表的内容，使人能够识别他并联想与其相关的故事。

社火马勺脸谱画是在马勺上绘制的社火脸谱，它在继承陕西社火脸谱的基础上，将社火脸谱与民间失传的避邪马勺相结合，创作出社火马勺脸谱，也是社火脸谱艺术与民俗的巧妙结合和应用。

过去在宝鸡的农家中常常看到这种木质马勺，马勺原本是先民的一种生活用具，是用来喂马的器具，圆形是用来盛水的，长形是用来添加饲料的，马勺上的图案是人们为了使自己的畜生免遭大自然病虫的伤害，以保证自己能够在马牛的帮助下平安生存，并过上美满的生活而刻画的神灵符咒，体现了人们渴望和平、幸福的美好愿望，这类马勺至今还残存着商、周文化之遗风。

马勺上面绘制脸谱，是把马勺和社火脸谱综合而成的艺术形式。马勺的木质大多选用桃木或者柳木，民间认为这两种木头本身就有避邪的作用。马勺脸谱是用马勺当做绘画的“纸”，按社火脸谱样式在马勺上进行勾画、涂色。绘画时注重眉、眼、嘴的装饰，从人物的性格和容貌特征出发，以夸张的手法描画五官和

太上老君
29.5cm × 38cm
1987年

肤色，进而突出表现各类人物的角色；其特点是：强调色彩对比，刚强而豪放，具有强烈的象征性。马勺还被人们挂在厅堂用于扶正祛邪、镇妖降怪，表达祈福纳祥、招财进宝的美好愿望，因而马勺脸谱深得人们喜爱和崇尚。

社火马勺脸谱的图案内容多取自“封神榜”等民间传说，具有法力和正义人物的造型，其寓意为镇宅、辟邪、驱赶寂寞冷清，表现人们祈福纳祥的美好愿望。

李继友创作的马勺脸谱主要以木质马勺为载体，大胆使用夸张变形手法，突出传统社火脸谱的寓意图案，将天眼、云纹、火苗、兽头、太极图等扩画到木勺上，从布局、设色、绘画、修整等方面，已有一整套成熟技艺和相对固定的程式，浓烈的色彩、奇特的想象、线条穿插变化，使得忠奸善恶各具特色，既单纯又细腻。社火脸谱是表演活动中扮演的角色的脸上绘画，它如同艺术创作一样，展现了个性的自由、大胆、夸张，具有鲜明的地域文化特点和独特的民间艺术风格。它因历史悠久、神秘抽象、文化内涵深厚、装饰性强烈而深受海内外人士的喜爱。

二、李继友从艺经历及艺术成就

李继友，1936年6月13日生于江苏如皋县，原籍江苏徐州市，现为中国民间文艺家协会会员，陕西美术家协会会员，中国工艺美术学会民间美术专业委员会委员。

手绘稿一组

王灵官

雷震子

龙须虎

常遇春

李继友1957年3月肄业于上海同济大学卫生工程系给排水专业，1958年9月进入国营七九二厂任厂业校、子弟学校教师至退休。1958年春，他开始自学民间美术，多方寻访民间艺人，拜师求教，学习民间泥塑和社火脸谱绘制技艺。经多年苦学钻研，对社火脸谱研究已有了高深的造诣。他在继承陕西社火脸谱的基础上，将社火脸谱与民间流传的避邪马勺相结合，创作出社火马勺脸谱。

戽斗白象
52.7cm × 18.4cm
2010年

戽斗麒麟
100cm × 32cm
2006年

1958年春节，李继友第一次看到了热闹非凡的西秦社火，生于南国的他被北方热烈奔放的民间艺术深深地吸引了，爱好绘画的李继友从此迷恋上了社火脸谱研究。从此，每年正月有社火演出时，他就从乡村跟到城里，再从城里跟到乡村，边看边问边用本子描摹社火脸谱。他不仅过年时调查研究社火脸谱，平日里也挤出大量时间走村串户，寻访民间老艺人，搜寻更多的社火脸谱粉本和正确画法，并成了小有名气的社火脸谱“化妆师”。

李继友的社火脸谱研究在“横扫一切牛鬼蛇神”的文化大革命中被迫中断。1976年10月，在县城召开的庆祝粉碎“四人帮”万人大会上，喜庆的人们耍了四台社火，从这天起，李继友重新搞起了社火脸谱研究。1982年，李继友将自己收集多年的社火脸谱精选出二百多幅，寄往上海人民美术出版社，该社民间美术编辑室主任叶文熹看到后专程赶到宝鸡采访李继友，使《中国陕西社火脸谱》一书得以正式出版发行。

叶文熹成为李继友社火脸谱研究的知音，他对李继友说：农民耍社火是为了求吉辟邪，你可以调查一下当地农民平时用什么辟邪镇宅？李继友由此受到启发，开始了他的边研究边创作的生涯。

李继友的艺术灵感来源于艺术底蕴丰厚的黄土高原。20世纪80年代初，酷爱社火脸谱的李继友到宝鸡农村体验生活时，得知当地有个风俗，在舀水的木马勺上画蚩尤脸谱，以此作为辟邪品。他从中受到启发，开始尝试在马勺上画社火脸谱。为提高创作水平，他利用休假日，四处寻访民间老艺人，拜师求教。有一年春节，他带着礼品去走亲戚，路上偶遇一位珍藏社火脸谱摹本的老艺人。由于拜师心切，李继友把礼物提到了老人的家里。老人见他心诚好学，便倾心传授绘制脸谱技艺，分别时还把脸谱摹本赠给了他。李继友在恩师的指教下，继承传统，勇于创新，使原来属于纯化装表演的社火脸谱，成为一种装饰性的壁挂，被国内外艺术界称为“绝活儿”。

1984年春，在继承社火脸谱绘制技艺基础上，将社火脸谱移植到农村用具木马勺、木斗、木梭子及木戽斗上，发展创新为一种新的艺术形式——马勺脸谱系列作品。由于马勺脸谱系列作品的产生，使社火脸谱绘制技艺有了新的更加广泛的传承载体，从而避免了社火脸谱绘制技艺绘画机会少，难以传承学习的尴尬局面。

1985年，李继友带着第一批马勺社火脸谱参加了北京的艺术博览会，21个全部以蚩尤为原型的脸谱引起了轰动，全新的脸谱绘画工艺得到了艺术界的肯定。其后，他又在平面作画的基础上加入了已有千余年历史的沥粉勾金工艺，使得马勺社火脸谱具有了浮雕版的立体感。1985年著名木刻版画家、中央美术学院老院长古元对他的社火脸谱给予了高度评价，称赞李继友在马勺上画脸谱是个好点子，建议他不要光画蚩尤，要将更多的社火脸谱画在马勺上，形成系列。著名画家黄永玉也对李继友绘制社火马勺脸谱大加赞赏，鼓励他继续努力，不断取得新成绩。

1987年10月2日，著名美学家、时任中国艺术研究院副院长的王朝闻先生来到李继友家，现场参观了马勺社火脸谱的绘制过程，激动地说：“现在一些人总认为抽象艺术是从西方传来的，我一直认为中国民间就存在抽象艺术。马勺脸谱就是一个典型代表。”王老为李继友写下“在继承社火脸谱基础上发展成为一种新的艺术——马勺脸谱　可喜可贺”的题词。

1993年农历四月初八，李继友和县委宣传部新闻干事闫渝在县城逛庙会时，看见一个农村老太太拿着木梭子在集市上卖，闫渝向李继友建议，能不能在木梭子

关公
33cm×21.5cm
1996年

上画社火脸谱，李继友拿过木梭子，看后连声赞同，觉得这个创意太好了，当场把那位老太太所带的五个木梭子全部买了下来，当晚就加班设计，绘制出了木梭脸谱。此后他思路大开，将社火脸谱绘制在大小不同、形状各异的木马勺、木抄、木斗、木梭子、木㪷斗及葫芦等物品上，形成了社火脸谱系列工艺品，经国家有关部门核定价格投放市场，受到人们的喜爱。但年过花甲的李继友没有满足，又在不断地寻求突破自己。他四处寻找阅读有关的历史资料，探讨社火脸谱与古代傩戏和宗教祭祀的关系，以及与神话和民间故事的关系，想从理论上提高自己。同时，他又不断吸收、融合传统戏曲和民间泥塑、刺绣富有装饰美的一些手法，不断完善着他的绘制技艺。

1990年9月李继友退休后，他把全部时间和精力都放到了社火马勺脸谱的绘制上。李继友开始兢兢业业地研究社火马勺脸谱艺术，有时通宵达旦地绘制作品、整理脸谱粉本。他绘制的社火马勺脸谱作品有六万多件，为了保护知识产权，他以“马勺李”为艺名，并向国家工商行政管理局申报了“马勺李”商标。

在李继友的带动下，他的老伴和两个女儿都学会了社火马勺脸谱绘制，成为他的得力帮手。二女儿李舸被确定为“马勺李”的第二代传人。他相信社火马勺脸谱这朵蓓蕾初绽的民间艺术新品类，在国家的高度重视和大力扶持下，在中国民间艺术园地里一定会得到不断发展。

沥粉马勺一组

虎威
50cm × 36cm
2009年

金蟾
52.5cm × 36cm
2009年

龙
42.5cm × 30cm
2010年

青龙
44cm × 31cm
2009年

手绘稿一组

妙吉祥

吉芝陀

苦参

玄参

经过几十年的努力，李继友的社火马勺脸谱艺术创作得到了专家的认可和社会的承认，并获得两项国家专利。他创作的马勺脸谱系列作品，数以万计，参加过国内外多次民间艺术展览，亦多次获奖。作品先后被中国美术馆、中国国家博物馆、上海美术馆、中央美术学院、南京博物馆等单位所收藏。他曾多次应邀赴日本、法国、加拿大等国家及中国香港、台湾地区参加民间艺术展览。表演社火马勺脸谱绘制技艺，他的作品还被确定为外事礼品。

蚩尤
48cm × 33.5cm
2010年

多年的调研和研究也结出了丰厚的果实，他陆续发表了《我与马勺脸谱》、《阴阳五行与社火脸谱》、《蚩尤与蚩尤木马勺》等论文；出版了《中国陕西社火脸谱》、《李继友社火马勺脸谱》、《民间社火脸谱》、《马勺神话脸谱》、《传统兜肚》等书和画册。他的从艺生涯被收入《中国民间工艺美术家》、《现代中日美术通鉴》等五十多种辞书，并被拍摄成《马勺李》、《乡之魂》、《千面艺人》、《秦艺六绝》等二十多部影视片。

三、李继友代表性作品赏析

1.《蚩尤》

传说蚩尤是东方九黎族（属东夷集团）的首领，他的麾下有八十一个氏族，皆铜头铁额，神通广大，能呼风唤雨，能用金属制造兵器。最后蚩尤被黄帝打败，由此开始了轩辕黄帝统治中国的局面。

蚩尤是社火脸谱程式化最少的图案形象。这件作品是在直径八寸左右的马勺凸面，以黑色为主色描绘，多以青铜器上的云雷纹为主要纹样，采用红绿两色绘制，勺面呈现不对称状的图案。红绿两色的云雷纹曲线，排列虽不规矩，但穿插自如，随意舒展。有的社火脸谱上的云雷纹，将一种色彩分成了几个深浅层次，形成了一个有变化的色阶，类似青铜器上的云雷纹的结构，如红色的云雷纹依次为深红、大红、粉红；绿色的云雷纹，依次为深绿、中绿、浅绿；视觉上有浅浮雕的效果。

蚩尤鼻饰上的火苗纹，匿于舒卷的绿色的雷云纹中，与其构成鸟状，凸显出想象中的浪漫情调。另外，在红绿两色的云雷纹中画上白色虎鼻、虎眼等虎的符号，颇显生气。整个脸谱设色以黑、红、绿为主，分别代表脸谱角色的忠、正、侠等寓意。社火脸谱中的蚩尤，性情炽烈，精神抖擞，是一个抽象化了的“人物”造型，十分符合它的角色和性格特点。

蚩尤
79cm × 58cm
2001年

蚩尤
33cm × 24cm
1987年

蚩尤
52cm × 27cm
1987年

2.《九头鸟》

作品高43厘米、宽30厘米，整个脸谱的图式构成是对脸形式，即图像是左右对称的图形，也是社火脸谱造型中谱式最多的一种。它以马勺的中轴线为中心对称，在马勺柄上以九头鸟的一个头为中心对称两边各四个头。头部重点突出九头鸟的眼睛，来表现九头鸟是神鸟。色彩处理上以黑色为底色，以蓝色为基调，兼用红色、绿色、白色作为间隔介色表现眼睛、羽毛，最后用金粉沥线。九头鸟的图案是李继友根据社火艺人口述的神话传说，花了一周的时间构思设计完成的。

民间社火故事传说中有一出戏是“秦王扫六合，鲲鹏展翅几万里”，说的就是九头鸟的故事。九头鸟是神话传说中的神鸟，古时九数为大，本地的神话传说中有女娲灭九鹰的故事。九头鸟在汉代还是吉祥鸟，随着历史的发展就变成不吉形象，人们不再喜欢九头鸟。传说九头鸟被打败后，往东南撤去，落到湖北。湖北现在有九头鸟山，但九头鸟在民间又是智慧的代名词，象征着聪明智慧，故这一亦正亦邪的形象被民间艺人各取所需，再用各种形式表现出来。

3.《杨任》

“杨任”可以认为是社火脸谱中抽象艺术的典型代表。杨任是《封神演义》的一个神话人物，据小说描写“双眼中长了双手，手中又长出了一对神眼”，神眼可察天观地。此作品是李继友在传统社火脸谱的基础上做的创新作品，他用两个长把勺插入一个大马勺中，使之成为杨任双眼中的双手，在这双勺上又画了一双大而有神的眼睛，美学家王朝闻先生看到此作品时

九头鸟

43cm × 30cm
2010年

杨任
42cm × 45cm
1987年

给予了相当高的评价，此作品是我国民间艺术的一件现代抽象代表作，为此王朝闻先生对社火马勺脸谱做出了评论："在继承社火脸谱的基础上，发展成马勺脸谱，从而形成一种新的艺术，可喜，可贺。"可见，人们在绘画社火脸谱时运用了抽象性的艺术表现手法。作品在色彩搭配上是以红色为主色，兼以白色和黑色为辅助色彩，暗示出杨任是正面的人物角色。作品形式上看似极其简单实则蕴含丰富的文化内涵，渗透着创作者精心的创作思想。杨任的眉毛抽象成概括化了的火纹图案；鼻子部位则是装饰从额头直通鼻翼的"S"形纹样，并在两个眉毛之间绘一只眼睛，据说三只眼睛的人物在民间被认为是神人，具有非凡的法力，异于常人；腮上饰有云钩纹和其他装饰纹样。整幅作品既具有丰厚的传统文化内涵，又有抽象的现代造型感。

四、艺术特色及主要价值

1. 艺术特色

社火马勺脸谱的制作过程十分复杂。首先是要选择马勺，马勺均以柳木、桐木为材质，除了梭子造型之外，一头带把，一头为圆形或者椭圆形的勺状物是马勺木坯的基本要求。马勺需要用干爽的木头加工，为使木勺达到使用要求，需要用陈年小麦吸干木头马勺中的水分，马勺不能在太阳底下晾晒，只能在屋内阴干，否则容易开裂，等木坯完全晾干，可以上一层白色的腻子，接着再次晾干，晾干之后用

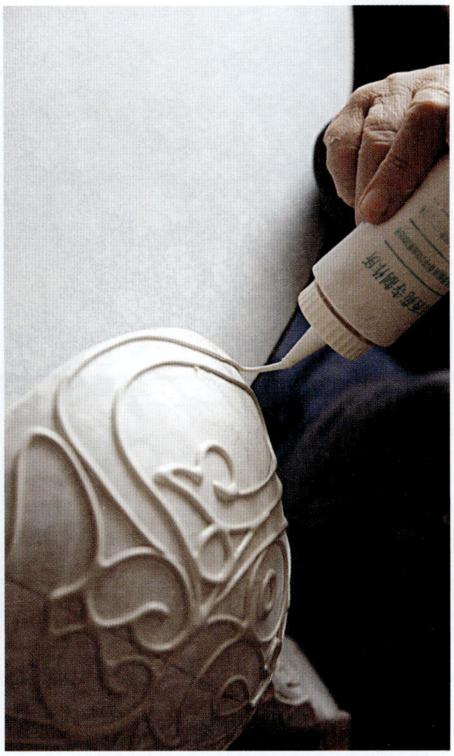

工艺流程

砂纸人工打磨光滑，接下来就可以绘画了。其顺序是：首先勾勒出马勺的图案，接着就开始上色、勾线，上清漆，现在很多作品还增加了用沥粉描线、上金的工艺。

制作马勺的流程是：1.挑选产于秦岭的上好桐木、杨木或者柳木，手工用铁铲挖成马勺形状；2.打磨马勺；3.木勺批灰（填补木洞等）；4.打磨批灰马勺；5.按设计图案沥粉；6.彩绘；7.勾金；8.装饰中国结；9.装礼品盒。

社火马勺脸谱的绘制要求落笔顺达、匀而不板、工而不僵、粗犷豪放、色彩明快。现在，绘制技法上还运用了“沥粉贴金”工艺，使得作品更富立体感，古朴淳厚，熠熠生辉。

陕西社火脸谱的造型特点，首先表现在它的大胆夸张方面。作者根据表现对象的不同性格进行脸谱设计，运用夸张变形、象征等艺术手法来表现形象的精神气质和神情风貌，使人物的身份、性格一目了然。

社火脸谱有自己的结构特色，即：在人物脸部构图中布局丰富、饱满、对称，对于眼睛、眉毛、额头、嘴巴、鼻子、腮部都逐一刻画，并着重额头、鼻子和嘴巴的造型。社火脸谱额头上的图案是脸谱造型中的重要部分，象征着角色的地位、身份，以及动物、神灵、人等属类，有的还用象征性图案，如在轩辕黄帝的额头上画白云托日，寓意他功德无量；在方腊的额头上画蜡烛图案，寓意他光明正大；在庙脊仙、灵官、闻太师、杨戬等象征法力的人物形象的额头上画上天眼，寓意其法力无边；在太上老君、庞统、通天教主等额头上画八卦太极图或七星、九

白虎
71.5cm × 11.5cm
2007年

姬兰英
73cm × 12.5cm
2007年

星，象征其是道家人物。

陕西社火脸谱在彩条图案之外，有的还画一些象征性图案，如在老子额头上画太极图、轩辕黄帝额头上画太阳、包公额头上画月亮等。社火脸谱对鼻子的化妆极为讲究，不同于其他戏剧脸谱形象，其常用花纹有云纹、佛手纹、羽毛纹、回雷纹、梅花纹、火苗纹、金钱纹、瓦片纹、星点纹、梳子纹等，画过之后还要用大红金粘贴（现已用金粉来画），使人物形象更威风。社火脸谱对腮部的刻画并没有统一的程式，有的画蝙蝠、水藻、缠枝、云形、兰草、火苗、梅花、菊花、瓦片、水波、套圆等，画过之后还要用大红金粘贴（现在用金粉来画），使人物形象更丰满。

陕西社火脸谱人物众多，古朴无华，开脸严谨，用色非常讲究。社火脸谱的色彩大多是鲜明的原色，画脸谱的主色常用红色（银朱）、黄色（石黄）、白色（铅粉）、绿色（石绿）、黑色（油烟臭）、金色（大红金）、蓝色、粉红色等颜料，此外还用青、紫、赭石、褐色、银色作为衬色。这些颜色大多是矿物颜料，再用40%的蜂蜜、30%的鸡蛋清和冰糖水等进行调配而成。按不同的人物形象进行绘制用色，艺人们编了一整套用色的口诀：红色忠义白为奸，黑为刚直青勇敢，黄色猛烈草莽蓝，绿是豪侠粉老年，金银二色色泽亮，专画妖魔鬼神判（官）。民间艺人利用图案、线条的间隔和穿插，将这些色彩巧妙地组合、分布，构成一张张既色彩对比强烈又和谐统一，既简洁稳重而又具有强烈视觉冲击力的社火脸谱形象。

陕西社火脸谱在绘制过程中逐渐形成一定的程式，其造型和纹样绘制基本上保持了一种程式化倾向，表现出符号化的语言特点；在脸谱造型、装饰纹样的选择上，表现得随意自然，没有经过刻意雕琢，众多社火脸谱形象都是在程式化创作中的即兴创造。所以往往是同一个角色却可以有不同风格和不同的造型。陕西社火脸谱这一传统的艺术形式，具有早期艺术所特有的朴素造型和规范，在造型构图、色彩使用和章法布局上形成了自己的风格。民间艺人在进行脸谱艺术创作的时候，没有狭隘的功利意识的羁绊，也没有理性教条的束缚，而是无拘无束，充满幻想。他们不以单纯模拟事物表象为目的，而是把精神意念的自由表达作为自己的创作原则。巧妙的联想、形式的相互渗透和自由的创作空间，构成了陕西社火脸谱鲜明的艺术特色。

灵官
45.5cm × 9cm
2010年

蛇将
45cm × 22cm
1994年

仓颉
44.5cm × 20.5cm
1994年

社火马勺脸谱技艺的勾画、涂色，注重眉、眼、嘴的装饰，从人物的性格和容貌特征出发，以夸张的手法描画五官的部位和肤色，进而突出表现各类角色的内心本质。它强调色彩对比，具有强烈的象征性，比如：红色忠勇白为奸，黑为刚直灰勇敢，黄色猛烈草莽蓝等等。马勺脸谱，以绚丽色彩和简括奇特的艺术造型展现着传统戏曲文化和表演艺术的博大精深。社火脸谱艺术并非是对一张脸的装扮，而是在有限的空间内，诠释出对天地万物的观念和情感，也是民间文化的时间和空间观念的一种集中体现。

在传统的社火脸谱的色彩中有红、黄、蓝、白、黑、绿、银等色，民间艺人们游刃有余地运用这些色彩，不为固定的规则所束缚，笔墨酣畅淋漓，尽显性情的洒脱与自由。色彩的正色间色并用，这也是陕西关中的社火脸谱的特点之一。

2. 主要价值

社火脸谱随着社火表演的产生而产生的，是从古代“假面”、“涂脸”发展而来的，堪称我国最为古老的脸谱艺术之一。社火脸谱与我国远古时期的图腾崇拜、戏剧歌舞有很深的关系，与古代民间的祭祀活动密不可分。从社火脸谱的早期形式来看，其目的是驱邪纳福，具有一种巫术性的功利意义，它体现的不是物用的功能，更主要是一

龙
38cm×25cm
1998年

种心理上的精神实用功能，它满足的是广大群众审美和娱乐的需要。

社火马勺脸谱既是民间工艺美术的创新也是民俗文化的回归，其创作完全吸收了陕西西秦地区社火脸谱创作技法，又沿袭了脸谱造型奇特、色彩质朴明快、纹饰讲究严格、谱样多而齐全的风格。正因为采用马勺，使社火脸谱重新回到了特殊面具的范畴。社火脸谱起源于先秦的傩文化，在傩文化的进程中，面具是跳傩驱疫、祀神酬神的傩祭中必不可少的。宋朝时面具已由傩祭的鬼神傩面演变为市井坊间的玩具，也悬挂在门楣以示驱邪除疫，由此可见社火马勺与社火脸谱之间的文化渊源。

社火脸谱是中国最古老脸谱的一种形式，传承并发展了中国的传统文化，最初社火的功能是纳福求祥、避邪驱瘟，寄托了人们的美好的希望和追求。人们希望通过社火表演实现美好生活的祝福和愿望。即使到了今天，社火仍是祝愿丰收、保佑平安的娱乐活动。社火表演反映出当地民间流行的文化观念、习俗和人们的理想、意愿。

在宝鸡当地，新中国成立前几乎每年都会表演《闻太师征八方》这出社火戏目，闻太师是社火脸谱中最重要的人物角色，因为陕西是中国道教的重要中心，社火与道教文化有着直接的关系，所以反映在社火戏目中与道教传说人物有关的神话

雷神
32cm × 24cm
1987年

节目占了相当大的部分。闻太师在封神演义中是雷部正神，是监管雷神的人，是封神演义中一个虚构的人物，但是当地的人们都把虚构的人物现实化了，人们尊崇他并把他的塑像树立在庙里供奉，人们认为闻太师把乾、坤、坎、震、巽、离、艮、兑这八个方位征服了，天下就会太平、生活就会稳定。人们通过表演《闻太师征八方》寄托了他们盼望安居乐业的美好愿望。

据李继友在凤翔、扶风、岐山、宝鸡农村多年的调查，扮演关羽（“马社火”称为“老爷”）者最受人们尊敬，关老爷角色扮演者的人选一定是全村所公认的正派人士，脸谱的勾画也是极其讲究，马虎不得。开脸时先不勾画七星痣，此时演员可以自由说笑、闲谈，勾画七星痣后，人们就认为“神灵”附体了，这时演员就必须眯起双眼（民间传说认为“老爷”睁眼要杀人）一直到演出结束。当“老爷”“附体”以后，人们纷纷对他顶礼膜拜，除了烧香磕头外，妇女们还抱着孩子让“老爷”摸顶（如同西藏寺院活佛摸顶），或将孩童放在堂屋中间让关公、开路神跨顶而过，名曰“过关”，同时争着将“老爷”脸上化妆的红颜色（银硃）用手指沾上一点抹在自己孩子的双眉心中。过关还有一种形式就是把孩子放在路中间，关公骑着马从孩子身上跳过去，这其实具有相当大的危险性，偶尔也会发生踩踏伤人的事件，但是父母们并不认为这是件危险的事情，反而争先恐后地排队等着“老爷过关”。他们认为这样，孩子就可以在一年内免除任何灾难，能够平平安安地成长，这充分反映了人们祈福求祥的心理活动。还有比如社火的另一种表演形式高芯社火《西游记》的这一出戏中，孙悟空的扮演者是一个5岁的孩子，孩子表演时穿的服装也很单薄，被绑在芯子的最上面，社火表演时正是冬天，温度很低，风很大，也会有人问孩子的父母是否担心孩子冻着生病感冒，他们的回答是不会担心，还会对你说小孩子一演社火就什么病都没有了，这也表现出人们通过社火表演寻求心理上的安慰，是人们精神的一种寄托。

五、李继友艺术年表

1936年6月13日，生于江苏如皋县，原籍江苏徐州市。

1957年3月，肄业于上海同济大学卫生工程系给排水专业。

1958年春，开始自学民间美术，多方寻访民间艺人，拜师求教，学习民间泥塑和社火脸谱绘制技艺；9月进入国营七九二厂任厂业校、子弟学校教师至退休。

1984年，创作出第一件以蚩尤为图案的社火马勺脸谱作品。

1985年，李继友的社火马勺脸谱在北京参加了“宝鸡民间美术展览”。

1989年，获得“全国首届中国风俗画大奖赛”特别奖、“陕西省第二届艺术节”出新成果一等奖、“全国首届民间工艺美术佳品及名艺人作品展”优秀奖等奖项。

1990年9月，李继友退休后，专心致志研究社火马勺脸谱；同年获得“上海中国民间艺术博览会”创作奖和“中国旅游购物节”天马优秀奖等奖项。

1993年，首次尝试在木梭子上画社火脸谱。

1996年，被陕西省文化厅、文联、民协授予“陕西省民间工艺美术家”称号。

2000年，获得“首届中国工艺美术大师作品暨工艺美术精品博览会”金奖和优秀创作奖；10月社火马勺作品《眼睛》和《虎威》组合件参加杭州“西湖博览会首届中国工艺美术大师作品暨工艺美术精品博览会”，分别获优秀创作奖和金奖。

2003年，被宝鸡市人民政府授予“优秀民间艺术家”称号。

2005年5月，被中国艺术研究院聘为首批“民间艺术创作研究员”；12月被陕西省发改委授予“陕西省一级工艺美术大师”称号。

2006年12月，被评为第五届“中国工艺美术大师”。

2008年，参加奥林匹克运动会文化展示活动。

2010年，参加上海世博会文化展示活动。

（本篇撰稿　张美荣）

后　记

这本厚厚的书稿终于完成了，我们感到一块石头落了地。

还记得2005年5月，由中国艺术研究院牵头、多个单位的专家组成的评选小组几经推荐和讨论，从入围的全国一百多名民间艺术家中遴选出30位，作为中国艺术研究院首批“民间艺术创作研究员”，并在当年5月24日举行了隆重的聘任仪式。这是我国最高艺术研究机构首次聘任民间艺术家作为创作型“研究员”，授予他们正高级职称，这在中国历史上也是第一次。

这不寻常的“第一次”是随着我国非物质文化遗产保护工作的全面推开而启动的。当时，我国的非物质文化遗产保护工作刚启动不久，非物质文化遗产项目代表性传承人的评定工作还没有开始，但是身为中国艺术研究院院长和中国民族民间文化保护工程国家中心主任的王文章院长，就已经对民间艺术家予以了高度重视，在他亲自主抓下，聘任首批“民间艺术创作研究员”的筹备工作十分顺利。在聘任仪式举办的同时，还召开了全部受聘者和非物质文化遗产专家、中国艺术研究院领导和新闻媒体参加的“中国非物质文化遗产传承保护座谈会”，并在聘任仪式现场，举办了30位研究员作品展览，原文化部部长周巍峙和时任文化部部长孙家正为30位研究员颁发了证书。民间艺术家们当时非常激动，不少人手捧证书，热泪盈眶。对他们来说，成为中国艺术研究院的“民间艺术创作研究员”是此生获得的最高荣誉，这是国家最高艺术权威机构对他们艺术和品德的认可。会后，这些研究员把参展的作品全部捐赠给了中国艺术研究院，并表示要承担起传承和保护民间艺术和技艺的责任。

这次聘任仪式在社会上引起了极大反响，各位受聘的研究员也受到了全社会的关注，他们中的大多数人现在已经成为国家级非物质文化遗产代表作项目传承人和中国工艺美术大师，虽然荣誉无数，但他们一直坚守自己的承诺，课徒传艺，呕心沥血，有的为此献出了宝贵的生命。这些令人肃然起敬的艺术家，以自己的生命谱写着绚丽的人生，也为中国传统文化的传承和保护不断地贡献着自己的心血和才智。

2011年起，为了向全社会宣传这些德艺双馨的艺术家们的事迹，介绍他们美轮美奂的艺术创作，在时任文化部副部长和中国艺术研究院院长、中国非物质文化遗产保护中心主任的王文章的关心和指导下，文化艺术出版社决定出版旨在介绍首批中国艺术研究院“民间艺术创作研究员”风采的《大美在民间》一书。接到任务后，为写好这本书，我们特地成立了采访和编撰工作组，王海霞、郐高娣、赵文成、任晓姝、张美荣等工作组成员，一家一家地深入实地拍摄、采访，回来后又查阅文献资料，对涉及的每项艺术和技艺都进行了考察和梳理。因为我们深深地了解，我们所从事的工作不是为哪个个人树碑立传，而是为民族民间艺术的大美立此存照，此书的编撰也是向从事这项高尚事业的艺术家们致敬。在采访过程中，我们看到有的研究员年事已高，身体欠佳，但仍然劳作不止，可谓生命不息，创作不辍，令人感佩。

谨以此书向这30位艺术家表达我们深深的敬意。

《大美在民间》采编组　王海霞

2013年5月15日

图书在版编目（CIP）数据

大美在民间：中国艺术研究院首批民间艺术创作研究员风采／王文章主编．--北京：文化艺术出版社，2012.12

ISBN 978-7-5039-5423-8

Ⅰ.①大… Ⅱ.①王… Ⅲ.①民间艺术－艺术家－介绍－中国－现代Ⅳ.①K825.72

中国版本图书馆CIP数据核字(2012)第165107号

大美在民间

中国艺术研究院首批民间艺术创作研究员风采

主　　编　王文章
副 主 编　王海霞
责任编辑　齐大任
装帧设计　李　鹏
出版发行　文化艺术出版社
地　　址　北京市东城区东四八条52号（100700）
网　　址　www.whyscbs.com
电子邮箱　whysbooks@263.net
电　　话　（010）84057666（总编室）　84057667（办公室）
　　　　　84057691—84057699（发行部）
传　　真　（010）84057660（总编室）　84057670（办公室）
　　　　　84057690（发行部）
经　　销　新华书店
印　　刷　北京圣彩虹制版印刷技术有限公司
版　　次　2013年6月第1版
印　　次　2013年6月第1次印刷
开　　本　635×965毫米　1/8
印　　张　78.5
字　　数　600千字　图片800幅
书　　号　ISBN 978-7-5039-5423-8
定　　价　380.00 元（全二册）